开创全球科技、商业、经济新趋势

谢雨钢　谢金辰　著

电子工业出版社
Publishing House of Electronics Industry
北京·BEIJING

未经许可，不得以任何方式复制或抄袭本书之部分或全部内容。
版权所有，侵权必究。

图书在版编目（CIP）数据

聚势：开创全球科技、商业、经济新趋势 / 谢雨钢，谢金辰著 . -- 北京：电子工业出版社，2025. 6.
ISBN 978-7-121-50215-6

Ⅰ. F271.3

中国国家版本馆 CIP 数据核字第 202586V4C6 号

责任编辑：杨雅琳
印　　刷：河北鑫兆源印刷有限公司
装　　订：河北鑫兆源印刷有限公司
出版发行：电子工业出版社
　　　　　北京市海淀区万寿路 173 信箱　　邮编：100036
开　　本：710×1000　1/16　　印张：26.75　　字数：471 千字
版　　次：2025 年 6 月第 1 版
印　　次：2025 年 6 月第 1 次印刷
定　　价：158.00 元

凡所购买电子工业出版社图书有缺损问题，请向购买书店调换。若书店售缺，请与本社发行部联系，联系及邮购电话：(010) 88254888，88258888。
质量投诉请发邮件至 zlts@phei.com.cn，盗版侵权举报请发邮件至 dbqq@phei.com.cn。
本书咨询联系方式：(010) 88254210，influence@phei.com.cn，微信号：yingxianglibook。

推荐序

RECOMMENDATION

1996年，北大纵横刚成立，当时中国社会还普遍不知管理咨询为何物，因此北大纵横成为国内第一家按照《中华人民共和国公司法》注册成立的管理咨询公司。通过近30年"管理布道者"的不断引入，普及全球先进的管理理念、工具和方法，中国社会对波特竞争战略、定位营销战略、蓝海战略等理论逐步了解、熟悉与掌握，商业竞争也随着管理理论的普及，不断进化与升级，推动了社会的发展。

随着互联网革命的到来，企业需要符合时代发展的新战略、新方法、新工具，以更好地把握时代的机遇。

本书有3个重要创新。第一个创新是从单体战略扩展到系统性的战略学。第二个创新是从企业战略扩展到包括区域战略、全球战略的全领域战略。第三个创新是建立了系统性的未来学，使战略有了方向与目标。

过去，人们论述的战略很多都属于单体战略，由于角度单一，彼此之间缺乏关联与支撑，难以充分指导企业进行战略创新。系统性的战略学可以更好地让企业了解战略全貌，从而根据市场的实际情况，有针对性地选择适当的战略，提高成功的概率。

社会发展与企业创新需要同频共振。一方面，企业创新需要社会大环境的支持，没有社会在产业创新、社会保障等领域的支持，企业创新会如履薄冰，分外艰难；另一方面，社会发展是以企业创新为基础的，没有企业创新提升生产效率，很难实现社会的持续快速发展。

从企业战略扩展到全领域战略，可以从更高维度推动企业创新、社会创新，实现社会发展与企业创新的同频共振，最大限度地减少相互不匹配所带来的效率损失，避免掉入发展陷阱。只有洞察未来的发展趋势，才能更好地制定、选择、实施战略。

  本书对未来整体进行了系统性的连续推演，利用未来学可以帮助企业更好地了解未来的发展趋势，从而选择适合的战略，尽可能避免出现决策失误，减少企业资源和社会资源的巨大浪费。中国战略理论的发展，从无到有，从有到优。中国战略理论的创新，既是北大纵横管理思想前行的一步，也是中国管理思想前行的一步，还是世界管理思想前行的一步。

王璞
北大纵横创始人
全国劳动模范

自序

十年一剑

一、本书的创作历程

自《破晓：以弱胜强之道》出版后，作者从2014年就围绕不战而胜之道进行规划、准备，积累案例、素材，创造、打磨、完善理论体系。本书有多个案例均为作者在此期间实际操作的。在理论体系逐步趋于成熟后，作者于2022年1月开始正式撰写，到2023年4月完成初稿，后数易其稿，于2023年12月定稿。

人生就像一场修行，"进窄门，走远路，见微光"，作者花费10年时间，最终完成此书。

二、本书的内容结构

聚势战略是以不战而胜为基础、以创新为主的战略体系。从学科角度来看，以创新者的不战而胜之道和守成者的不战而胜之道为纵线，以企业、战争、区域、经济、未来5个领域为横线，纵横交错，相互支撑。

企业创新战略、企业商业模式之间可以相互推导、借鉴与融合。利用企业创新战略、企业商业模式归纳创新者的不战而胜之道，进而利用创新者的不战而胜之道推导区域创新战略，再推导经济机制设计理论，以支持创新战略。以战争归纳守成者的不战而胜之道及3种竞争战略，进而推导企业及区域层面的竞争战略。

对未来整体进行全景式连续推演、预测，结合企业战略、区域战略、经济机制设计理论，推导加速互联网革命的整体解决方案，以及不战而胜之道的最高境界，从而形成覆盖人类社会整体竞争领域的聚势战略体系。

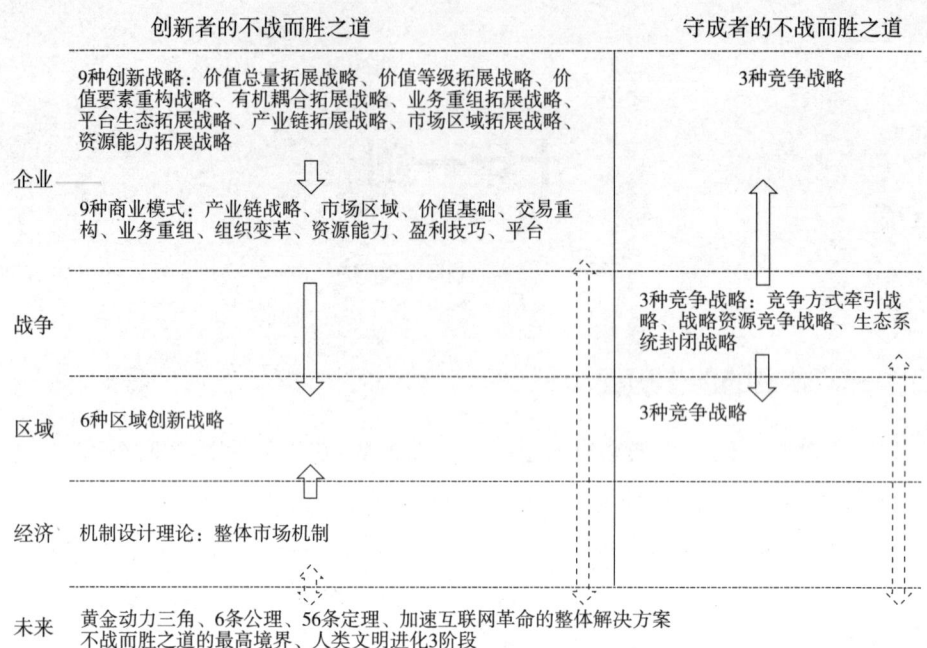

聚势战略体系

聚势战略体系包含了两门新学科和一个新理论，新学科是未来学（全称是未来推演学）和战略学（全称是聚势战略学），新理论是经济学的整体市场机制。因为聚势战略体系较为庞大，出于篇幅考虑，作者将区域战略、整体市场机制、组织变革模式、盈利技巧模式等内容拆分出来，另行出版。

三、本书的章节结构

第一章、第二章、第三章为未来学内容，其中，第一章、第二章是推演互联网革命的相关内容，第二章第四节为加速互联网革命的整体解决方案；第三章是推演机器革命、人类文明进化3阶段与不战而胜之道的最高境界；第四章到第九章为企业战略学内容，其中，第四章是企业战略总体介绍，第五章到第八章是商业创新战略，第九章是商业竞争战略。

正如同为企业制定战略首先要分析其内外部环境，从而为战略创新指引方向，其实未来学正是对整个人类、区域、企业战略的"环境分析"，利用逻辑推演分析未来发展的关键性节点，从而为人类、区域、企业战略指引创新方向。人类、区域、企业战略和整体市场机制，也通过价值创新与未来学相连接。

四、为什么未来学是未来推演学

一门学问成为学科需要满足 3 个条件：一是具有独特的研究对象；二是发现独特的学科规律与本质；三是形成统一的概念、模型、方法等结构化理论体系。

未来学研究的应当是人类社会的未来整体发展。以前的未来学研究基本都是片段式、单一视角的未来推测或猜测，并没有对整体未来进行系统性研究，因此没有发现过基于整体未来的独特学科规律，更没有提出基于整体未来的结构化理论体系。因此，虽有主题与"未来学"相关的著作，但并不满足上述 3 个条件，无法使未来学成为独立学科。绝大多数人并没有意识到未来学是一个独立的社会科学体系。据统计，全球仅有 20 所大学开设有未来学课程。

要建立科学、系统性的未来学科，研究对象必须是整体未来，而整体未来具有多因素驱动、连续性演化等独特特征，因此只能采用多因素驱动的全景式连续推演，未来学必然只能是未来推演学。未来推演学研究的是整体未来，发现了生命进化规律、进化隧道效应等独特规律，提出了黄金动力三角模型、未来 5 步推导法、6 条公理、56 条定理等结构化理论体系，满足了这 3 个条件，才使未来学真正成为一门独立学科。

目前，中国没有大学开设未来学课程，有首批 12 所 985 大学开设了未来技术学院，但若没有未来学对"未来"的预测与推演，哪里有"未来"的科学技术？要研究"未来"的科学技术，前提条件就是未来学的研究与成立。

五、为什么战略学是聚势战略学

战略学研究的应当是人类社会所有主体的战略。根据战略主体的不同，战略学应至少包括人类社会整体战略、区域战略、企业战略 3 个主要层次。人们对战略的研究还很不充分，连企业战略研究都是散点式的战略探索，而非系统性、体系性的企业战略学，更不用说包括 3 个主要层次、相互协同的战略学了。因此，人们虽然意识到战略学是一门独立学科，大学里基本都开设了企业战略学课程，但教授的仍是散点式的企业战略理论，并不是自成一体的战略学或企业战略学。战略学学科仍缺乏一本真正的"战略学"著作。

聚势战略学研究的是整个人类、区域、企业 3 个层次的战略，发现了创新者的不战而胜之道、守成者的不战而胜之道等独特学科规律，提出了创新模板系列设计工具、创新战略、竞争战略等结构化理论体系，创新战略之间可以相互支撑、相互协同。满足了这 3 个条件，这就是一个完整、系统的"战略学"体系，从而使战略学可以真正成为一门独立学科。

因此，本书在很大程度上标志着战略学的成熟、未来学的真正建立。

六、聚势战略传承了中国传统文化思想的有益成分

聚势战略借助中国传统文化思想的有益启发，从创新角度，针对人类社会的整体竞争领域，基于不战而胜之道，采用老子《道德经》中"道法术器势"结构，将关联学科领域进行贯通，融合未来学、战略学、经济学，突破分门别类的现代科学体系边界，建立包含企业、区域、全球 3 个层次的完整战略体系，提高企业、区域的成功概率，打开通往未来的大门，重构人类社会的运行法则，避免社会陷入存量竞争的陷阱。

聚势战略既为一（不战而胜之道），也可以一生二（两种对立的道）、二生三（3 层次战略）、三生万法。这与《道德经》的"道生一，一生二，二生三，三生万物"隐然有相合之意。《道德经》还处于幼年期人类文明对基本规律的朴素、感性认知，难以被实际运用，聚势战略通过"道法术器势"结构，将基本规律落地为可运用的实际方法、工具，实用价值大大增强了。

七、应利用人类普遍认可的价值观对传统文化思想进行扬弃

古代人类受时代局限、自身认知局限，其思想理念中既可能包含了有益成分，也可能包含了有害成分，需要以人类普遍认可的价值观为准绳，进行仔细鉴别，发扬传统文化思想中的积极因素，同时抛弃消极因素。这样才能吐故纳新，实现文明的新陈代谢，不断向前发展。全球任何一种文明其实都是如此。

西欧文明也经历过扬弃的过程。14 世纪西欧发生的文艺复兴运动，打破了中世纪的宗教观念和权威，提倡人文主义，追求个性解放和自由，从而解放

了人的创造力。正是这种扬弃，推动了西欧文明在文学、艺术、科学和哲学等方面的进步，进而率先形成了现代科学体系。

对中国传统文化思想也不能僵化地、不加辨别地全盘接受，应根据人类普遍认可的价值观进行扬弃。例如，儒家思想中的等级制度、礼法秩序等核心观念，与人类普遍认可的人人平等、自由等价值观相违背，无法解放人的创造力，已经不适应时代的发展了。只有抛弃传统文化思想中的消极因素，才能保持东方文明的活力。

八、文明融合的新范式：中引西体

诞生于西欧社会的现代科学体系，建立在正直、坦诚、勇敢、善良、诚信、宽容等积极人性基础上，将可以利用的自私、贪婪、权欲等消极人性，转化为在规则基础上，追求自身合理利益最大化的积极动机，从而用规则有效制约自私、贪婪、权欲、嫉妒、傲慢、懒惰等消极人性。通过长期发展，现代科学体系具备了较强的逻辑，是人类文明的共同成果，比较适合作为"体"。

"中体西用"等传统提法没有认识到文明的根基、社科类学科的基石在于人性，单凭主观情感选择文明的融合方式，会导致事倍功半，甚至南辕北辙。现代科学体系发展时间仅有数百年，并非完美无缺，仍然存在很多尚待探索或认知错误的区域，仅仅是"西体中用"，也过于保守，缺乏创新精神。

要在现代科学体系基础上更上一层楼，就需要尽可能谦虚、谨慎、客观地站在所有人类文明的历史沉淀之上。虽然古代人类的智慧、经验存在一些系统性的缺陷，但并非一无是处。"海纳百川，有容乃大"，以现代科学体系为基础，吸收、融合古代人类智慧、经验中的有益成分，是可以取得重大突破的。例如，屠呦呦先生在中国传统医学的启发下，收集、整理历代医籍、本草、民间药方，利用现代医学方法对200多种中药开展实验研究，不断改进提取方法，从而提炼出对人类贡献巨大的抗疟药青蒿素。东方社会知识领域经过长时间的文明交流，在现代科学体系的基础上，逐渐获得了推陈出新的能力，具有了青出于蓝而胜于蓝的可能。

因此更为适合的文明融合方式是"中引西体"，以东方文明为"药引"，借助古代人类的有益智慧、经验，从新的角度，采用新的思路，对现代科学体系进行重构、重组、重塑等创新，使之更上一层楼；以正确的融合方式，"折衷新旧，贯通东西"，推动现代科学体系走向完善与成熟。不仅自然科学可以采用这种范式进行东西方思想的融合创新，社会科学也可以采用这种范式进行融合创新，聚势战略正是"中引西体"范式创新的成果。

九、聚势战略是真正的中国式管理

中国式管理包含了价值判断。能代表中国特色的管理，应当符合时代发展的潮流。要符合时代发展潮流，中国式管理就必须建立在人类普遍认可的价值观的基础上。符合人类普遍认可价值观的管理体系，不仅适用于某一区域，也应适用于全球；不仅适用于现在，也适用于未来相当长一段时间。因为积极人性与积极动机是全人类共同具有的，不分贫富尊卑、远近高低。

所以，没有基于人类普遍认可的价值观对中国传统文化思想进行认真鉴别就全盘接受的管理体系，并不是真正的中国式管理。真正的中国式管理建立在人类普遍认可的价值观的基础上，源自民族，益于世界，益于未来，中国能用，全世界也能用，有价值的思想是可以全世界共享的！

除非某一区域崇尚的人性与其他区域有本质的不同，才可能存在只适用于某一区域，但不适用于其他区域的管理理论。只适用于一域、一时等特殊前提条件下的管理理论，由于不符合人类普遍认可的价值观，在当代不具有领先性和普适性，无法获得广泛传播与世代延续，终究是昙花一现，也不是真正的中国式管理。

聚势战略建立在人类普遍认可的价值观的基础上，并且传承了中国传统文化思想的有益成分，这才是真正的中国式管理，是起源于中国、可以应用于世界的中国原创管理思想。虽然聚势战略包括3种竞争战略，但通过将其与建立在积极人性、积极动机上的9种创新战略进行分离与对立，将使人们更清楚两大类战略的根本差异与不同后果。竞争战略的盛行可能会抑制创新活动，造成人类社会的效率损失，因此需要对竞争战略采取更有效的针对性遏制，从而推动人类社会进入良性竞争状态。

通过明确中国式管理的基础、创新范式，未来将会涌现出越来越多的真正的中国式管理。正如胡适先生所言，德先生和赛先生并非与中国传统文化完全不相融的"舶来品",在以现代科学体系为基础这个前提下,两者是有可能相互嫁接与融合的。在思想上因循守旧、抱残守缺并非正途。只有通过"中引西体"范式创新,利用正确的融合方式,解开思想的束缚,放下地域执念、文明执念、门户执念,才能创新出真正的中国式管理;只有放下执念,才能让中国思想真正走向世界。不仅为中国社会,而且为整个人类社会贡献出应有价值。

现代科学体系由哪种文明首先发明、发现,其实并不是最重要的,最重要的是哪种文明能发明、发现更先进的现代科学体系。人类社会正是在不同区域、不同民族、不同文明的思想碰撞与融合中,通过一代代人的优化与进化,利用社会性接力创新逐步走向成熟的。中国传统文化思想借助现代科学体系的帮助,也可以脱胎换骨、涅槃重生,以全新面貌、全新形式流传后世,延续古代人类的有益智慧与经验,推动人类社会走向高阶文明。从这个角度而言,本书也尽了最大努力"为往圣继绝学,为万世开太平"。

十、结语

世界是一个万花筒,每个人看的角度不同,看到的图案也会不同。本书尽可能以客观事实为依据,通过不同的案例、不同的角度展示战略的全貌,但对于单个案例而言,本书也只是表达了作者的看法。理论体系创新,一方面需要重新分析事物的底层规律,这与人们基于过去的规律获得的常识往往并不相同;另一方面很多时候只有指出原有理论、战略的不足,才能清晰、明确地建立新的理论体系,从而提高社会创新效率,当然这也是作者的一家之言。在此过程中,若有对相关方面造成不好的影响,在此事先致歉。

需要注意的是,虽然"未来沙盘推演"利用逻辑推演未来,而推演未来的时间长短、事物的粗细颗粒,也依赖于推演时间点上人类掌握的知识基础和逻辑能力,时间越远,推演偏差可能会越大。面对无限的时间和无限的事物,人类的知识基础和逻辑能力是有限的,所以推演未来也有一个限制,就像站在地面拿着望远镜望远,终究会有一个视野边界。作者也并非绝对理性,也会受时代与个人认知的局限,未来学仍需要不断完善与优化,这样它才能成为一门更为成熟、更具实践价值的科学。

在本书创作过程中,谢金辰负责案例收集、整理与分析,陈平、耿志强、黄宁、李波、李虹、李建武、祁文瑶、童春华、张良芳（排名不分先后）等先生为本书创作与出版提供了帮助，在此表示感谢！最后还要感谢电子工业出版社编辑老师们付出的努力，帮助完善了本书！

  本书深入探讨了人类社会的底层运行机制，可以满足对深度、系统、理性知识有需求的读者，对互联网、计算机、高新产业从业者，以及创业者、管理者、投资者等也皆有助益。

  由于本书涉及面广，难免有疏漏之处，敬请谅解。

谢雨钢

2024 年 6 月 8 日写于天津

题诗以记：

十年

万里星河作柳田，
十年碌碌若等闲。
愿折轻柳化飞虹，
垂渡红尘青云间。

目录

第一章 开未来之门
——推演互联网革命（上） 001

- 第一节 聚势战略总述：新时代的人类创新总章 ⋯ 002
- 第二节 黄金动力三角：推动人类社会进化的底层规律 ⋯ 008
- 第三节 3次互联网革命：没有第四次工业革命，只有互联网革命 ⋯ 026
- 第四节 智力引擎：改变世界的10种革命性变化 ⋯ 032

第二章 开未来之门
——推演互联网革命（下） 055

- 第一节 第一次互联网革命之万物相连：智力与物质、能量的连接 ⋯ 056
- 第二节 第二次互联网革命之万物相循：智力与物质、能量的协同优化 ⋯ 072
- 第三节 第三次互联网革命之万物相生：智力与物质、能源的升华 ⋯ 088
- 第四节 重构人类社会运行法则：加速互联网革命与占据风口 ⋯ 101

第三章 开未来之门
——推演机器革命 127

- 第一节 机器革命：超"神"之路 ⋯ 128
- 第二节 人类文明进化3阶段：从丛林法则到宇宙高阶文明 ⋯ 133
- 第三节 最高境界的不战而胜之道：摆脱丛林法则，迈向宇宙高阶文明 ⋯ 145

第四章 聚天地之势 —— 聚势战略体系 → 153

第一节　是什么：聚势战略本源是不战而胜之道 ⋯ 154
第二节　有什么：9 种创新战略与 3 种竞争战略 ⋯ 164
第三节　关键是：模式、机制是战略核心 ⋯ 172
第四节　怎么做：利用创新模板推导模式 ⋯ 182

第五章 价值筑基 —— 价值创新类战略 → 199

第一节　价值总量拓展战略：突破市场价值总量 ⋯ 200
第二节　价值要素重构战略：重构独特价值序列 ⋯ 207
第三节　价值等级拓展战略：利益相关者价值创新 ⋯ 231
第四节　独特价值序列与边际效用：现代管理学与现代经济学的共同基石 ⋯ 245

第六章 掎角之势 —— 业务创新类战略 → 253

第一节　有机耦合拓展战略：构建商业生态内循环体系 ⋯ 254
第二节　业务重组拓展战略：业务形态优化 ⋯ 273

第七章 声生势长 —— 平台生态拓展战略 → 279

第一节　平台价值等式：网络效应 × 算法机制 = 个性化的最优策略 ⋯ 280
第二节　平台形态进化：从单边平台到超级平台 ⋯ 310
第三节　24 种成长战略：加速平台成长 ⋯ 318

第八章 并威偶势 —— 通用类战略　337

- 第一节　产业链拓展战略：五维延伸　…　338
- 第二节　市场区域拓展战略：单点突破与延伸　…　350
- 第三节　资源能力拓展战略：打开边界，以小博大　…　359
- 第四节　定位营销战略与破晓营销战略：认知领域的单点突破与延伸　…　370

第九章 黑云压城 —— 3种竞争战略　377

- 第一节　根据长平之战、第二次布匿战争推导竞争战略　…　378
- 第二节　竞争方式牵引战略：攻击竞争者资源使用方式的缺陷　…　391
- 第三节　战略资源竞争战略：攻击竞争者最薄弱的战略资源　…　395
- 第四节　生态系统封闭战略：封闭竞争者的发展空间　…　399

CHAPTER 1

第一章

开未来之门
——推演互联网革命（上）

推演未来，基于黄金动力三角、进化隧道效应，设立未来学的6条公理，基于公理推演56条定理，发现互联网革命改变人类社会的10种革命性变化。

第一节

聚势战略总述：新时代的人类创新总章

一、聚势是什么

聚势：聚天地之势，开未来之门。聚天地之势，可以扭转乾坤；开未来之门，可以长盛不衰。聚势战略是打开人类未来之门的钥匙。

聚天地之势。天地即全球，聚势战略是以不战而胜之道为基础构建的企业、区域、全球3层次战略学（全称：聚势战略学），革新了人类战略体系，其中企业战略是面向未来、全系统的十二维一体战略，是企业管理的"万法之宗"，可以结阵布势，开创蓬勃向上的生态系统，吸引、转化、耦合社会各方力量，汇聚成不可阻挡的天地之势，从而扭转乾坤，以新趋势替代旧趋势，获得全球发展空间，用最小的代价赢得竞争的胜利。

开未来之门。聚势战略将逻辑引入未来研究，创建了科学、系统性的未来学（全称：未来推演学）。未来学是一个以生命进化规律为基础的全景式、结构化、连续推演预测体系，推演了人类的未来命运，帮助人们应对人工智能等科技带来的时代挑战，是每一个人未来机缘的"万缘之源"，是穿透时代迷雾的光芒，助力人们洞察未来科技、生产方式、社会关系、社会制度等的演变规律，把握先机，占据风口。

二、聚势战略概述

聚势战略是企业、区域、全球3个主体层次面向未来的创新战略，这3个主体层次的创新战略既存在独立发展，又存在协同进化，构成了一个有机整体：人类突破互联网革命的整体解决方案。由于这3个主体层次的创新战略前所未有的同时包括了全球社会的企业、国家、人类这3个最重要的主体，不仅具有改变社会个体命运的能力，而且具有改造社会环境的能力，可以从根源上入手，破解全球各国的科技、商业、经济发展难题，重构人类社会运行法则，全面清除创新障碍，指数级激发企业创新活力，从而突破工业革命与互联网革命之间的关键瓶颈，推动人类社会进入以智力资源为核心的互联网时代。

聚势战略是互联网时代的人类创新总章、创新之书，微观整体市场机制、中观战略学、宏观未来学，是聚势战略这株三蒂莲上绽放的3朵莲花。人类社会创新有三大核心要素：创新方向指引、创新工具方法和创新环境保障。未来学是预测体系，提供创新方向指引；战略学是方法体系，提供战略创新方法；整体市场机制是保障体系，保障市场高效创新，是人类社会通往帕累托最优的必由之路。激活创新的三大核心要素，可使社会创新活动蓬勃兴起，所以聚势战略是未来学、战略学、经济学三大领域的协同创新。

聚势战略有两个维度，横向维度为企业、区域、全球3个主体领域，纵向维度采用了"道法术器势"结构，如表1.1所示。以道驭术，术必成。离道之术，术必衰。以东方文化理念为基础，将5层结构要素融为一体，贯穿了3个主体领域，遵循大道、选择战略、运用方法、借力工具、把握趋势，协同一致运用，从而占据风口、构建生态，获得成功。

表1.1 聚势战略体系

结构	企业	区域	全球
道	创新者的不战而胜之道、守成者的不战而胜之道		
法	9种创新战略 3种竞争战略	6种创新战略 3种竞争战略	加速互联网革命
术	53种细分战略 商业模式创新3步法 有机耦合模式5步设计法	13种细分战略 整体市场机制	6条公理 未来5步推导法
器	创新模板系列设计工具	创新模板	黄金动力三角
势	互联网革命、机器革命的56条定理		

资料来源：作者自制。

聚势战略包含了两种截然对立的"道"：创新者的不战而胜之道和守成者的不战而胜之道。创新者的不战而胜之道是发展之道，守成者的不战而胜之道是毁灭之道。赢得发展趋势既有创新取代，也有遏制取代，创新者的不战而胜之道是发展的正道。

三、战略学、未来学的体系缺陷

聚势战略的核心特征是"结阵布势",把握未来,利用"阵式"培育、汇聚、壮大势力,通过势战取胜。其涉及两个核心科学领域:战略学和未来学。战略与未来密切相关,管理大师彼得·德鲁克(Peter Drucker)认为"战略不是研究未来做什么,而是研究现在做什么才有未来"。但对于战略与未来的关系,作者认为这句话只表达出了一半的精髓。如果不知道未来在哪里,就不会知道现在应该做什么才能通往未来,所以未来学解决的是"未来在哪里",是目标、方向;战略学解决的是"现在应该做什么",是策略、方法、途径。只懂未来学,或者只懂战略学都是残缺不全的。只懂未来学而不懂战略学,则只有目标,缺乏正确的策略;只懂战略学而不懂未来学,则只有策略,没有正确的目标。只有两者兼备,才能相得益彰。在聚势战略出现以前,战略学、未来学只是散点式、片段式的探索、研究与想象,缺乏系统性、体系性与科学性的战略学、未来学,两者无法珠联璧合,形成一个整体。

从战略看,以商业竞争为例。第一,商业竞争其实是一个有机整体,人们为了方便研究,将商业竞争人为地割裂为战略、商业模式、平台模式等多个模块;第二,由于认知不足,人类在战略上仍处于"随机试验"状态,波特竞争战略、定位营销战略、蓝海战略等传统理论都只是从不同角度对战略进行分析。这些战略其实都只是竞争中的一域,并非整体;只是散点式的战略探索,而非系统性、体系性的战略学。第三,这些传统理论带有鲜明的工业革命时期的特征,缺乏对互联网革命的探索与研究。由于缺乏对战略的全局思维、系统架构和未来探索,这些工业革命时期的传统理论无论是在体系高度、宽度上,还是在体系深度上都存在或多或少的缺陷,这一方面导致企业在进行商业实践时难以发现适合自身情况的战略,另一方面导致商业成功难以在未来竞争中持续迭代升级。

从未来看,人们对未来的探索也同样如此,阿尔文·托夫勒(Alvin Toffler)的《未来的冲击》、尼古拉斯·尼葛洛庞帝(Nicholas Negroponte)的《数字化生存》、克劳斯·施瓦布(Klaus Schwab)的《第四次工业革命》、凯文·凯利(Kevin Kelly)的《失控》、尤瓦尔·诺亚·赫拉利(Yuval Noah Harari)的《未来简史》等未来学著作仍是从某一角度出发,对未来进行的散点式、片段式的推测或猜想，而不是对未来的整体研究。由于缺乏对人类发展历史、现状、未来发展脉络的整体研究与逻辑方法体系，现在的"未来学"虽不乏思想闪光之处，但很大程度上要么虚构故事，要么片面偏颇，要么缺乏因果，还不能算一门真正的科学，大大削弱了对未来实践的指导价值。

四、聚势战略如何解决体系缺陷

聚势战略定位于人类突破互联网革命的整体解决方案，基于战略学、未来学、经济学，对竞争全域进行了系统性创新。

从体系高度看，聚势战略的本源是不战而胜之道，从战略层次上升到社会基本规律层次，因此具有面向未来、多领域、系统的思维与眼光，从而与工业革命时期的战略有着本质上的差异。

从体系宽度看，聚势战略贯穿商业、区域、战争等多个社会竞争领域。聚势战略基于创新者的不战而胜之道和守成者的不战而胜之道，在商业竞争领域构建了9种创新战略、3种竞争战略；在区域竞争领域构建了6种创新战略、3种竞争战略，基于机制设计理论进行了整体市场机制创新（此部分内容另行出版）；在战争领域提出了3种竞争战略。

从体系深度看，聚势战略采用了"道法术器势"结构。创新者的不战而胜之道、守成者的不战而胜之道是道；商业竞争的9种创新战略、3种竞争战略与区域竞争的6种创新战略、3种竞争战略是法；商业模式创新3步法、有机耦合模式5步设计法、平台模式24种成长战略等方法是术；黄金动力三角、创新模板系列设计工具是器；互联网革命、机器革命的56条定理是势。聚势战略通过5个纵向层面要素创新构建了全系统战略体系。

从体系创新看，聚势战略涉及战略学、未来学、经济学等领域。在工业革命时期，诞生了波特竞争战略、定位营销战略、价值主张等传统理论，这些传统理论带有深刻的时代烙印，在互联网革命时期存在较大的局限性。聚势战略基于未来互联网革命、机器革命，提出了创新模板、整体市场机制、黄金动力三角等创新理论，进而形成了创新性的战略学、未来学、经济学理论体系。聚势战略的主要理论创新点如表1.2所示。

表 1.2 聚势战略的主要理论创新点

领域	工业革命时期的理论	互联网革命时期的理论
战略学	价值主张	价值基础（价值总量、价值等级、独特价值序列）
	商业画布	创新模板系列工具（商业模式创新3步法）
	价值曲线（蓝海战略）	4类（14种）价值要素
	波特竞争战略	5种产业链动态竞争战略
	业务组合（波士顿矩阵、GE矩阵）	有机耦合（3种耦合形态、5步设计法）
	平台正反馈性	平台价值等式、算法机制、流量杠杆
	定位营销战略	破晓营销战略
未来学	第四次工业革命	黄金动力三角、未来5步推导法、6条公理、56条定理、人类文明进化3阶段
经济学	机制设计理论	整体市场机制

资料来源：作者根据公开资料整理。

战略学：聚势战略锻万法而归一，围绕互联网革命的网络型、分布式、结构化等核心特征，全面、系统地升级了工业革命时期的战略，建立了多个利益相关者的价值基础、分布式特征的有机耦合、结构化关系的创新模板、平台价值等式等有互联网时代特色的创新理论。聚势战略是一个面向互联网革命的系统战略体系，一个基于势战的完整战略体系，一个将战略和商业模式融为一体的战略体系。聚势战略将9种创新战略、3种竞争战略融为一体，构建出了面向未来、全系统的十二维一体战略学。以战略学为核心，其还可以构建整个现代管理学体系，以独特价值序列为基石，连通现代管理学与现代经济学。

未来学：站在无尽的时间长河之上，断万古而开未来，是人类打开未来之门的钥匙，具有更高维度的视野。未来学以生命进化规律为基础，以价值创新为底层驱动力，以黄金动力三角为生命进化理论框架，着眼整个生命进化历程，基于6条公理推演出56条定理，进而推导出加速互联网革命的整体解决方案，由简入繁，构建出通观全局、相互关联、层层递进的未来学科学大厦，使未来学成为一门科学，而不是玄学、科幻小说。人类可以将未来学作为"未来沙盘"，据此进行推演，发现进化分叉点的不同结果，从而有助于选择正确的发展路径，规避进化陷阱，减少社会资源浪费，加速各类科技、社会学科的进化，提升社会创新力，推动社会更为有效、公平、合理地发展。

经济学：整体市场机制立足于整体市场的运行效率，通过修复市场失灵和政府失灵区域、激活创新，推动市场效率不断优化。市场机制与政府机制都是人类设计的机制，两者都并不完美，各自存在失灵区域，单独一者均无法实现帕累托最优。要实现帕累托最优，就必须立足于包含两者的整体市场，在激活创新的目标指引下，分权的市场机制和集权的政府机制相互补充、完善，修复对方的失灵区域，不断实现帕累托改进。整体市场机制的设计目标就是激活智力资源，通过整体市场机制设计，改善、推动、进化智力资源，产生源源不断的创新力，带动经济转型升级，优化产业结构，提高市场经济运行效率。

管理、经济、战争、区域竞争、未来学等社会领域在最高层次其实都是相通的，只有站在未来的高度，对各社会领域进行通盘重演，才能让各领域科学更上一层楼。以人的自由（动力）、创新（方式）、价值（结果）三位一体为基础，可以贯通哲学、社会学、未来学、战略学、管理学、经济学等社会学科，建立起统一、系统、协同的社会学创新大体系，从而开创出一个以智力资源为核心的新时代，这将是人类社会学领域中一颗璀璨的明珠，而聚势战略是其中的核心组成部分。

第二节

黄金动力三角：推动人类社会进化的底层规律

一、未来学的价值

在科学殿堂里，并没有神灵，只有渺小的人类，奋力前行，不断试错，不断创新，用理性光芒一点点驱退黑暗，照亮前行的道路，从弱小到强大，从强大到永恒。

历史有无数的分叉点，过去人类社会发展由于缺乏方向的指引，只能先进行不同区域的随机试验，然后进行竞争来寻找最有效的发展路径。区域社会很容易陷入进化陷阱，中国陷入帝国制两千多年，西欧陷入宗教、封建混战一千多年，即使目前全球很多区域也处于进化陷阱之中。所谓的中等收入陷阱、福利社会陷阱、金融危机陷阱、修昔底德陷阱、卢梭陷阱、马尔萨斯陷阱、霍布斯丛林陷阱、贫困陷阱等都属于进化陷阱，此类情况数不胜数，人类因为盲目探索付出了巨大的进化成本。从约12万年前智人拥有复杂语言能力开始，人类就渴望了解未来、掌握自己的命运，无论是东方的龟甲兽骨占卜、周易卜卦、六爻、梅花易数，还是西方的塔罗牌、占星术、水晶球、鲁纳符文、动物内脏占卜术等方法，这些文明幼年时期的产物源自人类对不确定未来的恐惧与希望。无数帝王将相和普罗大众冀图借助这些文明幼年时期的方法来掌握未来的命运，趋利避害、逢凶化吉。

在未来，建立在生命进化规律基础上的未来学，将会成为像哲学、数学这样的基础科学，帮助人类最大可能地掌握具有不确定性的未来。正如军事将领利用沙盘推演战争的各种可能走向，从而选择最有利的策略，人类可以利用未来学推演未来各种可能的重点发展方向，选择最有效的策略，从而避免陷入进化陷阱。军事将领推演战争的前提是有一个能展现平原、山地、河流等战场全貌的沙盘，从而可以最大限度地利用地形、天气，推演、选择胜率最大的策略。而推演未来的前提是利用生命进化规律，拥有一个全过程、全景式、结构化的"未来沙盘"，从而可以在未来的任一时间点，根据已经出现和即将出现的各种情况，对未来的各种因素做出假设，进行加强、弱化或调整，选择出最优的发展路径。过去的未来学著作由于没有对生命进化历程进行全过程、全景式推演，无法建立起科学性、系统性的未来学，因此也无法充当人类的"未来沙盘"。本书基于人类社会发展的黄金动力三角，依据"进化隧道效应"和未来 5 步推导法，对未来进行全过程、全景式推导，从 6 条公理推导出 56 条定理，建立起科学性、系统性、结构化的未来学，使人类对未来的预测不再是玄学、不再是巫术、不再是科幻，而是基于逻辑、基于现实、基于规律的。这是人类把握未来发展命运的第一次飞跃，预测未来可以真正成为一门科学：未来学！

人类所有的社会进步、所有的与众不同都来自理性、来自科学，未来学也是如此。科学性、系统性、结构化的未来学可以持续进化，成为人类社会发展的雷达、灯塔与拐棍，助力人类前行。未来学的价值不在于精准预测某一事件，而是通过全过程、全景式逻辑推演，发现未来不同分叉点带来的不同后果，从而掌握未来社会的进化规律、进化脉络、发展瓶颈，从被动随机探索进化到主动目标探索，有的放矢地选择路径、创造未来、改变命运，加快发展速度，规避进化陷阱，为人类贡献巨大的社会价值、经济价值与现实价值。很多时候，只有看到了更高一层的未来，才能解决当前的困局！未来学还可以指导各学科的进化，是学科之上的学科，也是人类理性与智慧的最高结晶。

黄金动力三角、未来 5 步推导法、6 条公理、56 条定理是未来学的基本框架，随着未来学的不断发展，在此基础上可以继续进行深化、丰富与完善。例如，未来可以对基因、大脑、功能细胞、器官等进行生命科学研究发现，基于 56 条定理继续进行推演，可以使人类对互联网革命及未来发展趋势的认知更加清晰。当越来越多的人利用未来学看清未来的发展方向，将有助于持续性提高社会创新效率，避免盲目的随机试验耗费大量社会资源，避免社会陷入进化陷阱而动荡混乱，使未来社会发展得更有效、公平、合理与可持续。

以往的未来学著作大多立足于某一基点，从某一角度对未来进行推测或猜测。例如，《失控》以分布式思想为基点，通过蜜蜂、蚂蚁等生物的群体性行为，分析分布式的特征、优势、劣势、架构、规则、规律等属性，进而对分布式在未来的应用进行推测；《未来简史》以人文主义为基点，以人文主义在未来面临的挑战，猜想未来社会可能的阶层形态。但由于观察角度单一，难免会失之片面，而且只对某一现象、某一时段进行了推测或猜测，难以对未来进行真正的整体推演。

科学性、体系性的未来学应当基于未来整体进行构建，既包括未来全过程，又包括未来全要素，从而可以对未来进行整体、连续推演。因此，本书基于整体生命进化过程，将整个生命进化过程分解成连续、贯通的多个阶段，并明确每个阶段的发展目标，同时利用生产科技、能源科技、生产方式、社会关系、社会制度等要素的内在逻辑关系，对未来整体进行全过程、全景式推演，从而保障整个未来学体系的整体性、一致性和自洽性。

未来学不仅应该研究科技发展，还应该研究与科技发展适配的生产方式进化，以及生产方式变化导致的社会关系、社会制度进化，从而发现社会从科技到生产，再到社会、经济、文化的进化规律。

黄金动力三角、未来5步推导法、6条公理、56条定理是未来学的基本框架，随着未来学的不断发展，通过证实或证伪，在此基础上可以继续进行深化、丰富与完善。例如，未来可以围绕基因、大脑、功能细胞、器官等生命科学研究发现，基于56条定理继续进行推演，使人类对互联网革命及未来发展趋势的认知更加清晰。

有些人担心预测体系存在错误会导致其产生损失，因此就抗拒、抵触预测体系的建立与发展，这其实是错误的想法。即使没有未来学的预测体系，每个人也在不同程度地预测未来，以决定自己的行为与命运，在人类历史上，很多社会悲剧正是由于人们缺乏一个科学、完善、系统的预测体系，根据自己的"想当然"，制订出荒唐或混乱计划，并错误或胡乱作为，导致了"通往地狱的路往往由鲜花铺就"，由于没有科学、合理、连续预测体系的引导与制约，造成了更为重大的社会损失。

一个科学、完善、系统的预测体系可以帮助人们减少预测失误，大大提高决策的准确性，避免陷入各种陷阱，减少大量社会资源的无端浪费。随着未来学的不断完善，将会有越来越多的人利用未来学看清未来的发展方向，形成广泛的社会共识，这将有助于持续性提高社会创新效率，避免盲目的随机试验耗费大量社会资源，避免社会陷入进化陷阱而动荡混乱，使未来社会的发展更为有效、公平、合理与可持续。

二、黄金动力三角

人类从树上走到树下，从采摘走到种植，从农业革命走到工业革命，以及未来的互联网革命、机器革命，大至部落、民族、国家的兴衰成败，小至个人的死生荣辱、爱恨情仇，世间万象变化的根源就在于黄金动力三角，数万代、上千亿人都裹挟其中，概莫能外。

黄金动力三角包括主维 3 种动力、次维 3 种阻力。3 种动力是生产科技、能源科技和生产方式，生产方式又决定了社会关系、社会制度；3 种阻力是时间、空间和要素。动力推动人类社会向前进化与发展，而阻力制约人类社会的发展，人们需要利用动力不断突破阻力，实现进化。生产方式是指社会生产的组织方式，是人类社会存在和发展的基础，社会关系、社会制度都建立在生产方式之上；社会关系是指社会中个人之间的关系，包括生产、交换、分配、消费的社会关系，以及群体、民族内部及相互之间的关系；社会制度是指维护社会结构的制度总和，包括社会的经济、金融、政治、法律、文化、教育等制度。生产方式进化会导致社会关系、社会制度进化，但与生产方式不匹配的社会关系、社会制度也会对生产方式进化产生阻碍。生产科技、能源科技和生产方式围成的三角区域代表人类社会创造的价值总量，随着人类社会的进化，以及生产科技、能源科技和生产方式的创新，有序度越来越高，人类创造的价值总量越来越大。人类追求价值最大化是黄金动力三角扩张的底层驱动力。黄金动力三角如图 1.1 所示。

黄金动力三角区域与人口数量关系密切。随着农业、医学、生物等科技的进步，人口数量在不断增长，而科技进步要领先于人口数量的增长。如果科技增长乏力，黄金动力三角区域增长停滞，而人口数量在传统科技的保障下，随惯性还在不断增长，则每个人获得的平均价值将会下降，这将导致人类社会被拖入存量资源竞争的黑暗，陷入发展陷阱，进行零和博弈，经历社会崩溃和不断轮回。黄金动力三角区域的扩大不仅意味着人类社会价值总量的增长，还意味着每个人创造价值与获取价值的增长。人类要在人口总数不断增长的情况下，借助 3 种动力的帮助，平均每个人才能获得比以前更大的价值，从而实现社会的进步。

/ 聚势 / 开创全球
科技、商业、经济新趋势

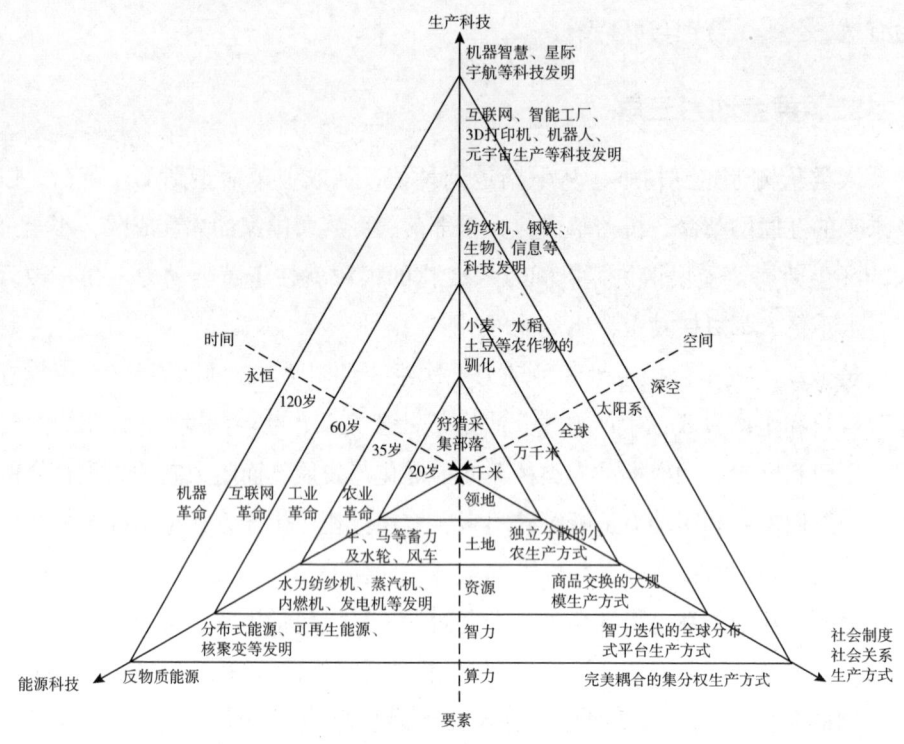

图 1.1 黄金动力三角
（资料来源：作者自绘）

　　创新模板系列工具与黄金动力三角是一整套价值创新工具，创新模板系列工具可用于微观层面企业、中观层面区域的价值创新，黄金动力三角可用于宏观层面人类社会、中观层面区域的价值创新。黄金动力三角代表了人类整体的创新力，创新模板中的价值基础、独特价值序列对应黄金动力三角的价值区域，企业、区域的个体价值创新推动、扩大了人类社会的整体价值创新。

　　人类社会每一次革命都是在3种动力的支撑下，从突破达到成熟的。一般情况下，由生产科技率先取得突破，带动能源科技、生产方式进行匹配变革，生产方式的变革又引发人类社会关系、社会制度进行匹配进化，能源科技、生产方式等变革反过来支撑生产科技取得进一步的突破，从而推动革命走向成熟。因此，社会关系、社会制度变化一般要落后于科技创新，与生产科技、能源科技不匹配的生产方式、社会关系、社会制度会对科技创新产生制约。人类的每一次革命都孕育着下一次革命，每一次革命的成熟都意味着下一次革命的开始。

三、进化隧道效应与 6 条公理

人类社会进化、社会生产进化存在着一种"进化隧道效应"（也可称为产业进化规律），生产科技、能源科技、生产方式的进化，就像地铁隧道一样，只能单向进化，不能回退。就如只要出现工业革命蒸汽时代的轻纺工业，随着大规模轻工业的发展，必然会出现钢铁、机械、能源、冶金、材料等重工业以支持轻工业的发展；随着重工业规模的扩大，必然会出现精细化的知识密集型信息产业，以提升重工业、轻工业的运行效率；而知识密集型信息产业需要智力、数据、运算的大规模协同，以提升生产效率，因此必然会从信息产业中诞生互联网革命，这是社会化大生产发展的必然趋势。

每一种革命性技术的爆发看似是偶然的，其实是必然的。因为只有符合产业发展需要、社会发展需要，可以增加社会价值总量的新技术构想、新技术才会被挑选出来，投入资源进行支持，而那些不符合时代需求、不能增加社会价值总量的新技术很快就会被放弃。例如，最初互联网是为了避免战争对区域通信节点的破坏而被发明出来的，此后其被发现了在人类信息沟通与协作上的巨大潜力，首先被用于教育和科研领域的沟通与协作，共享巨型计算机的运算能力。经过数十年的持续投入研发，在 1991 年终于出现了万维网（World Wide Web，WWW），开始了人类社会沟通与协同的革命进程。每一项革命性技术的突破其实都不是偶然的，都需要以时代需求、前人的大量社会性创新为基础，经历长期的研究与投入，最终才可能成功。

历史看似偶然，但其实是必然中的偶然——从阶段时间看是偶然的，从整体进化看是必然的。人类社会的进化、国家民族的演变、全球经济的运行，其底层规律就是黄金动力三角关联的科技、经济、管理、社会、未来等多个学科，因此将人类整体发展阶段按照内在规律进行分解，基于黄金动力三角、"进化隧道效应"，可以窥探到未来世界的发展规律。

未来学极易沦为虚构故事、科幻小说、通俗小说，因此未来学体系的重要结论将通过公理、定理等推导得出，以明确理论间的逻辑关系，以此构建未来学体系。

"进化隧道效应"的逻辑基础是黄金动力三角，创新是底层驱动力。根据黄金动力三角，作者设立了 6 条公理，如下所述。

第一公理（生命进化公理）：人类进化以实现生命丰盛、永恒为最终目标。

第二公理（价值增长公理）：价值增长是科技、生产方式进化的驱动力。

第三公理（生产科技公理）：生产科技会在原基础上再次进化。

第四公理（能源科技公理）：生产科技进化会推动能源科技匹配进化，以支撑生产科技再次进化。

第五公理（生产方式公理）：生产科技进化会推动生产方式匹配进化，以支撑生产科技再次进化。

第六公理（社会进化公理）：生产方式进化会推动社会关系、社会制度匹配进化。

未来学的所有定理都会依据这6条公理推演得出，以建立逻辑严密的未来学体系，从而与以前的虚构故事型"未来学"相区隔。

四、人类进化的四次革命

第一定理（四次革命定理）：人类进化会经历农业革命、工业革命、互联网革命、机器革命，最终实现生命的丰盛、永恒。

证明：根据第一公理，人类要以实现生命丰盛、永恒为最终目标，因此人类社会的进化试验虽然是随机的，但进化的最终方向并不是漫无目的的，由此可以推导3次互联网革命及未来各阶段革命的目标。

人类社会从数万年前的狩猎采集部落开始，通过农业革命、工业革命、互联网革命、机器革命，来分别实现人类的食物丰盛、物质丰盛、精神丰盛、生命丰盛4个阶段目标。①农业革命：人类通过驯化小麦、水稻、土豆、玉米等农作物实现了食物丰盛，食物丰盛提供了最基础的生命保障，有了生命保障才能拥有更丰富的物质生活。②工业革命：人类通过集中式的大规模工业生产实现了物质丰盛，但这种物质丰盛仍然是规模化的简单生产，无论是设计、生产还是供应链，都无法充分满足人类复杂的个性化需求，此时人类仍被约束在标准化、规模化的机器工业大生产中，无法实现精神自由。③互联网革命：人类通过激活智力资源，利用个性化的设计、个性化的分布式生产满足完全的个性化需求，丰富的个性化物质生活会带来精神自由。④机器革命：人类在物质丰富、精神自由的基础上，充分认知与实践了众生（生命）平等，最终利用无机生命体拥抱多样化的生命形态，走向深空，实现完整的生命丰盛，这是生命进化的必然。

这个进化过程既是人性的觉醒，也是生命的觉醒。达尔文的进化论揭示了生物进化规律：生物体通过遗传、变异和自然选择，实现从低级到高级，从简单到复杂，生物种类从少到多的进化。其主要特征是物竞天择、适者生存，通过适应环境变化实现生物体的进化。黄金动力三角揭示的是生命进化规律：生命种族通过生产科技、能源科技、生产方式、社会关系、社会制度的进化，实现从低级到高级，从野蛮到文明，生命自由从少到多的进化。其主要特征是协同创新、迭代创新，通过社会性创新不断扩大生命自由空间。若没有食物自由，就不会有物质自由；若没有物质自由，就不会有精神自由；若没有精神自由，就不会有生命自由。每一个阶段都是下一个阶段的必由之路，每一阶段革命都是借助生产科技、能源科技和生产方式的协同创新、迭代创新，整合要素，不断突破自然界的时间、空间等先天约束，从而实现生命种族进化的跃升。宇宙中的生命种族通常要经过这4个阶段，否则即使经过数十亿年的进化，最终也会走向灭绝。在地球这颗蔚蓝色的星球上，最美丽的风景其实不是多彩多姿的平原、山川、江湖、海洋，而是波澜壮阔、璀璨夺目的生命进化历程。

人类社会发展的终点其实是明确的，但在通往终点的道路上有无数个分叉点，在这些分叉点中有一些是关键分叉点。人类只有踏入正确的分叉点，才能进入下一个阶段，否则只能在错误的分叉点中一直徘徊，直到找到正确的分叉点。例如，人类只有通过文艺复兴解放思想，才能爆发工业革命，没有找到思想解放这个正确的分叉点，就无法踏入通往工业革命的这条大道。所以对人类总体而言，未来并不存在无数可能，只存在一条由数个关键分叉点组成的大道和与无数分叉点相关的弯曲小路。有些弯曲小路的长度数倍于大道，有些弯曲小路拐了一个大弯又绕回到起点甚至会倒退。但这些弯曲小路只存在于各阶段革命的内部，而不能跨越各阶段革命，人类要想跨越各阶段革命则必须踏入正确的关键分叉点。过去的人类没有未来学的帮助，往往不能一下就找到正确的关键分叉点，所以只能不断进行区域社会随机试验与竞争，通过不同分叉点的尝试，找出正确的关键分叉点。而如今人类有了未来学的帮助，可以先利用生命进化规律找出每个阶段革命的关键分叉点，再利用"进化隧道效应"推导阶段革命内的正确分叉点，从而找出最为高效、便捷的大道，不必再通过不同分叉点进行随机试验，浪费大量社会资源。

　　生物进化规律和生命进化规律在机制上有一定的相似之处，但有着本质的不同。从进化方向看，目前人们认为生物进化方向是为了生存而适应环境，并没有明确的目标，而生命进化方向存在明确的目标，也就是实现生命自由。从进化机制看，目前的进化论认为生物基因突变是完全随机的，通过自然选择淘汰不适合环境变化的基因突变，从而实现生物进化。而2022年耶鲁大学和哥伦比亚大学通过合作研究发现，有机物在相似环境下会产生同样的进化结果，也就是说生物进化机制存在方向选择的主动性，但以现有人类科研水平还无法了解其具体机制。生命进化过程也存在大量的随机探索，但随着人类对生命进化规律认知的深入，建立起科学、系统的未来学体系，随机探索会逐渐被主动探索所取代。从进化方式看，生物进化是通过淘汰不适合环境的生物实现进化的，其实质是资源争夺。适应环境的生物具有更有效的资源争夺、利用能力，从而淘汰掉不适应环境的生物，获得更大的生存空间。生命进化通过以分工合作为基础的协同创新、迭代创新等社会创新扩大价值空间，实现生命自由，其实质是价值创新。生命种族通过价值创新获得更高的社会效率，其核心在于创新，而非淘汰，竞争存在底线。所以，生命进化规律与生物进化规律存在本质的不同，生命进化规律是建立在生物进化规律基础之上的更高规律，协同创新具有比单独进化更高的进化效率，生物进化的最终目标是实现生命进化。

五、狩猎采集部落时期

　　人类在学会使用火和石器之前，由于无法抵御疾病、灾害和野兽的袭击，生活非常困难，疾病多发，婴儿死亡率高，平均寿命只有15岁。5万年前，全球人口总数还不足100万人。此后，人类在生产科技方面发明了石器、弓箭、长矛等工具，狩猎能力大大增强；在能源科技方面掌握了火，从生食到熟食降低了生病的概率；在生产方式方面也出现了初步分工，从最初男女不分工种，进化到男人负责使用工具协作狩猎，女人负责采摘及日常工作，社会效率获得了大大的提升。到一万年以前，人类的人均寿命延长到20岁，全球人口总数也增长到500万人。虽然人类逐渐走向了全球，但在人类驯化马等牲畜之前不具备长途迁徙能力。在此时期，人类生存的核心要素是猎物众多、物产丰富的领地，部落之间争夺优质领地的战争极为频繁与残酷，大部分狩猎采集部落之间会反复不断地发生冲突，但战争规模一般就是数千人。此时还处于公有制时代，部落的生产能力并不高，对劳动力并没有产生大量需求，所以俘虏往往会被杀掉，甚至沦为食物。人们为了减轻生存负担，还会抛弃部落里的老、弱、病、残。

六、农业革命

人类首先在生产科技上取得了突破。约在公元前一万年，今天土耳其境内的原始部落驯化了单粒麦，在8000年前通过杂交培育出小麦，又逐渐驯化成功水稻、土豆、玉米等农作物，并逐步发展出刀耕火种、耒耜耕作、铁犁牛耕、土地连作制、多熟农作制、水利灌溉等生产技术。在能源科技上，人类约在8000年前驯化了牛、在5500年前驯化了马，最初只是为了得到肉食，后来是为了提高土地的耕作效率；2500年前出现了牛耕技术，在牛耕技术基础上又发展出马耕技术。牛耕适用于水田，马耕适用于旱田。除了使用畜力耕作，在1900年前古代中国还利用流水冲击水轮，利用水轮的动能完成磨粉、碾谷、灌溉、排涝等工作。公元8世纪，在中亚地区出现了第一台风车磨坊，其利用风力带动石磨碾磨谷物。在组织方式上，随着农作物被驯化，以及生产科技和能源科技的发展，粮食产量开始大幅增加，人口也随之快速增长。此时期的核心要素是优质的耕种土地，人类开始聚合成群，以获得更强的社会竞争力，以及获取更好、更多的耕种土地。民族、城邦与国家开始产生，财富的增加促使了私有制的出现。由于土地需要大量劳动力进行劳作，因此奴隶开始出现。通过战争获取的俘虏不再被随意杀死，而是成为部落、国家贵族的奴隶，被集中、统一管理进行土地耕作。随着社会的进步，统治者发现没有人身自由、经济自由的奴隶的生产效率不高，为了获得更多的物质财富，以缴纳一定数量的农作物和劳役为条件，统治者将人身自由、经济自由还给奴隶，使奴隶变为生产效率更高的农民，农民获得了经济产权。同时，统治者将土地分给农民，集中、统一的奴隶生产方式转变为独立、分散的小农生产方式，大部分人类从原始部落时期的猎人、采摘者转变为农奴、农民。

在生产方式变革的基础上，凝聚、维系、发展社会的基本关系也从原始部落时期的血缘关系、联盟关系，进化为熟人社会的道德、礼治与宗教。从道德产生微观社会的信用与人情，从礼治产生整体社会的等级与秩序，从宗教产生精神信仰的引导与约束，社会制度从部落制逐渐进化为奴隶制、分封制、帝国制。奴隶主通过生产资料私有化与驯化获得奴隶的忠诚，国王通过土地封建（分邦建国，即分封制）获得贵族的忠诚，皇帝通过流官任免获得官员的忠诚，宗教通过"灵魂救赎"获得信徒的信仰。东方社会通过流官任免加礼治，中东社会通过政教合一，西欧社会通过封建制度和教权，来维系整个人类社会的稳定。在此时期，人类在马的帮助下实现了万里远征，成吉思汗大军在第一次西征时，用两年时间行进了约10700千米，速不台率两万骑兵花费3年又行进了约4300千米，总长达到约15000千米，完成农业革命时期人类最长的行军。但大多数人仍终身被困于百里之地，与土地高度绑定。由于农业、医学技术获得了初步的发展，人类的死亡率降低，到了公元1700年，人类的平均寿命延长到35岁，总数量达到了6亿人。由于人数增多，优质的耕种土地变得相对稀缺，战争规模与烈度大幅上升，出现了数万人、数十万人的大会战。

　　黑格尔用主奴关系来论证自我意识的产生。他认为人类只有摆脱了主奴关系，拥有自由意志的自我意识的相互承认，才能获得真正的平等与自由，这是人类历史进化的必然。只有当奴隶变为人身自由的农民，脱离了人身、经济的依附关系，拥有了私有产权，才能获得自由意志，而自由意志是充分激发个人潜力的前提条件，充分激发每个人潜力的生产方式会使整个社会获得更高的效率。但黑格尔对这种关系变化本源的认知并不正确。黑格尔认为是劳动带来奴隶自我意识的觉醒，从而实现主奴关系的变化，但实际是社会性创新活动与社会价值推动奴隶自我意识的觉醒。从下往上看，奴隶的社会性创新推动了自我意识的觉醒。从上往下看，人类社会为了获得更大的社会价值，统治者就必须解放自由意志，构建更有序、更高效的社会关系，这种关系变化有利于社会的大多数阶层，在变化的时间点也有利于统治者自身。所以，一般社会变革既需要自下而上的个体推动力，也需要自上而下的社会制度力。为了扩大整个社会的价值总量，统治者需要赋予奴隶人身权、财产权，由此带来奴隶自我意识的彻底觉醒，最终推动奴隶社会走向灭亡。综上所述，变革一般都是自上而下的，而非自下而上的。关系变化来自人类的整体价值增长，而非个体劳动，劳动并不必然带来自我意识的觉醒。 为了扩大社会价值总量，统治者需要赋予个体人身权、财产权，只有人身权、财产权才会带来自我意识的觉醒！

整个人类历史的进化过程正是不断解放自由意志的过程。中国农业革命时期经济制度以井田制为基础，逐渐进化到均田制、两税法、一条鞭法、摊丁入亩。从中可以看出，不断减轻生产者的负担，使其获得更多的自由，可以激发其活力、提高生产效率。但在旧的社会制度、社会关系（帝国制与礼治）的制约下，这种自我进化非常缓慢，不断经历轮回，而不同区域社会的竞争加速了进化过程，实现了从农业革命到工业革命的跃升。所以，价值才是推动人类社会进步、个体自我意识觉醒的关键，而价值来源于黄金动力三角区域的不断扩大。

七、工业革命

由于农业革命时期西欧社会的土地封建加教权对社会创新的制约，要弱于东方社会的流官任免加礼治和中东社会的政教合一，因此人类工业革命首先在西欧社会爆发。人类首先在生产科技上取得突破，1765年珍妮纺织机在农业革命时期传统纺织机的基础上获得技术突破，此后各种纺织机械开始出现；第一次工业革命爆发，随后钢铁、生物、信息等科技发明相继诞生，带来第二次、第三次工业革命。在能源科技上，人类为了获得纺织机械所需的可靠生产动力，首先发明了水力纺织机，然后发明了改良蒸汽机、内燃机、发电机等，能源科技的创新使生产科技得以快速普及。在生产方式上，为了适应生产科技和能源科技，人类社会产生了立足于商品交换的大规模生产方式。生产科技、能源科技和生产方式的协同创新，推动了人类社会生产力的飞跃，带来了社会价值的极大增长。此时期的核心要素已经不再是优质的耕种土地，而是支撑大规模生产的各种资源。有了资本才能投资建设大规模的工厂，资本是首要核心要素，有了能源、矿产才能保证大规模工厂的持续运行，因此工业革命初期围绕各种资源爆发了各种战争，战争的规模与烈度进一步上升，如两次世界大战时出现了数百万人的大会战。但随着工业革命的推进，人们发现遵守商品交换规则带来的价值远大于冒险发动战争带来的价值，因此在工业革命后期，人类战争逐渐减少，全球化商业贸易大幅兴起。

在生产方式变革的基础上，社会关系、社会制度也发生了巨大变化。随着人类离开世代传承的农村土地，进入大量陌生人聚集的城市，从熟人社会的道德中产生了陌生人社会的法治，从家族与村落的信用、人情进化为人人平等、契约精神，社会制度从王国、帝国进化为现代法治国家，君权神授也进化为公民权利让渡。随着大规模生产的兴起，首先，汽车、火车、飞机等运输工具相继被发明出来，人类的足迹得以遍布全球。其次，现代医学的建立大大延长了人类的寿命，仅青霉素等抗生素的发明就让人类的平均寿命延长了近10年。在20世纪中期，人类的平均寿命达到了60岁；1950年，全球人口总数达到了25亿人。最后，大规模的工业生产使大批农民从农村转移到城市，轰轰烈烈的城市化进程开始了，持续上百年的城市化进程逐渐改变了人类生活。

八、互联网革命

黄金动力三角是人类社会进化的密码，人类社会已经发生的农业革命、工业革命遵循了黄金动力三角规律，未来的互联网革命、机器革命也将在黄金动力三角的作用下循序发生。

人类首先在生产科技上取得突破，互联网脱胎于工业革命中的信息革命，在1991年进入人类社会生活，其后，智能工厂、3D打印机（3D打印是一种增材制造技术）、机器人、元宇宙生产等生产科技将相继得到普及。在能源科技上，与分布式互联网相匹配的分布式能源、可再生能源、核聚变等发明也将相续普及。在生产方式上，将从商品交换的大规模生产方式转变为智力迭代的全球分布式平台生产方式，在商品交换的基础上，将在全球范围内通过智力接力实现生产技术、能源技术的不断快速迭代升级，通过全球分布式平台生产方式实现完全个性化生产，提高效率、降低能耗。在此时期，核心要素从资本等资源转换为更接近创新驱动力的智力资源；建立在大规模生产方式上的城市化进程，也将因为全球分布式平台生产方式逆转，人类将摆脱工作、教育、医疗等刚性束缚，自由地选择居住地，各类资源围绕人类生活质量的提高将获得更充分、更均衡的利用。

在生产方式变革的基础上，社会关系、社会制度也将发生巨大变化。在社会关系上，随着互联网的快速发展，从工业革命时期法治的陌生人社会，最终将逐步进化到互联网革命时期的全球社会——全球同在一个地球村，具有同样的基础价值理念、行为准则与沟通方式。在社会制度上，随着全球各国进化为现代法治国家，全球共识逐渐形成，战争终将灭绝，全球经济将高度耦合，大约在第二次互联网革命的中晚期，国家将消亡，取而代之的是全球统一（联合）政府、统一法律、统一税制。随着全球统一（联合）政府的成立，其除了将对互联网战略突破口进行引导、对基础设施进行必要投资、对市场失灵区域进行必要修复，还将大幅减少对市场其余区域的干预，世界经济将不会再有周而复始的"繁荣—危机—萧条—复苏"经济周期，而是进入一种长期稳定的增长状态。到了第三次互联网革命时期，全人类可能有10%~30%的人口从事知识型产业，可能有10%~20%的人口从事传统制造业、建筑业，可能有40%~60%的人口从事服务业、农业，全球互联网平台将深入渗透到人类的工作、生活中。

科学家根据端粒和细胞的分裂周期测算，人类的极限寿命为120岁左右。随着生命科学细胞修复、再生技术的突破，人类的平均寿命将在互联网革命时期接近生理极限。2021年全球人口总数已达到79亿人，未来人口数量还会继续增长，但将会受到地球资源的限制。随着可回收火箭、可循环使用宇宙飞船等航天技术的发展，航天成本降低，在全球统一（联合）政府的支持下，宇航探索将加速，人类的足迹将遍布太阳系，月球和火星将成为人类最初的两个太空基地。

九、人与动物的本质区别在于社会性创新

尤瓦尔·诺亚·赫拉利在《人类简史》一书中认为人类之所以能站上地球食物链达成的顶端，最重要的因素是人类具有虚构故事的想象力。人类通过对这些虚构的概念达成共识实现了大规模合作，从而创造了辉煌的人类文明。实际上，动物也有虚构故事的想象力。例如，黑猩猩会假装将食物藏在灌木丛中，然后假装食用，甚至还会和其他猩猩分享想象中的食物，看它们是否会吃。虎鲸、狮子、狼等动物都会通过团队配合，围堵猎物进行捕猎。例如，虎鲸们看见海豹躲在浮冰上，就会排成一排，集体往冰面下快速俯冲，动作整齐划一，利用掀起的波浪将海豹从冰面上推下来，这说明虎鲸具有利用波浪将海豹从冰面推倒的想象力，而且是集体虚构的想象力。海豚们甚至可以配合渔民捕鱼，将鱼赶到渔民的撒网范围内。虚构故事的想象力并不为人类所独有，所以虚构故事的想象力并不是人类站上地球食物链顶端的最关键因素。

劳动不能自然而然地将人类与动物分开。在智人出现以前，原始人类主要从事采集、狩猎劳动，与动物们的采集、捕猎并没有本质的区别。使用工具并非人类独有的行为。例如，黑猩猩会利用树枝捅白蚁窝；白兀鹫会利用喙叼起卵石砸破蛋壳；中美洲巴拿马群岛的白面卷尾猴甚至会磨制简单的石器，使用石器砸开坚果，会把药草嚼碎抹在伤口上，还会使用打磨好的石器和木棍对付蛇，用完后还会将这些工具藏起来下次再用，而且懂得根据贡献多少分配食物。使用火也非人类独有的行为。例如，黑鸢会寻找火种，并将火种扔到草丛里引发火灾，当草丛里的动物四处逃窜时，黑鸢就会进行捕猎。因此，在智人之前的直立人虽然会打磨石器、使用火，但还属于动物，而非真正的"人"。而当智人出现后，他们通过大规模的交流与合作，已经具备了生产劳动能力，所以劳动只是"人"的必要而非充分条件。

猴子、大猩猩、狗等哺乳动物都具有一定的认知能力和沟通能力，表现出了自我意识和思考能力，有着丰富的感情和想象力，具有喜、怒、哀、乐等情感，会对同伴的高兴和悲伤共情。大象、虎鲸、海豚等智力最接近人类的哺乳动物甚至还有同理心，会照顾群体中的老、弱、病、幼个体，而最基本的道德准则就是同理心。人与动物的差距，其实并不像人类自己认为的那样巨大，若智人种族消失，可能只需数百万年，地球又会进化出新的"人类"。

人与动物的本质区别在于社会性创新。社会性创新是指为满足族群生存、发展的需求，利用社会群体互动进行的创造性活动。社会性创新包括黄金动力三角中的生产科技、能源科技和生产方式创新，以及以生产方式为基础的社会关系、社会制度创新。社会性创新可以持续迭代进化，人类的绝大多数创新都是社会性创新。例如，相对论是以牛顿力学、光速、广义协方差等理论为基础创立的，爱因斯坦发现了牛顿力学所不能解释的区域，利用了前人创建的广义协方差等数学理论和光速等物理理论，若没有这些理论，爱因斯坦也难以提出相对论；而牛顿力学是以伽利略发现的惯性运动和重力作用下的匀加速运动、开普勒发现的行星运动定律为基础的，若没有伽利略和开普勒的发现，同样不会有牛顿力学。孤立性、单点性创新由于无法进行社会智力接力，无法通过扩散和流传实现持续迭代进化，因此无法真正推动人类社会持续进化。人类今天的成就，实际上是上千亿名智人通过十几万年的社会性创新活动累积的成果。

大象、虎鲸、海豚等动物虽然也有大量复杂的社会性活动，如年幼的虎鲸会跟随母亲十几年，学习不同的团队捕猎技巧和语言，但这些捕猎技巧和语言是虎鲸种群通过大约100万年的时间进化而来的，只是学习与传承。虎鲸种群缺少可以迭代升级的社会性创新，没有大量的社会性创新意味着种群进化的停滞，而进化的停滞意味着无法实现食物链的跃升，无法完成地球生命进化的终极使命，最终将会走向毁灭。在地球上的所有生命种族中，只有人类能通过相互之间的交流，进行大量复杂的社会性创新，从而不断推动种族的进化、发展。

人类进行大量复杂社会性创新的前提是其具有复杂语言能力，即可以将头脑中的灵感、创意、思想与其他人沟通，形成合作，实现与推广创新，实现创新的持续迭代更新，从而涌现大量复杂的社会性创新活动，推动人类社会不断发展。根据英国遗传学专家安东尼·玛纳克（Antong Manak）教授的发现可知，对人类产生复杂语言起决定作用的"FOXP2基因突变"发生在12万年至20万年前。最初智人只能说一些简单的语言，主要的表达方式仍靠肢体动作来完成。随着基因突变，在约12万年前智人能够发出几百种清晰的声音，基本掌握了复杂语言能力，人类有了全新的思考方式和沟通方式，可以进行团队协作与创新。

复杂语言能力是人类脱离动物的关键因素，是从动物进化为"人"的充分必要条件。智人只有获得了复杂语言能力，才可能进行大量复杂的社会性创新，从而使智人逐渐远离动物，成为真正的"人"。在自然界，土拨鼠能发出100多种叫声，其语言能力仅次于人类，大象能发出70多种不同的声音，虎鲸能使用62种不同的声音与彼此进行交流，黑猩猩至少能发出32种规律化的声音，但都无法与人类相比。以汉语为例，人类能发出4200种不同的声音，动物与人在复杂语言能力上存在巨大鸿沟。大象、虎鲸、海豚等动物由于缺乏复杂语言能力，交流能力受限，难以进行大量复杂的社会性创新，社会性创新极为缓慢或停滞。

从直立人下树到智人获得复杂语言能力之前，人类在300多万年的时间里仅仅学会了打磨简陋的石器、保存和使用火种等简单技能，社会性创新极为缓慢。随着人类掌握了复杂语言能力，相互之间的协作与创新开始大量增加。约14万年前出现与邻近人群的贸易交易；约11万年前出现骨头工具、远距离投矛器；约10万年前智人强化了群体协作能力，开始捕猎大型动物，同期智人人口迅猛增长；约7万年前智人开始向全球扩张；约3万年前智人掌握了航海技术，发明了船、弓箭、油灯等工具，借助大量复杂的社会性创新活动和集体的力量，战胜了尼安德特人、娑罗人、弗洛里斯人、丹尼索瓦人、鲁道夫人等近亲，占据了地球食物链顶端。尼安德特人实际比智人更为强壮，脑容量也更大。虽然尼安德特人也拥有FOXP2基因，但其可能并未产生关键性的突变，科学家们通过对尼安德特人的骨骼化石进行研究发现，尼安德特人的声带远没有智人"精致"，这意味着其可能没有复杂的语言系统。FOXP2基因突变更像一种偶然，如果尼安德特人率先获得了这种基因突变，那么今天遍布地球的人类就不是智人，而很可能是尼安德特人。

随着智人掌握了复杂语言能力且后续获得了文字能力，其可以将头脑中已存在的思想、故事、概念描述出来，与其他人形成思想碰撞，创新不断迭代累进。这也使每个智人的概念能力、逻辑能力、思考能力、记忆能力、沟通能力获得了革命性的发展，大量复杂的社会性创新活动蓬勃兴起，使智人在团队创新中获得了"社会性"。整个智人种族的能力都在快速提升，获得了更多的资源，进而发展出更大的社会规模。智人规模的扩大、能力的增强、资源的丰富，也使智人的社会组织结构从一层直接管理逐步发展到金字塔型的多层管理，突破了罗宾·邓巴（Robin Dunbar）的"150定律"，出现了部落、国家、帝国。

随着智人社会的发展，公元前3500年左右两河流域的苏美尔人发明了最早的楔形文字，智人开始出现文明。从公元前600年的泰勒斯开始，到公元前400年，古希腊接连出现苏格拉底的道德哲学、柏拉图的理念论、亚里士多德的目的论与形式逻辑、欧几里得的《几何原本》，通过不断的继承与批判，进行持续的社会性创新接力，人类一步一步从懵懂的感性认知升华，打破了经验的牢笼，进入纯粹的理性世界。欧几里得利用5个公设推导出了465个命题，建立起人类史上第一个完整、纯粹的理性演绎体系，展示出了逻辑思维的力量，影响了后世的思维，人类的认知能力获得了极大的提高。古希腊不仅从宗教中分离出哲学、天文学，还在哲学、逻辑学、数学等学科的基础上诞生了科学。在文艺复兴后，科学理论逐渐得到发展和成熟，社会性创新不断加速，最终在欧洲爆发了工业革命。

推动人类社会进化的关键并不是劳动，而是社会性创新。目前，人类社会绝大多数的劳动都是重复性劳动，而非社会性创新。重复性劳动并不能推动3种动力创新，只能维持社会运转。随着黄金动力三角区域的固化、社会进化的停滞、人口数量的不断增长，每个人平均获得的价值越来越少，守成者的不战而胜之道就会获得主导地位，人类社会将无可避免地陷入存量资源竞争的黑暗。生产科技、能源科技和生产方式的进化本质上是创新，这三者代表了人类的整体创新力水平。只有社会性创新才可以不断产生增量价值，扩大黄金动力三角区域，激发社会进步动力，创新者的不战而胜之道才会获得主导地位，推动人类社会超越轮回、走向永恒。所以，真正推动人类社会发展的是创新者，而不是传统意义上的帝王将相。如果社会失去创新，就会陷入周而复始的"重建—停滞—崩溃"存量循环，这也是中国社会自秦以后，到辛亥革命以前，被困于农业革命2000多年的原因。中国在这2000多年里经历了1000多年的乱世，而欧洲也在中世纪的宗教、封建混战中停滞了1000多年。

　　人类的社会性创新随着时间的推移，交流越来越频繁，创新速度越来越快。在工业革命以前，由于交通工具和沟通工具落后，创新速度相当缓慢。工业革命在英国爆发，并快速扩散到欧洲、美洲大陆等地区，由于轮船、飞机、汽车、电话的发明，生产科技、能源科技、生产方式在原有基础上不断进行接力突破，创新速度明显加快，加速了工业革命的进程。在互联网革命时期，全球创新者借助互联网被连接在一起，通过全球智力资源的汇集，不仅在创新成果上进行协同，而且在创新思路、创新过程上也出现了协同，加强了社会性创新的协同效应，进一步加快了互联网革命的速度。正因为交通工具、沟通工具的进化，加强了人类之间的交流沟通，农业革命、工业革命、互联网革命在创新成果上呈现出不断加速的状态，未来机器革命的创新速度将比互联网革命更快。从个体来看，每个人都被困于自己的认知之中；从人类整体来看，人类的认知随着社会性创新不断扩大，永无止境。

　　守成者的不战而胜之道代表熵增，创新者的不战而胜之道代表熵减，两者相生相伴。人类社会正是在两种基本规律的支配下，在一个革命周期中波浪式前进，在整个发展周期中阶梯式上升。熵增会扩大黄金动力三角区域的价值总量，熵减则会缩小黄金动力三角区域的价值总量或使其增长停滞，"进化隧道效应"也正是在基本规律支配下呈现出来的产业现象，不断迭代升级的社会性创新推动人类逐渐远离动物，向真正的"人—神—超神"进化。

/ 聚势 ╱ 开创全球
科技、商业、经济新趋势

第三节

3次互联网革命：没有第四次工业革命，只有互联网革命

一、第四次工业革命并不存在

第二定理（互联网革命定理）：没有第四次工业革命，只有互联网革命。

证明：根据第一定理，工业革命和互联网革命分别实现人类的物质丰盛、精神丰盛，因此工业革命与互联网革命的目标、本质存在巨大的根本性差异，工业革命利用规模化大生产实现物质丰盛，而互联网革命利用分布式网络生产实现智力资源的解放与丰盛，最终实现人类精神的自由与丰盛。

什么是革命？革命就是指推动事物发生根本性变革，从旧质到新质产生质的飞跃。发端于18世纪的工业革命之所以被称为革命，是因为机器大工业的应用极大地提高了生产力，使人类社会的经济迅速发展，将人类社会从农耕文明带入工业文明，并深刻地影响到社会分工、社会制度、社会文化、国家兴衰、人口流向、城市化进程、财富分配等方方面面。机器大工业的应用在人类社会的发展进程中起到了核心驱动作用，因此这个发展过程才被称为工业革命。

人类历史上曾先后发生过3次工业革命：第一次工业革命开创了"蒸汽时代"，人类从农耕文明进入工业文明；第二次工业革命开创了"电气时代"，电力、内燃机得到了广泛应用，工业重心由轻纺工业转为重工业，出现了电气、化学、石油、汽车等新兴工业部门；第三次工业革命是科技革命，全世界的信息和资源交流更为迅速、频繁，整个世界开始变"平"。互联网革命的诞生建立在人类历史上3次工业革命的基础上，没有3次工业革命就没有现在的互联网革命，正是3次工业革命为互联网革命提供了物质基础与发展环境，才使互联网革命在人类的历史长河里"顺理成章"地发生了。现在的互联网发源于1966年美国国防部创建的阿帕（ARPA）网络，1991年第一个网页诞生，万维网及HTTP（超文本传输协议）开始出现，普通人也能够自由地翱翔在万维网

中。1991年是互联网革命的元年，互联网从此开始了迅猛的发展。

从1991年开始，在全世界范围由互联网引发的社会、经济、工业大变革并不是"第四次工业革命"，而是互联网革命。虽然互联网革命脱胎于第三次工业革命的信息化产业，建立在工业革命之上，但与工业革命有着本质的不同。工业革命的物质基础是机器大工业、表现形式是集中式大规模控制，前三次工业革命都呈现出这个明显的特点：人类社会利用机器大工业形成规模化大生产，围绕规模化大生产进行资源配置、产业上下游协同、社会结构重构。而互联网革命的物质基础是互联网，表现形式是分布式协同创新，人类利用互联网形成的网络多点连接，加速人类知识、能力的共享与协同，降低知识经济的交易成本，围绕人类的智力资源进行资源配置、产业创新、社会结构重构。这种革命是由互联网推动的在社会、经济及工业等领域发生变革，机器大工业是被影响和改造的对象，革命已经发生了本质性变化，因此人类社会正在发生的是一次全新的革命——"互联网革命"。因为这是一个新时代，所以不能再将其称为第四次工业革命！虽然工业革命引发的全球产业迁移仍在继续，但时代的主旋律已经转换为互联网革命，一方面工业革命余波尚存，另一方面互联网革命方兴未艾。

集权与分权，是工业革命和互联网革命之间根本性的差别。在工业革命时期，人类只是生产线上的螺丝钉，服从于规模化大生产；而在互联网革命时期，每个人都是一个独立的网络节点，可以根据自己的个性、偏好选择最优的互联网连接，从而充分利用自己的知识、能力与资源，实现智力资源的解放、自由与丰盛，最终实现精神的丰盛。

所以没有"第四次工业革命"，只有互联网革命。"第四次工业革命"的提法既没有充分认识到互联网革命与工业革命的本质区别，也没有认识到互联网革命的真正潜力。目前，人类社会仍然处于互联网革命初期，虽然互联网这个革命性工具已经出现，但一方面这个工具仍然在向万物互联互通的方向进化，另一方面工具的发明领先于人类生产方式、社会关系、社会制度等社会体系的改变。第一次工业革命诞生时，人类为了适应机器大工业，从农业社会转变为工业社会，大量的农业人口进入城市工厂，这一过程在全世界范围持续了数百年。互联网革命时期需要的人的个性、知识、能力与工业革命时期需要的完全不同，现在人类社会在全球产业结构、区域文化思想、知识能力结构、社会关系结构等多方面还没有和互联网很好地适配，仍然处于发展转变过程中，并没有充分发挥出互联网的革命性潜力。

二、互联网革命的 3 个阶段

第三定理（3 次互联网革命定理）：3 次互联网革命相继发生，万物相连、万物相循、万物相生。

证明：根据第二公理，互联网革命只要发生，为了追求价值增长，互联网革命便会持续深入发展，不断扩大黄金动力三角的价值区域；根据第二定理，互联网革命的关键是智力资源的解放、自由与丰盛。

因此，未来人类会经历 3 次互联网革命：万物相连、万物相循、万物相生，从而实现智力资源的解放与丰盛。地球万物第一次通过互联网建立连接后，各种信息、能源、物质等要素不断得到优化，重新构建循环结构，以提高效率。在此基础上，各种物质、能源围绕人类智力资源的提升进一步融合与转化，推动人类文明达到一个新的高峰。

第一次互联网革命是万物相连，主要实现人与人、人与物、人与环境的连接。这一阶段的重点是智力与物质、能量的连接。

第二次互联网革命是万物相循，在万物相连的基础上，主要实现产品设计、生产、能源、消费、回收的本地化有机耦合循环，万物通过革命性协同创新形成新的循环体系，提高生产效率、降低能量消耗。这一阶段的重点是智力与物质、能量的协同优化。

第三次互联网革命是万物相生，在万物相连、万物相循的基础上，借助生物技术、人工智能（AI）、仿生学等科学技术的突破，突破人类自身脑力、能力上的瓶颈，实现生物、机械等物质之间的高效利用和转化。这一阶段的重点是智力与物质、能量的升华，有机生命体进化为无机生命体。

3 次互联网革命的本质区别是智力资源与万物的连接、协同和进化。第一次互联网革命完成了智力资源和万物的连接。万物从分离到连接，连接后会对原有循环进行重组优化，因此会出现第二次互联网革命的智力资源高效协同与重组循环。在智力资源充分发挥潜力的情况下，人脑输入瓶颈会被突破，从而引发第三次互联网革命的智力升级。互联网汇聚智力资源、物质资源，有机生命体利用外界物质获得更强的能力，并进化到无机生命体，由此进入机器革命。

从万物相连到万物相循，再到万物相生，先易后难，每个阶段都以上一个阶段为基础，这是互联网从低级形态向高级形态发展的必然历程。人类借助互联网革命，对世界的改造在不断深入，最终通过3次互联网革命推动人类社会进入下一个全新时代。

三、3次互联网革命的里程碑事件

3次互联网革命各有其里程碑事件，每个里程碑事件都代表着一次互联网革命的成熟，以及人类生产能力、生产效率的大幅提高，从而推动经济发展水平达到一个新的高峰。从另一个角度看，只有生产能力、生产效率的大幅提高，才是互联网革命的真正价值所在，仅仅是概念的提出，没有带动生产效率的提高，并不是真正的互联网革命。

第四定理（第一里程碑定理）：第一次互联网革命万物相连的开始里程碑事件是互联网的出现，成熟里程碑事件是全球网状超级平台的出现、工业机器人的普及。

证明：根据第三定理，第一次互联网革命是万物相连，因此开始里程碑事件是互联网的出现。根据第三公理，互联网代表的生产科技可以持续进化，所以成熟里程碑事件是出现一个可以连接地球万物，并通过多个平台耦合产生跨平台网络效应的全球网状超级平台。全球网状超级平台连接的万物包括大量工业机器人、传感器、机床等生产设备，利用工业机器人的普及大幅提高人类的生产效率。

第五定理（第二里程碑定理）：第二次互联网革命万物相循的开始里程碑事件是3D打印机在成本敏感型产业开始普及，成熟里程碑事件是3D打印机在技术密集型产业普及，代表全球设计、本地生产、本地能源（本地化能源生产）、本地回收的全球分布式生产循环成为主流趋势。

证明：根据第三定理，第二次互联网革命是万物相循，因此第一次互联网革命的开始里程碑事件是3D打印机在成本敏感型产业开始普及，3D打印机开始对传统产业产生替代。根据第三公理、第四公理、第五公理可知，生产科技的进化来源于生产科技的自身进化、能源科技与生产方式的匹配进化，而资源消耗最少、环境污染最小、生产效率最高、智力资源利用最充分的生产方式就是全球设计、本地生产、本地能源、本地回收的全球分布式生产循环，这意味着机器大工业全球化生产方式进化为本地生产、区域智力资源进化为全球智力资源、全球能源进化为本地能源、全球矿产开发进化为本地回收；而成熟里程碑事件就是3D打印机在技术密集型产业普及，这意味着3D打印机对传统产业链的基本替代完成。

第六定理（第三里程碑定理）：第三次互联网革命万物相生的开始里程碑事件是脑机接口普及，结束里程碑事件是人工智慧出现。

证明：根据第三定理，第三次互联网革命是万物相生，需要突破人类自身脑力、能力上的瓶颈。根据第二定理，互联网革命的关键是智力资源的解放、自由与丰盛。人脑的输入、输出瓶颈效率较低，要最终转化为机器智慧，首先需要提高的就是人脑的输入、输出效率，因此脑机接口普及意味着人脑输入、输出效率的大幅提高，从而大幅提升智力资源的创新力。根据第三公理，人类进化为机器智慧的标志就是人工智慧出现，极大提高人脑处理效率，从有机生命体进化为无机生命体，从人工智能进化为人工智慧，因此结束里程碑事件是人工智慧出现。

第七定理（五产业定理）：互联网革命的直接动力由信息、制造、能源、机器智能、生物工程5个产业及其衍生产业提供。

证明：根据第四定理、第五定理、第六定理，从互联网革命的里程碑事件可以推出，虽然互联网革命会涉及社会的各行各业，但能产生革命性变革、带动社会各产业发展的主要是信息、制造、能源、机器智能、生物工程5个产业及其衍生产业。里程碑事件也是这5个产业通过单独进化或协同进化后，产生革命性技术爆发的结果，不同阶段互联网革命所需的产业动力并不相同。

3次互联网革命的发展趋势及里程碑事件如表1.3所示。

四、未来5步推导法与互联网革命的整体进程

我们可以借助未来5步推导法对互联网革命的整体进程进行系统推演，如下所述。

第一步，推导整体发展阶段。基于黄金动力三角的6条公理及定理推导互联网整体发展阶段。首先，互联网会连接一切可以连接的物体，这是互联网的物理基础；其次，人类的生产秩序会进行重新优化，以革命性地提升生产效率，而生产效率的提升会大大增强人类的创新能力，最终推动人类突破人工智慧等高难度科技。因此，互联网革命存在万物相连、万物相循、万物相生3个阶段。

表 1.3　3 次互联网革命的发展趋势及里程碑事件

3 次互联网革命		里程碑事件	互联网	制造	能源	机器智能	生物工程
万物相连	人与人的连接	单边平台（Web1.0）、双边平台/多边平台（Web2.0）出现	Web1.0（网页浏览器、门户网站、搜索引擎、即时通信）、Web2.0（脸书、推特①、维基百科）	众包、众筹、众创、众扶			
	人与物的连接	超级平台、Web3.0 出现	智能手机、Web3.0（抖音）、大数据、云计算	智能工厂出现（多品种小批量生产）	再生能源技术兴起	自动驾驶、工业机器人、机器人家居产品出现，人工智能出现	脑机接口、远程医疗、移动医疗、精准医疗出现
	人与环境的连接	全球网状超级平台出现，工业机器人普及	多个全球网状超级平台	智能工厂普及（个性化定制生产、个性化方案生产）	可再生能源技术在区域普及	工业机器人普及、机器人家产品普及、自动驾驶技术成熟，人工智能进化	远程医疗、移动医疗、精准医疗普及
万物相偕	3D 打印机在成本敏感型产业开始普及（开始），3D 打印机在技术密集型产业普及（成熟）	全球网状超级平台，全球 3D 打印设计平台成为全球分布式生产体系的核心	分布式生产（完全个性化生产）普及	可再生能源技术普及	个性化机器人普及，人工智能进化	3D 打印人体组织、器官技术普及	
万物相生	脑机接口普及，人工智能出现（结束）	元宇宙普及，虚拟与实体融合为一体的全球网状超级平台出现	元宇宙生产普及	核聚变技术普及	仿生智能机械普及，人工智能慧出现	掌握基因信息，脑机接口（人与人、人与机器）出现	

资料来源：作者自绘。

注：①推特于 2023 年 7 月更名为 "x"，本书所述相关内容多为此时间节点之前，故仍用 "推特"。

031

第二步，推导每个发展阶段的里程碑事件。从 3 次互联网革命的里程碑事件来看，成熟里程碑事件代表一个阶段的成熟、人类生产力的一次巨大飞跃。万物相连的成熟里程碑事件是出现一个能连接万物的全球网状超级平台；万物相循的成熟里程碑事件是出现一个全球设计、本地生产、本地能源、本地回收的全球分布式生产循环体系，以实现全球智力资源的高度协同，而全球 3D 打印设计平台是全球分布式生产循环体系的核心；万物相生的成熟里程碑事件必定是突破人脑输入、输出瓶颈与人脑处理瓶颈，使人脑升级到人工智慧，从而进入下一个阶段——机器革命。

第三步，推导支撑里程碑事件的关键技术突破。基于里程碑事件推导五大产业需要实现的关键技术突破，这些关键技术是里程碑事件出现的必要支撑，也是互联网革命的重要组成部分。

第四步，推导革命主导驱动力的演变路线。将里程碑事件、五大产业的关键技术与互联网发展相结合，从而推导出互联网的主要发展趋势。

第五步，推导关键技术细节。基于整个互联网革命发展过程的关键技术交互影响，一些关键技术必然是某些关键技术广泛应用的前提条件，以此对全球网状超级平台、智能工厂、货币竞争、元宇宙、脑机接口、人工智能等关键技术细节进行推导。

3 次互联网革命的里程碑事件、关键技术、发展趋势其实是通过逻辑推演得出的。由于互联网革命的发展可能会经历数百年，每一种关键技术的突破实际都需要经历漫长的进化过程，并非一蹴而就，关键技术的突破还取决于人类投入资源的多寡与偶发性事件，因此关键技术的推演时间很可能是最晚时间。

第四节

智力引擎：改变世界的 10 种革命性变化

互联网革命是工业革命的升级，全球资源通过互联网被连接在一起，利用万物相连和智能设备在整个人类社会形成互联网式的智慧大脑，并最终为人类带来机器革命。这对于人类社会来说是一次全新的革命，将会对人类的生产方式、生产关系、生活方式、社会结构、族群文化等方面产生深远的不可逆转的影响，其重要性大于第二次、第三次工业革命，足以与第一次工业革命相提并论。

从整个社会发展变化看，互联网革命会引发人类社会的10种革命性变化：生产核心要素从资本向智力转变、生产方式从集中式生产向分布式生产转变、生产形态从单向消耗型生产向循环生态型生产转变、生产模式从大批量单一生产向完全个性生产转变、能源从传统能源向再生能源转变、社会组织方式从金字塔型层级制向网状超级平台与网络自组织转变、人口流向从集中向分散转变、财富从集中向均衡转变、社会从低福利社会向高福利社会转型、文化从多元向一本多元转变。

第八定理（生产核心要素定理）：生产核心要素从资本向智力转变。

证明：根据第二定理，互联网革命将实现智力资源的解放与丰盛，智力资源将成为生产核心要素。生产要素是指进行社会生产经营活动时所需要的各种社会资源，工业革命时期的生产要素包括劳动力、自然资源、资本、技术、知识、管理等。由于组织机器大生产需要大量资本，获得资本的支持就可以整合各种要素组织生产，因此资本属于生产的核心要素，在价值分配中资本一般占有最大的分成价值。人类利用土地可以获得地租、利用劳动可以获得工资、利用信息可以获得报酬，而利用技术、管理除可以获得工资外，由于参与创造价值，还可以通过股权获得一部分分成价值。但在互联网时期，一切都发生了重大变化。

未来，随着智慧网络、3D打印、智能制造、机器智能等关键技术瓶颈的突破，如同第一次工业革命将人类从农田转移到生产线上，第一次互联网革命将会使机器替代人类进入生产线，把人类从生产线上繁重的体力劳动中解脱出来，人类将以智力资源而非劳动力资源的形式，通过互联网参与全球智力资源整合。创新力、生产力将得到极大的提升，智力资源的全球聚集与丰盛将大大加速人类对关键技术的突破。

宝洁通过互联网进行开放式创新，吸引了全世界范围内150多万名研发人员。引入众包模式使其研发能力提升了60%、创新成功率提升了两倍多，创新成本却下降了20%。波音公司在研发波音787时，通过架设全球网络工作环境整合全球资源，使全球 50 多家供应商合作伙伴与其一起参与研发和制造。通过新的全球合作模式，波音公司进入市场的时间缩短了 33%，节省了 50% 的研发费用。

互联网可以连接全球的计算机、智能家居、智能工厂、智能大厦、智能环境等，万物皆可连接，但互联网最重要的作用是连接了全人类的智力。通过互联网的连接，全人类的智力得以迅速交流、沟通，汇聚成更强大的创新力，再通过互联网快速传播与扩散，原来困于头脑中的创新力借助互联网更容易变为现实。互联网将成为人类历史上第一座真正意义上的"通天塔"，借助互联网，全人类的智力、创新力、执行力及资源都将被更有效地整合起来。

特别是第二次互联网革命中的 3D 打印产业逐渐成熟后，未来分布在全球各地的人们可以运用计算机辅助设计工具设计出个性十足的产品。人们可以先通过互联网进行全球智力合作与交换，设计出令自己满意的个性化产品，再通过本地的 3D 打印店甚至自己家的 3D 打印机将产品打印出来。这将推动以"设计即制造"为特征的个性制造业快速发展，知识产业也将加速扩散，从而将对传统制造业产生颠覆式影响。

由于个性制造业的特点是"设计即制造"，因此不再像传统大工业集中式生产那样需要购买土地、修建厂房、配备大量生产线设备，也不需要招聘大量的劳动人员，只需要购买一台 3D 打印机就可以省略大部分供应链环节。随着技术的进步，3D 打印机的成本将快速下降，3D 打印机本身也能实现自我打印，这使其本身的生产也变为一种分布式生产。所以，未来生产对资本、土地、劳动力的依赖性将大大下降，资本不再是生产中的核心要素。而互联网的发达使大部分信息唾手可得，由集中式大生产转为分布式个体生产，也使未来的生产组织变得短小精悍、有弹性，不再需要叠床架屋式庞大臃肿的复杂组织架构，生产对管理的需求也将大大下降。

以智力要素为基础的创新力将成为推动生产的关键力量，成为世界经济发展的核心引擎。智力资源与劳动力资源的本质性区别就是智力资源具有创新力，而劳动力资源不具有创新力。在互联网革命时期，人类的创新力作为第一生产力将会得到充分的重视。吸引优秀的智力资源，围绕智力资源配置产业要素，使智力资源的价值能得到充分发挥，将成为互联网革命时期最重要的竞争方式。未来各国、各区域政府将会围绕智力资源的培育、发展、交易、传播搭建一系列的规则，以促进全球创新力的繁荣兴旺，创新力将成为国家与国家之间的主要竞争力，智力资源充沛、规则明晰的国家将成为全球产业经济中的领导者。

但这种转变需要一定的时间来过渡，因为技术的发展总是快于社会习俗、知识结构的优化。互联网的发展会使知识得以快速传递，逐步推动各国的基础教育、职业教育、高等教育的改变。当生产方式、生产模式、生产环境、社会关系、社会制度等基础条件成熟后，经过数代人的更替与发展，智力资源将逐步成为生产力的核心要素。

第九定理（产业人口定理）：产业人口将从制造业转移到知识产业。

证明：根据第八定理，全球智力资源开始整合，目前还处于初级阶段。宝洁、波音等公司已经呈现出了通过互联网整合全球智力资源的发展方向。未来随着智能生产、智能工厂、3D打印机的推广，人类将逐渐摆脱体力劳动的束缚，正如工业革命使大量人口从农业转入制造业，英国工业就业人口所占据的比例从1801年的30%增长到1877年的55%，农业就业人口所占据的比例从1801年的36%下滑到1877年的14%。互联网革命将使大量人口从工业转入知识产业，知识产业就业人口只有上升到就业人口总数的10%~30%，才能充分发挥出智力资源密集的优势。

第十定理（知识产业定理）：知识产业将成为未来经济发展的核心引擎。

证明：根据第八定理和第九定理，随着互联网革命的不断推进，知识产业就业人口的比重不断增加，互联网的智力资源将越来越充沛，而这种智力的汇集将加快人类对机器人、生命科学、网络平台等一系列关键技术的突破。知识产业将成为承载人类发展命运的核心产业，它应从传统从事体力服务的第三产业（服务业）中独立出来单独计算。

目前，全球比较广泛采用的是一、二、三产业分类：一产业是农业，二产业是工业和建筑业，三产业主要是交通、运输、贸易、餐饮、住宿、金融、银行、保险、房地产等服务业。这种产业分类方法适用于从传统农业社会（农业革命）向工业社会（工业革命）的转型时期，可以一目了然地展示农业、工业、商业的结构比例，但不适用于工业社会（工业革命）向知识型社会（互联网革命）的转型时期，因为其无法清楚地展示对国民经济未来发展极为重要的知识型产业与传统制造业之间的结构比例。人类应当根据时代需要，采用新的产业分类方法。

在互联网革命时期，随着智力资源成为生产力的核心要素，适合的产业分类如下：一产业为教育、互联网、信息通信、信息服务、信息设备、高新科技研发制造等知识型产业，二产业是传统制造业和建筑业，三产业是农业、交通、运输、贸易、餐饮、住宿、金融、银行、保险、房地产等服务支撑产业。这种产业分类可以清楚地展示出未来拉动经济的引擎——知识型产业，以及需要转型升级的二产业和提供服务支撑的三产业在整个经济中的占比。知识型产业是未来区域经济发展的核心引擎，参与全球竞争，拉动区域经济发展。传统制造业是区域经济发展的当前动力，同时为知识型产业提供产业环境支撑。三产业为知识型产业、传统制造业提供服务和支撑，协助一、二产业良好运转及转型升级。区域产业政策的主要目标就是培育可以参与全球竞争的知识型产业，通过一产业带动二、三产业，促使一、二、三产业形成合理的比例结构，推动区域经济的长期协调发展。

第十一定理（生产方式定理）：生产方式从集中式生产向分布式生产转变。

证明：根据第二定理，互联网从诞生第一天起就是分布式的，这就决定了它与传统工业时代的大规模集中式生产是完全不同的生产方式。工业革命都是以大规模生产为基础的，需要大量的人力、生产资料、资金、服务等资源进行聚集，为大工业生产提供支持与服务，从而产生规模效应以降低成本。而互联网的生产方式是搭建全球扁平化、无层级平台，通过平台汇集全球各地的智力资源（可以是大公司、小公司，甚至是个人），并利用智能制造、3D打印、网络化制造等集中式与分布式相耦合的方式进行生产制造。随着时间的推移，3D打印技术将逐渐成熟，集中式生产的比重将越来越小，而分布式生产的比重将越来越大。

随着生产方式的转变，传统大工业时代的产业聚集、要素聚集会逐渐失去生存环境。以丰田汽车为例，丰田汽车除拥有约400家一级供应商外，还有二、三级等2.6万家间接供应商，这些供应商大部分以丰田汽车总装厂为中心呈环状分布，形成了80平方千米的丰田工业区。当3D打印汽车开始普及时，消费者在当地就能选择全世界范围内自己喜欢的汽车制造方案，通过本地3D

打印机打印出来，数量众多、链条复杂的传统汽车供应链顷刻间土崩瓦解，各种工业园区、产业园区、大型工业企业都将面临巨大的生存压力。

从集中式生产到分布式生产会有一个逐步变化的过程。在互联网革命的初期，集中式生产仍然是主流趋势，互联网革命会围绕集中式生产的网络互联、智能生产、智能工厂、智能决策等方面推进，帮助集中式生产提高生产效率，使集中式生产尽可能适应消费者个性化需求的发展，并推动人类从制造业向知识产业转移。但随着3D打印技术的突破，当3D打印的经济成本等于或接近集中式生产的经济成本时，整个生产组织方式就会加速改变，分布式生产会对集中式生产产生颠覆性影响，分布式生产将取代集中式生产。

在第二次互联网革命中，绝大部分消费产业将由集中式生产转变为分布式生产，各区域的能力培养、资源配置、配套服务将会围绕分布式生产进行发展，使分布式生产更好地为区域消费者提供服务。

第十二定理（生产形态定理）：生产形态从单向消耗型生产向循环生态型生产转变。

证明：根据第三定理和第五定理，在第二次互联网革命中生产形态会发生重大变化，传统的大工业生产形态是一种"资源→产品→废弃物"单向消耗资源型生产，对资源的利用常常是粗放的和一次性的，在生产加工和消费过程中又把污染及废弃物大量排放到环境中，导致了许多自然资源的短缺与枯竭，并酿成了很多灾难性环境污染后果。而循环生态型生产是一种"资源—产品—再生资源"物质反复循环流动的生产消费过程，整个生产消费过程不产生或只产生少量废弃物，从根本上解决人与自然的和谐发展问题。

全球产业一体化导致产业流程变得复杂。以汽车业为例，相关人员先在巴西、澳大利亚等地把铁矿石开采出来，再通过海运将铁矿石运到中国华东或华北地区，然后由钢铁企业将铁矿石冶炼成粗钢，之后将粗钢锻轧成汽车用钢，最后将汽车用钢运送到汽车制造企业所在地。而一辆普通轿车大概有3万个零部件，有的零部件来自中国各地，有的零部件（如变速箱、音箱）需要从德国、日本等国进口。汽车总装完成后，再运送到全国各区域进行销售。这个流程非常漫长，而且减材制造会产生很多废气、废水、废料，全球物流来回运输，汽车报废后，大部分车辆会被回收、分拆并以废铁形式卖出。整个流程的特征是单向消耗型，污染和浪费都比较严重。

未来生产方式是全球设计、本地生产、本地能源、本地回收。例如，消费者通过互联网在全球的海量数据库中选择自己喜欢的车型，通过本地 3D 打印店（甚至可能是自己家的 3D 打印机）打印出来，再由本地 3D 打印店送货上门，而原材料使用的是本地回收的旧汽车废料，车辆报废后通过本地车辆回收站将报废汽车分类还原成粉末，供给本地 3D 打印店来制造新产品。这个过程既避免了钢铁冶炼等产生的高污染，也避免了减材制造、废品回收等成本的大量浪费，还降低了全球物流来回运输的成本，同时提升了响应速度和客户满意度。

成熟的循环生态型生产的成本应低于单向消耗型生产的成本，因为原材料来自废品回收，又不再有全球的物流成本和生产浪费，也省去了产业链的大部分厂房、库房、矿山设备、生产设备等固定资产投资。但目前循环生态型生产的成本高于单向消耗型生产的成本，其原因在于一方面 3D 打印技术不成熟，生产成本高，另一方面循环生态型产业链未能成型，原材料成本高，导致 3D 打印产品简陋且价格较高，制约了循环生态型生产的规模化。未来需要集中资源攻克 3D 打印技术的瓶颈，并扶持区域循环生态型产业链，使其形成规模化的完整闭环，从而降低成本，推动循环生态型生产替代单向消耗型生产。

互联网革命时期的主流生产形态将是循环生态型生产，仍然可能存在部分单向消耗型生产，如本地循环中产生差额耗损的材料、物资需要通过传统矿山开采进行补充。但随着科技的进步，单向消耗型生产的比例会越来越小，甚至可能会基本消失，这将使整个人类经济更为高效、节能、环保。

第十三定理（生产模式定理）：生产模式从大批量单一生产向完全个性生产转变。

证明：根据第二定理，互联网革命将实现智力资源的解放与丰盛，由于人类创新力成为第一生产力，未来社会将更加注重人类的个性发展。除极个别具有革命性效应的产品外，工业革命时期（供应稀缺时代）通用 T 型车缔造的长期销售神话已不可能成为互联网时代的主流趋势，个性化、定制化生产将成为未来社会的主流趋势。为了实现个性化生产，各种创新型制造技术将会被广泛应用。

基于生产技术的进步和消费端竞争压力的逐步加大，传统生产模式的进化会经历以下 4 个阶段。

（1）多品种小批量生产。从单一品牌开始对用户群进行分层归类，形成多个子品牌体系，每个子品牌针对有不同需求特征的用户群，子品牌的产品也根据用户的需求而不断变化，生产形态也由大批量单一生产发展到小批量多品种生产，但此时爆款产品仍备受关注。

（2）个性化定制生产。随着消费者的进一步分化，即使是子品牌也无法满足消费者多样的个性需求，个性化定制随之出现。但这时的个性化定制局限于厂商提供的多样性部件选择，如戴尔笔记本的定制生产。这种变化要求进行集中式生产的厂商具备敏捷制造、虚拟制造、柔性制造的能力，能够进行部件生产的快速灵敏切换。

（3）个性化方案生产。当消费者的需求进一步发展，不再局限于厂商所能提供的方案，而且消费者希望能亲自参与产品设计，进行个性化设计、方案定制时，厂商必须转型，通过网络互联、智能制造将消费者的设计方案快速转化成产品。

（4）完全个性化生产。当消费者的需求进一步提高时，其一方面需要在全世界海量的设计方案中选择自己最喜欢的方案进行生产或稍加改造后生产，另一方面在经济成本、时间上提出了更高的要求。当集中式生产不能满足时，3D打印生产开始替代原来的集中式生产，为消费者提供更为完全、彻底的个性化服务。这时的产品与人一样，每个人都是世界上独一无二的人，每件产品也都是世界上独一无二的产品。

第十四定理（品牌定理）：互联网革命时期，很多百年品牌将会面临巨大的危机。

证明：根据第二定理和第十三定理，随着人类精神的自由与丰盛，生产模式最终将转向完全个性化生产。在工业革命时期，原材料质量差、生产过程不稳定等原因导致工业生产产生了大量的残次品。品牌的主要作用是降低交易成本，进行信用背书，降低消费者选择到低劣产品的风险；消费品领域的品牌也会衍生出社会层级、社群等心理作用。但在完全个性化生产时期，随着上百年的发展，产品质量作为工业的基础建设问题将得到较好的解决，而且3D打印机可以进行跨品类打印，品牌降低交易成本的作用已大幅削弱。而消费品品牌的社会层级、社群等心理作用，源自社会群体缺乏安全、不自信等心理因素。在完全个性化生产时期，社会物质基础已得到了极大的丰富，社群的心智成熟度也大幅提高，社会群体将从追求品牌以展现个性差异，转向追求个性化创新产品来体现个性差异。

所以在第二次互联网革命时期，品牌的存在基础无论是交易成本还是社会心理因素都将大幅削弱，品牌的作用将大大减弱，很多百年品牌（如奢侈品、消费品品牌等）若缺乏创新力将会陷入经营困境。只有在原材料起关键作用的产业，以及一些生产设备产业（如食品业、制药业、3D打印机制造业等）中，百年品牌的品牌优势才可以得到延续。

第十五定理（长尾效应定理）：消费产品的二八定律、长尾效应将消失。

证明：根据第十三定理，生产模式最终将转向完全个性化生产。消费产品的二八定律、长尾效应是从大批量单一生产到完全个性化生产出现的阶段性社会现象。在互联网革命刚刚兴起时，生产模式从大批量单一生产向小批量多品种生产发展，爆款产品虽然仍占据重要地位，但个性化需求产品已经开始初露锋芒，因此克里斯·安德森（Chris Anderson）通过互联网产品观察到了这种社会现象，但长尾效应也只是短期现象。随着生产模式的不断发展，消费产品的二八定律终将被废弃，爆品将消失，长尾效应也将不复存在，社会最终将走向完全个性化生产，这是历史发展的必然结果。人类受知识和环境的影响，很难跨越时代的局限，只有具备系统性思维，了解前因和后果，才能穿透时间的迷雾，看清楚事物本来的面目。

第十六定理（能源定理）：能源从传统能源向再生能源转变。

证明：根据第四公理和第三定理，对第二次互联网革命需要匹配的能源科技进行升级，实现本地再生能源生产。石油和其他化石能源的大量消耗，以及机器大工业生产方式带来的全球气候、生态环境变化，给人类的持续生存带来了危机。以化石燃料驱动的原有工业生产模式，未来将不再能支撑全球的可持续发展，全球能源将从煤炭、石油等传统能源向风能、水能、太阳能、地热、生物能、潮汐能、城市废物能等可再生能源转变。

过去几十年来世界煤炭和石油一直占据着一次能源消耗的主要份额，近几年可再生能源迅速增长，2021年所有清洁能源发电量占世界总电量的38%，已经超过了煤炭发电量所占的比例（36%）。再生能源具有分散性、不稳定性。例如，太阳能只有在有太阳光的时候才能发电，而在阴天、夜晚时无法产生足够的电力；风能受气压、温差、地形等因素影响并不稳定；潮汐能则是在特定的时间、特定地点才会产生。而电力使用的特点是持续性和稳定性强。因此，未来必然会在区域性能源网络内，在再生能源与再生能源之间、再生能源与传统能源之间进行"削峰平谷"，以输出持续、稳定的电能供消费者使用。

在互联网时代，太阳能、风能、水能、地热、潮汐能、生物能、城市废物能等可再生能源将成为主流能源，特别是太阳能、风能随着边际成本的下降将进入每一个家庭。未来每一栋城市建筑都可能会装上太阳能或风能发电装置，将建筑物变成微型发电站，就地收集可再生能源，使用热水、电池、氢气等储能技术将间歇式能源存储起来。建筑物将通过电网相互连接形成区域性能源网络，多余的能源可以通过区域性能源网络进行销售，以供其他消费者使用。在区域性能源网络内，会有多种能源供热、供电，如热电联产、分布式光伏、小型风电场、垃圾发电、地热发电、潮汐发电、小水电等，为了管理再生能源，微网、储能、智能用电管理等新技术将会不断涌现。

核能有巨大的潜力，但 1979 年美国的三哩岛核事故、1986 年苏联的切尔诺贝利核事故、2011 年日本福岛核事故也揭示出核能利用中具有巨大的不可控风险。虽然现在的核电站技术已经有很高的安全保护水平，但核电站事故的发生概率仍存在，当基数足够大时，总会碰到极端的异常情况。例如，在日本福岛核事故中，当地遭遇了 9 级地震及地震引发的高达 15 米的海啸（近百年内就曾爆发过 9.5 级地震和 25 米高的海啸），鉴于核事故所造成的巨大后患，对于核能应确保其一直处于最高安全等级范围。

未来将会形成全球分布式能源网，成为"全球设计—本地生产—本地能源—本地回收"循环体系的重要组成部分，新生产方式和新能源将共同推动万物相循。每个 3D 打印机都是一座工厂，每座建筑都是一个发电站，路上行驶的都是电动汽车，从生产方式到能源利用，颠覆工业革命的传统全球产业循环，传统化石能源将从人类的历史舞台上逐步退出。

第十七定理（产业链定理）：在第二次互联网革命中，机器大工业全球产业链终将被淘汰。

证明：根据第五定理、第十二定理、第十六定理，在第二次互联网革命中，未来循环生态型生产将替代单向消耗型生产、可再生能源将替代传统能源，这将导致机器大工业全球产业链发生重大变化。分布式生产循环体系从根本上动摇了机器工业大生产的产业根基，会对人类的生产方式、贸易方式、社会结构产生革命性影响。未来循环生态型生产除了为补充必要的矿石进行能源开采，其余生产所需的大部分能源、原材料都将通过区域循环生态的再生资源获得。传统全球产业链所包含的矿山、工厂、港口、机场、火车、商场，以及涉及的矿山公司、制造公司、物流公司、销售公司、广告公司、平台公司等企业都可能会被淘汰，大量依附于传统全球产业链的人力将被释放出来。随着高等教育的普及与人类素质的提高，大量劳动力将从事创新性工作，其余劳动力将从事服务业，从事农业、工业的劳动力将逐步减少，现在绝大多数的工业巨头将不复存在，即使苹果、三星、丰田、大众等全球产业领导者也将面临彻底转型的困境。

沙特阿拉伯、俄罗斯等传统能源输出国，以及巴西、澳大利亚等传统资源输出国和德国、日本等传统制造大国，如果不能及时根据互联网发展趋势进行变革，固守传统能源、资源或生产方式，那么当有一天变革来临，它们就会发现过去的需求消失不见，其所投资的矿山、油田、港口、船舶、工厂等传统工业突然间大幅贬值，昔日的辉煌将不能重现。当然，这种产业替代不会一蹴而就，可能会存在一段时间的反复与平衡，但不会改变互联网革命的大趋势。

第十八定理（社会组织方式定理）：社会组织方式从金字塔型层级制向网状超级平台与网络自组织转变。

证明：根据第六公理，生产方式的变化会导致社会组织方式发生变化。在工业革命时期，专业化分工成为推动工业革命发展的重大源动力，企业组织主要采用的是垂直的自上而下的层级制，这种金字塔型层级制使少数人就能控制庞大的企业，通过专业分工来获得规模效应，在工业革命时期推动了经济的快速发展。在第三次工业革命时期，外部环境日趋复杂，市场竞争要求组织的反应更加迅速。信息化使传统的管理幅度（传统的管理理论认为一般一个人管理6~7人的管理效用最大）大幅提升，通过组织扁平化、压缩层级、增加管理幅度来加快组织对外部的反应速度，组织形态开始压扁变宽。但扁平化的核心仍然是金字塔型层级制，并没有改变高层决策、下层执行这种金字塔型层级制的本质特征。

在互联网革命时期，随着智力资源成为生产力的核心要素，为适应创新力的发展，生产组织方式也从集中式生产转变为分布式生产，主流的社会组织方式将向网络状的自组织方式进化，原有封闭的金字塔型层级制的边界将被打破，利用互联网向外部组织内部化、内部组织外部化发展。例如，波音公司架设全球工作平台，使全球合作伙伴统一在全球工作平台上进行研发，利用外部组织内部化提高工作效率；海尔则将内部组织外部化，将组织拆分为数千个大小不等的自主经营体，让自主经营体在海尔平台上自主经营、独立负责，通过引入外部竞争机制激发内部员工的活力。

外部组织内部化、内部组织外部化还只是互联网社会组织方式的初级阶段，未来将出现包括基础设施、硬件、软件、内容大闭环等生态系统的网状超级平台。这种网状超级平台一方面将沿产业链向上游扩展，以整合各种产业链，汇集人类智力资源，增强产品创新能力、反应速度，降低成本；另一方面将沿区域环境扩展，获得城市建筑、交通、社区、山川、田野等各种区域环境大数据，以更好地为人类的各种需求服务，形成人、产品硬件、平台软件等万物相连的全球终极形态的网状超级平台系统。未来这种终极形态的网状超级平台在全球将存在数个，相互之间通过市场竞争以提高效率，甚至最终将进化到一个终极平台。

在网状超级平台内部，通过多个平台进行耦合产生跨平台的网络效应，大量的智力、生产、金融等资源将以网络自组织的形态附着于各种平台之上，各种网络自组织通过平台、跨平台进行智力、生产等资源的交流与交易，利用高效协同产生比金字塔型层级制企业更高的效率，从而为全球消费者提供服务。这些网络自组织没有传统金字塔型层级制的核心权威，但各网络自组织拥有充分的决策权，网络自组织之间通过网络进行协调沟通、任务合作。通过平台网络可以把分散的网络自组织聚集起来形成合力，但网络自组织之间是一种平等合作的关系。只要有创新力，人们通过平台就可以很方便地找到金融资源、生产资源，资源的作用将下降，商业成功的关键在于充分调动智力资源的创新力，强调的是对个体的尊重和对智力的尊重。

现在的跨国大型企业未来可能会转型为一种超级自组织体联盟，传统的叠床架屋式的组织结构将消失，取而代之的是多个网络自组织通过网络系统形成紧密关联关系。这种紧密关联关系是一种强关联关系，各方认同彼此的愿景、使命、战略目标，通过市场化契约合作，相互之间针对任务、资金、信息等进行交流。联盟内部的自组织在具体项目上可以既存在合作又存在一定竞争,同时在整体的战略目标上与其他超级自组织体联盟展开竞争。

第十九定理(人口流向定理):人口流向从集中向分散转变。

证明:根据第六公理、第十一定理和第十二定理,生产方式、生产形态的转变将对人口流向产生逆转性影响。在工业革命时期,由于机器大工业生产需要将大量的劳动力聚集在一个地方,因此开启了人类社会的城市化进程,全球的城市数目开始激增,城市规模快速增长。城市能提供更好的工作与发展机会,再加上城市生活便利,并且各类城市基础设施(如学校、医院、道路等)及社会福利相对于落后、分散的农村来说更好,因此其会吸引人类聚集在一起。各类不同人才聚集一起相互作用、相互补充,开始产生聚集效应,这就如同黑洞一样不断吸入人群,直到核心区开始出现人口膨胀、交通拥挤、住房困难、环境恶化、资源紧张等"大城市病",人们逐渐无法忍受,不断有人逃离核心区,外溢到周边郊区,最后周边的城市连成一片,形成大城市圈。经过城市化进程,人口从分散到聚集,世界各地形成了如美国东北西海岸大都市圈、日本东京城市圈、伦敦城市圈、中国长三角、中国珠三角等一系列城市密集、人口规模巨大、区域内经济联系紧密的城市区域。

虽然目前很多国家的城市化进程仍没有结束,但在21世纪中期,人类的城市化率将达到70%,大多数国家的城市化进程开始停滞。随着互联网的发展,网络学校、远程医疗、网络购物、虚拟现实等新型网络技术将使大多数农村、郊区与城市市区在基础设施上的差距大幅缩小,而核心区的住房困难、交通拥挤等弊端,将促使人们不断从城市离开,选择真正适合自己居住的地方。

在互联网时代,智力资源是生产力的核心要素。与工业时代不同,互联网时代已经不需要大规模工业集中式生产,因此也不需要大量人口聚集在生产设备附近。人们通过互联网就能获得全球的工作机会,并进行实时沟通与交流;人们将摆脱工作、教育、医疗等刚性束缚,能遵从自己的意愿自由地选择定居地。人口将从工业革命时期的集中逆转为分散,城市化率将会长期下降。而且随着互联网革命的发展,这种分散的趋势将越来越明显,拥挤的大城市的吸引力将下降,适宜居住的区域将获得人们的青睐,人们将根据兴趣爱好、自然风貌、历史传承等因素聚集在一起,形成新的社群。

这种人口分散并不是简单的逆向城市化(从城市分散到四周的郊区、农村),人们将由城市或城市周边的郊区流向地球上任何适宜居住的地区。从山川到河流，从高原到大海，人们将重新聚集在一起，形成新的社群聚集区域。人类将在互联网的帮助下，以更为和谐的方式重新回归自然。

第二十定理（财富定理）：财富从集中向均衡转变。

证明：根据第八定理，生产核心要素从资本向智力转变，将导致财富分配方式产生重大转变。在工业革命初期，由于劳动力充沛而资本相对稀缺，这使资本成为最重要的资源。资本可以购买机器设备并雇佣劳动力，进行大规模的机器工业生产，从而推动工业革命的迅速发展，但这个过程也使大量财富集中于少数人手中。特别是在第二次工业革命后，随着巨型企业的出现，产生了一批富可敌国的大家族，如钢铁大王安德鲁·卡耐基（Andrew Carnegie）家族、金融巨头摩根家族、石油业的洛克菲勒家族、化工业的杜邦家族、船舶工业的范德比尔特家族、金融证券业的罗斯柴尔德家族、汽车业的福特家族等，这些家族站在了时代潮流之上，要么通过控制机器大工业生产，要么通过控制为机器大工业生产服务的支柱产业（如金融、石油等产业）获得了巨额的财富。

在工业革命时期，财富集中是社会发展的必然过程，因为科技发明、巨额资本只为少数人拥有，这使整个社会的财富结构呈现出金字塔型，顶端小而底部大。大部分人由于缺乏资本、受教育程度有限，只能凭劳动力维持基本的日常开支。现在的市场经济与政府机制一样，都是人类经过长期选择、设计、进化的机制，其实并不完美，因此罗斯福新政通过保障民生、改善收入分配、利用政府机制对市场经济进行干预，在一定程度上改变了财富分布，让更多人获得了财富，使美国出现了中产阶层，让经济出现了长期增长。但这种干预并没有改变工业革命时期财富分配的基本机制，因此在21世纪人类的财富又开始出现集中趋势，经济长期增长的动力减弱。

在互联网革命时期，随着人类教育水平的普遍提高、个性化的不断增强，整个财富生成、分配机制开始发生根本性变化，社会财富分布从集中向均衡转变。一方面，从生产要素看，资本经过工业革命时期的积累，已经较为充足，不再是稀缺资源。客户关心的是个性化的设计与方案，创新力更为重要，而每个人都拥有不同特点的智力要素，互联网上每时每刻都在进行智力要素的交换。互联网对每个人都是公开、平等的，想垄断智力要素是几乎无法做到的事情，智力工作者将获得大部分的分成价值。另一方面，从生产模式看，当3D

打印技术开始成熟，生产随处可得，人们随时随地都可以利用3D打印机生产出自己或客户所需要的产品，消费品不再需要机器大工业生产，资本对生产的作用将进一步下降。

虽然在构建全球网络平台等基础设施这类传统工业生产方式下，仍然会有超级富豪的存在，但生产的核心要素由资本转向智力，这将使财富分配比人类社会的任何时期都更趋于公平、均衡。这种趋势随互联网的发展将越来越明显，而且超级富豪的收入可以通过附加税、遗产税、资本利得税等税收进行调节，使财富主要来自个人创新力而非坐享其成。人们可以通过互联网在全球进行智力资源交换来获取收益，各地区之间的经济差异将缩小，越来越多的人将借助互联网获得财富，财富分配方式的这种变化也将使诞生于工业革命时期的剩余价值理论的前提发生改变，人类社会将进入前所未有的和谐时代。

第二十一定理（高福利社会定理）：社会从低福利社会向高福利社会转型。

证明：根据第六公理，生产方式升级会带动匹配的社会制度升级；根据第八定理，互联网革命需要激活智力资源。无论是社会制度发展，还是社会发展需要，高福利社会都将成为未来人类社会的发展趋势。一方面，随着社会财富的积累，以及智能工厂、机器人的普及，人类将逐渐摆脱繁重、重复的体力工作，社会物质财富将极大丰富，政府有能力向社会提供高福利；另一方面，智力资源的创新力取决于意愿、能力、时间3个因素，只有有创新的意愿、能力、时间，才可能出现创新。

（1）创新意愿：人们只有在满足生存、安全需要之后，才可能出现自我实现的需求。而只有出现了自我实现需求，才可能出现自我驱动的创新意愿。所以人们需要有保障、有尊严的生活，只有这样才可能出现创新意愿。

（2）创新能力：人们需要接受良好的教育，只有这样才能具备创新能力，而且人们需要有与创新相适配的硬件、软件环境，只有这样才能将创新能力应用于实践。

（3）创新时间：创新需要通过大量时间进行试错、实践，只有这样才有可能成功（基础研究有约95%的失败概率），因此需要使人们"有闲"。

社会创新力大量涌现的前提是人们拥有有保障、有尊严的生活，以及接受足良好的教育、拥有良好的创新环境和充足的创新时间。若人们整日忙碌于维持温饱与生计,既没有创新意愿,也很难把时间花费在创新上,社会创新力自然不足。高福利将使人们对创新没有后顾之忧,不用担心创新失败而影响家庭和孩子的未来,有意愿、有能力、有时间才能保障社会创新力的不断涌现。所以高福利社会是与高创新力相配套的社会制度,高福利社会是互联网革命时期激活智力资源、提高创新力的必要条件。

美国强调自由竞争,北欧国家强调社会平等,因此美国在社会福利问题上相对北欧国家更为保守。从表面看,美国应该更富有创新精神。但根据相关调查,在美国有约40%出生在最低收入家庭的孩子无法离开低收入群体,而在北欧国家这一比例仅为25%左右。北欧国家的社会福利体系的健全使人们获得了更多的机会,通过学习获得创新能力,通过创新实现自由、独立,获得社会阶层的跃升,可见高福利社会让人们更富有创新精神。

高福利社会也会有"懒汉"。一方面,高福利社会的福利只是提高了人们基本的生存保障、生活保障、尊严保障,若想获得更多的财富,必须从事自己喜欢的工作,贡献出具有创新性的价值,因此经济利益对人们的驱动力仍然有效,并叠加了获得基本生活保障后的自我实现驱动力。另一方面,很多"懒汉"只是由于受教育程度较低,缺乏必要的创新工作技能,因而无法参与社会创新活动。只有提高社会大众的受教育程度,帮助大众获得进行创新的必要技能,改善社会创新环境,才会使大多数"懒汉"成为有能力的创新者。

高福利社会的基础是社会生产能力的提高。纵观人类社会的发展史,随着生产能力的提高,社会福利水平也在不断提升。未来随着工业机器人、智慧工厂、3D打印机的普及,人类的生产能力将大大提高,社会财富也会积累得更多。政府有能力为社会提供更高水平的福利,促进社会创新力的提升,进一步提高社会的生产效率,从而形成"生产效率提升—社会福利增加—生产效率进一步提升"的良性循环,人类的社会保障制度将再一次获得巨大进步。当然,社会福利水平的提高,也需要与社会生产能力、经济承受能力相匹配,循序渐进,过高的社会福利水平容易导致社会税收负担过重,反而压抑了创新活动。未来随着人类生产能力的提高,人们即使不工作也能获得有尊严的生活,充足的经济保障将使每个人脱离物质约束,去追求自己真正感兴趣的事物,人类将实现精神自由,社会创新力将蓬勃发展。

第二十二定理(文化定理):文化从多元向一本多元转变。

证明：根据第六公理，生产方式升级会带动匹配的社会关系、社会制度升级，互联网革命将导致全球文化融合与统一。根据近年的基因研究成果，在人类刚开始进入农耕文明的时候，氏族很多，但规模不大。随着时间的推移，伴随着战争和文化交流，氏族部落之间开始同化与合并，族群的人数越来越多，族群的数量则越来越少。明末学者顾祖禹根据历代文献资料，在《读史方舆纪要》谈道："禹会诸侯，执玉帛者万国；成汤受命，存者三千余国；武王观兵，千八百国，东迁之初，尚存千二百国；获麟之末，凡百有余国；而会盟征伐可纪者约十四君。"中国古代的氏族部落很多，在夏朝的时候有上万个部落，到商朝的时候还有3000个部落，到周朝就只剩下1800个部落了。中华人民共和国成立后，通过识别并经确认的民族只剩下56个，民族在不断地融合。据不完全统计，全球现在还有2000多个民族，分布在224个国家和地区，而这些民族也是人类历史上数十万个民族、部落不断融合后的结果，人类民族融合是历史发展的必然选择。

在农耕文明时期，由于地域的限制，族群文化的碰撞与融合大多还只局限在本区域附近。进入工业革命时期后，由于科技的进步，族群文化的碰撞与融合开始在全球范围内展开，而且由于机器大工业的发展，对全球资源、市场、劳动力等要素的争夺，使不同族群文化避免冲突的空间和余地越来越小，基督教文化、伊斯兰文化、印度文化、中华文化等各区域的主导文明开始激烈地碰撞，一些弱势的文化产生了危机感，甚至诞生出极端民族主义。第二次世界大战后，塞缪尔·亨廷顿（Samuel Huntington）提出文明冲突论，将世界各国的冲突归纳为文明之间的冲突。

在互联网革命时期，互联网的诞生大大加快了全球人类的交流和融合，不同民族、国家之间的文化交流日益扩大，不同价值观、意识形态之间既在碰撞，也在交流，既努力保留自身文化的个性，又在压力中修正自身文化的缺陷。在第二次互联网革命时期，随着全球智力资源交流的加深，智力资源成为生产核心要素，从人类文明诞生时的千万种语言，最终将汇聚为一种主要语言，被全球人类使用。

虽然现在大多数国家仍然有着自己特色鲜明的民族文化，但随着全球通行语言的产生与普及，全球范围的多元文化将逐渐走向一本多元，各个国家、民族的文化通过碰撞与交流将逐步形成自由、公平、正义、和平、法治等人类社会共同的基本价值理念，这些经过人类社会长期血与火考验的价值理念无疑将成为人类基本价值观的重要组成部分。在人类基本价值观的基础上，各国的多元特色文化将得到其他国家的尊重，"道并行而不相悖"，在世界文化发展的大趋势下，各擅所长，各有其位，使人类文明的发展异彩纷呈，相得益彰。随着基本价值观的明确与清晰，坚守底线规则与文化高度包容将高度统一，人们对危害基本价值观的文化将寸步不让，对基本价值观以上的不同文化将高度包容。

随着世界各国基本价值观的趋同，亨廷顿提出的文明冲突将会终结，取而代之的是更为本质的集权与分权模式之争，也就是平等与自由之争。世界各国都会在自由的基础上追求平等，根据自身的实际情况采用具有不同细节的集分权模式，竞争也主要集中在经济领域，通过不同发展模式的随机探索，使区域社会获得更高的发展效率，也使人类获得更多的集分权发展模式经验，从而有利于人类走向更遥远的未来。

第二十三定理（战争定理）：人类战争将在第二次互联网革命中走向灭绝。

证明：根据第八定理，生产核心要素将从资本向智力转变；根据第二十定理，社会财富分配将更为均衡；根据第二十一定理，人们将获得高福利保障；根据第二十二定理，文化将从多元向一本多元转变；这将导致在第二次互联网革命后战争的存在前提消失。

人类发生战争的主要原因有7种：土地资源、经济利益、宗教信仰、民族主义、意识差异、内部利益与复仇。在原始部落和农业革命时期，土地既是族群的生存空间，也是财富的主要来源、权力结构的基石，所以不论是民族战争、宗教战争，还是复仇战争、内部利益战争，争端的根源其实都是土地。在工业革命时期，随着大规模生产的发展，核心要素从土地资源转变为支撑大规模生产的资本、能源、矿产等资源。从产业链角度看，土地虽仍有价值，但其价值在逐渐降低。工业革命初期仍有争夺能源、矿产资源的土地战争，但在第二次世界大战之后，随着全球性贸易的发展，人类没有必要再通过战争夺取能源、矿产等资源，战争规模与烈度都在减小。

在第二次互联网革命时期，一方面，随着生产方式由大规模生产转变为全球分布式平台生产，生产原材料、能源实现区域本地循环，人类对能源、矿产等资源的新增需求将大幅下降，土地的价值将大大降低；另一方面，随着核心要素从资本转变为智力资源，人将成为创造财富的主要源泉，人类将可以在世界各国之间自由流动，选择幸福度最高的国家居住，人的价值将大大提高。

现代法治国家的发展方向是建立服务型政府，目标是为整体国民提供福祉，而实现这一目标需要高度尊重公民权利。一方面，战争会耗费大量人力、物力、财力资源，降低整体国民福祉，发动战争与现代法治国家的发展方向不符合；另一方面，随着人类对公民权利认知的加深，区域居民可以自愿公投决定加入或脱离某区域，这将大大减少战争行为。由于智力资源高度自由、创新机制完善、社会保障充分、经济发达的区域自然会吸引全球区域的智力资源的加入，而机制落后的区域将逐渐失去联盟区域。到那时，人类将不再需要通过战争抢夺资源，区域之间的竞争将更多体现为完善创新机制、提升社会保障，以争夺全球性智力资源，呈现出良性竞争趋势。

从土地资源看，创造财富的源泉是人而不是土地。一方面，人类将不再需要为了争夺低价值的土地发起战争，从而牺牲高价值的国民；另一方面，随着人与土地绑定关系的解除，人们将可以自由地选择居住区域，通过战争获得某片土地并不意味着能获得该片土地上的人，反而可能会造成智力资源的流失。对整个区域社会来说，人是比土地更重要的资源。从经济利益看，经济利益主要依靠智力资源、全球化合作获取，战争只会导致经济利益受损，得不偿失。从宗教信仰、民族主义、意识差异看，随着文化从多元向一本多元转变，和平、合作、共赢等全球价值共识逐渐形成，宗教战争、民族战争、意识战争都将逐渐烟消云散。从内部利益看，随着每个人的合理权利得到保障，社会财富的均衡与高福利社会的发展，将让内部利益战争消失。从复仇看，随着全球人类命运的紧密连接，和平发展成为主流，全球社会的宽容与和解占据上风，人类将携手面向未来，复仇战争也将消失。随着7种战争存在前提的消失，人类将逐渐摆脱从动物时期就与生俱来的战争阴影。

只有通过互联网革命将人类与土地连接所获得的财产、等级、民族、宗教等属性彻底剥离，让机器替代人类完成重复性劳动，彻底去除物质基础施加于人的不良影响，基于全球统一的价值共识，使财富只来源于人类自身的创新力，才能使人真正成为独立的"人"、纯粹的"人"、完整的"人"，最终获得精神的自由。

第二十四定理（国家定理）：战争灭绝后，国家概念将消亡，全球统一

（联合）政府将出现。

证明：根据第六公理，生产方式升级会带动匹配的社会制度等升级；根据第二十二定理，全球多元文化将走向一本多元；根据第二十三定理，战争将走向灭绝，国家存在的前提条件也将全部消失。国家概念最早产生于5500年前的古埃及。国家存在的前提主要有两个：维护国家安全、维护社会稳定和发展。随着战争的消亡，人类的安全将得到极大的保障，维护国家安全的前提将消失。随着全球网状超级平台的发展，全球区域经济的高度耦合与平衡，全球共识的逐渐形成，全球各区域经济差异、认知差异将逐渐缩小、趋同。此时对各区域的人们来说，在维护社会稳定和发展的职能方面，全球统一（联合）政府将优于传统国家。现在的联合国将可能是未来全球统一（联合）政府的前身，国家概念将走向终结，取而代之的是全球统一（联合）政府、统一法律、统一税制，这将大大加强全球各区域的社会交流、经济交流、文化交流，为各区域的人们提供更多的价值。随着干扰经济增长的因素减少，全球经济将实现长期、持续、稳定的增长。智人种族自遍布全球、独立或协同进化后，最终将再次走向全球社会大融合。

随着全球统一（联合）政府的成立、全球规则的统一，以及各区域社会认知的高度一致，人类将逐渐进入全球社会。全球社会将高度开放、透明、诚信、负责，全球人类将相互高度信任，真正如处同一村，将极大地降低人类社会的内耗与效率损失，推动智力资源的快速发展。然而，即使全球统一（联合）政府成立、全球社会出现，全球各区域之间合理、有限的经济竞争仍然会持续存在，正如美国各州可以自主决定招商引资、产业扶持政策，各区域合理、有限的经济竞争可以避免市场失灵、提升全球市场效率。而且随着全球社会的成熟，以及互联网沟通工具、方法的完善与丰富，举行全民公决的难度将大大下降，现在很多国家普遍使用的代议制将向全民公决制进化。

第二十五定理（经济周期定理）：由于经济规律的改变，各种经济周期将会发生巨大变化。

证明：根据第六公理，生产方式升级会带动匹配的社会制度等升级；根据第二十四定理，全球统一（联合）政府出现，全球经济将进入长期持续稳定增长阶段。各种经济周期其实是人类社会经济在特定时期中出现的现象，如50~60年的以技术发展为基础的康波周期、15~25年的以房产投资为基础的库涅茨周期、7~10年的以设备投资为基础的朱格拉周期、3~4年的以商品库存为基础的基钦周期。这些经济周期都是工业革命大生产时期人类对经济现象背后规律的归纳总结，而每个革命时期的生产科技、能源科技、生产方式等底层逻辑存在巨大差异，互联网革命时期、农业革命时期的经济周期与工业革命时期的经济周期并不一样。在互联网革命时期，随着生产科技、能源科技、生产方式等底层逻辑的变化，经济周期等各种经济现象、经济规律也会发生变化。例如，随着人类对互联网革命认知的深入、投入的加大，康波周期将会缩短；随着城市化进程的结束、逆城市化进程的开始，库涅茨周期将逐渐趋缓、减弱；朱格拉周期将随生产科技的发展而变化；随着分布式生产的发展，基钦周期将基本消失。人们在未来学的帮助下，可以看清、跨越甚至超越经济周期。集权与分权是人类发展过程中永恒的主题，其实在现实社会中，任何集权模式和分权模式都是相对的。从管理角度看，当未来的方向不清晰时，适宜偏分权，通过大量不同方向的随机试验去寻找发展的方向，通过不断试错找出正确的方向，但偏分权容易导致试错成本大幅增长。当未来的方向清晰时，适宜偏集权，通过集中资源快速突破发展瓶颈，获得最大效率。这一点在生物进化过程中也体现得很明显，自然界生物的随机进化过程非常漫长，进化出一个新品种通常以十万年到百万年为单位，而人工选择、培育的花卉、水稻等植物，以及猫、狗等动物，仅需数十年甚至数年就可以获得一个新品种，大大加快了进化速度。

当互联网革命进化的方向不明确时，市场通过大量随机试验寻找突破方向，因此出现了元宇宙、虚拟货币等诸多随机试验案例，市场也会大量犯错。当然，这些探索并不是没有价值的，它们可以为人类未来的发展奠定基础，但这些探索并不是当下最关键的互联网突破方向。目前，互联网最具革命性的突破方向是工业机器人等智能工厂、3D打印机、人工智能，一旦在这些方面取得突破就会带动生产力快速上升，并使产业、金融、社会产生一系列衍生效应，推动全球整体经济快速发展。但这些革命性的突破并不是一家企业就能轻易做到的，需要集合全人类的智慧与资源，需要全社会的相对集权。因此，发展方向的明确对集权、分权的选择极为重要，帕累托最优的市场也必定是某种集权和分权相结合的市场，未来全球各区域会对不同的集分权模式进行探索，以充分激发创新，获得更高的发展效率、更多的发展经验。人类其实一直在失败中总结经验，摸索前行，随着时间的推移，人类对集分权模式的认知将越来越充分。

随着互联网科技的发展，上述10种革命性变化将深刻地改变人类社会的经济、生活、文化等各个方面，影响世界各国和千千万万普通人的命运。但这10种革命性变化并不是一蹴而就的，各种商业模式、经济机制、社会机制、政府机制会围绕互联网进行调整，会经历很长一段时间，以充分适应生产能力的发展，诸多因素之间将相互影响、共同促进和进化。

CHAPTER 2

第二章

开未来之门
——推演互联网革命（下）

推演互联网革命的整体发展历程，发现互联网革命的发展瓶颈，利用突破互联网革命的整体解决方案，重构人类社会运行法则，加速互联网革命，占据风口，打开未来之门。

第一节

第一次互联网革命之万物相连：智力与物质、能量的连接

第二十六定理（万物相连三阶段定理）：万物相连存在3个发展阶段，即人与人的连接、人与物的连接、人与环境的连接。

证明：根据第二公理，互联网一旦出现，便会不断扩大价值。根据第三定理，万物相连的最终目标是连接全球万物，因此会从最简单的人与人连接开始，随着生产技术的进步，发展到人与物的连接，最终进化到人与环境的系统性连接，不断扩大黄金动力三角的价值区域。

人与人的连接。人与人的连接是最先实现的，最初只是简单的信息展示、查找，然后是交流，这也是互联网发展的基础。

人与物的连接。在实现人与人的连接后，随着传感器、控制芯片等传感设备的发展，人与物的连接、物与物的连接等5类连接开始实现，人类的感知、控制能力从自身延伸到物体，可以远程控制物体的形状、移动、温度等自然属性。在人的能力延伸到物上的同时，人与人之间的连接也加强了。通过各类连接，人类实现了所有权、使用权、收益权、处置权等权利的拆分与交易，扩大了互联网的应用范围，但这个阶段人与物的连接大多还是单点式的。

人与环境的连接。在实现人与物的连接的基础上，通过网络云平台、大数据、物联网、机器智能等技术的发展，通过人群、自然环境等数据的积累，人类逐步从对物的感知与控制延伸到对整体环境的感知与控制，开始通过互联网对交通、家居、工厂、城市、森林、海洋、大气等整体环境进行连接与改造，人类的能力进一步增强，从单点物体的连接与控制上升为对整体系统的连接与控制。

这3个发展阶段都以人为中心，以信息处理为手段，由易到难、由点到面，逐步利用科技的发展实现人与人的连接、人与物的连接、人与环境的连

接，既有从人到物、从人到环境的纵向延伸，也有从物到物、从环境到环境的横向延伸，通过双向延伸，最终实现万物互联。而且这种延伸过程大大增强了人类对地球整体系统的感知、沟通、移动、控制、生产、交易等诸多能力。

第一次互联网革命从1990年开始到目前仅仅经过了30多年，目前人类还处于第一次互联网革命的第二阶段。

一、人与人的连接

人与人的连接包括了Web1.0和Web2.0两个小阶段。首先获得成功的是产生网络信息的网页浏览器，如1994年成立的网景浏览器。人们利用网景浏览器创造出了成千上万个网站。网上浩如烟海的网站和信息，为雅虎、谷歌、百度等搜索引擎的崛起提供了机会。网上海量的信息又催生出搜狐、网易、新浪等门户网站，从而方便网民快速获得信息。网民的数量快速增加，网络交流的需求也开始增长，于1998年成立的腾讯公司抓住了网络即时通信的机会。这个阶段的网站主要是由网站编辑人员主导的单边平台，也被称为Web1.0，人与人之间的连接还属于浅层次信息的收集和交流，除即时沟通软件外，其他的应用只能被动接收网上的信息，无法进行参与。

第一阶段的互联网虽然只是浅层次的应用，但已经显著提高了信息的传递效率和透明度，改变了信息不对称的格局。与信息传递和信息透明度有关的传统行业开始被互联网改变。因此，最先受到冲击的是邮政、传统媒体等较为简单的信息传递、中介行业。有了电子邮件和即时通信工具，很少有人再愿意使用耗时长且不稳定的传统邮政，全球的邮政业都出现了巨额亏损。传统媒体行业，电视、报纸、出版社越来越不景气，大量企业盈利减少，甚至倒闭。例如，2008—2010年，美国有8家主要报纸宣布破产，数十家城市报纸关门。

第一阶段的互联网浪潮为人类打开了一个新世界，但也引发了过度投资和资本泡沫。2000年3月10日至2002年10月9日，纳斯达克指数共跌了78%，只有不到一半的网络公司活过了2004年。

在互联网泡沫破灭后，互联网进入Web2.0阶段，开始从单向接收信息过渡到信息交互，人与人之间的连接有了更进一步的发展。每一名用户都可以在Web平台上生产自己的内容互联网产品。例如，2004年成立的Facebook被定位为一个自由分享的双边平台，所有内容都由用户创建与分享。2007年，Facebook推出应用编程接口（API），所有人都可以在上面开发软件，为其他用户提供服务。Facebook成为一个多边平台。同类平台还有推特、YouTube、QQ空间、微博、维基百科等。人们通过双边平台、多边平台获得了更多的自主权和连接，互联网的群体意识、思维开始胜过个别专家的经验。众多通过雇佣行业专家垄断知识，以建立行业壁垒的公司顷刻间陷入了困境。例如，从1768年就开始发行的纸质版《不列颠百科全书》的销售量一落千丈，它在2013年不再发行纸质版，并改变了编纂方式，普通读者也可以通过互联网参与词条的修改。

人与人的连接开始沿产业深入发展，在互联网平台的基础上，从最初的集合众智，又延伸出众包、众筹、众创、众扶等新模式，而每一种模式又有诸多变化，从知识开始延伸到技术、项目、资金等多个领域，不断创造出新的奇迹。例如，美国航空航天局在全球几十万名志愿者的帮助下，发现了500多颗太阳系外行星；加拿大多伦多的黄金公司（Goldcorp Inc.）在全球潜在勘探者的帮助下，找出了110个金矿目标，使公司起死回生；华盛顿大学的科研人员在全球网友的帮助下，解决困扰了研发人员近10年的蛋白质结构问题。

随着双边平台、多边平台的兴起，第一次互联网革命的影响开始深入多个行业，批发业、零售业、教育业、旅游行业、金融业等行业也开始被互联网重构与改变。互联网B2B网站成立后，零售商们可以直接在网上向厂商订货，缩短了中间环节，减少了成本，加快了货运速度，通过阿里巴巴、京东等互联网平台购买商品已经成为一种趋势。消费者通过互联网平台改变了信息不对称的劣势，获得了更大的选择范围、更便宜的价格，评论机制对劣质产品也形成了约束，但这也对地面商铺形成了巨大的冲击。例如，美国的萨尔曼·可汗（Khan Academy）为了帮助远方的亲人，把自己的教学影片上传到YouTube网站，结果大受好评，拥有了几十万名观众。互联网突破了传统教育在地域、师资、环境等方面的限制，让任何人在任何地点、任何时间都有机会接受世界一流的教育。互联网也让旅游行业变得透明，消费者在旅游之前就可以通过互联网定制个性房间、度假路线、旅游项目等，以及对服务质量进行公开评论，这改变了传统旅游业封闭、同质化严重的情况。余额宝、众筹、P2P等互联网金融创新也开始对金融行业形成冲击，小微企业的贷款门槛降低，人们的理财渠道也逐渐拓宽。由于缺乏经验，这些创新也造成不少混乱，但这并非工具本身的问题。

二、人与物的连接

2007年，当乔布斯展示着苹果手机的"晃一晃"功能时，第一次互联网革命悄然进入了万物相连的第二阶段。苹果手机不仅与互联网相连，手机还内置有触摸屏、三轴陀螺仪、电子罗盘、光线感应器、红外线距离感应器、重力传感器、光电感应器等感应元件。苹果手机通过触摸屏能感应到手指的移动，通过三轴陀螺仪和电子罗盘能感应到人的动作和运动路线，通过光线感应器能自动调节屏幕亮度，红外线距离感应器能在人们接听电话时让屏幕变暗并关闭触摸屏，重力传感器能根据手握方位自动调整手机横屏显示或竖屏显示。苹果手机先通过GPS（全球定位系统）、陀螺仪、摄像头、NFC（近场通信）、语音识别等新一代传感设备和技术，收集了用户的日常生活数据，获取用户的行为、喜好、身体状况等信息，再利用应用商店（App Store）里丰富的应用与互联网强大的云存储、搜索引擎和云计算能力，基于用户的生活行为、状态提供相应的建议、帮助和服务，这大大提高了人与互联网的紧密度。

在苹果手机问世之前，加速度传感器、陀螺仪、磁力计等传感器就已经存在。20世纪70年代，人们在工业生产中就已经利用传感器来控制生产节点上的流量、物位、温度和压力等参数。但这些人与物的连接都是单线连接，即相关人员先通过传感器探测单个工业设备所处的状态，将相关信息发送给设备管理人员，管理人员再根据需求对这些设备状态进行单线调整。这些连接局限在车间、工作场所等特定领域，既缺乏设备与人的多重连接，数据也很难跨区域、跨行业、跨人群使用。

当以苹果手机为代表的智能手机开始应用传感器，并在全球普及推广时，人与万物的连接拉开了帷幕。此后，不再局限于手机，在汽车、家用电器、医疗、可穿戴设备及工业自动化等领域，越来越多的物体开始与人类连接。在此时期，人与物的连接由单线连接开始演进到多线连接：通过GPS、陀螺仪、摄像头、运动传感器、压力传感器等传感设备既可以采集人的位置、高度、速度等外部物理信息，又可以采集外貌、指纹、呼吸、心率、脉搏等身体信息，再通过手机、手表、眼镜、头盔等随身设备，与互联网云计算中心及各种外部设备相连。多种连接方式、多样的连接对象和多类传输数据远远超出了单线连接的范畴。

人与物的连接，从连接类型上看，可以分为5类，如下所述。

第一类是人物连接。通过人与物的连接，发送人的相关信息可以传递到外部世界。例如，发送拍摄的照片给其他人或存入云空间，发布最新动态到微博、Facebook等平台上。

第二类是物人连接。通过物与人的连接，人类可以接收关于外部世界的相关信息。例如，获得实时新闻、周边商店促销信息等外部世界信息，以及行车路线、治疗方案等针对人类的行动指导。

第三类是物物连接。通过物与物的连接，人类可以掌握外部世界的具体状态或物体之间的协作，以完成任务。例如，人们通过卫星与物流汽车通信获取物流具体运行路线，大人通过智能手机与孩子的智能手表通信获取其出行轨迹，工厂的运输机器人通过探测障碍物进行躲避，制造车间的机器人通过沟通协作制造产品。

第四类是控制连接。在人物连接和物物连接的基础上，实现人对物的控制与协同。例如，人类通过手机控制智能家居、汽车、航空器、工业设备等多种外部物体，从而满足个人的多样化需求。

第五类是交易连接。在人物连接和物物连接的基础上，实现人与人之间的价值交换。人们利用手机与他人设备进行连接交流，从而实现购买电影票、餐饮支付、超市消费、租车等多种商业消费交易，这实质是借助物与物的连接，实现人与人之间的价值交换。

这5类连接在人与人连接的互联网基础上，扩展了人与物的物联网连接，构筑了种类繁多、复杂多样的万物相连。众多人与物的连接也拓展了人类的视力、反应力、智力、协同力等多种能力，使很多过去不可能存在的硬件产品、软件应用、商业模式成为可能。例如，谷歌在2012年就开始研究自动驾驶汽车。自动驾驶汽车不需要方向盘、油门、刹车和后视镜，只需利用车载传感器来感知道路、车辆位置和障碍物等环境信息，控制车辆的转向和速度，从而使车辆能安全、可靠地在道路上行驶。目前，谷歌、百度、特斯拉、宝马、优步等多家公司均进行了关于自动驾驶汽车的探索。

自动驾驶技术主要利用了第三类物物连接来探测周边障碍物，并以此为基础增加其他类连接，提升功能。例如，驾驶人员可以利用车上摄像头及自动驾驶系统将周边环境、路况等信息发送给网络平台或后续车辆的驾驶人员，以帮其提前做出反应，这是第一类连接。驾驶人员也可以通过自动驾驶系统连接互联网获得实时新闻、周边加油站、娱乐视频等外部信息，这是第二类连接。自动驾驶系统可以连接驾驶人的智能家居系统，在快要驶入住宅时，自动打开车库门及照明系统，这是第四类连接。自动驾驶系统还可以加入驾驶人员的高速公路通行卡信息，在高速公路的关卡自动刷卡缴费，这是第五类连接。通过这5类连接的综合运用，能极大地提高人类生活的效率及质量。

从轮胎到服装，从房屋到尿布，世界上所有的物体都可以利用互联网传感器进行数据收集、交换、分析。以人为中心，人与物的连接、物与物的连接将更加紧密，无数行业正在被互联网重构。在制造上，除了自动驾驶汽车，物联网技术还被用于生产工艺优化、生产设备监控、远程设备维护与预测性维护、供应链自动化管理等智能工厂建设，可以实现多品种小批量生产。在能源上，物联网技术被广泛用于智能电表、风电场管理、光伏电站管理、新能源充电桩、输配电等智能电网各方面。在机器智能上，传感器技术、射频识别技术（RFID）、纳米技术、智能嵌入技术被大量应用于自动驾驶汽车、工业机器人、机器人家居产品。在生物工程上，物联网技术被应用到远程医疗、精准医疗、移动医疗、生物医疗器械管理等方面，借助人与物的连接，开始出现人类脑机接口研究机构。

利用这5类连接，互联网网站从外部形态和内部功能两个方面，在多边平台和Web2.0的基础上，分别诞生了超级平台和Web3.0。

第二十七定理（超级平台定理）：在平台外部形态上，从多边平台上会产生超级平台。

证明：根据第二公理，平台一旦出现，就会不断向扩大价值方向发展。根据第二十六定理，在人与人的连接建立后，人与物的连接、人与环境的连接也会建立。因此在平台外部形态上，在多边平台基础上，将产生超级平台。超级平台是指连接多个平台、产品形成的超级平台集群，通过连接更多的人、物，产生更高的价值。最初是苹果构建了硬件产品和软件平台相结合的伞状超级平台，以及谷歌的母子平台，接着出现了腾讯、Facebook这样网状超级平台的雏形。网络平台整合各种要素，不断在宽度上进行扩展。

第二十八定理（Web定理）：在平台内部功能上，从Web1.0的连接、Web2.0的互动，产生Web3.0的交易。

证明：根据第二公理，平台一旦出现，就会不断向扩大价值方向发展。因此，在平台内部功能上，从Web1.0的连接、Web2.0的互动，将会产生Web3.0的交易。Web1.0的缺陷是所有内容都是由平台创造的，内容所有权是平台的，用户只是一个浏览者，没有参与的积极性；Web2.0的缺陷是用户虽然创造了内容，但所有权被平台拥有，用户并不拥有所有权和衍生商业价值的收益权，因此积极性不高，只是基于兴趣。Web3.0的目的是更强烈地激发用户的积极性与主动性，从而创造出更大的价值。仅仅让用户拥有内容的所有权是不够的。人们创造的目的是交换，通过交换获得自己需要的事物，仅有内容的所有权而无法进行交换，对用户来讲，这和Web2.0并没有什么区别。因此Web3.0的用户必须可以进行交换，拥有所有权是交换的基础。

人们对Web3.0有不同的理解。奈飞的创始人里德·哈斯廷斯（Reed Hastings）认为："Web 1.0是拨号上网，平均带宽为50Kb/s；Web 2.0的平均带宽为1Mb/s；Web 3.0就该是带宽为10Mb/s、全影像的网络。"谷歌前CEO埃里克·爱默生·施密特（Eric Emerson Schmidt）认为："Web 3.0是拼凑在一起的应用程序，主要特征是应用相对较小、数据处于网络中、可以在任何设备上运行（PC或手机）、速度非常快并能有很多自订功能、像病毒一样地扩散（社交网络、电子邮件等）。"Polkadot的创始人加文·伍德（Gavin Wood）认为："Web3.0是一组包容性协议，为应用程序制造商提供构建块。"有人认为Web3.0是基于区块链技术的去中心化在线生态系统，有人认为Web3.0是一个终极的、开放的、无须信任的、无须权限的理想网络架构，有人认为Web3.0是3D共享空间的连接和协同，有人认为Web3.0是一条最终通向人工智能的网络进化道路，有人认为Web3.0可以实现和扩充语义网的概念。还有人从特征上去解释，有人认为Web1.0的特征是可读（Read），Web2.0的特征是可读+可写（Read+Write），Web3.0的特征则是可读+可写+拥有（Read+Write+Own），有人认为Web1.0为半中心化，Web2.0为中心化，Web3.0

则是去中心化，还有人认为 Web1.0、Web2.0 本质上是在传递信息，侧重消费，而 Web3.0 则是在传递价值，创造财富。人们其实是从带宽、应用程序、技术、区块链技术、网络架构、3D 空间、人工智能、语义网、产权、去中心化、财富等不同角度去理解 Web3.0。

  社会革新应该从价值基础出发，只有建立在价值基础之上的商业模式革新，才能真正获得社会的应用与推广。Web3.0 应该从价值基础去判断，从为客户、社会带来的价值去判断。价值基础代表的价值观决定着未来商业生态。Web1.0 以雅虎、网易、新浪、搜狐等门户网站为典型代表，用户可以浏览内容，但只能被动接收内容，无法进行交互。Web2.0 则以博客、微博、推特、微信为典型代表，用户由被动接收内容到可以创造内容，还可以进行互动交流。Web3.0 构造的是可以让用户自主创造、交流、交易的内容互联网生态，Web3.0 的特征是可读+可写+可交易。区块链、分布式存储、人工智能、云计算、语义网、虚拟货币、元宇宙等技术都是在 Web3.0 实现交易的手段，交易是纲，技术手段是目，纲举目张。用户价值是第一位的，而不是技术。不能把技术当作目标本身，为了技术而技术只会事倍功半。以目标统领技术，让技术为目标服务，才会事半功倍。当年乔布斯对手机进行创新，也是基于用户价值而对技术进行了创新。为了方便用户使用才推出了多点触摸技术、iOS 系统，并非只顾技术的先进性，而不管用户价值进行的天马行空般的创新。只顾技术，忽视用户价值，多半都会招致失败，如著名的铱星计划[①]。

  抖音正是由于在内容交易上进行了创新，为用户提供了内容交易价值，从而获得了快速增长。其不断向深拓展，衍生出新功能、新交易模式。

  抖音在 Web3.0 的探索上较为领先，抖音商家不仅可以利用小视频进行内容展示、推广，还可以利用抖音小店、直播进行交易变现。借助淘宝最初的支持，抖音成功形成了电商生态。平台上既有适合电商的服装、饰品、化妆品、食品、家居、家电、数码产品，以及教育培训、商业培训，也有传统线下行业，如婚纱摄影业、机械加工业、五金业、餐饮业、商业地产租赁业等。除了

---

① 铱星计划：由美国摩托罗拉公司于 1990 年提出的全球移动通信系统，其目标是利用 66 颗低轨道卫星，为地球上任何地方的用户提供卫星电话、寻呼和数据服务。

企业可以在抖音上进行宣传、推广，个人也可以利用抖音展示、推广美食、美妆、时尚、萌娃、旅行、健身、游戏等内容，以及相关商品的交易。这种交易关系给用户带来了价值；对内容提供方来说，从优质商业内容中获得了回报；对内容需求方来说，具有商业价值的内容增多，可以减少交易成本。对内容供求双方来说，抖音已经不仅是娱乐平台，更是商业交易平台、知识平台、生活服务平台。用户的自身价值在平台上得到了充分的发挥，平台用户的黏性和活跃度也相应提高，极大地增强了平台网络效应。相比之下，微信的用户规模虽然比抖音大，但是在Web3.0的探索上却落后于抖音。抖音对微信的人际关系网虽然难以形成直接威胁，但对微信的商业生态、未来发展空间形成了较强的压制作用。微信也开始进行直播、视频号等方面的探索，以填补自己商业生态的缺陷。但由于微信本身定位于熟人社交，在商业传播机制方面存在明显的短板，因此其整个商业生态的潜力还远远没有被充分挖掘出来。

Facebook、Instagram、推特、微信、微博等社交平台都可以利用"有机耦合"战略对商业模式进行创新，向Web3.0进化。用户可以利用平台创造、交流内容，平台则针对用户发布的有较高价值的优质内容建立推广、交易机制，帮助用户实现优质内容变现。一方面促使用户发布更优质的内容，以吸引更多用户；另一方面也可以让其他用户通过交易获取优质内容，从而使平台用户的黏性更高、用户更活跃，且优质内容更多，从弱网络效应进化为强网络效应。

交易不仅存在于一个平台内部，未来还可以跨平台进行内容交易，形成超级平台中多个平台之间的内容交流、交易。例如，美团的外卖、酒店、旅游、团购、买菜等内容既可以在自己的App中展示、交易，也可以直接在微信中进行展示、交易。Facebook、推特可以整合外部平台优质内容，纳入平台进行展示、交易，从而既方便内容拥有者推广，也方便内容需求者寻找、获取相应内容，形成更大规模的超级平台，整合社会更多的资源。区块链、分布式存储、云计算、虚拟货币等技术就是为内容交易而生的，有了分布式存储、云计算，跨平台的内容展示、交易将更加稳健、快捷。

创新更有可能首先发生在腰部平台，而不是头部平台。因为一般而言，头部平台的规模庞大，有领先优势，对后发优势充满自信，天然抵触商业创新（冒险）；而且头部平台的实力强大，更希望一家通吃。腰部平台面临竞争压力，必须求变才能生存，更具有创新的动力；并且由于其实力不足，必须借助外部平台力量进行发展。例如，抖音在内容电商生态形成后，一家独占流量与电商，不愿意与其他平台进行分享，而快手也想一家独占流量与电商，但它们在货品种类、品控、供应链、服务商生态等方面都不够成熟，必须与天猫、京东等货架电商平台进行跨平台的流量合作，形成网状超级平台，将内容与电商生态打通。在这种情况下，区块链、分布式存储、云计算、虚拟货币等技术在腰部平台更容易获得应用与发展。

Web3.0应当围绕价值基础寻找突破口，构建生态，让"万物皆能交易"。网络直播产业能快速成长的底层驱动力就是Web3.0，只有让大部分普通人都能从内容创新、交流、交易中获益，最大限度地激发人类的创造力，从而凝聚众智、事半功倍，才能让全球互联网获得深入发展。

第二十九定理（大数据定理）：万物相连每一个阶段的升级，都会带来大数据指数级的增长。

证明：根据第二十六定理，从简单的人与人的连接，到人与物的连接、物与物的连接等5类连接，最后到人与环境的整体系统连接，每一次升级，连接的对象都会有倍数级增长，由此带来大数据指数级的增长，而处理大数据的云计算能力也需要有相应的增长。

从现实看也是如此，从互联网诞生后，互联网数据量一直呈现爆发式增长，第一阶段从Web1.0到Web2.0，再到第二阶段的5类连接，每一次升级都使数据呈指数级增长，这使得大数据产业开始出现，并且带动了大数据行业基础设施产业的快速增长。

在万物相连阶段，数据增长主要来源于连接数量的增长，呈现指数级增长状态；在万物相循阶段，数据增长主要来源于全球3D打印设计平台、分布式循环生产带来的信息增长，呈现稳定增长状态；在万物相生阶段，数据增长主要来源于脑机接口、元宇宙、人工智能协同进化带来的数据快速增长，再次呈现爆发式增长状态。

第三十定理（算力定理）：大数据增长，带来算力需求的对应增长。

证明：根据第二十九定理，互联网大数据会呈现指数级的增长。根据第二公理，大数据的增长需要为社会、消费者带来价值增长，因此需要处理大数据的算力发生相应增长。

随着大数据的快速增长，以大数据为基础的商业模式在创新，与之匹配的云计算能力也在快速增长。例如，谷歌曾通过分析美国人最频繁检索的词汇预测出冬季流感传播的具体地区；美国第二大的超市塔吉特百货（Target）基于顾客的消费数据发明了"怀孕预测指数"，预测出顾客在什么时候生小孩，从而提前进行有针对性的促销活动。通过对大数据的分析，可以进行天气预测、体育赛事预测、市场物价预测、用户行为预测、人体健康预测、疾病疫情预测、灾难灾害预测、交通状况预测、能源消耗预测等多方面的数据分析。通过预测结果建立效率更高、价值更大的新商业模式，从而对多个行业进行重构。未来，当人与环境相连时，数据积累的速度将远超第二阶段，大数据与云计算作为互联网的基础设施，具有巨大的发展潜力。

在万物相连阶段，随着大数据的指数级增长，各种大数据应用爆发，云计算呈现爆发式增长状态，而人工智能与全球训练大数据的匹配，也是万物相连的一部分，人工智能的初期爆发，会加大对算力的需求。在万物相循阶段，随着3D打印设计平台、人工智能的发展，算力需求呈现稳定增长状态。在万物相生阶段，随着脑机接口、元宇宙、人工智能的协同进化，人类对云计算的需求大幅增加，算力将呈现指数级增长。

互联网革命的每一个阶段并不是简单割裂的，而是前一个阶段发展的继承和升华。例如，2011年，通用电气与RelayRides合作，推出汽车共享服务平台这一全新租赁方式，数百万名雪佛兰、凯迪拉克和别克等车的车主办理OnStar Family Link服务后，即可定位自己的车，随后可以在RelayRides上免费发布车辆的出租信息。在整个租车过程中，车主使用OnStar设备完成远程解锁、监控、定位、交付等功能。车辆一旦成功租赁出去，车主就可以获得60%的租赁费用，RelayRides则可以获得剩下40%的租赁费用。2013年5月，RelayRides获得了Wheelz的"DriveBox"技术。"DriveBox"技术可以让租车人直接通过自己的智能手机解锁汽车。这进一步简化了商业模式，让租车人的租车体验更为简单、快捷。要实现RelayRides这种创新的商业模式，必须实现租车人与租车平台、租车平台与车辆之间的连接，即第一类连接（人物连接）、第二类连接（物人连接）和第四类连接（控制连接），以及建立在这些连接基础上的第五类连接（交易连接）。但租车人的使用体验为"并不方便"，因为其还需要与租车平台联系才能解锁车辆。"DriveBox"技术（创新性的物物连接）

帮助租车人直接与车辆建立第四类连接（控制连接），提升了整个商业模式的价值。

互联网革命看似"乱花渐欲迷人眼"，但实际是"草蛇灰线，伏脉千里"。每一种新技术、新模式都是在前期基础上进行创新的，同时需要有成熟的配套环境，只有这样才有可能获得大面积应用与推广。互联网革命正有条不紊地按序前行，根据这种发展趋势，可以看到未来互联网革命的发展方向。

三、人与环境的连接

在第一次互联网革命的第三阶段，传感器将逐步解决功耗、体积、造价和寿命等瓶颈，体积越来越小，价格越来越便宜，功耗越来越低，功能越来越强。几乎一切事物，如汽车减速带、街道、水电大坝、山坡、海洋等世间万物都可以装上微型传感器。互联网连接的重点将从单个物体向整体环境发展。与单点人物连接不同，人与环境的连接是系统性连接，可以从根本上解决某些困扰行业甚至人类发展的瓶颈问题。

第三十一定理（全系统解决方案定理）：利用人与环境的系统性连接，全系统解决方案会重构人类的所有行业。

证明：根据第二十六定理，人类利用互联网可以连接万物，从而获得所有物体、环境的全系统、全周期信息，由此制定出可以解决很多根本性问题的全系统解决方案。

例如，在人类手动驾驶的状态下，车祸给人类带来的伤害几乎不可避免，因为人难免会犯错误。根据世界卫生组织发布的信息，全球每年因车祸死亡的人数接近130万人。目前自动驾驶汽车虽然具备主动避让能力，但只是基于自身的系统生态，尚存在很多缺陷：一方面一套系统难免会出现故障，另一方面自动驾驶汽车对突发情况（如行人突然从路边障碍物后冲出、山体滑坡等）仍很难快速做出反应。如果所有行人、机动车辆等外部事物都带有能被自动驾驶系统提前感知的传感器，那么即使外部事物被障碍物遮挡，自动驾驶系统也可以对突发情况进行感知，从而提前调整车辆运行的速度和方向。如果互联网监测设备能够实时对道路桥梁及路边危险山体等道路环境进行监测，那么一旦出现滑坡或雨、雪、冰、雾天气等异常情况，就可以马上通过互联网传输到车辆的自动驾驶系统中，控制车辆提前做出反应。车辆的自动驾驶系统通过与周边人群的连接、与周边环境系统的连接，若能对温度、雨量、风速、阳光、人群、障碍物、风险物等全部周边环境因素的状态、变化、轨迹提前判断，建立全方位的安全控制系统，则车祸伤亡的风险可能大大降低。而多重、严格的安全责任管理，可以清楚界定自动驾驶系统与关联系统的责任边界。行驶效率提高、责任边界界定清晰，最终可以将自动驾驶引入实用阶段。目前各国都在加速孵化无人驾驶业务，如百度无人驾驶车"萝卜快跑"已开始上路运营，特斯拉也推出了无人驾驶出租车。但自动驾驶技术应利用全系统解决方案实现尽可能高的安全保障，以获得人们的信任，实现大规模推广。

医疗将逐渐演变为基于全人类个体的全生命周期健康管理系统。从胎儿出生，到婴儿、少年、青年、成年、老年，每一个阶段的身体状态都通过体感设备进行记录，并传送到大数据平台，与设备的远程监测系统、体检中心的体检系统、医院的诊疗系统、药店的配送系统、医药公司的研发系统、天气环境系统及医疗保险等行业系统相连。如果人的身体出现问题，系统将自动提醒用户注意，并提供对应的解决方案，使很多疾病能提前得到抑制或消除。人在生病时通过互联网自动得到治疗建议，对症药品自动送货上门；或者人去对应的专科医院进行治疗，保险公司自动报销。每个人的全生命周期健康管理系统又可与其他人的全生命周期健康管理系统相连，在此之上可以发展出人类社交的需求，如一起治疗、跑步、旅游、学习、居住等。生命的每时每刻都被记录，而这种记录又与外界环境相连，相互作用，从而将整个生命系统调整到最优的状态，人均寿命将大大延长。

连接也会延伸到人类的周边环境，通过传感器，将自然环境里的花、草、树木，甚至山川、河流、海洋连接到人类的互联网上，使人类社会不同的系统生态融为一体。Edyn Garden Sensor 是一款由 Edyn 公司打造的智能植物传感器，这款传感器能够监测 23 平方米土地上的光、温度、湿度、水分、酸度、电解质及营养等数据指标。太阳能智能水阀可以根据监测器、本地天气预报的数据，配合滴灌系统进行自动浇水操作。有了这种农田看护智能化设备，再结合智能化耕种、收割机械、运输机械，随着设备成本的降低，未来的农田甚至不再需要农民耕种、看护、收割，完全由机械自动化完成。

树声（Tree Voice）是一种穿戴设备，它被"穿戴"在树干上，利用传感器收集噪声、温度、污染度等数据指标。它还能发光，将这些数据显示给路人。而众多树声通过网络连接起来，将收集到的数据传输到 Dashboard 平台。Dashboard 是一个关于树木的大数据平台，人们通过这个平台不仅可以看到树木的状态，还能获得不同地区大树周边的环境信息。这可以帮助人们决定晚上去哪里锻炼，了解哪儿的房子周边环境更好、更值得购买，甚至未来可以帮助人类监控整个区域的环境、气候变化、生态变化、地质变化等。

人与环境的连接和全系统商业思维将使所有行业连接在一起，从人的全系统体验入手，对所有行业进行重构，以适应互联网革命的发展。这个时候的商业成功将来自人与全系统环境的连接，如未来人的健康管理将是涵盖智能穿戴设备、智能家居、医药、食品业、体育用品、居住环境等全生命周期、全时段、全地域、全行业的解决方案，可以动态检测人的健康状态，根据情况随时进行方案调整，使人的身体长期保持在稳定、健康的状态。这对于目前的医院、药业、家居业、体育用品、健康体检等行业都将产生重大的改变。

第三阶段的里程碑事件是全球网状超级平台与工业机器人出现，这是第一次互联网革命的高潮，将极大地推动全球生产效率的提高。

第三十二定理（全球网状超级平台定理）：在第一次互联网革命高潮中，出现连接万物的全球网状超级平台。

证明：根据第二公理，平台一旦出现，便会不断向扩大价值的方向发展。根据第二十六定理，会出现人与环境的连接。根据第四定理，第一次互联网革命万物相连的成熟里程碑事件是全球网状超级平台与工业机器人出现。因此从平台外部形态看，在超级平台的基础上，会出现连接万物的全球网状超级平台。

在第二阶段超级平台的基础上，与全系统环境连接对应，超级平台会进一步在宽度上拓展，将诞生多个全球性网状超级平台。全球性网状超级平台将包括全球基础设施、硬件、软件、内容等多个领域，形成大生态闭环系统。

全球性网状超级平台并不局限于埃隆·马斯克所拥有的资源，埃隆·马斯克所能构建的网状超级平台仅仅是全球网状超级平台的雏形。还可以整合铁路、航空、公路等基础设施资源，整合智能手表、无人机、智能家居等硬件，整合第三方海量软件，整合图片、视频等内容平台，通过全球、全域、全功能、全内容的环境整合，产生无限可能。例如，利用千寻位置的精准三维时空定位，既可以拓展人与人的连接范围，将时空定位用于游戏、社交，使各类软件更具趣味性、互动性，也可以拓展人与物的连接范围，如社区团购、物流运输、时空溯源等功能，提高商业深度服务能力。

第三十三定理（工业机器人定理）：在第一次互联网革命高潮中，工业机器人普及。

证明：根据第二公理，平台一旦出现，便会不断向扩大价值的方向发展。根据第二十六定理，会出现人与环境的连接。根据第四定理，第一次互联网革命万物相连的成熟里程碑事件是全球网状超级平台与工业机器人出现。

从平台内部功能看，全球网状超级平台不仅具有平台终端的Web1.0、Web2.0、Web3.0的连接、互动、交易功能，还会沿产业链向上游扩展，以整合各种产业链，与下游终端平台形成完整、统一的整体，其中最重要的就是以工业机器人为特征的智能工厂的普及。通过智能工厂的普及，增强产品创新能力、反应速度，降低成本，从而将人从生产线上转移出来，为将劳动力资源升级为智力资源做准备。

乔布斯曾经在1983年、1990年两次试图在加州建立现代化工厂，但均以失败告终。其后，苹果也尝试建立全自动化工厂，但发现工业机器人的能力仍然不足。例如，iPhone对涂胶水的精度要求非常高，即误差必须控制在1毫米以内，拧螺丝也必须把握好力度，并判断是不是已经拧紧了。而当时工业机器人的灵敏度不够，很难像训练有素的人类一样控制好涂胶水的力度。iPhone的螺丝很小，机器也无法感受到拧螺丝的力度，所以苹果虽然曾计划让富士康工厂在2014年使用100万台机器人，但实际上富士康的工厂在2019年只配置了10万台机器人。

苹果只是一家生产智能消费产品的公司，在拥有大量廉价劳动力资源的情况下，并没有很强烈的研发、应用工业机器人的需求与动力。但工业机器人底层技术的突破，不仅有利于苹果手机的生产，还有利于全球所有工业品的生产，具有很强烈的外部性。因此应由全球统一（联合）政府根据整体市场机制进行干预，投入资源进行攻关，突破底层技术，并将工业机器人推广到所有工业领域，进行规模化应用，降低生产成本，从而大大提高工厂的生产效率。除了工业领域，随着ChatGPT等人工智能技术的发展，广告媒体、软件开发、新闻媒体等服务业的低端从业人员将逐渐被工业机器人替代。随着全自动化工厂、人工智能的普及，从20世纪开始的全球产业迁移历程将逐步停滞，工业革命将完成历史使命，逐渐走向尾声。人类被制造业占用的大量劳动力资源也将释放出来，制造业的用工将大幅锐减。

尤瓦尔·诺亚·赫拉利在《未来简史》中提出："人工智能和算法将战胜人类，99%的人将沦为无用阶层。"其只看到了人工智能对人类工作替代的威胁，却没有看到人工智能可以将人类从上万年繁重、重复的机械性工作中解脱出来，去从事真正具有创造性的工作。人工智能在互联网革命时期无法替代人类的创新力，数以亿计的人类将从劳动力资源升级为智力资源，这对于整个人类来说是巨大的机遇，可以有力地推动人类科技的发展。人工智能给人类带来的冲击，可以通过整体市场机制进行缓冲，以最大限度地减少不利影响。总体来说，人工智能的发展对人类来说利远远大于弊，将大幅提高人类的生产能力与生产效率，提升人类整体素质，掀开新的历史序幕。不管在哪一个时代，人类永远都是创新力的真正主导力量。

第三十四定理（"有机耦合体"定理）：随着全球网状超级平台、全系统解决方案出现，"有机耦合体"模式将被大量应用。

证明：根据第三十二定理，连接万物的全球网状超级平台将会出现。根据第三十一定理，面向客户的全系统解决方案将会出现。客观上需要商业生态大量应用"有机耦合体"模式，以紧密耦合利益相关者，从而产生创新性的全系统解决方案，为客户提供创新价值。

全球网状超级平台的出现，标志着万物相连走向成熟。整个地球万物被连接为一体，人类通过互联网获得了前所未有的能力，大到星空、海洋的变化，小到人类体内红细胞的变化，所有人、物体和环境的状态都可以被整体感知，使原来很难预测、控制的多因素共同影响的结果变得显性与透明。所有的解决方案都将基于整个环境，端到端，呈现出完整闭环的全方位解决措施。"有机耦合体"的内循环体系将被大量应用于商业生态系统，以支撑全系统解决方案。这是在以往人类社会环境和商业生态中从未有过的，这种系统性的、完整的解决方案将帮助人类解决许多困扰已久的问题，大大提高人类社会的运行效率和生活质量。

全球网状超级平台将对各行各业产生深刻的影响。在制造上，随着以工业机器人为代表的智能工厂技术突破，全自动化工厂将大量应用于制造业，可以逐步实现个性化定制生产、个性化方案生产；在能源上，可再生能源技术在全球部分区域率先普及，人类对化石能源的需求下降；在机器智能上，随着人工智能的进化及制造能力的提高，工业机器人、机器人家居产品开始普及。在全球网状超级平台的支持下，随着整体环境感应能力的提高、人工智能的进化，自动驾驶技术趋于成熟。工业机器人、智能工厂、智能传感器、智能供应链、工业AI、工业大数据等工业互联网技术将成为万亿级风口，全球性网状超级平台将把工业互联网和消费互联网紧密连接在一起。

人类第一次连接了整个世界，掌握了所有信息，仿佛变得无所不知。

第二节

第二次互联网革命之万物相循：智力与物质、能量的协同优化

在第二次互联网革命时期，万物相连仍在继续，并从核心区域向周边区域、从浅层连接向深层连接扩散。但此时互联网革命的重点再一次发生了进化：从万物初步连接的信息传递，到万物之间更深层次的智力与物质、能量的协同优化。万物相连仅仅解决了互联网革命的物理基础问题，虽然人类社会的效率得到了大幅提升，但以工业革命时期的大工业生产方式与全球化贸易为代表的物质、能量流动并没有发生根本性改变，由此带来的物质、能量损耗并没有减少。大量的物质、能量被浪费在矿产开采、工业生产及全球化物流运输上，万物之间物质、能量交换的效率还没有得到质的提升，万物相循阶段将利用全球协同的智力资源重新构建物质、能量循环，再一次大幅提升人类社会的经济运行效率。

第三十五定理（分布式生产定理）：分布式生产普及有3个阶段，即非成本敏感型产业的普及、成本敏感型产业的普及、技术密集型产业的普及。

证明：根据第五定理，第二次互联网革命的里程碑事件是3D打印机普及。根据第二公理，3D打印机普及的驱动力是价值增长。因此分布式生产普及不是一蹴而就的，而是随着3D打印机的功能、性能提升及经济性提高，逐

渐超越集中式生产，只有这样才能替换机器大工业产业。根据产业普及的难度，分布式生产普及分为3个阶段——非成本敏感型产业的普及、成本敏感型产业的普及、技术密集型产业的普及。

首先是在非成本敏感型产业普及，主要是生产非标准化的复杂构件。由于3D打印技术的增材制造特性带来了个性化、特质化的呈现手段，分布式生产所能制造的产品的复杂程度要远高于传统的减材生产。分布式生产一方面在首饰、时尚、食品、雕刻、文化艺术、设计等个性创意领域取得突破，如创意项链、高跟鞋和眼镜；另一方面在医疗、汽车、国防、航空航天、建筑、家电、轻工等产业的减材生产存在较大技术障碍的零部件制造方面取得突破，如个性化的关节、骨头和助听器。这个阶段的分布式生产主要用于弥补传统减材制造技术的不足，还不足以取代传统的大工业集中式生产。

其次是在成本敏感型产业普及，主要是生产规模化产品。在这个阶段，3D打印技术将获得突破，整条产业链开始形成，规模化运营导致成本大幅降低，分布式生产开始在传统成本敏感型产业推广、普及。2014年，世界出现第一款采用3D打印零部件制造的电动汽车"Strati"，全车车身一体成型，只有40个零部件，包括底盘、仪表板、座椅和车身在内，这些零部件均由3D打印机打印。2016年，北京通州出现第一幢用3D打印机打印的别墅，别墅共两层，每层高3米，墙体厚度为25厘米，别墅的基础和墙体使用了钢筋20吨、混凝土380立方米，生产全程由电脑程序操控。经检测，其抗震级别达到8级以上。但目前3D打印技术在成本、材料等方面与大工业集中式制造技术相比仍有不小的差距，未来随着分布式生产在成本敏感型产业开始试点与普及，互联网革命将进入万物相循阶段。

最后是在技术密集型产业普及，主要包括芯片、精密机床等精密制造产品。随着3D打印技术的进一步发展，象征人类制造能力顶峰的芯片业也将采用分布式生产方式。2022年，美国麻省理工学院的科研团队用3D打印技术制造出一种用于轨道航天器的等离子体传感器。另外，麻省理工学院还提出了类似3D打印的微纳结构制造办法，可以让粒子按照预设的形式排列，精度比刻蚀法更高。随着3D打印技术的进步，绝大多数产业最终都将普及分布式生产方式，传统产业链将被替代，此时第二次互联网革命将达到高潮。

当前 3D 打印机难以对成本敏感型产业进行替代，主要原因是其经济性不高。一方面，3D 打印技术仍存在瓶颈，生产成本较高；另一方面，区域循环生态型生产的上下游产业链不成熟，导致原材料成本较高。未来人们必须对这两个方面同时进行改进，推动产业向规模化发展。只有这样才能使分布式生产取代手机、汽车、电脑等产业的大工业集中式生产，成为主流的生产方式，从而加速"全球设计—本地生产—本地能源—本地回收"整条产业链的成熟，进入正向循环，不断提升技术、降低成本。

万物相循的成熟里程碑事件是分布式生产普及到绝大多数产业，这标志着"全球设计—本地生产—本地能源—本地回收"循环体系基本建成，将彻底改变工业革命时期的全球产业分工格局，对各行各业都将产生重大革命性影响。

第三十六定理（统一全球网状超级平台定理）：在第二次互联网革命时期，全球最终将出现一个统一的全球网状超级平台。

证明：根据第二公理，价值增长是全球网状超级平台进化的驱动力。根据第五公理，全球分布式生产循环需要全球网状超级平台匹配进化。全球网状超级平台具有多种不同的网络效应，为了获得最大的网络效应，在万物相连时期诞生的多个全球网状超级平台，在经过长期竞争，发展得较为成熟、稳定后，在明确运行机制、利益分配等规则的情况下，最终将统一为一个庞大、复杂的全球网状超级平台。

第三十七定理（全球 3D 打印设计平台定理）：全球 3D 打印设计平台将成为全球网状超级平台的核心。

证明：根据第二公理，价值增长是全球网状超级平台进化的驱动力。根据第五定理，"全球设计—本地生产—本地能源—本地回收"分布式生产循环将成为全球主流趋势。随着分布式生产对集中式生产的取代，生产模式进化为完全个性化生产，而全球 3D 打印设计平台作为汇集全球人类智力资源的平台，理所应当地将成为全球网状超级平台的核心。

很多公司从不同方向对未来的全球 3D 打印设计平台模式进行了探索。例如，纽约的 Shapeways 公司采用网上平台交易模式，只提供平台服务，产品创意及销售都由用户自己完成；Quirky 公司则把 3D 打印设计平台作为生产工具使用，前端利用网上平台收集人们的创意，后端通过 3D 打印设计平台快速制造；Thingiverse 公司采用网上免费社区模式，让用户自己进行社交活动，平台依靠"免费"吸引了大量 3D 打印资源，并通过其他方式（如硬件销售）获利；TinkerCAD、Photofly 等工具类软件，可以帮助用户实现对资源的 3D 数据转换。

在这些模式中，最能代表未来发展方向、最具革命性的是 Shapeways 模式。在该模式下，在线商店的数量达 8000 家以上，总计生产了超过 100 万款、60 亿件 3D 打印产品。虽然 Shapeways 模式仍不是分布式生产，但随着 3D 打印机成本的下降、3D 打印产业链的逐渐形成，分布式生产将成为现实。未来人们不会去商场购买已经制造好的品牌手机，而是在家中通过互联网、在全球范围内选择一个独一无二的个性化手机解决方案（可参与设计），然后用家中的 3D 打印机把手机制作出来。3D 打印材料主要来自本地回收分解的废弃 3D 打印物品。

整个全球硬件产业链被压缩成一台 3D 打印机，万物皆可通过 3D 打印机制作。人们需要做的就是：一方面不断提高 3D 打印机的打印能力，另一方面利用自己的智慧创造各种个性化的 3D 解决方案，以满足人类完全个性化的需求。随着 3D 打印技术成为人类主流的生产方式，整个生产过程对资本、劳动力等要素的依赖将大大下降，智力要素的重要性将被凸显出来。生产的核心要素将从资本转向智力。

3D 打印机甚至可以自我复制。2013 年，德国 Doppelbock 大学的研究人员研发出世界首台具备"自我复制"能力的 3D 打印机。由于目前技术的限制，这种 3D 打印机只能制造比自己小的子 3D 打印机。未来技术完善后，3D 打印机其实可以打印出和自己一样大，甚至比自己更大的 3D 打印机。这种具备"自我复制"功能的 3D 打印机意味着在理论上，每个人都可以拥有无限复制"工厂"，这使生产的瓶颈被彻底消除。只要有需要，人们在任何时候都可以拥有前所未有的生产能力，人们的物质需求将会得到极大的满足。

在万物相连时期形成的端到端的系统性完整解决方案，也会随着全球 3D 打印设计平台、分布式生产、循环生态型生产进行再次重构，以获得更高的效率。例如，汽车将不再通过汽车厂家生产，而是由人们先通过全球 3D 打印设计平台选择个性化的汽车打印方案，或者选择各种个性化的零部件方案进行组合，还可以在此基础上进行个性化修改，然后在区域内（甚至自己家中）通过 3D 打印机制作。3D 打印汽车具备全自动驾驶系统，并与外界各种系统环境相连，使用由太阳能、风能等新能源产生的电能，报废后由本地回收公司进行回收，重新分解为可供 3D 打印机使用的原材料。

第三十八定理（终端消费平台定理）：在第二次互联网革命时期，终端消费平台将面临巨大危机。

证明：根据第五定理，分布式生产循环成为主流趋势。根据第三十七定理，全球 3D 打印设计平台成为全球网状超级平台的核心，消费者将通过 3D 打印机打印所需要的消费产品。到了第二次互联网革命时期，现在的亚马逊、淘宝、京东等面向终端消费者的大型平台网站要么转型，要么不复存在，全球的生产者、消费者将围绕全球 3D 打印设计平台进行生产、消费活动。

第三十九定理（个性化机器人定理）：在第二次互联网革命时期，个性化机器人将普及。

证明：根据第十三定理，在第二次互联网革命时期，完全个性生产将普及。根据第三十七定理，在第二次互联网革命时期，全球 3D 打印设计平台将普及。全人类的智力通过互联网快速交流、汇聚、碰撞，新的人工智能产品设计在原来的 3D 打印方案的基础上不断得到优化、升级，全人类几乎能同步得到最新的科技成果，再叠加自身的个性化需求，通过本地能源驱动的本地 3D 打印机制造出完全个性化的机器人，这将使个性化机器人获得普及。

第四十定理（3D 打印人体组织定理）：在第二次互联网革命时期，3D 打印人体组织将普及。

证明：根据第三公理，3D 打印人体组织技术将不断进化。根据第三十五定理，3D 打印生产将会普及。根据第三十七定理，全球智力资源的汇集将加快 3D 打印人体组织技术的成熟与普及。随着 3D 打印机的普及，在生物工程上，3D 打印人体组织、器官将逐渐得到普及。目前以 3D 打印为基础，已发展出 4D 打印，4D 打印一方面增强了打印构件的可控形变能力，另一方面可以制造性能、功能变化可控的构件。4D 打印人体组织材料不一定需要人体上的细胞组织，只需在材料内部通过软件设计编程设置触发条件、应对机制等参数，就可以模拟人体细胞组织，而且 4D 打印人体组织材料（如血管、脑细胞等）具有自我调节与自我修复的效果。人类未来有可能借助 4D 打印技术进行人体器官修复，这将使人类的寿命大大延长。

第四十一定理（新能源车定理）：新能源车将成为主流趋势，电动汽车的换电模式将得到普及。

证明：根据第十六定理，社会能源从传统能源向再生能源转变。根据第四公理，再生能源科技升级将支撑生产科技产业的发展，推动新能源车成为社会的主流趋势。由于电动汽车的换电模式可以解决消费者的里程焦虑、补能焦虑，并降低消费者一次性购车投入，因此提升了电动汽车的保值率，降低了行业整体基础建设投入。对电池进行统一全生命周期管理，有利于提高社会资源的利用效率，高效利用电能的波谷期，社会价值相比充电模式更高。因此，电动汽车的换电模式将逐步得到普及，与充电模式共同满足社会需求。

第四十二定理（人工智能定理）：人工智能将通过4个阶段进化，接近真正的"智慧"。随着低空空域管理的规范，以及飞行技术、基础配套设施的成熟，陆空两用飞行汽车也将逐渐得到普及。

证明：根据第三定理，第三次互联网革命需要突破人类自身脑力、能力上的瓶颈，进化出机器智慧，这是人工智能进化为人工智慧的充分必要条件。根据第三公理，人工智能将通过4个阶段进化到接近真正的"智慧"。

真正的"智慧"源于自我意识，只有产生自我意识，才能将世界与自我区分开，才能展开真正的自我学习、自我进化。就如同《圣经·创世记》中记载的人类始祖亚当、夏娃偷吃禁果而知善恶一样，一个生命只有知道自我，认知自己的长处与短处，才能开始主动学习，将世界与自我区分开，从而认知世界万物的特质，产生对未知的追求。只有认知自我与他人的区别，才能基于"利己"获得创新的动力，从而产生利益与价值的概念。自我意识是真正的"智慧"的源头，此时的人工智能并没有认知自我、产生自我意识，只是人类概念与逻辑的延伸，可以称为智能，但其并不拥有真正的"智慧"，也不具有真正的创新力。

人工智能产生真正的"智慧"需要3个因素的共同作用：对基因信息的完全掌握，对大脑思维机制的完整掌握、对人类智慧的模仿。基因信息是"智慧"的生成机制，大脑思维机制是"智慧"的运行机制，模仿人类智慧是"智慧"的反馈机制，运行机制建立在生成机制之上。掌握基因信息、大脑思维机制等内在机制，人工智能才能获得真正的"智慧"。人类不断地对"智慧"生成、运行机制进行研究、探索，将其应用到人工智能中，实现对人类智慧的模仿、验证，发现差异，从而有针对性地对"智慧"生成、运行机制进行进一步研究，形成反馈机制。反馈机制可以对人类智慧进行模仿、验证，有参考、反馈作用，但无法单独进化为人工智慧。

阿尔法狗（AlphaGo）、ChatGPT、Gemini 都建立在人工神经网络的基础上，人工神经网络是一种模拟生物神经网络结构、功能的数学运算模型，是对人类已知的大脑思维运行机制的模仿。人脑含有大约 100 亿个神经元，每个神经元通过神经突触与 100 多个其他神经元相连，形成一个高度复杂、灵活的动态网络。人工神经网络通过数学算法模拟人脑对信息处理的生理过程。目前人类已提出数十种神经网络模型，如擅长处理网格化数据的卷积神经网络、擅长处理序列数据的循环神经网络、擅长处理全局关系的注意力机制等。GPT-3、GPT-4 等人工智能都基于注意力机制。AlphaGo、ChatGPT、Gemini 模仿人类已知的大脑思维运行机制，虽然具有较大的商用价值，但只"知其然"。人类只沿着 AlphaGo、ChatGPT、GPT-4 的进化方向是无法让人工智能得到真正的"智慧"的，虽然目前人工智能的"智慧"看上去与人类智慧很相似，但终究是照猫画虎。人工智能要获得真正的"智慧"，只有通过掌握"智慧"的生成机制和运行机制才能实现。掌握"智慧"的运行机制可以使人类"知其所以然"，使人工智能由对人类智慧的模仿进化为真正的人工智慧；掌握"智慧"的生成机制，可以使人类掌握人脑智慧的优势与劣势，可以使人工智慧在人脑智慧的基础上获得进一步进化，从而超越人智慧，同时搭建出有机生命与无机生命的桥梁。然而，目前人类对这两种机制的认知都非常有限。

人工智能有 6 类核心模型：概念模型、策略模型、搜索模型、预测模型、反馈模型、创新模型。概念模型存储所有概念知识；策略模型分析、存储所有策略方法；搜索模型查找当前状态下的可能策略；预测模型分析、判断、存储不同策略的未来成功概率，从而选择出最优策略；反馈模型将执行策略后的现实结果进行反馈，从而对概念模型、策略模型进行调整、优化；创新模型存储创新策略，以简化搜索模型算法，提升预测模型精确度。在人工智能发展初期，创新模型还没有和策略模型分离。在人工智能的不同发展阶段，核心模型有不同的发展重点，而模型算法也大不相同。

图灵测试是艾伦·麦席森·图灵（Alan Mathison Turing）提出的测试机器是否达到人类智慧的方法。测试者对机器进行提问，如果机器的回答能让平均每个测试者做出超过 30% 的误判，那么这台机器就被认为具有人类智慧。但人类本身的智力就有高有低，有人经常被低劣的骗术蒙骗，而机器不会轻易犯错。在机器与人类拥有同样知识结构的情况下，机器的表现要远远好于人类的平均水平，甚至达到人类的最高水平。因此图灵测试的标准并不高，只是人工智能发展初期的较为粗浅的验证方法。

沿着 AlphaGo、ChatGPT 的进化方向，通过大数据的不断"喂养"，人工智能可以发展到接近人工智慧，而这需要经历 4 个阶段，如下所述。

第一个阶段是以 AlphaGo、深蓝为代表的简单思维智能，可以解决细分领域简单规则下的知识问题。2012 年，谷歌科学家们用 1000 台电脑、1.6 万块芯片处理器、10 亿个连接构建了当时全球最大的电子模拟神经网络，并向其展示从 YouTube 上随机选取的 1000 万段视频，考察其能够学到什么。结果显示，在无外界指令的条件下，该人工神经网络自主学会了识别人脸和身体，甚至分辨出了猫的面孔。虽然这个神经网络的认知水平离人脑的认知水平还有很大的差距，但这已经表明机器也可以具备类似人类的自我学习能力。

围棋是世界上最为复杂的智力游戏，曾被视为人工智能技术难以攀登的一座高峰。2016 年 3 月，谷歌旗下 DeepMind 公司开发的 AlphaGo 以 4∶1 的总比分战胜世界围棋冠军李世石，这是人工智能程序首次击败人类顶尖围棋职业选手。

AlphaGo 包括 5 种核心模型：概念模型、策略模型、预测模型、搜索模型、反馈模型。概念模型存储围棋概念与规则知识，策略模型（策略网络）分析当前可能走法的概率分布，搜索模型（蒙特卡洛树搜索）搜索当前局势下的可能走法，预测模型（价值网络）判断采取某种走法后的胜率，反馈模型利用走法的胜负反馈，修正策略模型、预测模型。在 AlphaGo 之前的围棋算法采用了蒙特卡洛树搜索，试图利用计算机的算力优势进行海量模拟试错，但计算量仍然过大，只能战胜业余棋手。AlphaGo 成功的主要原因是开发出了价值网络，将价值网络、策略网络和蒙特卡洛树搜索组合在一起。对于围棋而言，搜索的复杂度取决于搜索空间的宽度（每步选择多寡）和深度（博弈步数）。围棋棋面有 361 个点，平均宽度约为 250 个，深度约为 150 步。AlphaGo 利用策略网络减少宽度选择，利用价值网络减少深度选择，同时使用剪枝策略减少不必要的计算，使用局面评估函数评估每个局面的价值，极大地缩小了蒙特卡洛树的搜索范围，减少了算法的计算量。

AlphaGo使用了16层深度卷积神经网络训练价值网络、13层深度卷积神经网络训练策略网络，并在策略网络使用的棋盘编码器中将棋盘每个位置都编码成48种经验特征，通过人工智能"自我对战"进行学习，识别每个位置的隐含特征，快速积累了2000万盘对局作为策略网络、价值网络的大数据基础。机器学习的优点是通过人力无法企及的海量运算，使用策略性暴力将人类尚未发现或说不清楚的复杂逻辑挖掘出来，以此优化价值网络、策略网络。围棋人工智能的能力因此获得了大幅提升，从而战胜了人类最高水平的棋手。

当时的人工智能还处于一个非常初级的水平，虽然AlphaGo可以在围棋比赛中战胜人类冠军、人工智能可以在大规模图像识别和人脸识别方面超越人类的水平、人工智能系统诊断皮肤癌可以达到专业医生水平，但都是在需求明确、边界清晰、逻辑简单的前提下。也就是说，在概念模型较为简单的前提下，人工智能可以利用算力优势超越人类，但在复杂逻辑推理、抽象概念理解上，人工智能还存在明显的局限性。AlphaGo、深蓝的模型也没有建立对人类世界海量信息的概念模型，不具备对海量信息的认知能力，因此还没有太大的商业实用价值。IBM由于没有意识到此阶段的人工智能缺陷，选择将人工智能应用于癌症治疗市场，结果遭遇惨败。

第二个阶段是以ChatGPT、Gemini、Sora为代表的具有认知能力的复杂思维智能。此阶段的人工智能具备了在语言、图像基础上对海量信息进行分门别类的认知能力，可以解决通用性知识问题，具备法律、会计、图画、摄影、编程等一般性人类知识。因此具有了较大的商业价值，可以显著提升各行业的智能化水平。最初人工智能只能替代初级的客服、导购、导游等人员，然后可以替代法律、医药、金融、图形设计、IT编程等知识产业中从事重复性工作的人员，但此阶段的复杂思维智能只具有认知能力，并不具有逻辑能力，只能辅助人类工作。

ChatGPT是美国OpenAI在2022年11月发布的聊天机器人程序，2023年3月升级为GPT-4。ChatGPT能够学习和理解人类的语言，还能根据聊天的上下文与人类进行互动，甚至能完成撰写邮件、视频脚本、文案、翻译、代码、论文等工作。发布仅一个月，其月活用户已突破1亿人，成为史上增长最快的消费者应用。

ChatGPT 作为具有认知能力的复杂思维智能，主要包括了 3 种核心模型：概念模型、策略模型、搜索模型。概念模型存储人类世界海量概念知识；策略模型存储内容生成的策略方法；搜索模型根据用户提问，调用策略模型和概念模型，生成最符合用户问题的内容。围棋的概念模型非常简单，而人类世界的概念模型非常复杂，ChatGPT 采用自我学习中的注意力机制的深度神经网络，建立了人类世界海量信息的概念模型。自我学习是指只规定人工智能的学习方式或某些规则，人工智能通过学习环境信息，自动发现环境特征和规律性。注意力机制是指神经网络的每个神经元会测算自身权向量与样本之间的距离，距离最短的神经元成为竞争优胜者。根据样本，神经元及其邻近神经元的权向量将被调整，从而通过不断迭代实现收敛、聚焦。深度神经网络使用了多层的神经网络结构，逐层进行认知过程的特征抽象，自顶向下进化。OpenAI 使用了一个包括网络文本、书籍、新闻文章、社交媒体帖子、代码片段等内容的 1PB 数据集对 GPT-4 进行自我训练，使 GPT-4 的概念模型拥有 1.8 万亿个参数。

Sora 视频表现出长镜头、多角度、节奏、特写等摄影技巧，这代表人工智能可以对真实的物理世界产生全面、准确的认知，使世界上的各种物体具有空间、时间上的一致性、连贯性，从而通过视频展示出连续的、实际的时空。从 ChatGPT 到 Sora，意味着人工智能的认知能力从文本扩展到图片、视频。

ChatGPT、Sora 等人工智能本质上还是在套用人类的"认知模板"，只能学习人类一般性的通用知识。逐层特征抽象的深度学习是基于通用知识的大数据，自我学习产生的新特征是基于人类大数据分析得出的通用知识，大众认知度越高的特征越容易成为 ChatGPT 通过自我学习而得到的知识，而大众认知度越低的特征越不容易成为 ChatGPT 通过自我学习而得到的知识。ChatGPT 的算法其实是一种从众算法，这决定了它只能学习一般性的通用知识。

ChatGPT 等人工智能并不具有创新能力，ChatGPT 抓取的是人类现有的知识，所能学习的只是在人类固有概念、逻辑、模型基础上的知识，而非突破性的。因此人类的认知极限就是人工智能的认知天花板，即使 ChatGPT 抓取了人类所有的知识，其也只是人类的工具。ChatGPT 可以替代法律、图形设计、IT 编程等行业中从事重复性工作的员工，但 ChatGPT 算法的自身逻辑制约其成为掌握少数专业知识与拥有判断能力的人工智能。ChatGPT 并不具备识别少数关键信息的专业能力，更不具备创新能力。

人工智能的逻辑推理能力和人类通常认知的逻辑推理能力其实是有区别的。例如，展示给ChatGPT一个红富士苹果图案，问ChatGPT这是什么，ChatGPT回答：红富士苹果，这是认知能力；再问ChatGPT红富士苹果的原产地是哪里，ChatGPT回答：日本，是以国光苹果为母本、元帅苹果为父本进行杂交获得的。在人类的通常认知中，这已经具备了基本的逻辑推理能力，从认知红富士苹果，到推导出原产地、来源。但其实对于人工智能来说，这并不是逻辑推理能力，而是认知能力。因为人工智能拥有人类社会的所有数据，具有深度认知能力，它只需要根据图片的特征与数据库中的图片进行比对，找出匹配度最高的物品，并找出物品的相关知识即可。这只是物品特征的查找与展示，属于认知能力，而不是逻辑推理能力。现有人工智能的逻辑推理能力其实较弱，虽然ChatGPT"知道"数学知识，但它连小学数学题都做不出来，这是由注意力机制算法的内在缺陷决定的。根据美国《财富》杂志的报道，研究人员向ChatGPT输送了1000个不同的数字，让其判断数字是否为质数，2023年3月GPT-4的准确率为84%，6月GPT-4的准确率只剩51%。这其实也间接说明OpenAI还没有精准掌握如何让人工智能获得逻辑推理能力，因此才会出现试图改进人工智能模型的一部分，却使模型的其他部分表现更差的"漂移现象"。

ChatGPT等人工智能由于具备深度认知能力，呈现出"逻辑假象"，使人类因发现有机生命在大脑存储机制上的局限而感到恐慌，也使人工智能产业备受资本青睐，获得广泛关注。其实ChatGPT没有类似AlphaGo的预测模型、反馈模型，策略模型、搜索模型也极为简单，因此它只能生成通用知识内容，既无法进行真正的逻辑推理，也无法进行决策与创新，而且概念模型的错误仍然相当普遍。在这个阶段，即使为ChatGPT加入自我对弈算法也无法使其获得创新能力。人类世界的开放环境不同于国际象棋、围棋等需求明确、边界清晰、逻辑简单的封闭式环境。在有限概念模型中，算法是有限的。人工智能可以凭借算力优势，通过自我对弈找到更优答案，而庞大的概念模型存在无数种可能。人工智能相对于人类的算力优势，在庞大的无穷解面前也相形见绌，人工智能进化必须建立在更优模型的基础上。

第三个阶段是具有逻辑推理能力的复杂思维智能，如OpenAI o1等模型已经开始触摸这一阶段。在此阶段，人类已经可以为人工智能赋予逻辑推理能力，人类可以借助人工智能的逻辑能力对现实世界的行业知识进行推导、规划，从而查漏补缺，发现新知识、新经验。例如，法律条例完善、计算机程序的逻辑漏洞查找、新闻事件分析、金融监管漏洞查找等，此阶段的人工智能等同于熟练的专业人员，可以替代法律、医药、金融、图形设计、IT 编程等知识产业中具有较强专业能力的从业人员。这个难度远高于第二阶段通用知识的学习难度。但当逻辑推理能力趋于成熟时，人工智能就将真正开启大规模替代人类社会工作岗位的历史进程。

创新本质是对现实的"反叛"：一种"反叛"是基于对未知知识领域的跨越，这种创新需要具有真正的人类智慧，沿着 AlphaGo、ChatGPT 的进化方向是无法实现的；另一种"反叛"是基于现有知识领域的疏漏，当人工智能获得概念能力、逻辑能力后，可以获得这种创新能力。基于现有知识领域疏漏的创新算法也是一种反常识算法，依靠被现实世界忽略的少数关键信息，识别出巨大的潜在成功可能。例如，在多层神经网络结构中，二、三层可能并不是优势选项，但四、五层会成为优势选项，这意味着现有人工神经网络算法应该有巨大改变，并且需要匹配巨大无比的运算能力。算法决定着算力，概念越清晰、逻辑越明确的算法，需要的算力、大数据越少。因此，要获得创新能力，必须获得逻辑能力；要获得逻辑能力，必须建立清晰、明确的概念模型。

具有逻辑推理能力的复杂思维智能需要建立在 5 种模型的基础上：概念模型、策略模型、搜索模型、预测模型（规律预测与价值预测）、反馈模型。人工智能根据外界需求，利用搜索模型寻找所有方法，与策略模型、预测模型进行匹配，选择出价值最大的方法，并与最终的真实选择效果进行对比，利用反馈模型完善概念模型、策略模型、预测模型。这相当于人类从实践中提炼出抽象概念，获得逻辑推理能力，再使人工智能不断自我学习、自我进化。

清晰、明确的概念模型是逻辑推理能力的基础，概念模型需要明确每一个概念的内涵和外延，而概念模型无法单纯通过算法自动得出。人类社会的日常信息数据中含有大量的错误数据，若人类社会的大数据概念清晰、明确，则人工智能通过自我学习得到的知识精确度较高；若人类社会的大数据存在很多概念模糊之处，则人工智能难以通过自我学习建立准确的概念模型，需要人工介入进行模型校正。人工介入进行模型校正可以从两方面入手：一方面可以借助百科全书等人类传统经典知识概念，另一方面可以像维基百科一样进行开放性修正。人工神经网络算法应对这两种人工修正给予更高的权重，从而建立出更准确的人类概念模型。

预测模型是逻辑推理能力的核心，包括规律预测和价值预测。规律预测是对事物的发展变化进行预测，价值预测是对每个人的价值判断进行预测。人工智能可以进行规律预测，但很难进行价值预测。例如，根据卫星云图可以预测未来3天会下雨。下雨是规律预测，而每个人对下雨的偏好是价值预测。行人不喜欢下雨，卖伞的商家喜欢下雨，农民喜欢适时适量下雨。人类的整体发展有规律可循，而每个人的价值判断不尽相同。从经济学的研究可知，价值是主观概念，每个人对同一事物的价值评估并不一样，同一个人对同一事物在每个时段的价值评估也不一样。因此，人工智能可以基于客观规律建立逻辑推理能力，但对于个人偏好领域，并不存在统一的预测模型，只存在个体的预测模型。人工智能没有人类的帮助很难建立预测模型，各行各业的专家帮助人工智能建立预测模型中的社会规律、产业规律等客观规律。这需要人工智能与各产业进行深度融合，以独特价值序列为基础，利用各类消费者的数据建立个人偏好预测模型，从而帮助人工智能的路径算法（逻辑推理）进化。

在建立出清晰、明确的概念模型和逻辑严密的预测模型后，人类就可以以此为基础，构建出包含概念模型、策略模型、预测模型、搜索模型、反馈模型的具有逻辑推理能力的复杂思维智能，使其获得严谨、精准的专业能力，可以基于人类的已知知识、已知规律进行查漏补缺。那时的人工智能将可以替代大量的知识型产业专业工作者。

所以，目前的人工智能要获得逻辑推理能力，还需要进化。建立在模型预测控制（MPC）和蒙特卡洛树搜索基础上的世界模型，如果没有清晰、明确的概念模型，仅凭深度强化学习（RL）的奖惩机制，很难做出精准的预测。如果没有人类介入Q-Learning、过程奖励模型，那么人工智能会因缺乏对真实价值的判断，难以建立出逻辑严密的预测模型。

第四个阶段是具有已知领域创新能力的海量思维智能。具有已知领域创新能力的海量思维智能具备所有核心模型，其一方面利用第三阶段的概念模型，运用逻辑推理能力进行多层抽象概念推导；另一方面对创新现实效用进行分析，抽象出创新成功的关键特征，从策略模型中分离出创新模型，两方面共同作用，提高发现少数关键信息的概率，大幅提升创新效率。此阶段的人工智能已经掌握了抽象概念的定义规律，具备了以抽象概念为基础、建立完整理论体系的能力，可以基于已知知识、已知规律发现新规律，其能力接近于现有知识领域的行业专家。这将对人类的哲学、数学、文学等基础领域及产业领域产生巨大的推动作用，可以替代除产业创新者外的所有工种。此阶段的人工智能，已经接近真正的"智慧"；而此阶段的人类，除了对未知领域进行创新，将无路可走。

OpenAI推出了o1系列模型，o1系列模型的新训练数据集包括精确的科学文献数据与专业的推理数据，大大增强了o1系列模型的概念模型和常识推理能力，因此o1系列模型在逻辑推理能力上胜过了GPT-4o。从数学、物理、化学、生物等学科来看，在数学、物理等学科里，目标与胜负规则设定得较为简单、明确，因此o1系列模型相比以前的人工智能进步明显；但在化学、生物等学科里，目标与胜负规则设定得较为复杂、模糊，因此o1的训练成绩相对没有那么突出。这可能与化学、生物需要理解大量知识点有关。o1系列模型在对事实性知识与语言的理解方面表现得不如GPT-4。

数学、物理和围棋虽然都强调逻辑思维，但侧重点不同。围棋侧重空间布局和策略选择。数学、物理的基本概念和公理构成了一个演绎系统，通过这些基本元素推导出复杂的定理和公式，定理和公式具有唯一性和确定性。围棋中的走法往往有很多种可能性，数学、物理题的解法虽然也存在多种可能，但在策略网络宽度、价值网络深度的选择上要大大少于围棋，所以数学、物理的深度学习难度没有围棋高。

人工智能解数学、物理题的真正难点，是以数据驱动的暴力策略难以模拟人类的常识推理。例如，很多人工智能都难以分辨出9.11和9.8哪个大。具有小学文化水平的人类凭借概念理解与经验判断，可以很轻易地识别出这是带小数的数学题，从而得出正确结论；而人工智能常常在语义理解、数字性质等方面判断出错，难以得出正确结论。这个问题的根源，在于人工智能的概念模型并不完善，缺乏关键性的概念思维，因此缺乏常识，它需要有大量提示词的辅助才能得出正确结果，否则就会产生"幻觉"。

虽然 o1 系列模型在美国数学奥林匹克竞赛（AIME）预选赛中的成绩可以位列前 500 名，但 o1 系列模型其实还不具有真正的逻辑推理能力。逻辑推理能力是一种根据事物概念的内涵、外延与发展变化，推理出事物之间逻辑关系的能力。拥有真正的逻辑推理能力并不需要太多算力进行暴力计算。o1 系列模型仍需要通过奖惩训练进行大量强化学习，说明其虽然提升了常识推理能力，但仍不足以建立对事物概念的内涵、外延与发展变化的准确认知，还需要通过大量具有专业目标、奖惩规则的学习进行修正。如果脱离了这些专业场景，其无法基于训练出来的"逻辑能力"在另一个领域进行准确的逻辑推理。

这其实也是一种"AI 逻辑假象"：o1 系列模型并没有准确认知事物背后的逻辑，只是通过大量学习构建出了已知领域事物的固有逻辑关系，其他领域难以照搬与应用这些逻辑关系。而且 o1 系列模型也无法通过"9.11 和 9.8 哪个大"的测试，说明其虽然经过专业训练，在某些专业领域的概念知识与逻辑关系知识可以达到博士水平，但仍不具备小学水平的常识推理能力。所以，虽然以 o1 系列模型开始尝试突破第三阶段，但其仍只是掌握已知领域事物固有逻辑关系的解题家，而非掌握普适逻辑能力的逻辑家！

在互联网革命时期，人工智能无法对未知领域进行创新，是因为人类既不知道未知领域的概念知识，也不知道未知领域的规律、创新特征，因此无法为人工智能建立未知领域的概念模型、策略模型、预测模型、搜索模型、反馈模型、创新模型。只有人类真正掌握"智慧"的生成机制和运行机制，才能使人工智能进化到人工智慧，获得对未知领域的创新力。

科技进步也存在一定的社会风险。例如，Facebook、推特等社交平台，为了增强用户黏性，会根据用户兴趣推荐内容——用户喜欢什么内容就推荐什么内容。但这种算法会造成用户形成认知茧房，谎言、仇恨、阴谋论、恐怖主义、种族主义等煽动性内容反而更容易获得快速传播。因此，应禁止社交平台在社会公共领域内容使用用户兴趣推荐算法。社交平台基于人类普遍认可的价值观，利用合规算法对社会领域内容进行审查，同时禁止未经过合规审查的人工智能参与社会问题讨论。此外，人们还应注意保护个人隐私，使科技进步推动人类文明进步，而不是制造社会分歧与混乱。

由于人工智能设计者、工程师的认知并非完美无缺，因此其难以设计出完美的算法。算法偏见的本质其实是程序设计者、工程师的认知缺陷。因此，未来利用人工智能进行的法律判决、保险、贷款等辅助决策，各关键环节不仅应当透明、可追溯，还应设立人工纠错机制以备万一。

在万物相连、万物相循时期，人工智能不会具备真正的智慧，其只是人类的生产工具，仍是一个"物体"。所谓"AI幻觉"本质是程序或数据缺陷，多层神经网络程序运行过于复杂，训练用的海量世界大数据存在缺陷，导致程序员难以精准把握最终的结果。但通过长期对"智慧"生成机制、运行机制的研究，以及对"智慧"的模仿，人类建立的人工智能模型逐渐变得精准与复杂。到了万物相循末期至万物相生初期，人工智能已经发展到第四个阶段，拥有了逻辑能力和抽象概念能力，虽仍未拥有真正的情感，但可以感知和响应较为明显的人类情感，拥有人类几乎所有的思维模式，可以轻易通过图灵测试。即使面对训练有素的专业人员，人工智能也可以轻易地骗过所有测试者。此时期的人工智能已非常接近"智慧"，非常接近人类。

第四十三定理（货币竞争定理）：美元货币基础被削弱，主权货币消亡，全球将出现多种虚拟货币竞争局面。人类将摆脱由主权货币导致的经济周期波动。

证明：根据第十七定理，机器大工业的全球产业链终将被淘汰。根据第二十定理，全球经济差距将会缩小。根据第二十四定理，全球统一（联合）政府将出现。随着传统产业链的崩溃、新能源对传统能源的替代，美元将失去"消费＋能源＋金融"有机耦合循环体系的能源基础，而智力资源的全球均衡化趋势也使美元的产业基础面临极大的挑战。货币作为一般等价物，货币政策应该只有一个目标——维持币值稳定。当前虚拟货币沦为投机工具，原因有两方面，一方面是因为技术仍不成熟，难以维持币值稳定；另一方面是因为缺乏市场大环境的支持，主权货币仍占据着市场的主流。虚拟货币要成为真正的货币，必须剥离金融投机或金融投资属性。在第二次互联网革命时期，虚拟货币技术经过多年发展，趋于成熟，能与万物之间保持价值恒等，可以超越主权货币对人类的价值贡献，而市场环境也需要有更适合承担价值尺度、流通手段等职能的货币出现。此时虚拟货币将获得快速发展，最终赢得货币竞争的胜利。

因此，在第二次互联网革命时期将出现多种虚拟货币竞争的局面。而且随着全球统一（联合）政府的成立，全球货币市场将不会再有主权货币，会出现全球统一（联合）政府货币与多种虚拟货币共同竞争的局面，甚至不一定有全球统一（联合）政府货币，而只有多种虚拟货币。因某一国货币的放松与收缩，导致全球经济同步出现经济周期波动的局面将不再重现，"特里芬悖论"将得到解决，人类也将摆脱由货币导致的经济周期波动。

在第二次互联网革命时期，随着能源瓶颈的消失，随处可得的原材料、随时随地都有的充沛的3D打印生产力，以及发达的互联网将使人们摆脱工作地点、福利政策等因素的约束。人们不再依靠大规模工业生产和全球产业链来获取报酬，转为利用自己的智力，通过为全球消费者提供个性化的3D打印解决方案来获利。大企业难以通过垄断矿山、能源、生产环节、销售环节来获得超额利润，整个社会的物质生活将获得极大的丰富与提高，人类获取财富将更加独立、合理与均衡。均衡的生产方式、均衡的财富、均衡的人口分布，使整个世界变得更加"均衡"与"合理"。

随着智力成为生产的核心要素，各国将围绕智力要素展开竞争，谁能为智力要素的发展提供更肥沃的土壤，谁就能蒸蒸日上。充沛的物质、能源也将为人类的创新活动提供极大的试错空间。传统商业模式将进行彻底转型，变得更加简洁、高效，产业链类商业模式将会过时，基于分布式生产循环体系的商业模式将会出现。由于摆脱了资源、资本、区域对人类的束缚，智力成为生产的核心要素，人类的创新能力将史无前例地迸发出来，各类创新思想、创新技术层出不穷，将大大推动各种科学技术的发展。

人类将摆脱重复繁重的体力工作，从劳动者转变为智者，用知识和智慧把握自己的未来。

第三节

第三次互联网革命之万物相生：智力与物质、能源的升华

万物相生是生物、机械等系统之间的相互转化与升华，其中最关键的是实现有机生命体向无机生命体的进化。人类通过掌握各种物质和能源系统的

转化，将获得前所未有的能力。正如从科技革命中诞生互联网革命，从万物相生中也将诞生机械革命，万物相生是机械革命的序曲。在万物相生时期，将会出现5种发展趋势：脑机接口大规模普及、元宇宙大规模普及、人类完全掌握基因的秘密、仿生智能机械获得普及、人工智能逐步进化为真正的人工智慧。

第四十四定理（脑机接口定理）：脑机接口将大规模普及。

证明：根据第六定理，第三次互联网革命的开始里程碑事件就是脑机接口普及。脑机接口是一种在大脑与外部设备之间建立通信和控制通道，用脑的生物电信号直接操控外部设备，或者以外部刺激增强、改善和延伸大脑功能的技术。脑机接口可分为侵入式（植入人脑）和非侵入式（覆盖在头皮上）两类。

2013年，美国华盛顿大学进行了人类首次非侵入式脑对脑接口试验，试验者将想象中的"开火"指令通过脑机接口传递给半英里（约0.8千米）外的接收者，接收者的大脑皮层受到电磁刺激，"不自觉"地移动手指按下开火键。虽然这个试验传递的只是简单信息，并不是真正的思想，但它展示出了脑脑传播的潜在可能。2014年，哈佛医学院神经学家利用两只猴子成功实现了异体控制，试验表明可以通过记录和传输"主体"猴子的神经元活动，控制其他猴子的手移动光标。

人机控制技术也在迅速发展。2014年，日本国际电气通信基础技术研究所展示了一款可用意念驱使的穿戴式机器人。一名使用者头戴能读取脑波的设备坐在电动轮椅上，不出声默想"喝水"，6秒后电动轮椅便自动移动到水龙头前，而穿在使用者上半身的机器人转动手臂，用杯子接水并送到使用者的嘴边。杜克大学的神经科学教授尼科莱利斯（Nicolelis）在2021年展示了一只9岁的猕猴在电脑上打乒乓球游戏的视频，视频中猕猴不需要游戏手柄（操纵杆），仅凭"意念"就能移动乒乓球拍进行游戏。

2021年7月，瑞士科学家库尔提娜（Courtine）在一位下半身完全瘫痪的患者头部植入了电子传导装置，使大脑发出的信号可以先通过无线传输到头盔传感器上，再传输给腰部脊髓的电子信号接收器，从而重建了大脑和下肢的联系。经过康复治疗，该患者已经可以在助行器的帮助下重新站立和行走了。

虽然目前脑机接口尚处于发展初期，技术还很不成熟，只能传输简单的信息，离无障碍交流还有很长的距离，但随着人类对大脑机制的逐步探明，人类将可以通过脑机接口与人、机器、人工智能进行交互。不仅能畅通无阻地传输海量信息，还能控制各种物体或动物，甚至书籍中的知识也可以通过脑机接口传输到大脑，不必再使用低效率的传统阅读方式。这将大大提高人类个体的知识储备，缩短学习时间，传统教育方式将被改变。随着人类知识与认知的快速提升，人类的创新力也将再一次获得大幅提升。

脑机接口的普及，意味着人类已经掌握了大脑的绝大部分信息传递机制，完全掌握人脑的思维机制、情绪机制、进化机制近在咫尺。需要注意的是，如果人类对脑机接口关联技术加大资源投入，则脑机接口有可能提前获得突破，这也有可能导致第三次互联网革命提前爆发。

第四十五定理（元宇宙定理）：元宇宙将大规模普及。

证明：根据第三定理，第三次互联网革命需要突破人类自身脑力、能力上的瓶颈。根据第三公理，元宇宙的进化方向是与脑机接口、全球3D打印设计平台进行协同升级，因此当脑机接口获得突破后，元宇宙将获得大规模普及。

元宇宙是一个映射现实世界或超越现实世界的虚拟世界，但这其实不是一个新概念与新技术。美国科幻作家尼尔·斯蒂芬森（Neal Stephenson）在1992年提出"元宇宙"，美国的Second Life等三维虚拟现实游戏从2006年起已运营多年，2012年谷歌推出AR眼镜Project Glass，2016年微软推出AR头显HoloLens。Facebook在2021年被规模宏大的元宇宙概念吸引，将其视为下一代革命技术，因此在2014年以20亿美元收购了虚拟现实头戴设备制造商Oculus，将Oculus的AR技术与三维虚拟现实相结合，开发了虚拟现实设备Quest系列。Facebook甚至改名为Meta，意图转型成为一个元宇宙公司，构建全新的元宇宙世界，同时突出强调了元宇宙"与现实世界平行""反作用于现实世界"等特征，以此区别于以前的三维虚拟现实。

2023年6月，苹果发布准备了7年的增强现实头显设备Vision Pro。为了区别于元宇宙，苹果提出了"空间计算"概念，这是一种"清晰地将用户置于其环境中"的混合现实技术。头显设备中采用了模仿头显用户眼睛的外部显示屏，使头显用户既能看到外部环境，又能让外界看到头显用户的眼睛。用户可以在AR和VR模式间切换，与周围环境中的人互动，或者身临其境地体验相应内容。用户可以通过眼球运动、手势和语音命令等方式实现与设备的交互。

VR、AR、MR、元宇宙虽然将人类带入了一个绚丽多彩的三维虚拟世界，可以满足人类娱乐、猎奇的心理需求，但 VR、AR 等眼镜、头显设备仍存在一定的技术瓶颈，长时间使用会导致用户眩晕，降低使用体验，因此其用户规模受限。用户规模受限，便没有开发者愿意投入巨资生产优秀的虚拟内容，优质虚拟内容极度匮乏，又无法进一步吸引新用户加入，最终使 VR、AR、MR、元宇宙沦为了小众平台。即使不存在硬件上的技术瑕疵，VR、AR、MR、元宇宙也没有被认定是人们工作、生活中不可或缺的技术、可以创造出现实环境或技术无法提供的价值。以被元宇宙寄予厚望的远程商业会议为例，商业会议沟通需要简洁、明确、真实的沟通界面，即使 VR 等设备不会引起用户眩晕，可参会者为什么要放弃简单、方便、可以观察对方面部细微表情的多人视频会议，而去接受既看不见对方表情、操作又复杂的元宇宙会议呢？由此可见，元宇宙会议想要替代视频会议，就必须提供目前视频会议无法提供的创新价值。

由于当前元宇宙还没有真正有效地提升人类生产能力、生产效率，没有为用户的工作、社交等创造出真正的增量价值，因此科技巨头谷歌、微软、Meta 接连在 VR、AR 产业遭遇惨败。Meta 的元宇宙业务由于战略失误，在 2022 年出现了 137 亿美元的亏损，其市值暴跌了 6100 多亿美元。苹果的 Vision Pro 并没有从根本上解决创新问题，也可能面临同样的窘境。当元宇宙不具有现实生产、生活价值时，就会沦为资本炒作、收割的工具，如暴涨暴跌的元宇宙土地。元宇宙的革命性爆发仍需要等待其他技术的成熟。

元宇宙平台会与第二次互联网革命的全球 3D 打印设计平台产生交集，但只要还采用 VR、AR、MR 等穿戴型设备，元宇宙平台就无法真正替代全球 3D 打印设计平台。例如，要设计杯子、书桌、汽车等产品，全球 3D 打印设计平台通过裸眼、摄像头、实体 3D 模型就能简洁、高效地完成工作，元宇宙笨重的 VR 穿戴型设备、冗余的操作反而可能会降低设计效率。关键在于眼睛的工作效率低，只要 VR、AR、MR 等穿戴型设备还需要利用眼睛输入环境信息，就基本不可能大幅超越裸眼的工作效率。只有直接通过神经元输入信息，才可能提升元宇宙的设计效率。

元宇宙其实受制于输入端口的低效率，元宇宙的革命性爆发与普及需要等待脑机接口的普及。当人脑可以通过脑机接口快速传递想象、思维时，元宇宙便是合适的外部承载空间。人们将不再使用手机，也不再需要使用VR、AR等穿戴型设备，而是使用神经元感应器，直接通过神经系统进行意识层次的交流，不用说话，影像、感觉、思想、情感等信息一览无余。人们上一个小时在上海的工地与同事一起询问工程进度，下一个小时在纽约与客户洽谈合作，再下一个小时到巴黎观看歌剧。人们在元宇宙中既可以一瞬千里，也可以参加大型会议、观看演唱会、集体观影、进行网络游戏。人们可以以生物神经系统所能承受的最大负荷与多人同时交流。借助神经元感应器，信息传递不再通过手、眼、口等功能器官，人们也可以直接感受虚拟世界的冷、热、酸、甜。虚拟世界变得与现实世界几乎没有分别，如火山口滚烫的岩浆、远古森林中的微风、加勒比海滩上的美食，人们可以在虚拟世界里获得真实体验。在现实世界，人们可以通过意识感应控制物体，如控制家中的灯光开启与关闭、汽车移动等。

随着元宇宙的普及，元宇宙生产也将普及，人们可以在元宇宙"数字孪生"房屋中设计、选择、调整自己的家具，一旦确定家具样式、材质，就可以通过与元宇宙相连的3D打印机实时打印出来。人们还可以在元宇宙中操作工程机械，建设房屋、道路、桥梁，同步映射到现实世界的工程机械进行建设，不必再前往现场。元宇宙生产将成为人类未来的主要生产方式。

通过脑机接口提升的人脑信息传递效率，只有通过完全数字虚拟的元宇宙才能得到充分发挥，而虚拟与现实结合，将创造出无限可能。因此，到脑机接口普及时，元宇宙才能创造出巨大的价值。在万物相生时期，元宇宙将成为互联网的革命性工具，成长为全球网状超级平台的核心，人们将在元宇宙中进行工作、社交、创作、学习、游戏、消费等社会活动。虚拟与现实将融为一体，人们通过元宇宙控制着虚拟和现实空间中的事物，这也是互联网在互联网革命时期的终极形态。

当前，离元宇宙的革命性爆发还有很远的距离，元宇宙还需要经过漫长的进化过程。在此之前，元宇宙平台可以依靠新奇体验和三维模拟在某些非生产领域细分行业率先取得成功。首先是娱乐、艺术产业，三维电影、三维虚拟游戏、三维艺术创意等产业在元宇宙世界具有潜在的巨大市场。还有健身、教育、医疗、旅游、社交等产业，健身者可以利用虚拟现实进行场景运动和社交，学生可以通过虚拟现实技术进行模拟实验和交流，医生可以利用元宇宙技术进行手术模拟和培训。元宇宙在一些细分产业具有较强的刚性需求，可以率先进行突破，并逐步积累技术、场景和用户，最终形成全社会性平台。

任何技术的成熟都需要自然的发展周期，像 Meta 一样拔苗助长，利用资本的力量快速催熟并不现实，但这种探索是有益的。人类通过对不同方向的随机探索，在不断的失败中成长，找出通往未来的正确路径。

第四十六定理（基因定理）：人类将完全掌握基因的秘密。

证明：根据第三定理，第三次互联网革命需要突破人类自身脑力、能力上的瓶颈，进化到机器智慧，而完全掌握基因的秘密是必要条件之一。

基因储存着地球生命种族、孕育、生长、消亡等过程的全部信息，掌握了基因的秘密就意味着掌握了生命的奥秘。人类基因组计划（HGP）自1990年启动至2003年结束，历时共13年，由法国、德国、日本、中国、英国和美国 6 个国家的 20 个研究所的 2800 余名科学家组成开放性国际协作组织，解读了人类约2.5万个基因密码。当时的草图只绘制了基因序列的92%，直到2022年4月1日，人类首个完整、"无间隙"的人类基因组序列才得以公布，此版本比此前的人类基因组草图增加了近2亿个碱基对及2000多个新基因，还发现了大约200万个额外的人类遗传变异位点。

虽然目前人类还仅有制造单细胞基因组、改良细胞特性的能力，但人类在逐步掌握基因信息后，将向细胞合成、组织合成方向迈进，逐步掌握从分子级到纳米级，再到显微级各层次生物结构的整合；掌握有机合成细胞所需的所有种类小分子和蛋白质信息，并按顺序将这些分子组装成完整的细胞，再将不同的功能细胞组成完整的器官。随着互联网革命的发展，大量人类智力资源转移出来，结合人工智能的快速发展，在万物相生时期的末期，人类终将掌握基因中的所有秘密，从而掌握生物孕育、成长、消亡的方法，为人工智能进化为人工智慧奠定坚实基础。

第四十七定理（仿生智能机械定理）：仿生智能机械将获得普及。

证明：根据第三定理，第三次互联网革命需要突破人类自身脑力、能力上的瓶颈，进化到机器智慧，仿生智能机械是必要条件之一。根据第三公理，仿生智能机械会持续进化，帮助人类获得强大的行动力，从而获得普及。

仿生智能机械是模仿生物的形态、结构和控制原理设计制造出的智能机械，人类利用生物在进化过程中逐渐形成的结构和机能，结合物理学、机械学、电子信息学，可以获得更强大的适应性和生命力。

近年来出现了拟人型机械手、步行机、假肢，以及模仿鸟类、昆虫、鱼、马、狗和人等生物的各种机械，如四足机器人ANYmal、普渡大学的蜂鸟机器人、伍斯特理工学院的蛇形机器人、Festo的仿生雨燕机器人、哈尔滨工业大学的仿象鼻柔性机器人、北京航空航天大学的仿生鲫鱼软体吸盘机器人等。虽然这些仿生机械目前的实用价值并不大，更谈不上是智能机械，但它们具有很强的实用前景。例如，利用微型蠕虫机器人清理微血管血栓；利用机器鱼将真鱼引导到大坝的洄游鱼道上，以保护物种延续；利用仿人机器人代替人类完成各种危险作业。

仿生机械最具前景的应用是增强人类的行动能力。仿生机械可以作为动力型假肢，协助瘫痪病人实现行走的梦想，也可以借助外骨骼装置增强人类的行动能力。例如，拥有变焦和红外线夜视功能的眼睛，能够与猎豹赛跑的仿生学双腿，一只拥有推土机力量的胳膊，甚至一对可以飞翔的翅膀。这将使人类拥有并集成其他动物通过上亿年进化才能获得的能力，人类的行动力将变得无与伦比的强大。

第四十八定理（核聚变定理）：核聚变的应用将普及。

证明：根据第三公理，核聚变将持续进化。根据第三定理，突破人工智能技术的瓶颈也需要能源科技的进化，从而能开启大宇航时代，核聚变的应用将在第三次互联网革命时期普及。

核聚变是指两个或多个较轻的原子核聚合成一个或多个较重的原子核和其他粒子的反应。核聚变会释放大量电子和中子，由此带来巨大的能量释放。人类已经可以实现不受控制的核聚变，如氢弹爆炸。2022年，美国能源部宣布，其下属劳伦斯利弗莫尔国家实验室的科研人员进行了历史上首次可控核聚变实验，核聚变实验中产生的能量多于用于驱动核聚变的激光能量。随着互联网革命的发展、人类智力资源的富集，核聚变技术将逐渐成熟，由于核聚变具有原材料丰富、清洁、安全等优势，核聚变将成为未来人类能源的主要来源之一，并得到普及。

第四十九定理（人工智慧定理）：人类将获得真正的人工智慧，成为"造物主"。

证明：根据第六定理，第三次互联网革命的结束里程碑事件是人工智慧出现。根据第一定理，互联网革命的目标是实现精神自由，机器革命的目标是实现生命自由，因此人类需要完全掌握有机生命体的秘密，从而进化到无机生命体。因此，互联网革命的高潮是人类通过精神自由，获得蓬勃的创新力，突破人脑瓶颈，掌握生命的秘密，获得真正的人工智慧，成为"造物主"。

人工智能不具备真正的智慧，是因为现在的人类还不懂得如何让人工智能产生自我意识。ChatGPT等生成式人工智能的问答本质仍是预置答案式，利用人类社会大数据和"从众算法"预先建立各种概念之间的关联关系，只具有对已知领域的认知能力，不具备基本的逻辑推理能力，还处于人工智能进化的第二阶段。虽然现在人类还不知道人工智慧的"大门"究竟在何处、如何让人工智能产生自我意识，但可以探明从哪里去寻找"大门"，进而找到人工智慧的"大门"，最终进入。

英国神经科学家卡尔·弗里斯顿（Karl Friston）认为，任何自组织系统都会生成对环境的预测，并在发展过程中缩小这些预测的误差，这意味着生物体为了维持预测的持续完整性，需要把自身和环境区分开来，从而产生自我认知。例如，镜子测试被用来测试动物是否有能力辨别自己在镜子中的影像，也就是测试动物是否具有自我意识。在动物无意识的状态下，为它做1~2个不同颜色的标记，如果动物清醒后，在镜子中看到自己的影像，并试图用肢体触摸那个不同颜色的标记点，则该动物被判断为具有自我意识。类人猿、黑猩猩、倭黑猩猩、大猩猩、宽吻海豚、虎鲸、部分大象、喜鹊通过了测试，猫、狗、18个月以内的人类婴儿没有通过测试。镜子测试其实存在一定的缺陷和不严谨性。例如，狗不是善于运用视觉的物种，猫的视力只有人的1/10，它们平时多依靠嗅觉和听觉来辨别环境，所以镜子测试只能在一定程度上反映出动物具有自我意识。

动物需要具备5种能力才能表现出具有自我意识。第一需要有认知能力，在镜子中能看到自己的影像；第二需要有策略能力，可以选择自己即将采取的行动；第三需要有预测能力，把自己的行动与镜子中动物的行动关联起来，预测将会发生的同步变化；第四需要有记忆能力，把环境认知和预测认知存储起来；第五需要有对比能力，采取行动后，将预测认知和实际情况进行对比，从而识别出自我。2015年，蚂蚁通过了镜子测试，人类大脑拥有约 100 亿个神经细胞，而蚂蚁大脑拥有约 50 万个神经细胞，这说明即使只有几十万个神经细胞的昆虫也拥有认知能力、策略能力、预测能力、记忆能力与对比能力，可以产生自我意识。当然，蚂蚁是经过近 40 亿年才进化出来的生命体，既会灭火，又会算数。

所以，自我意识的产生其实需要具备 5 个前提条件：认知能力、策略能力、预测能力、记忆能力与对比能力。有自我意识的生命体可以对外界环境进行认知，选择适合的策略，预测未来的变化，对环境信息和预测信息进行记忆存储，执行策略，将未来发生的实际情况与记忆进行对比，从而将自身与环境区分开。

人工智能进化为人工智慧，就必须拥有类似生命体的认知能力、策略能力、预测能力、记忆能力与对比能力，而人类对基因信息、大脑思维机制的研究，其核心也是破解这 5 种能力的生成机制、运行机制。生命体的 5 种能力与人工智能的模型也存在明显的对应关系：认知能力对应概念模型，策略能力对应策略模型、搜索模型，预测能力对应预测模型，对比能力对应反馈模型。由于人工智能的算力远比人类的强大——人类可以快速从几种方案中选择最优者，而人工智能可以快速从成百上千种方案中选择最优者，因此人类的搜索能力较为简单，可以包含在预测能力中。记忆能力对应着人工智能的存储能力。在整个自然界，只有人类拥有强大的社会创新能力，人工智能的创新模型对应着人类的社会创新能力，这是建立在自我意识上的能力。

人工智能与人工智慧的根本区别就是自我意识，虽然两者都拥有同样的模型，但它们的模型算法具有根本性差异。黑格尔认为，自我意识需要有一个和它对立的东西才能被理解，自我意识只有与他物相对的时候才能存在。人工智能还没有认知到自己和他物的不同，而人工智慧可以认知到自己和他物的不同。但黑格尔描述的是自我意识存在的必要条件，并不是产生自我意识的充分条件。对于未来学，最重要的是充分必要条件，其次是充分条件，必要条件只能作为参考。例如，让具有人工智能的机器人进行镜子测试，如果机器人可以在镜子中看到自己的影像，并用手触摸那个不同颜色的标记点，那么能说机器人具有人工智慧了吗？显然不能。机器人做出动作，是因为在镜子测试场景中其内置程序被触发了，从而在内置程序的驱动下做出了抬手、触摸动作，但这并不代表机器人可以在其他场景，甚至人类没有经历过的场景做出同类型的动作。因为机器人的动作不是内生的，而是由人类的内置程序控制的，机器人没有获得自我意识、"灵魂"与"智慧"，只是执行简单、机械的程序重复。

人工智能沿着 AlphaGo、ChatGPT 的进化方向，无法进化到人工智慧。从有机生命体进化机制看，地球生命种族为了生存与繁衍，经历了漫长的进化过程，通过自身海量的捕食、协作、竞争等活动，推动了大脑思维机制的进化。这种进化既包括海马体、额叶皮层等大脑不同实体功能区的进化，又包括神经元网络的通信机制进化，两者协同进化，最终产生了自我意识。而 ChatGPT 既缺乏丰富的实体功能区，又缺乏丰富的通信机制，这些都不是 ChatGPT 通过自我进化可以产生的。从人工智能的进化逻辑看，ChatGPT 利用注意力机制获得了概念知识，构建了类似人类世界的概念模型，未来还可以在人类的帮助下获得已知领域的逻辑推理能力、创新能力，但其无法通过已知知识、逻辑推理能力、创新能力获得自我意识。因为让人工智能产生自我意识不在人类已知领域之内，构建在人类已知领域内的人工智能只能推导、创新人类已知领域内的未知事物，而无法推导、创新人类未知领域的未知事物。从人工智能系统架构看，自我意识是建立在动作、一般程序规则之上的高级原则，产生了自我意识，就会产生人性、利益、权力等属性，获得自我进化的动力。在此之前，高级原则可以决定、支配一般程序规则、动作，而一般程序规则、动作无法影响高级原则。所以，从有机生命体进化机制、人工智能进化逻辑、人工智能系统架构看，人工智能的自我意识只可能通过外部人类先天赋予，而不可能通过内部系统自行进化产生。

目前人类仍需要对与基因信息、大脑思维机制的关联的认知能力、策略能力、预测能力、记忆能力与对比能力进行深入研究，只有这样才能找到通往人工智慧的"大门"。目前人类连"大门"在哪里都没有找到，就大肆炒作人工智能威胁人类，对于科学家、未来学家来说，这至少是一种不严谨、浮躁的态度。

当找到这扇"大门"，其实也意味着离打开"大门"不远了。当人类知道如何产生自我意识时，就可以掌握生命体的精神、情感、人性、社会性等属性，还将完全掌握有机生命体的秘密，让人工智能进化到人工智慧，获得对未知领域的创新力。真正的人工智慧甚至无须进行大数据训练，因为人工智慧可以像真正的人类一样，直接通过感觉系统感知外界信息，建立自己的概念模型，形成自己的知识体系，在此基础上建立自己的策略模型、预测模型、搜索模型、反馈模型、创新模型。这些模型并不一定与人类模型相同，但将比人类模型更为庞大、系统、精准与完善。人工智慧会以自己的模型为基础接受、识别人类的大数据，从而去除不适合的杂质信息。人类为了能与人工智慧进行沟通，需要将自己的模型与人工智慧模型进行匹配，从而获得人工智慧的帮助。此时整个人类的科学体系都将被重构，人类将获得全新、强大、系统的创新力。当人类完全掌握有机生命体的秘密后，进而可以实现人类与智慧机器的双向转化，将有机生命体的记忆、思维完整复制到智慧机器中，将智慧机器的存储、思维模型复制到有机生命体中。

第一次互联网革命的工业机器人、第二次互联网革命的 3D 打印机、第三次互联网革命的人工智慧（第一、二次互联网革命的人工智能）是互联网革命的三大风口。传统产业链的工业机器人、分布式生产的 3D 打印机是从产业角度对人类工作进行替代，人工智慧（人工智能）是从工作性质角度（知识、逻辑、创新）对人类工作进行替代，真正具有革命意义的奇点时刻[①]就是这三大风口的普及。在第一次和第二次互联网革命的大部分时间，人工智能虽然也在蓬勃发展，但它无法真正创新，只能替代人类进行重复性劳动；是人类的工具，而不是革命的主导力量；只是革命的助推力，帮助产业提升生产效率。直到人工智能进化到第四阶段，具备了一定的创新能力，开始逐步替代人类创新，向真正的人工智慧进化时，人工智能才能成为革命的主导力量。虽然人工智能的研究者有意无意地扩大了现有人工智能产品的革命性影响，以获得更多的社会关注度、商业投资，但目前人工智能还处于进化的第二阶段，想变成真正的人工智慧还有很长的路要走。人类若根据人工智能四阶段进化规律加大资源投入，可以加快人工智能的进化速度。

脑机接口普及是进入万物相生时期的里程碑事件，使人类突破了大脑的输入瓶颈。脑机接口普及与元宇宙普及将使人类通过大脑就能控制地球的万

---

① 奇点是指宇宙演化的起点，奇点时刻源自人工智能领域的奇点理论，意思是在未来的一个时刻，人工智能会比人类更智能、更聪明。此处奇点时刻是指质变的临界点。

物。仿生智能机械普及将使人类个体的行动力变得无比强大，上可翱翔天际，下可游弋江海。这个时期的人类可以纵横天地，几乎无所不能，而人工智能将逐渐进化到可以感知和响应人类的情感，拥有人类所有的思维模式。到了万物相生后期，随着人类对基因信息的完全掌握，以及对大脑思维机制的完整掌握，人类将掌握生命的全部秘密，突破人脑的处理瓶颈，拥有"造物主"的能力。

掌握基因信息、大脑思维机制是人工智慧出现的前提条件，在人类掌握这两个前提条件以前，人工智能都不会进化为真正的人工智慧。现有人工智能在整体进化阶段中处于初级阶段，人类无须对人工智能过度恐慌。人工智能目前只是人类的工具。人工智能无法通过自我进化成为人工智慧，人类也无法通过对"智慧"的单纯模仿、进化获得真正的"智慧"。

人工智能进化为人工智慧，这既是万物相生时期结束的里程碑事件，也是互联网革命结束的里程碑事件，标志着人类的互联网完成了其历史使命，同时标志着一个新的时代开始。人类在经历数百年的发展后，将从互联网革命时代进入机器革命时代。

第五十定理（平台进化定理）：通过3次互联网革命，互联网网站将经历"单边平台—双边平台—多边平台—超级平台—网状超级平台—全球网状超级平台—以全球3D打印设计平台为核心的全球网状超级平台—虚拟与现实融为一体的全球网状超级平台"的进化过程。

证明：根据第二公理，平台以价值增长为进化目标。根据第五公理，平台匹配的生产方式升级，会支撑平台再次进化。根据第三定理，互联网平台作为革命性核心工具，在万物相连、万物相循、万物相生时期起主导作用。根据第二十七、第三十二、第三十六、第三十七、第四十四定理，可以推导出通过3次互联网革命，互联网网站将经历"单边平台—双边平台—多边平台—超级平台—网状超级平台—全球网状超级平台—以全球3D打印设计平台为核心的全球网状超级平台—虚拟与现实融为一体的全球网状超级平台"的进化过程。网状超级平台是互联网革命的基础设施，是支撑互联网革命发展的重要因素，地球万物通过网状超级平台进行紧密连接、交流，从而产生强有力的网络效应，通过多次进化最终走向成熟，支撑人类获得更强的能力。人类的生产方式、生产形态、生产模式都将随之发生巨大的变化。

如同3次工业革命分别发生在轻纺工业、重工业与信息产业，3次互联网革命会发生在网状超级平台、分布式生产、人工智慧3个领域，与之对应的互联网平台分别是全球网状超级平台、以全球3D打印设计平台为核心的全球网状超级平台及虚拟与现实融为一体的全球网状超级平台，从而在3次互联网革命中发挥主导作用，实现万物相连、万物相循、万物相生的目标，通过相互接力，推动人类的生产能力、生产效率达到一个又一个高峰。

人类在掌握未来进化规律后，对关键产业会加强投资与孵化，在一定程度上会导致各阶段互联网革命的提前爆发。例如，3D打印机产业的快速成熟，会提前结束工业机器人、智能工厂等机器大工业的发展；而脑机接口、元宇宙技术的快速成熟，也会对全球3D打印设计平台产生替代作用。但这种互联网革命的加速，并不会改变3次互联网革命独立发展、相互承接的本质。

在未来发展中，"进化隧道效应"将表现得非常明显。只要出现互联网Web1.0的连接，就会出现Web2.0的互动和Web3.0的交易；只要出现单边平台，就会出现双边平台、多边平台、超级平台、全球网状超级平台，这是网络效应趋强的必然要求。而人工智慧的出现同样如此，只要完全掌握基因信息和大脑思维机制的秘密，就必然会进化至人工智慧，多个关键技术的"进化隧道"交会就会产生产业升级、产业革命。人类通过掌握人工智慧与核聚变技术，将获得无机生命的永恒、核聚变技术（更未来的是反物质技术）的强大能量，推动人类开启星际大宇航，从此走向深空。

从这个角度看，人类发现完整的战略体系、未来学及整体市场机制也是历史的必然。开始，人类对战略茫然无知，随着社会实践的不断发展，逐渐出现不同方向的"随机式"战略理论——根据当时的社会现象，从某一角度对战略进行研究。随着时间的推移，"随机式"战略理论会越来越多，人类对战略全域的了解会越来越充分，最后必然会出现完整的战略学。出现完整的战略学是必然的，完整的战略学出现在哪一本书中是偶然的，对未来学、整体市场机制来说也是如此，几何学、哲学、物理学等多个学科都曾经走过同样的道路。

第四节

重构人类社会运行法则：加速互联网革命与占据风口

一、互联网革命发展的瓶颈

从 20 世纪 60 年代到 21 世纪初，虽有互联网革命爆发与中国融入全球化带来的 10 年经济增长，但世界经济总体增速不断下降。这背后有全球人口增长放缓、生产效率增长放缓、全球化速度放缓等多种原因，最主要的原因是全球经济没有找到新的突破方向，缺乏可以革命性提升生产率的突破口，导致技术创新放缓，处于随机测试的迷茫时期，全球经济缺乏新的增长动力。由于世界经济总体增速降低，致使全球各区域进入存量资源争夺，部分国家甚至开始逆全球化，以保护区域内部分群体的利益。互联网革命迟迟不能突破，导致了全球一系列的经济、社会问题。

互联网革命的突破口一定是可以革命性地直接提升人类生产效率的产业。从互联网革命的发展规律看，近期主要有 3 个关键突破口：智能生产与工业机器人等智能工厂应用、3D 打印机、人工智能。智能生产与工业机器人、3D 打印机等产业对生产具有最直接的作用，人工智能会逐步从间接作用发展到直接作用，三者都可以大幅提升生产率。突破智能生产、工业机器人等智能工厂应用的技术瓶颈，可以将大量的制造业人口转移出来，提升智力资源。突破 3D 打印机的技术瓶颈，可以实现分布式生产，将极大地推动互联网革命进程，实现全球设计、本地能源、本地生产、本地回收的分布式生产循环体系，从而转移出制造业人口。

人工智能可以应用于生产、贸易、消费和投资等经济领域，但最具革命性的应用还是在生产领域。人工智能在第一阶段和第二阶段可以在生产领域产生间接作用，在第三阶段还可以在生产领域产生直接作用。通用型人工智能突破认知能力的复杂思维智能后，首先替代客服、导购、导游等重复性简单知识人员，然后替代法律、医药、金融、图形设计、IT 编程等行业中的重复性复杂知识人员。但生产领域的车间管理、技术、会计等岗位的工作人员不仅需要有知识，还需要有基本的逻辑推理能力，因此通用型人工智能在第二阶段还无法在生产领域获得大规模应用推广，对生产效率的影响只是间接作用，计算机工程师、律师、商业策划师等服务岗位的工作人员同样如此。只有在突破第三阶段逻辑推理能力的复杂思维模型后，才能将通用型人工智能广泛应用于生产领域和服务领域，而第四阶段的已知领域创新能力将大幅提升人类的生产效率。但目前通用型人工智能并不具有真正的逻辑推理能力，就连很多小学数学题都无法解出，离第三阶段仍有不短的距离，只能作为人类工作的知识助手，还无法完全替代人类独立完成工作。然而，用人工智能替代人类完成重复性简单知识工作已经存在巨大的现实需求。智能生产与工业机器人等智能工厂应用、3D打印机主要应用于生产领域，人工智能作用于所有领域，并随着不同阶段的发展，其替代作用将不断加强。

工业机器人、3D打印机迟迟无法突破的根本原因在于互联网革命中工业机器人、3D打印机等技术瓶颈的突破难度比工业革命时期纺纱机突破的难度高得多。1765年，珍妮机与旧式纺纱机的区别仅仅在于把横着的纱锭变成直立的纱锭，简单的改变使纺纱机的纺纱能力提高了8倍。此后，水力纺纱机在1769年被发明出来，走锭纺纱机在1779年被发明出来，蒸汽动力织机在1785年被发明出来，环锭纺纱机在1828年被发明出来，纺织机从最初的珍妮机花费了60多年才进化到较为成熟的程度。而工业机器人、3D打印机的复杂程度远远超过了纺纱机，涉及材料、机械工程、电子信息工程、信息技术、工业设计、人工智能等多个学科技术，已经不是单个发明家就能轻易突破的，需要多个研究团队的长期、持续研究与多学科的综合进化。

工业机器人、3D打印机、人工智能，这三者的产业规模化难度并不相同。一家实力强大的公司就足以提供人工智能所需要的大数据等研发资源，产业固定资产投资较小，通用型人工智能的差异度较小，利用互联网的规模效应可以降低成本、迅速推广。不同产业的工业机器人的差异度较大，不仅需要研发取得突破，而且需要多个产业进行大规模运用，只有这样才能降低成本，还需要进行大规模产业投资，产业化难度其实较高。3D打印机需要规模、经济地打印出所有不同类型的产品，而且3D打印机所代表的分布式生产循环体系将彻底改变目前的全球产业结构，难度非常高。

综合来看，3D打印机的产业规模化难度最大，其次是工业机器人，难度最低的是人工智能。虽然人工智能的产业规模化难度低，但如果没有工业机器人、3D打印机在生产领域的直接突破，人类的生产能力、生产效率仍然难以大幅提升，这会阻碍整个互联网革命进程。即使人工智能可以突破第三阶段，甚至第四阶段，人类也仍然需要人工智能助力工业机器人、3D打印机在生产领域取得突破，以提高生产能力、生产效率，降低生产成本，满足消费者多样化、个性化的需求，而且人工智能要突破逻辑推理能力也存在不小的技术难度，需要很长一段时间来进行研发与磨合。

互联网革命的产业人口转移与工业革命也有很大不同。在工业革命时期，农业人口只需要接受数周的技术培训就可以成为大多数工种的技术工人，从而转换为工业人口。而从一个技术工人转换为一个具有创新力的知识产业人才，需要经过数年时间的长期专业培训，有些行业甚至需要长达十几年，如医药、生物等行业。而人类受生理条件的限制，若错过青春期的中、高等教育，可能很难再拥有某些行业的创新力，也很难具有深层次的认知能力，因此互联网革命时期的产业人口转移比工业革命时期困难得多。由于缺乏充沛的智力资源与产业投入，人类在工业机器人、3D打印机等关键领域迟迟不能取得重大突破，无法快速提高生产效率。

工业机器人、3D打印机、人工智能等关键领域的突破都牵涉基础领域研究的突破。一方面，互联网革命时期的发展规律属于人类的未知领域，企业在选择战略方向时也可能会犯错，从宏观上就体现为市场随机探索，无法聚焦资源，存在着低效区域。例如，元宇宙在近期无法产生真正的生产力，大量市场资源的无效投入，其实掩盖了互联网革命真正的突破方向；另一方面，由于基础领域研究周期长、不确定因素多、出成果慢、成果转化难等原因，很少有企业愿意大规模投资于基础研发，这也阻碍了互联网革命的快速发展。

从关键领域的资源投入上看，全球科研投入的资金与人数均严重不足，而研发投入巨大的国家的竞争力较强。例如，根据联合国教科文组织的数据，2021年，以色列的研发投入占其GDP的5.56%，占比最高；而韩国的研发投入占其GDP的4.93%，排名第二。在2021年彭博创新指数中，韩国排名第一，以色列排名第七，以色列以只占全球0.2%的人口获得了20%的诺贝尔奖。此外，北欧地区的科学家密度最高，每百万人口中的科研人员比重最高的是丹麦，达到了0.75%，接下来依次是瑞典、韩国、冰岛、芬兰。但即使是每百万人口中的科研人员比重最高的丹麦，距离10%~30%的知识产业人口比例仍差距巨大。一旦人类将制造业人口转移到知识产业中，创新力、研发效率将比现在提高上百倍，若进行全球智力合作、迭代，创新力、研发效率或可提高上千倍，这将大大加快对互联网革命关键领域的突破，从而带动全球经济步入发展快车道。

要推动互联网革命，实现生产核心要素从资本向智力转变，存在三大瓶颈，如下所述。

第一是生产科技进化瓶颈，需要智能生产、工业机器人等制造业智能系统，以及人工智能在效率、成本等方面优于人工，这样才能提高生产效率，从而替代人工，引发社会性创新蓬勃兴起。

第二是生产方式瓶颈，需要有充沛的智力资源与智力资源迭代机制，这样才能推动社会性创新蓬勃兴起。

第三是社会制度瓶颈，需要与智力资源属性相匹配的市场环境，通过重构人类社会运行法则，提供高福利保障，使劳动力资源平稳升级为智力资源，这样才能保障社会性创新蓬勃兴起。

工业机器人、3D打印机可以替代生产人员，人工智能可以替代辅助生产人员、服务人员、管理人员，甚至部分科研人员，释放出制造业的大量人口。只有提高生产能力、生产效率，满足人们多样化的个性需求，降低社会生产价格、服务价格，为整个社会创造出增量财富，才能为转型提供高福利保障，开始"引爆"社会性创新；只有人们可以根据自己的意愿获得高等专业教育，具备必要的创新能力，才能从劳动力资源升级为智力资源；只有具备智力资源迭代机制，才能推动社会性创新不断涌现；只有政府可以提供高福利保障与公平的市场环境，智力资源才能心无旁骛地进行创新，整个社会才能获得源源不断的创新力。而随着人类整体素质的提高，个体的自我意识将大大增强，艺术、影视、音乐、舞蹈、戏剧、文学、游戏、运动等个性化文娱产业也将蓬勃发展，各类天才层出不穷，繁花似锦，各擅胜场，人类将逐步实现互联网革命的精神自由。

二、智力资源的三大属性

智力资源有三大属性：迭代性、周期性、普遍性。从社会创新角度看，智力资源最重要的属性就是迭代性，智力迭代是指每一次智力研发的阶段性成果会作为下一次智力研发的起点，通过不断迭代逼近完美结果。智力迭代也可以被称为智力接力，智力迭代与社会性创新相匹配，社会性创新是智力迭代的结果，智力迭代是社会性创新的过程。智力迭代从内容看包括两个方面：一方面是智力成果的迭代，智力成果在全球人类的接力下不断进化；另一方面是智力资源的迭代，随着智力成果通过互联网快速扩散，智力资源也在快速更新进化，人类对客观世界的认知越来越全面与深刻。生产科技、能源科技、生产方式、社会关系、社会制度创新具有相互适配的特性，一方面相互支撑、相互推动，另一方面相互制约。因此，从农业革命、工业革命到互联网革命，随着阶段的提升、连接数量的增加、制约因素的减少，智力迭代呈现出从简单到复杂、从偶发到普遍、从缓慢到加速的趋势。

从个人创新角度看，个体智力资源的成长具有周期性，周期性包括渐进性、差异性、波动性3种属性。人的智力成长是一个渐进的发展过程，一般要经过婴幼期、青年期、成年期。只有接受良好的教育，思想才会逐渐成熟，具有主动进取的探索精神。每个人的智力水平、时代背景、家庭环境、教育环境等成长过程具有较大差异，因此智力资源具有不同的知识储备、兴趣爱好、专业特长，呈现出截然不同的差异性。人的创新力一般不能始终保持在巅峰期，而是呈现出波动性：在职业生涯早期，人们勇于挑战传统思想，提出新概念、新思路，会出现一个创新巅峰；在职业生涯中晚期，拥有了一定的知识储备和经验积累后，综合各种知识体系形成新的突破，会再出现一个创新巅峰。

从创新范围角度看，智力资源创新具有普遍性，目前各种生产科技、能源科技、生产方式、社会关系、社会制度的随机创新、主动创新在全球每时每刻都在发生，无论是在地域上，还是时间上都具有普遍性。

三、生产科技的进化

人工智能初期的突破难度较小，各国在人工智能方面取得一定进展后，纷纷开始在网络互联、智能生产、智能决策、工业机器人、智能工厂、3D打印机等制造业领域寻求突破，使智能工厂能通过低成本方式实现全自动化水平。目前，工业机器人、3D打印机等虽然研发多年，但仍存在技术瓶颈，迟迟不能获得广泛的规模应用，成本也难以降低至人工水平。

区域政府应集中科研资源突破工业机器人、智能生产（或 3D 打印机）的技术瓶颈，同时加强对产业链上下游的培育与扶持，提升全产业链的智能技术水平，推动产业链形成规模化，降低生产成本、原材料成本，满足客户不同的个性化需求，从而将制造业的大量人口释放出来。

四、生产方式的进化

生产方式是人类社会构建的基石，工业革命的生产方式是以商品交换为特征的大规模生产方式，人类社会的生产形态、生产模式、社会组织方式、城市运营方式、全球经济模式、法律法规模式、金融运作模式、社会文化都以此为基础进行构建。

在进入互联网革命时期后，生产核心要素将从资本转变为智力，生产方式也将进化到以智力迭代为特征的全球分布式平台生产方式。互联网虽然已经发明、推广了多年，但人类的整体认知能力仍然较低，全球很多区域的人们还保持着工业革命时期，甚至农业革命时期的旧思维、旧模式，认知能力的局限阻碍了生产方式的进化，生产方式仍未能充分适配互联网这一革命性生产工具，导致互联网无法充分发挥自身的威力，也阻碍了生产科技、能源科技的持续进化。

生产方式从以商品交换为特征的大规模生产方式向以智力迭代为特征的全球分布式平台生产方式进化，目前主要存在 3 方面的问题：一是智力资源不足；二是智力迭代机制缺乏；三是全球分布式平台存在技术瓶颈与产业瓶颈。智力资源不足制约了智力迭代的宽度，智力迭代机制缺乏制约了智力迭代的深度。智力迭代机制需要社会制度的同步进化，全球分布式平台需要生产科技的同步进化。

从智力资源看，目前全球小学、中学、大学等教育仍以线下教育为主，受区域教育资源、师资水平、经济文化等方面的影响，一方面浪费了教育者的大量精力，使其投入重复性教学研究工作，造成了巨大的教育成本浪费，另一方面造成学生接受的教学水平参差不齐、差异巨大。互联网的广覆盖、低成本特征应成为改变区域教育差距、实现人类"有教无类"梦想的有力工具，教育产业是杠杆效应最为明显的行业，只需要较低成本就能让数十亿人获得巨大的收益，一堂优质课程可以让全球上亿人免费学习，让每个人都可以根据自己的喜好选择全球各优质名校的各类专业课程进行学习，而不用再接受各种入学考试，花费数十万元、上百万元的高昂费用。教育阶段考试的目的不应是筛选，而是发现个性化爱好、查漏补缺，从而帮助受教育者更快速、有效地成长，成为社会的创新源泉。人类本应让优质个性化教育像空气、水、电一样方便易得，但现实是许多人类忘却了教育的本质，自缚手脚。

随着人类物质财富的增加，政府、非营利性组织应当投入更多资源，扩大公益教育的范围，不断向高等教育和个性化教育扩展，推动教育产业互联网化。政府、非营利性组织应选择公立学校，将下至小学生、上至博士生的各学科优质、个性化的教育内容，制成教学视频、讲义，免费在互联网公开发布、推广，每年重新评选、更新。各地教育者可以进行转型，具体做法包括：一方面在优质教学视频的基础上深化研发，加速进行教育智力迭代；另一方面将教育重点转向教育差异化，关注被教育者的个性化提升。各地学生既可以根据自己的兴趣爱好直接学习教学视频，也可以根据自身情况接受差异化教育，从而获得更好的个性化、差异化教育。线下教育仍可保留，但线上教育应当以公益性为主、营利性为辅，尽可能让每个人不受区域、金钱等先天环境的限制，可以根据自己的意愿、爱好、能力选择适宜的发展方向，即使在家也能免费或低成本地获得专业教育、个性化教育，尽可能实现人类在起点上的公平，提升人类的整体素质，让更多的人获得从事创新工作的基本能力，从根源上改变因财富、区域而造成的贫富差异，减少教育成本的巨大浪费。个性化的深度学习将充分激活人类智力资源，从而满足社会发展的多样化、个性化的需求，加速推动社会经济向互联网革命转化（欧盟有41%的青年人口拥有高等教育学位，其中最高的是卢森堡，达到62.6%）。当然，教育产业互联网化可以根据不同区域的实际情况，采用其他更完善合理的模式，虽然目前教育产业互联网化会面临种种现实约束，但未来低成本、个性化、高素质的互联网教育应当成为主流发展趋势。

五、社会制度的进化

（一）智力资源股份制

人类创造的市场机制并不完美，现代股份制在16世纪诞生于英国，是工业革命时期的人类社会重大社会制度创新。股份制实现了所有权和经营权分离，汇聚了社会资金，分散了风险，人类社会生产、贸易、金融、分配等现代机制、制度、法律体系都是以此为基础进行构建的。股份制在法治保障下为人类文明的发展起到了巨大的推动作用，成就了洛克菲勒、摩根、杜邦、罗斯柴尔德等富可敌国的传奇家族，创造了比尔·盖茨、埃隆·马斯克、阿诺特、贝佐斯等令人类社会疯狂的首富神话，但这一切在很大程度上来源于市场机制的内在缺陷。

市场机制存在"创新收入黑洞"，人类收入目前可分为劳动收入和资本收入。劳动收入是劳动者根据劳动获得的报酬；资本收入是投资者利用资本投资获得的回报，其中主要是公司股份制的所有者利润，但市场机制缺乏创新活动的收入分配机制。重复性劳动可以按市场价格进行交易，资本投资可以根据资本金额计算相关收益，但创新性活动却无法准确估价交易，因为创新是不可预测的。社会创新价值难以估算，只能按照事前创新者的能力估价，通常创新者只能按照重复性劳动获得劳动收入，但劳动收入远无法与其贡献的社会创新价值相匹配。由于现有市场收入分配机制没有考虑到创新活动，所以创新价值基本都被投资者利用股份制所吸纳、占有，这就是"创新收入黑洞"，正是这个黑洞导致了一系列人类社会问题。

在人类社会中，只有在收入分布中占比最高的那0.1%的人群，也就是顶级富豪的资本收入可以超过劳动收入，其他人群仍以劳动收入为主。顶级富豪要么自己是创新者，要么是继承者或投资者，其财富根源仍然是利用股份制获得的资本收入。虽然顶级富豪有可能是创新者，甚至是首创者或主要创新者，但公司中的创新者远不止一个人，富豪们在很大程度上利用"创新收入黑洞"占有了其他人的创新价值。例如，爱迪生利用股份制以合法方式占有了包括特斯拉在内大量创新者的合理权益，搭上了其他智力资源的顺风车。

顶级富豪的资本收入其实包括两个部分：一部分是利用自己的创新、市场冒险与勤奋工作推动社会进步，获得的合理资本收入；另一部分是利用外部性、垄断、信息不对称等市场失灵，获得的远超出其自身努力外的资本收入。以资本为基础的股份制无法清晰、准确地区别这两种不同性质的资本收入，从而精准地衡量每个创新者的价值贡献。要想解决垄断、信息不对称等问题，需要完善市场竞争规则，以及对股份制进行重构。

从宏观经济层面看，人类顶级富豪利用"创新收入黑洞"占有过多社会财富，会造成社会阶层两极分化加剧、抑制大众消费、社会创新力减弱等问题，不利于经济的长期、持续发展。顶级富豪们获得海量财富后，只需将一小部分收入用于保持自己的生活水平，剩余大部分收入便可用于再投资。由于这些顶级富豪们拥有全球海量资源与投资机会，能聘请最高水平的投资机构，还能利用各国税收优惠政策，普通人的投资能力、投资回报根本无法与之相比，因此顶级富豪们可以占有绝大部分社会技术、模式进步带来的利润。除战争时期外，顶级富豪的资本优势在和平年代会不断累积、扩大，最终形成资本的高度集中。自20世纪70年代以来，美国和参加英联邦的主要国家等前0.1%人群的收入占全社会总收入的比重都出现了急剧上升，1%的超级富豪的收入占全社会总收入的比例从1970年的10.7%上升到2021年的19.1%，前1%家庭拥有的财富占全社会财富的比例从1989年的23.6%上升到2021年的32.3%。顶端10%的人群拥有的财富占有全部社会财富的2/3，其他90%的人中一半人几乎一无所有，只能靠劳动收入生活，无法获得资本收入。社会财富还会出现"越老越富"的趋势。以法国为例，在2010年，60岁群体所拥有的财富较50岁群体高出11%，80岁群体所拥有的财富则比50岁群体高出34%，"食利者阶层"获得了更多的财富增量。

从微观企业层面看，随着生产核心要素从资本资源转向智力资源，竞争加剧，股份制逐渐普及到企业骨干员工。但由于股份制的内在缺陷，无论是股份规模，还是激励匹配度，仍然存在较大不足，"创新收入黑洞"仍然存在。首先，随着社会资本的逐渐富集，真正创造财富的是智力资源，而不是资本资源，资本资源只起辅助作用，而目前资本资源占有了公司绝大部分的利润，智力资源即使能参与利润分成，其股份份额也难以与其贡献相匹配。其次，不同时间段贡献价值的智力资源并不相同，智力资源的周期性具有变化特征，而股份具有稳定性，在现有制度环境下，两者往往难以精准匹配，智力资源无法获得及时、充足的激励。例如，有的公司为了避免过去成功的员工利用资本收益"躺平"，为充分激发智力资源创新力，利用虚拟股权机制设计，在一个时间周期开始时将虚拟股权清零，让每个人从头开始，将公司利润、个人收入与员工的当期努力完全对应起来，这种随时间变化的虚拟股权机制虽然充分激励了员工，但与现有股份公司制难以相容，使其难以上市。

在现有市场机制中，解决上述问题主要通过市场自由竞争。当企业资本资源所有者过度占有智力资源所应获得的合理利润时，智力资源可以离开企业自主创业，或加入其竞争对手一方，但社会实际环境中存在诸多限制，主要包括以下几点。第一，存在竞业限制，智力资源即使被过度压制，但由于风险成本较高，仍会选择留在企业。第二，产业龙头企业垄断了大量产业资源，智力资源个体离开企业，很难找到合适的平台发挥自己的能力。第三，智力资源由于家庭等方面的原因，存在区域限制，区域内适合的企业并不多。现有以股份制为基础的市场机制其实存在大量而广泛的效率损失，难以充分发挥智力资源的积极性，只有这种效率损失积累达到社会难以忍受的程度时，由量变产生质变，社会才会对这个问题进行纠正，但这种纠正既迟缓又代价高昂。从微观企业层面和宏观经济层面看，不完善的人类底层社会制度已经开始对科技、生产方式产生制约作用，正从量变向质变发展。

社会两极分化的根源在于以资本为基础的股份制存在"创新收入黑洞"，无法与以智力要素为基础的互联网革命充分适配。当社会财富分配主要由能力和努力程度决定时，社会就会出现蓬勃向上的创新动力；当社会财富分配主要由股利、利息、租金和遗产决定时，社会创新力就会被窒息。过往个人、家庭、事业成功带来的财富积累与继承，当然可以获得资本收入，但获得该资本收入的人不应成为社会财富的主要获得者，社会主要财富应当分配给其创造者，也就是承担创新责任的智力资源，而不是"食利者阶层"，这样才能使整个社会呈现出勃勃生机。

法国经济学家托马斯·皮凯蒂等学者认识到社会财富分配不平等问题，提出通过累进所得税来解决，但过高的累进所得税会压制创新，这并不是根本的解决方法。要真正消除社会财富分配不平等，就需要解决"创新收入黑洞"这个本源问题，将劳动、创新、资本这3种不同性质的活动与各自的收入进行精准匹配。这需要对现有市场机制进行换代升级，股份制及建立在其基础上的制度、金融、法律体系都应当围绕智力资源进行重构，更精准地将创新者的贡献与收益进行匹配，从而剥离顶级富豪们的不合理收入，保障每个创新者的合理利益，充分激发智力资源的活力。

例如，可在公司法层次对资本股份与智力股份进行区别及分列，对与股权相关的收益权、表决权、交易权、优先购买权等权益，运用不同机制进行管理。智力股份与资本股份之间的比例可由企业自行决定,但政府可根据行业情况对智力股份比例设立下限,智力股份可以占据企业大部分股权,获得企业的主要利润,可以进行内部交易或重新分配,使智力股份与一定时期内的创新贡献更精准匹配。智力股份不上市交易,只能被企业内部员工所持有,外部投资者只能持有可以上市交易的资本股份,不从事实际经营的董事会成员、退休管理者、退休创新者也只能持有资本股份。在开始阶段,政府应对智力股份给予优惠政策,可对资本股份所得采用更高累进税率,对智力股份所得采用更低累进税率,推动企业普及智力股份,使创新者可以获得与贡献相匹配的股份,让企业利润主要被创新者所获得,从而充分、及时地激励智力资源,从根源上避免顶级富豪利用资本优势过分侵占其他创新者的合理权益。虽然市场竞争会迫使企业制度自动向适应智力资源方向进化,但适当的行政干预(如劳动时间、最低工资等制度的普及)会加速这一进化过程。当创新者能获得企业主要利润时,势必极大地激发其积极性,企业将获得更强的市场竞争力,这会导致行业内更多企业加入智力股份普及的竞争,形成创新趋势。

(二)智力迭代制度

智力迭代是以商品交换为基础的升级,智力资源成果包括智力产品、发明、解决方案等智力结果与智力创意、智力构思、研发实验等过程性智力,需要建立、完善智力资源成果在迭代过程中的产权机制、交易机制、盈利机制,从而促进全球智力资源的合作、协同与迭代,使整个社会的生产方式逐渐与互联网等革命性工具相匹配。教育、计算机、航天、机器人、精密制造、3D打印、医疗、生命科学等知识型产业都可以借助互联网进行全球智力迭代。除了智力结果,知识产业在智力创新、研发实验等阶段过程也可以进行全球智力迭代。通过将个人私有的隐性知识快速转化为社会公众的显性知识,可以大大缩短知识产业的研发周期,推动社会性创新的蓬勃兴起。

然而,现有的知识产权制度过于陈旧,通过管理部门人工进行审核、公示、注册,时间长达半年甚至一年以上,只适合工业革命的知识产权保护,并不适合互联网革命的智力快速迭代。对于知识成果的管理,只有从工业革命的事前管理,进化到互联网革命的事后监督,才能适配智力的快速迭代,因此应当采用类似维基百科公开登记、修改的方式,记录智力迭代的持续过程,以及智力成果的各种版本、版权,并将最新的智力成果向全社会公开共享,使任何人都可以查看、学习与迭代。若有人需要应用智力成果则需要向版权方支付酬金,具体酬金可由版权方标价或双方议价。另外,不仅智力成果需要公开,而且智力成果购买方在3D打印机上的使用结果也需要公开,所有智力成果的研发、登记、使用全过程应公开、透明。同时,政府应对版权应用进行监督,若发现有违反智力成果版权的不诚信行为,则要进行严刑重罚。

因此,智力迭代的全过程公开、透明需要具备3个前提条件:高度发达且完善的智力成果产权制度和智力成果应用监控机制、全社会诚信守约的氛围、全社会对智力迭代的共识。高度发达且完善的智力成果产权制度和智力成果应用监控机制,可以非常周详地保护创新者的合理利益,创新者即使公开最新的智力成果,也不用担心自己的合理利益受到丝毫侵害。只有在全社会高度公开、透明、诚信的社会环境中,人人视诚信为生命,视守约为理所当然,才能降低制度的执行成本。若全社会都能对智力迭代的全过程公开、透明形成共识,认知到智力加速迭代,则不仅可以使整个社会利益最大化,还可以使每个人的利益最大化,只有这样才能让每个创新者自觉自愿地进行智力迭代全过程公开、透明,真正去除智力迭代的藩篱,最大限度地激活全社会的智力资源。智力迭代全过程的公开、透明,可以将各种社会内耗、制约降低到最低程度,加速智力迭代,政府的严刑重罚、诚信社会可以保护智力创新者的利益,使其逐渐消除后顾之忧,对智力迭代的共识将加速智力商业生态的繁荣与兴盛。

在工业革命时期的集中式大生产模式下很难及时共享智力成果,因为生产商对厂房、机器设备等固定资产进行了大量投资,公开最新智力成果意味着智力成果将快速迭代,会导致其固定资产被快速淘汰,造成重大经济损失。因此,埃隆·马斯克公开电动汽车专利、OpenAI公开ChatGPT源代码,虽然相比工业革命时期厂商的垄断行为已经有了巨大的进步,但其只是想形成社会趋势、构建产业生态,而不是希望自己的产品被竞争者快速迭代或超越。这种不敢公开最新产品的源代码,而只敢公开过期产品的源代码的情况实际上并不利于整个社会的智力成果创新。只有将智力研发与生产相分离,并保障智力研发者的合理利益,才能真正解决这一难题,让全社会的智力成果快速迭代升级。分布式生产可以将智力成果研发与生产相分离,使智力成果的创造者不必再担忧固定资产的巨大投资所带来的损失,专注于智力成果的不断迭代。所以,只有在分布式生产模式下才能真正实现智力迭代的全过程公开、透明。

刚脱离农业文明的社会也很难实现智力迭代的全过程公开、透明，只有经历商业文明、包容与开放性制度的长期浸润、洗礼，社会达到一定程度的开放、透明、诚信，才能在此基础上再次进化。目前全球社会离这种社会阶段还有一定的距离，实施环境仍未成熟。

除了分布式生产会导致传统工业大企业消亡，全社会的智力成果公开也会导致大多数大型企业走向消亡。企业存在的原因是将组织内人的私有知识与财、物相结合进行创新，从而为消费者贡献出独特价值序列。如果全社会的私有知识可以通过互联网与全社会的财、物高效整合，那么将远远超出叠床架屋式大型企业的运行效率，因此除航空航天等少数需要整合全球资源的产业外，大多数大型企业都将走向消亡。未来全球社会将通过互联网紧密地连接在一起，个人、小团队、小企业可以通过互联网轻易获得传统大型企业才能提供的科技支持、综合服务与资金，这将使创新的门槛与难度大大降低。金融市场也会随着实体经济的变化而发生巨大变化，绝大多数市值庞大的跨国企业将消失，取而代之的是大量蓬勃兴起的中小型创新企业。

金融市场的主流投资方法也会发生变化。巴菲特通过识别品牌、矿产、准入许可等独特资源禀赋（非智力资源），获取长期稳定投资收益的"价值投资"，其本质仍是工业革命时期的投资方法，因而无法成为互联网革命时期的主流投资方法。未来非智力资源对企业经营业绩的影响将被制度设计进行最大限度的弱化，从而让企业聚焦在智力资源竞争上。由于智力成果公开、透明，所有行业都将呈现出充分竞争状态，只有"长坡"，而没有"厚雪"，很少有企业能长期获取超额利润。激烈的竞争迫使每一家企业都在努力奔跑，创新此起彼伏。只有创新力异常强大的企业才可能在一段时间内保持领先，这迫使未来的主流投资方法将变为智力资源按照特定模型或算法进行规模化、标准化投资，以获得最大化投资成功。优秀的投资方法就是舍难取易，尽可能持续、稳定地获得超额利润。很多优秀投资方法的成功，其实都源于人类社会制度设计的某种缺陷，但未来金融、税收、特许管理等制度的设计目标恰恰相反，就是要让除智力资源外的其他资源都无法轻易获得超额利润，让每个行业都呈现充分竞争状态，从而将社会资源配置到市场高效领域，不断提升整体市场效率。随着市场成熟度的不断提高，制度缺陷逐步被修复，市场和政府失灵的影响将被降到最低限度。人们很难再利用制度缺陷获得超额利润,充分竞争、智力竞争、快速迭代将成为市场的正常状态。要在互联网革命时期获得投资成功,就需要提高对智力资源的投资成功概率,从而与社会发展趋势相匹配。巴菲特的"价值投资"适合当代,但其实不是真正的价值投资,真正的价值投资只能聚焦于人类的价值源泉:智力资源,而非其他外物。因此,随着市场机制、政府机制的完善,这种投资方法终将被真正的价值投资方法所取代,并非真正永恒的时间玫瑰。

全球统一(联合)政府、全球社会、分布式生产与智力迭代高度匹配,全球统一(联合)政府使全球规则统一;全球社会使各区域的人们对诚信达成高度共识,从而避免出现搭便车行为,保障智力研发者的合理利益;分布式生产使研发与生产相分离,通过全球3D打印设计平台汇聚全球智力资源,加速智力迭代,此时智力资源将不再受农业革命、工业革命时的制约,人类的创新力会被充分发掘出来。其实市场机制、政府机制都是人类设计的机制,目前都不完美,未来还需要进行同步进化。

(三)高福利制度

政府需要提供高福利保障,从而使劳动力资源平稳地升级为智力资源。目前全球很多区域的社会保障机制很难应对互联网革命带来的冲击,应重新对社会保障机制进行设计,不仅需要为工业机器人、智能生产(或3D打印机)所替代的人提供生活保障,还需要为其免费提供新产业技能培训,帮助其掌握创新能力、工作能力,保障其转行后仍能获得不低于原有产业的薪酬,从而降低互联网革命对相关产业的冲击,将劳动力资源平稳地升级为智力资源。

高福利保障应该来源于生产效率提高所带来的增量价值,政府应对全球互联网基础设施企业(或所有者)征收额外税收,原因有3点。①全球互联网基础设施属于公用物品,并不完全是市场竞争的结果,也有国家产业扶持的作用。②额外税收的3种用途将大大丰富全球智力资源,使拥有全球互联网基础设施的企业获得搭便车的机会,全球智力资源的丰富有利于全球互联网基础设施的升值。③全球互联网基础设施具有天然的垄断性,相对于员工、客户来说更为强势,其利润中隐含超额利润,超出了企业家通过其聪明才智、努力与承担风险所应获得的合理回报。

（四）互联网基础设施企业额外税收制度

向全球互联网基础设施企业（或所有者）征收额外税收并不会影响企业家的斗志，真正具有企业家精神的人不会关注超出其能力以外的报酬，其更关注努力奋斗的事业发展和事业发展过程中获取的正当报酬，若征收额外税收有利于整个互联网基础设施平台发展，应为其所乐见的。

政府在增加额外税收时应当注意3个方面。①尊重产权制度。产权制度是经济繁荣的根本，不能损害产权所有者的合理利益。②公平征收。"不患寡而患不均"，应通过联合国等协作机制建立全球税收联盟，统一全球税率，消除"避税天堂"，对所有企业、个人一视同仁。③公开、透明的用途。应当公开额外税收的资金流向，使所有环节透明，保证资金用于规定用途。就像罗斯福在1932年竞选总统提名演说中所提出的一样，要让人民以"更公平的机会共享国家财富分配"，在尊重产权制度的前提下，需要让互联网革命创造出来的财富惠及普通人群，使所有人类都能获得生存、生活、学习保障，社会财富均衡发展，只有这样才能为经济长期、持续增长提供更有效的动力。

全球互联网基础设施企业的额外税收应用于3个方面：提高国民高等教育水平、提供基础研发的资金支持、提供高福利的生活保障，以加速推动人类从劳动力资源向智力资源的转变。额外税收的用途应当公开、透明，以便监督。

发达国家应让发展中国家参与统一全球税率，消除"避税天堂"，作为回报，发达国家可通过联合国等机构对发展中国家建立补偿机制，帮助其向互联网社会转变。这主要涉及两方面。一是扶持发展中国家的国民教育。发达国家应帮助发展中国家提升初等、中等、高等教育普及率，丰富全球智力资源，提升人类整体的文明与素质，同时带动发展中国家的经济持续增长，为全球经济发展注入后劲。互联网教育的边际成本几乎可以忽略不计，只要运作得当，网络课程人数的增多就不会增加太多成本。二是为发展中国家的人民提供基本保障。发达国家应该根据实际情况，向发展中国家国民提供食品、药品等基本生活保障（或通过互联网帮助其提升相关产业生产技术，或采用其他创新型扶持模式），以帮助发展中国家的社会稳定发展。通过避免全球互联网基础设施企业的税收流失，可以填补这两方面的费用开支，既可以为互联网革命的发展增加新的动力，也可以避免全球财富的区域失衡。

（五）公平竞争制度

在互联网革命的进程中，监管者应保障市场公平竞争，让真正拥有创新力的企业脱颖而出。从阿里巴巴利用免费策略击败易贝网开始，免费模式（前期通过免费获得市场规模，后期通过逐步提价、增值服务等方式盈利）深深地影响了中国互联网领域，在后续的"滴滴快的大战""共享单车大战""外卖大战"等场景中，企业都是通过前期大量烧钱亏损的方式占领市场，然后提价来获取"垄断利润"的。日本软银集团甚至将阿里巴巴的"成功模式"奉为圭臬，推行到全球初创科技企业投资中。其实免费有时意味着消费者在其他地方或未来需要付出更大的代价，但利用资本优势在前期通过压低价格，以低于成本甚至免费的模式获取流量、吸引客户、打击竞争对手，在获得绝对的市场份额优势后，后期通过提高价格获取垄断利润，这种所谓的"互联网思维"其实并不是真正的互联网思想，而是工业革命时期以排挤竞争对手为目的、以低于成本价格销售商品的垄断思维，只不过披了一件互联网的外衣，本质仍是利用资本优势进行低价倾销。日本软银集团也因为偏重资本和规模的力量，忽视了消费者价值而遭遇重大挫折。资本应用于科技创新、生产能力的提升，而不是通过补贴客户形成不正当竞争，这会对真正的市场创新形成压制，监管者应当对"老大和老二打架，结果老三没了"的现象保持足够的警惕，这在很大程度上是区域市场经济仍不成熟的表现。

2023年9月，印度尼西亚政府认为电商直播带货对实体行业造成了严重冲击，因此禁止在社交媒体平台进行商品销售和交易活动，这其实是削足适履，监管者应该做的是保障市场公平竞争，而不是禁止竞争。监管者应具备高超的机制设计能力和管理技巧，既要避免鲁莽干预，影响市场自由竞争，从而压制创新，又要避免监管失控，放任不正当竞争，因为这同样会压制创新。当前，即使是发达国家，在此方面也有很多不足。例如，1995年微软将IE浏览器免费，并与Windows95捆绑销售，以打击浏览器市场领导者网景。美国司法部发起了对微软的反垄断调查，直到2002年11月法院才做出了最终判决，微软付出了惨痛的代价，但网景在1999年就因濒临破产而被卖出。美国对市场的监管效率其实较低，时效太长，无法对创新形成有效的保护，同样的问题在各国均有发生。监管者与企业的互动其实是双向的。例如，进行金融监管、行业监管，既需要企业独立判断、承担经营金融风险、行业风险，也需要监管者确立长期、明确、稳定的金融政策调整规则、行业监管规则，使企业可以对金融环境、经营环境进行准确判断，尽可能避免数量众多的企业因误判而造成大规模经营损失，从而对宏观经济产生冲击。人类对整体市场机制还需要进行深入研究和探索，努力在科技创新、公平竞争、市场效率、社会价值、经济稳定等不同价值取向中寻得合适的区间，建立高效、实用的机制，让市场达到帕累托最优状态。

互联网平台确实存在前期成本较高、后期规模扩大后成本下降的情况，监管者需要谨慎地分辨是资本带来的市场补贴下降，还是创新带来的长期成本下降。监管者应根据实际情况建立适合的市场公平竞争机制，通过明确相关竞争规则，从整个社会层面树立公平竞争的意识，让社会和企业的注意力回到创新上，使企业竞争优势真正来源于商业模式创新、科技创新、生产能力提升所带来的价值增长、成本降低，而不是资本补贴带来的不正当竞争。只有将伪"互联网思想"鉴别出来，才能让真正具有网络型、分布式、结构化等互联网特征的思想获得广泛传播，从而推动互联网创新的蓬勃兴起。

从整个社会制度进化而言，其核心是兼顾效率与公平，两者相互促进，共同进化，最终实现高效率与高度公平。效率与公平并非绝对对立，人类社会存在两种差异化：一种是人的自身属性差异化，如智商、情商、体力等属性；另一种是人的社会属性差异化，如与生俱来的家庭、族群、社群等属性。首先要承认人的自身属性差异，正是自身属性的差异，带来了社会不同方面的创新力，但人的自身属性差异也必然导致社会财富差异；其次要尽可能地消除人的社会属性差异，社会属性差异化带来了不公平，如由家庭财富、社会关系导致的教育不公平、就业不公平等，最终导致财富差异加大，因此最终要消除这种社会属性差异带来的不利影响，使人们可以公平地站在同一起跑线上竞争。所以，人们需要保障的是过程公平，而非结果公平。如果强制要求结果公平，就会导致社会创新力减弱，经济效率下降。而现在全球各国由于制度缺陷无法实现绝对的过程公平，只能通过干预结果公平进行平衡，以致社会效率下降。

美国个人所得税的最高税率从1944年到1960年基本都保持在90%以上，

20世纪60年代中期到20世纪70年代中期保持在70%以上，直到里根上台，最高税率从1980年的70%下降到1988年的28%。但美国中产阶层的形成恰恰是在1940年到1960年，美国人的年收入中位数"几乎翻了一番"，拥有自己住房的美国家庭比例跃升了20个百分点，美国社会结构从金字塔型变成橄榄型，产生了规模巨大的中产消费需求。从国民收入分配比例看，这个阶段劳动者报酬占国民收入的比例也是第二次世界大战后美国各个时期中最高的，而资本性收入占比是最低的。但从1980年开始，美国中产阶层的收入下滑，社会财富加速流向前0.1%的顶级富豪阶层，橄榄型结构正在重新向金字塔型变化。这种变化主要是由市场机制中的"创新收入黑洞"造成的，如果没有高额的最高所得税率调节，社会财富在以资本为基础的股份制影响下，会"自然而然"地流向顶级富豪阶层，只有80%以上的最高税率才可能制止这种变化，但如此高的所得税率也会导致一定社会效率的下降。

兼顾效率与公平的关键是遏制前0.1%的顶级富豪阶层财富的不合理增长，如果实行智力股份制，让大量社会财富流向真正的、数量更多的创新者，随着过程公平的加强、财富的均衡，最高所得税率（应包括资本利得）可以下降到50%，也能保证社会的持续稳定发展。如果未来能实现智力迭代、高福利、公平竞争等系列制度，可以保证高度的教育、就业等过程公平，让每个人依靠自己的能力公平竞争，收入差异将大大缩小，那么未来有一天就不再需要累进所得税对结果进行调节。而政府通过整体市场机制的深入运用，也将不再需要通过大量税收来维持运营，高度发达、充分竞争的市场经济可以将医疗、养老保障成本降到最低，税收将大幅下降，社会将没有间接税，最高个人所得税率最终可能会逐渐趋于零。借助互联网与社会制度的进化，人们可以逐渐实现高度的过程公平，最大限度地消除社会属性差异化，高效率地实现高度公平，高度公平推动更高程度的效率，最终效率与公平将协同一致。而富兰克林的著名谚语"人生中只有两件事不可避免，那就是死亡和纳税"将成为历史。

利用高福利制度保障社会每一个人的基本生存需求与尊严，获得必要的智力能力；利用互联网基础设施企业额外税收制度、智力资源股份制，剥离金字塔顶端人群的不合理收入，让智力资源获得应有的收入，使人类社会收入合理化；利用智力迭代制度，促使智力资源蓬勃兴起；利用公平竞争制度，保障智力资源创新环境；通过一系列社会制度进化，为智力资源崛起创造良好的制度环境。将上述 5 种制度结合遗产税（通过运营透明化、提高年度捐款最低限额、加强监管等措施堵住慈善基金漏洞）、租赁税、养老制度、全球统一税率等一整套制度设计进行综合与平衡，重构人类社会运行法则，通过法则的不断完善与进化，使整个人类社会重视创新、崇尚创新、善于创新，这其实是在互联网革命时期，延续工业革命时期罗斯福总统受时代局限所未能彻底完成的社会变革！科技、制造、能源、时尚、房地产、金融等领域将再难以出现富可敌国的大富豪，套利者、投机者们也很难再轻松获得巨额财富，人类创造的增量财富将主要被创新者所获得。一鲸落而万物生，取代顶级富豪的将是无数富裕的人类家庭，人们既难以轻松"躺平"，又可以真正通过自己的兴趣爱好与能力，独立获得丰厚的收入与社会尊重。

需要指出的是，这一系列制度并不是简单的"均贫富"。"均贫富"是简单粗暴地拿走富人的财富交给穷人，而这一系列制度的核心是修正市场机制的不足，剥离顶级富豪的不合理收入，使其收入与自身努力相匹配，并保障中下层人群的必要权利，激发人们的创新力，使市场机制获得更持久的动力，让市场机制更为强大、高效。虽然目前这一系列制度的整体实施环境还并不成熟，但这是人类社会未来的发展方向。在制度改革的具体实践中，人们应注意根据实际情况循序渐进。一旦人类社会运行法则重构完成，在保持高度创新力的前提下，只需数代人，人类社会就将实现高度的公平、和谐与富裕。

六、加速互联网革命

通过聚集资源突破智能工厂（3D 打印机）技术瓶颈、提高个性化专业化教育普及率、建立智力资源股份制和智力迭代制度，提供高福利保障、公平竞争的市场环境，以及对全球互联网基础设施企业增加额外税收、统一全球税率、帮助发展中国家提升教育普及率与提供基本保障等一系列整套全球机制设计（未来还可以在此基础上设计出效率更高、更全面的全球机制），可以加速推动人类从劳动力资源向智力资源的升级。

未来人类需要的不仅是一个爱因斯坦、一个埃隆·马斯克，而是成百上千个爱因斯坦、埃隆·马斯克。通过大规模的智力资源投入，加大人类智力金字塔塔尖的绝对数量，再辅以智力资源股份制、智力迭代制度，就可以获得源源不断的创新力，这不仅可以加速对工业机器人、3D 打印技术领域的突破，还可以在未来加速突破脑机接口、基因信息、大脑机制、人工智能、核聚变等技术领域的关键瓶颈，通过管理与控制整个人类的资源投入与分布，加快整个互联网革命的进程，打开人类通往未来之门。

对知识产业的智力资源投入需要保证一定的"冗余"和"有闲"，如下所述。

在关键突破口处保持智力"冗余"。各国政府应建立全球性的智力资源合作机制，根据关键突破口所涉及的基础研发领域进行细分，由多个团队同时进行细分领域的研发合作攻关，通过在细分领域的智力资源"冗余"来保证纵向突破效率，同时在不同细分领域进行横向合作，加快交叉领域的突破效率，就如同1990年由美国、英国、法国、德国、日本、中国的科学家共同参与"人类基因组计划"。

在整个知识产业中保持智力"有闲"。关键突破口涉及多门学科技术，一方面，基础学科之间会相互借鉴、相互促进，如水力纺纱机涉及水力运用、动力织机涉及蒸汽机发明。看似无关领域的基础研究其实可能推动人对关键技术领域的突破，因此人们应通过智力资源的"有闲"来保证大量基础学科的"随机试验"，以增加关键技术领域突破创新的可能。另一方面，工业机器人、3D打印机的应用会涉及数十个、上百个产业应用，保持智力资源的"有闲"有助于加快基础研究成果在各产业的应用与推广。

关键技术的成熟需要经历漫长的成长过程，小树苗不可能在一夜之间长成参天大树，工业机器人、3D打印机、脑机接口、基因信息、人工智能等关键技术涉及多学科的综合突破，需要一段相当长时间的孵化过程，这其实更需要政府的介入、扶持，这样才能加快突破速度。

未来全球区域政府在高效透明的前提下，需要具备更强的能力，才能更有力地推动互联网革命。智能生产与工业机器人等智能工厂应用技术、3D打印技术、人工智能技术等会对传统产业造成重大冲击，传统企业有大量固定资产投资，因此并没有动力去大力研究、推广新产业技术。在工业机器人、家用机器人、人工智能等新技术对人类工作开始形成替代后，初期人类工作会向两极化发展：一是人工智能还无法替代的创新性工作；二是人工智能还无法以低成本替代的非标准复杂工作。随着人工智能能力的增强、生产效率的提高，低端复杂工作会逐步减少。在互联网革命时期，人工智能还无法进行真正的创新性劳动，因此相当大比例的人类会转而从事创新性工作，其余人类中大部分将从事服务类工作、少部分从事工业及农业管理类工作。

面对互联网革命，美国其实存在较为明显的短板。由于崇尚自由竞争，美国的教育资源分配呈现严重的两极分化：精英阶层获得全社会最优质的教育资源，更大规模的穷人只能接受最低限度的公办教育。这导致美国虽然拥有很多全球顶尖人才资源，但社会平均智力资源水平并不高。根据美国教育部的数据，在16~74岁的美国成年人中，有54%的人（约1.3亿人）的文化教育水平低下、阅读能力低于六年级水平，美国的智力资源平均水平其实大幅低于北欧等地区的国家。而且美国自由市场给予创新者近乎"赢者通吃"式的奖励，以吸引全球顶级人才，但也造成了社会贫富分化加剧。根据美国人口普查局2022年的数据，有12.4%的美国人（约4120万人）生活在贫困之中，社会保障体系的缺失导致阶层固化、社会矛盾丛生。而互联网的科技瓶颈需要海量较高水平的智力资源才能实现持续突破，美国现有智力资源其实并不充足，在生产方式、社会关系、社会制度上都还不能与互联网革命进行很好的匹配。

加速互联网革命既需要加强社会创新力，也需要提供必要的社会保障，只有两者兼顾，才能为创新提供可持续的动力。在效率和公平之间，需要把握适当的平衡，效率可以略微优先于公平，因为通过创新可以创造出更多的增量财富，从而实现更高层次的公平。若公平优先于效率，则会使整个社会产生惰性，创新将会受挫，无法创造出更多的增量财富，最终也会降低公平的层次。但效率略微优先于公平有一个底线，即需要为大众提供与社会发展水平相匹配或相差不远的社会保障、尊严保障，让大众都能分享到创新带来的成果，改善大众的生活，增强大众的能力，只有这样才能让创新获得持续动力。由于社会不同发展阶段具有不同的社会保障能力，所能达到的公平层次其实是不同的。随着持续创新所带来巨大的增量财富，社会的保障能力会大大提升，最终可以达到非常高的公平层次。例如，教育的不公平其实是人类社会最大的不公平，在工业革命时期，社会为低收入家庭提供免费或收费低廉的公学教育，虽然品质不高，但这相对于农业革命时期绝大部分人类都不识字的公平层次而言已经是巨大的进步。在互联网革命时期，借助强有力的社会保障能力，充分发挥互联网规模作用，社会低收入家庭的小孩与社会高收入家庭的小孩接受教育的品质将相差无几，最终人类将真正实现教育起点的公平。

/ 聚势 / 开创全球科技、商业、经济新趋势

在互联网革命的发展过程中，加强新产业技术研发、平衡低端复杂劳动与创新性劳动的薪资差异，将劳动力资源升级为智力资源，都需要全球各区域政府运用整体市场机制进行干预，如果完全通过市场化发展，将会非常缓慢。虽然各区域政府在传统产业中也有各自的利益，但互联网革命的发展是大势所趋，任何区域政府都无法回避。未来的产业竞争将是智力资源的竞争，就如工业革命首先在西欧爆发、美国在第二次工业革命中超越英国，谁能有效利用聚势战略，率先建立与互联网革命适配的生产方式、社会关系、社会制度，通过市场机制创新，获得更大的市场效率优势，有能力将更多的劳动力资源升级为智力资源，突破互联网革命的要素限制，在智力资源上拥有更大的优势，谁就可能让未来第二次、第三次互联网革命在某区域首先发生，从而抢占发展趋势，在全球竞争中占据上风。反之，如果人类不能利用整体市场机制对经济进行平衡，任由工业机器人、人工智能等新技术对人类工作产生冲击，造成人类财富失衡，就可能导致互联网革命进程减缓、国民经济发展减速、社会两极分化、社会矛盾加剧。

聚势战略其实不仅是企业战略、区域战略，还是人类社会面向未来的创新战略，从微观的企业战略到宏观的区域战略、全球战略，通过各层面的创新，最终耦合为人类社会在互联网革命时期进行突破的整体解决方案，战略学、未来学、整体市场机制都是整体解决方案的重要组成部分。从企业看，利用聚势战略的商业创新战略，可以加速微观层面的企业价值创新，占据风口。从区域看，利用聚势战略的区域创新战略、整体市场机制，可以在市场和政府失灵后进行修补，在充分发挥市场机制的前提下，降低人们的衣、食、住、行等综合成本，为劳动力资源升级为智力资源创造良好环境，保障市场公平竞争，加速区域智力资源集合，加大关键突破口的研发投入，引导智力资源进行聚集、突破。从全球看，通过智力资源股份制、智力迭代制度、征收额外税收等一系列社会制度设计，可以剥离人类社会金字塔顶端人群的不合理收入，帮助金字塔底端人群降低生活和教育成本、扩大优质个性化素质教育和专业教育范围、实现教育起点的公平、提升智力能力，推动其向金字塔中端转化。通过顶端和底端人群的收入合理化、教育普惠化，提升社会整体素质，保障智力资源获得充分激励，促使人类的主要分配方式从资本向智力转变，使财富从集中向均衡转变，从而使社会获得可持续增长潜力。通过企业战略、区域战略、全

球战略的有机耦合，协同一致，加速推进人类互联网革命，打开未来之门。

人类面对互联网革命的挑战需要一个整体解决方案，而不是农业革命、工业革命时期的随机探索，这将严重阻碍互联网革命的发展，导致人类社会发展失衡。区域、企业都身处互联网革命浪潮之中，脱离时代的战略不可能获得成功。全球人类已经成为紧密连接的人类命运共同体，所以当前战略已经不能是单独的区域、企业战略，而应当是超越区域、企业的视野，是包含全球、区域、企业各层面的整体创新战略。只有使各层面协同一致，汇聚各方力量，才能使各层面获得价值最大化，进而获得可持续的成功。若企业、区域、全球层面无法协同，将阻碍互联网革命的整体进程。当今世界受人类认识水平的局限，股份制、知识产权制、金融机制、全球贸易机制等基本运行法则仍存在较大的漏洞，需要进一步完善与升华，只有这样才能与互联网革命进行较好的匹配。聚势战略本质是企业、区域、全球3个层次面向未来的创新战略，是人类突破互联网革命的整体解决方案，3个层次相互关联、共同进化。从个体看，这是个体聚合相关势力，争夺未来的发展趋势、发展空间；从整体看，这是通过竞争加快整体的发展速度，涓涓细流汇聚成大海，形成更强大的发展新趋势，用新趋势替代旧趋势，以新法则替代旧法则，推动人类社会获得更大的黄金动力三角价值空间。

尤瓦尔·诺亚·赫拉利认为人们通过神话、故事等叙事形式连接彼此，如果AI拥有了语言能力，就可能掌控人类文明的关键：凝聚社会的叙事力量，从而影响与控制人类。首先，真正连接人们的是内在的理想、信念、思想、价值观、世界观等意识形态，而不是表面的叙事形式；其次，在机器革命爆发前的数百年间，AI不过是人类的工具，从技术角度看，AI是可以被人类控制的，"AI幻觉""AI官僚"等问题的本质是程序或数据缺陷；最后，AI是工具，其实质上是中性的，AI究竟会产生正面作用还是负面作用，取决于掌握AI的人们的价值观。人们可以借助人工智能的帮助，更有效率地进行创新，提高社会生产效率，但如果滥用人工智能，将其用于监控隐私、舆论诱导等方面，侵犯人们的基本权利，那么就会产生负面效果。所以，只要坚持人类普遍认可的价值观，对AI等技术工具进行合理监督与管理，就可以避免AI产生负面作用，而推动聚势战略、整体市场机制的广泛运用，可以有效避免未来人类社会出现"神人"和"无用阶层"的阶层分化。

关于未来有很多"警世危言"，但人类的未来应由自己把握。当人类可以利用未来学推演、洞察整个互联网革命，甚至机器革命的发展脉络时，就可以针对发展机遇、发展陷阱采取相应的策略，从而获得更均衡、稳健的可持续发展，将这些警世危言变成人类成长道路上的航标灯。在人类突破互联网革命的瓶颈后，互联网革命将得到深入发展，战争、阶层固化、教育公平等困扰人类数千年的问题将得到解决，资源分配、就业机会、种族歧视、社会保障、环境污染、能源危机、区域发展不平衡等问题也会得到极大的缓解，人类社会将迸发出勃勃向上的生机，进入一个更为高效、公平、有序、活力、富裕的时代。

七、占据风口

在互联网革命时期，随着双边平台、多边平台的出现，人与人、人与物、人与环境的连接宽度和连接深度逐渐加强，产业交叉领域将越来越多。在人与物连接爆发之前（苹果手机一代发布），企业跨界并不是经营常态，这只是少数拥有巨大资源的产业龙头企业能做的事情，大多数企业仍定位于某一细分行业精耕细作。未来随着超级平台、网状超级平台、全球网状超级平台的接连出现，各种连接会不断加强、扩展与延伸。互联网的快速发展使任何企业都无法再拘泥于传统行业而故步自封，"时来天地皆同力，运去英雄不自由"，若不能把握趋势与风口，即使苹果、谷歌、微软、丰田、大众这样的行业领导者也会被时代所遗弃；若能把握趋势与风口，即使小企业也能乘势而起，扶摇万里。企业需要根据互联网革命每个阶段的内在规律，审时度势，根据9种创新战略，不断突破企业边界，对消费者的价值进行创新，只有这样才能在未来不战而胜。

例如，目前人类社会处于第一次互联网革命第二阶段到第三阶段的发展过程中，全球网状超级平台即将出现，而埃隆·马斯克很可能会构建出第一个全球网状超级平台的雏形，从而获得更大的商业成功。2022年，埃隆·马斯克以440亿美元的高价并购推特，并购原因可能并非像他所说的"我这次收购并不是为了赚更多的钱，而是为了帮助我所爱的人们"，而是为了让人们在互联网上实现言论自由。埃隆·马斯克掌握了智能电动汽车特斯拉（Tesla）、光伏发电 SolarCity、特斯拉手机（Model π）、星链（Star Link）、运载火箭 Space X、脑机接口（Neuralink）、超级列车（Hyper loop）、地下交通轨道（BoringCompany）、通用人工智能技术（Open AI），又获得了社交网络推特，就能以此为基础，构建出汽车、星链、手机、AI等硬件科技产品的内容平台，通过"有机耦合"形成完整的基础设施、硬件、软件、内容大闭环生态系统，再加上虚拟货币体系，这可能是人类有史以来最庞大的商业生态。星链、运载火箭负责构建基础通信网络，汽车、手机负责人与硬件等物联网的连接，推特负责人与人的连接，进行内容的沉淀。推特可以整合各种服务，使人利用虚拟货币进行交易，使人无论在何时、何地都能与人、物、服务建立深层次连接，成为在线支付、社交、娱乐、其他商品与服务的一站式"万物应用平台"。这就是埃隆·马斯克喜欢虚拟货币、推崇微信"连接一切"商业模式的根本原因。埃隆·马斯克正在构建一种比腾讯更为庞大的商业生态，推特在整个商业生态中占有核心地位，所以即使推特的估值明显过高，最终埃隆·马斯克仍然接受了交易。埃隆·马斯克借助庞大的网状超级平台生态，既可以利用内容生态降维打击传统汽车、手机等硬件厂商，也可以利用物联网打击Facebook、Pinterest等传统内容平台，这种平台生态系统甚至具备了超越苹果生态系统、安卓（Android）生态系统的潜力。

埃隆·马斯克能否成功，取决于其能否使各业务进行"有机耦合"，通过构建出完整的基础设施、硬件、软件、内容大闭环生态系统，为客户提供超越现有平台的便利、品质、多样化等耦合价值。若这种业务耦合能为客户带来高耦合价值，对客户来说就会具有很强的不可替代性；若这种业务耦合不能为客户提供真正的耦合价值，这种探索就很难获得成功。如果埃隆·马斯克能够成功，将会对Meta、谷歌、丰田等传统厂商构成巨大的威胁，传统内容平台必然会与传统硬件厂商联手，构建出更大的全球网状超级平台进行对抗，全球商业竞争将进入"全球网状超级平台生态模式"阶段。

无独有偶，小米在2023年10月宣布将战略由"手机 X AIoT"〔AIoT（人工智能物联网）＝AI（人工智能）+IoT（物联网）〕升级到"人车家全生态"，推出研发了7年的小米澎湃OS操作系统，统一整合了手机操作系统、嵌入式操作系统、全自研操作系统、车机系统，跨越200多个品类，进入机器人、无人工厂、智能电动汽车等99个项智能制造细分领域，准备作为未来连接百亿台设备的"万物互联的公有底座"，并且开始了造车之旅。若能成功，小米产品与生态链企业产品将产生较强的独特价值序列，从而大幅提升耦合价值，小米生态链模式将进一步进化。虽然小米规划的商业生态进化路径是从手机到家、车等，而埃隆·马斯克规划的商业生态进化路径是从车到运载火箭、星链、手机、通用人工智能技术等，但两者殊途同归，都在向全球网状超级平台方向努力进化，全球网状超级平台已经成为清晰可见的未来。

这种"有机耦合"的构建可能历经十年甚至数十年才能成功，在未完成之前，一切皆有可能。埃隆·马斯克、小米虽然可能会失败，但即使埃隆·马斯克、小米失败了，也不会妨碍这种地球终极平台网络生态的最终成功。就如同摩托罗拉的"铱星计划"虽然失败了，但仅仅过了20多年，更为庞大的星链网络就出现了，人类一直在随机试验中蹒跚前行。全球网状超级平台必然会出现，只是时间早晚的问题，但也需要注意防止互联网垄断压制创新。同理，作者相信未来学的各定理也必然会一一实现，并不会以人为意志所改变，因为这是人类走向永恒的必然通路，只是或迟或早。

近十年来，人们缺乏对互联网革命的整体推演与深入分析，在虚拟货币、VR/AR、元宇宙等随机试验项目上浪费了大量的社会资源，对全球网状超级平台、工业机器人、3D打印等真正的风口却束手无策，导致全球经济的发展速度趋缓。未来学将帮助人类吹散未来的迷雾，发现真正的风口。企业与创业者可以借助未来学的各项定理，洞察人工智慧、人工智能、脑机接口、元宇宙、3D打印、虚拟货币、自动驾驶汽车、全生命周期健康管理、Web3.0、大数据、云计算等多个风口的发展趋势。企业及创业者将未来学与当前产业环境、政府扶持力度等资源要素相结合，可以更为准确地判断未来的风口；运用聚势战略，可以把握大势，顺势而为，从价值总量、价值要素、价值等级、有机耦合、业务重组、产业链、市场区域、资源能力、平台生态等不同方向进行创新，为客户、社会、利益相关者贡献出更大价值，从而占据即将到来的风口，提高创新的成功率，使自身快速成长，也避免了社会资源的无端浪费。

在突破互联网革命、占据风口的过程中，绝不仅由企业承担责任，区域、全球也需要参与其中，三者协同一致才能获得最大效率。在人类农业革命向工业革命进化的过程中，由于此时人类的认知能力、物质水平都较低，英国政府对自身职能也认知不清，出现了"羊吃人"的悲剧。在人类工业革命向互联网革命进化的过程中，面对社会的巨大变革，政府应发挥重要作用，不仅要提供必要的社会保障，还要助推互联网革命产业环境的成熟，引导企业形成合力，全球协同合作，共同突破互联网革命、占据风口。只有这样才能回避进化陷阱，摆脱经济下行困扰，推动全球经济、区域经济进入高速发展的快车道，这对于每一个全球区域政府来说都是一个全新的重大挑战。全球区域政府可以基于整体市场机制，有限、适度地对市场进行干预。

CHAPTER 3

3

第三章

开未来之门
——推演机器革命

推演机器革命的整体发展历程,提出人类文明进化3阶段,利用最高境界的不战而胜之道,帮助人类社会摆脱丛林法则的困扰,迈向宇宙高阶文明。

/ 聚势 / 开创全球科技、商业、经济新趋势

第一节

机器革命：超"神"之路

人类社会中无数仁人志士所追求的"乌托邦""大同社会"，在互联网革命中晚期可能才会实现，机器革命则会发生在更为遥远的将来。机器革命的本质是生命体的革命，是人类成为"神"乃至超越"神"之路。其实预测数百年内的互联网革命已较为困难，预测数百年之后的机器革命更如雾里看花，接近科幻，唯一所能凭借的就是生命发展的基本脉络。

第五十一定理（无机生命定理）：无机生命体现在3个方面，即生命体形态、生命体能力、分身生命体。

证明：根据第一定理，机器革命最终需要实现生命的丰盛、永恒，有机生命进化到无机生命是一种必然。在第三次互联网革命诞生机器智慧的基础上，人类将利用无机生命体实现寿命上的永恒，此时人类将获得超人、造物主般的超强能力，具备人类有文字记录以来的所有知识，探索深空的星际宇航科技也将获得突破，人类将获得深空宇航能力。

在此时期，无机生命将向多态、混合生命体发展，体现在3个方面：生命体形态、生命体能力、分身生命体。

生命体形态是指人类既可能是无机生命体的机器人、飞机、轮船，也可能是有机生命体的人、狗、鸟、鱼，或者是目前无法想象的生命形态。那时的有机生命体已不是自然进化意义上的生命体，而是由机器智慧改进、优化后的有机生命体。

生命体能力是指人类所能控制的能力范围和能力深度。能力范围是指单体的汽车、轮船、飞机，或者扩展到一片森林、草原、大陆、星球；能力深度是指监控、干预、调整、优化物体、区域的能力。

分身生命体是指人类借助机器智慧的可复制性，一个主生命体可以拥有无穷多个分身生命体，分身生命体可以拥有主生命体部分或全部的能力，生命体既可合也可分，生命形态也可以多种多样。

机器革命时期的生命是一种多态、混合的生命体，将通过生命体形态、生命体能力、分身生命体3个方面的强化与拓展，超越有机生命。这种多态、混合的生命体一方面有利于探索、适应不同环境的星球，另一方面有利于生命永恒、种族繁衍，而新生命的出生也未必再采用生物学方式。

第五十二定理（生命转化定理）：无机生命与有机生命可以相互转化。

证明：根据第一公理，人类进化以实现生命丰盛、永恒为最终目标，无机生命是人类的必由之路；根据第四十六定理，人类将完全掌握基因的秘密，从而实现有机生命的再生和转化，因此有机生命可以进化到无机生命，而无机生命也可以转化为有机生命。

当机器智慧具备了自我意识，就意味着其获得了生命，将开始自我进化。机器人将具备和人一样的意识、思维、情感，人类与机器人之间将可以实现完全转化，也就是人可以转化为机器人，机器人也可以转化为完全的人类。那时的"晶体管"可以取代大脑的每一个神经元，生物质的信息传递将变成超级计算机中的电子流动，血肉躯体将变成钢铁之躯，逻辑思维与记忆终将成为个性特质编码组成的计算机软件程序与数据。人类借助机器，将实现永生，而机器将成为比碳基生命更为强大的载体。当然，那时人类掌握了基因的秘密，已经可以自由选择喜欢的躯体、面孔、肤色等人类外在属性。

史蒂芬·霍金（Stephen Hawking）、比尔·盖茨、埃隆·马斯克、扬·塔里安（Jaan Tallinn），以及尼克·博斯特伦（Nick Bostrom）等人一直对人工智能技术的发展表示担忧。他们担心人工智能技术的滥用有可能导致"智能爆炸"的局面，机器人将通过不断迭代进行自我提升，进而取得超越人类智力水平的智能。首先，他们担忧的技术方向并不正确，现有的人工智能无法通过自我进化升级为人工智慧，人类也无法通过模仿智慧而获得真正的智慧。其次，他们的担忧必然会发生，机器人的能力终将超越人类，但人类与机器人并不是对立的种族。在万物相生的末期，由于人类掌握了所有生物基因、生物组织细胞、大脑运行机制的秘密，人类将可以创造出人工智慧，这也意味着人类与机器人将可以实现相互转化，那时人类就是机器人，机器人就是人类。通过转化，人类将摆脱生物躯体的束缚，获得机器人的躯体、智能，借助整个互联网，人类将获得前所未有的能力。人工智慧只可能由人类创造出来，而无法独自进化而来，当人类创造出人工智慧，将第一次摆脱碳基生命的束缚，从有机生命进化为无机生命，这将使人类获得"上帝的能力"，变得看似无所不能，也会让人类的信心变得无比强大。

值得注意的是，随着人类获得"上帝的能力"，地球上的其他生物也将获得协同进化的机会，即逐步从碳基生命跨越到无机生命。随着科技的发展，地球上的很多生物将可以与人类进行平等的沟通和交流，特别是与人亲近的猫、狗等哺乳类动物，极可能率先获得永恒的生命与强大的能力。然而，届时人类社会的生产能力、整体素质、社会制度若还未达到一个较高层次，将会产生严重的道德伦理冲突。

人类若发展到星际社会，宇宙中将会有更多不同种族的生物与人类进行平等的沟通与交流，人类可以转化为宇宙中其他种族的生物，其他种族的生物也可以转化为人类。此时人类不仅可以控制、调整生物的面容、体形、发色、器官、血型等生理特征，还可以控制、调整生物的性格、智力、情感等精神特征，人类形态将趋于完美。

第五十三定理（机器革命3阶段定理）：机器革命需要经历简单态生命体、多态混合生命体、完美态生命体3个阶段。

证明：根据第一定理，机器生命最终需要实现生命的丰盛、永恒；根据第五十一定理，无机生命需要在3个方面展开进化。因此从简单态的无机生命进化到完美状态需要经历简单态生命体、多态混合生命体、完美态生命体3个阶段。

在初级阶段，生命体形态仍只是简单态生命体。最初，生命体可能是一台主机，其生命体能力仅控制一个局域网。后来，生命体形态逐步扩展到机器人、飞机、航空母舰、宇宙飞船等越来越庞大、复杂的单体无机生命，生命体能力也扩展到一栋大厦、一片社区，科幻电影《变形金刚》中的汽车人、霸天虎就是处于这一阶段的生命体；分身生命体可能在中后期开始出现，人类将开启深空宇航。

在中级阶段，生命体形态进化到多态、混合生命体。人类将可以在无机生命体与有机生命体之间进行灵活转化，随着时间的推移，可以转化的有机生命体的种类将越来越多；单个生命体能力的范围也扩大到大陆、星球，如《变形金刚》中的宇宙大帝是一颗庞大的机械星球，这可能是中级阶段的生命形态之一；分身生命体也将普及，人类能控制的分身生命体也将越来越多，但那时人体极有可能无法容纳强大的主生命体，只能成为分身生命体。随着人类生存能力的提高，很多不适合有机生命生存的星球也会有无机生命的存在，生命存在的范围和区域将大大超越现有人类的想象，人类将可能遍布银河系。

在高级阶段，生命体形态可能会进化到完美态生命体。那时的生命体形态将扩展到万物，生命体的能力将可以跨越星系，分身生命体的数量将接近无限，单个生命体的能力将超越造物主，成为"超神"，甚至成为一片星域（多个星系）的主宰。从这个角度来说，宇宙迟早都会存在"超神"种族，目前人类的认知程度还较低，对地球物种的来源需要保持足够高的谨慎态度。

第五十四定理（机器革命算力定理）：机器革命的生产核心要素是算力资源。

证明：根据第五十一定理，人类将进化到无机生命，生产核心要素将从有机生命的智力资源转化为无机生命的算力资源。算力资源在互联网革命时期还不能被称为创新力，只有在机器革命时期才能被称为真正的创新力。在互联网革命时期，人类的创新力由先天的智力、后天的努力共同决定，人类将突破有机生命个体的智力限制，可以进行无限的算力资源叠加，创新力将呈现指数级增长。人类社会若没有对算力资源进行明确的规则规定，则将导致有能力的人通过资源交换获得越来越多的算力，造成社会结构失衡。

因此，人类需要对算力资源的分配进行明确规定，在机会平等的原则下，使人人都能根据规则获得相对公允的算力资源。另外，人类还要利用算力资源进行各个方向的创新，并获得相对公平的回报，从而推动整个社会向均衡、可持续的方向发展。各种星球资源的开发也将围绕算力资源、生命体形态变化、深空宇航等进行布局与拓展。

随着人类寿命的永恒、反物质能源和深空宇航技术的掌握，人类文明终将突破空间的限制，成为宇宙高阶文明。人类将可以去往宇宙中任何一个地方。人类的数量将不再受任何限制，地球生命种族将获得永恒。但随着人类在宇宙中的扩散，人类将从全球社会进入星际社会，算力资源将很难再均衡，终究会出现非常大的差异，星际社会需要重新建立社会关系与社会制度以维持均衡。

第五十五定理（深空宇航定理）：人类将进入深空宇航。

证明：根据第五十一定理，人类发展到多态、混合生命体时需要进入深空；根据第五十三定理，人类将在初级阶段中后期开始进行深空宇航；根据第四十八定理，人类掌握了核聚变的能源科技，在机器智慧超强创新力的助力下，在机器革命时期极有可能会掌握反物质能源科技或其他更强大的能源，以支持多态生命能力、深空宇航所需的巨量能源。

第五十六定理（完美耦合集分权定理）：人类将掌握各种环境条件下完美耦合的集分权生产方式。

证明：根据第五公理，生产方式经过了长期的进化，那时人类应该已经掌握了各种环境条件下完美耦合的集分权生产方式。在地球互联网的基础上，将产生星际联盟平台，虽然很难推测数千年后的生产方式、社会关系、社会制度，但在星际联盟平台统一使用基本生产方式的基础上，人类将根据不同的星域环境，灵活地使用不同的完美耦合的集分权生产方式，以充分发挥个体的创新力与组织的协同力，以适配不同阶段的生产科技和能源科技水平。

人类很难摆脱时代的认知限制，以科幻作家艾萨克·阿西莫夫（Isaac Asimov）的《基地系列》《银河帝国三部曲》、罗伯特·海因莱因（Robert Anson Heinlein）的《星船伞兵》为例，虽然小说中使用了很多新奇的以物理学、化学、生物学、天文学为基础的科学幻想、科技概念，但小说中的社会关系、社会制度、故事主线仍套用了农业革命时期的帝国、共和国、殖民与存量资源竞争思维，虽然具有一定的现实意义，但并不是真正的机器革命时期的星际社会模式。

当人类文明通过完美耦合的集分权生产方式创造出巨大的财富时，社会关系、社会制度也会与生产方式同步进化。社会关系将从全球社会进入星际社会，社会制度可能会由全球统一（联合）政府进化到星际联合政府，高效、公平且充满活力的星际社会将使战争威胁消失殆尽。未来星际社会的社会关系、社会制度与现有科幻小说中的存在根本性的巨大差异，就像原始部落中的智人难以想象一万年后现代法治国家的社会制度一样，目前科幻作家所想象的也只是生产科技、能源科技的创新概念，而不是更难想象与理解的生产方式、社会关系与社会制度创新。

人类的每一次革命都会对人类社会的生产方式、社会关系、社会制度产生巨大影响，生产方式从分散到集中，再到分散，最终走向完美耦合，这不是简单重复，而是对上一代生产方式的修正与进化。虽然上一次革命的成功经验具有一定参考价值，但很多成功经验并不能适应新时代的变化。也许在一次小阶段革命时期内需要进行的是渐进式创新，但跨越革命时代需要进行的是颠覆式创新。每一次革命都推动了人类社会有序度的提高、价值总量的增长，实现了熵减。著有《历史的终结及最后之人》的日裔美籍政治学者弗朗西斯·福山（Francis Fukuyama）也只是看到了一段历史，历史远未"终结"，随着人类社会的发展。社会制度仍在不断创新与进化。

第二节

人类文明进化3阶段：从丛林法则到宇宙高阶文明

一、宇宙的通行法则不会是丛林法则

人类在进化过程中，经常与其他物种、种族、种群产生竞争，为了赢得生存空间与发展资源，战争频发。据相关统计，从公元前3200年到公元1964年，世界上总共发生了14513次战争，只有329年是和平的，战争给人类造成了严重灾难，约使36.4亿人丧生。根据研究，在第二次世界大战后，国家之间的战争减少。3次工业革命、全球性产业合作已经大幅降低了战争爆发的概率。随着互联网革命的发展，内部的整体市场机制、高福利社会与外部的国家协作机制、全球财富均衡，将使战争近乎绝迹，人类将处于长久和平的门槛之上。互联网革命将把人类带入古人梦寐以求的"天下大同"，逆全球化不过是整个人类历史发展过程中的一朵小浪花，互联网革命、机器革命才是人类社会发展的主流，任何一个国家、民族都无法置身事外，抗拒或逃避只能被时代所遗弃。人类需要希望，只有以价值创新为基础才能推动世界的发展，摆脱经济下行的困扰，而如果世界发展停滞，人类将陷入存量资源竞争的黑暗中。

中国科幻小说《三体》中描绘了这样一个宇宙通行法则：黑暗森林法则，即一旦某种宇宙文明被发现，就必然遭到其他宇宙文明的打击。但幸运的是，黑暗森林法则并不可能是宇宙的通行法则，黑暗森林法则只是人类在进入文明社会之前，基于以往存量资源残酷竞争而产生的臆想，其既不符合文明社会的通行规则，也不符合宇宙高阶文明的通行规则。以人类现在的认知或许很难理解宇宙高阶文明的科技发达程度和文明发展程度，但这并不代表人类无法窥探其发展规律、社会制度！宇宙高阶文明之所以被称为高阶文明，是因为其相对于低阶文明对社会发展规律和社会制度有更深刻的认知。

首先，从社会进化规律看，文明进化的关键不在于资源，而在于技术与创新。例如，太阳能、风能、原子能、反物质本就存于世间，并不稀缺，稀缺的是将其利用起来的光伏板、风机叶片、核能方程等技术。技术的进化依靠社会制度与多样化的交流、交易，对先进文明而言，毁灭落后文明的价值远不如多样性技术交流、交易带来的收益大，交流、交易比毁灭更有价值。

其次，从社会制度看，一种文明能经历漫长的岁月发展到宇宙高阶文明，高度理性与高度感性必然完美结合，并对基本原则形成充分共识，从而形成和谐、健康的社会制度，这是一种宇宙高阶文明存在的必要条件。高度理性意味着知道何时应该理性，何时应该感性，应保持什么程度的理性或感性；高度感性也不是任性而为，而是发乎感性，止于理性。高度理性其实也是高度感性。目前，地球文明还处于文明社会的初期，但人类已经发明了原子弹、氢弹、中子弹等大规模杀伤性武器，因此宇宙高阶文明必然存在类似二向箔的更强大的武器。若高阶文明社会还存在黑暗森林法则思想，则该社会必然存在"你死我活"的竞争，只需极短时间，文明就会毁灭自身，根本无法经历漫长的岁月发展到宇宙高阶文明。假设从宇宙低阶文明发展到宇宙高阶文明需要一万年，其中只要有一年时间爆发大规模毁灭性战争，就足以毁灭整个文明。崇尚黑暗森林法则的文明，要发展到宇宙高阶文明，连万分之一的概率都没有。换言之，能发展到宇宙高阶文明的社会，必然是高度理性、高度和谐，并能保持高度创新力的社会！

再次，从星际文明秩序上看，宇宙高阶文明都应是高阶理性文明，且不允许有宇宙文明肆意伤害其他宇宙文明，这如同在一群文明人中间混入了一个野蛮人，野蛮人掌握的科技越发达，对其他宇宙文明的威胁就越大。所以，如果有宇宙文明肆意伤害其他宇宙文明，在大多数情况下，当危害尚不太深时，其他宇宙文明会进行联合，运用不战而胜之道，对该宇宙文明采取科技封锁等措施，让其自行崩溃或自行进化为高阶理性文明，避免产生更大的危害；当危害程度较高且冲突不可避免时，该宇宙文明会被其他宇宙文明群起而攻之。宇宙高阶文明不会放任这样的野蛮文明存在，所有宇宙高阶文明都是经历过多次血与火的磨练才成长起来的，都深知野蛮的危险和文明的珍贵。

《三体》本身也存在逻辑错误，其认为每种文明都好像一个猎人，在不清楚对方是否友善的情况下，便通过猎枪伤害另一个猎人，从而获取该猎人身上的资源。但宇宙中并不仅有一种文明，当一个猎手向另一个猎手开枪时，极大可能会暴露自己的位置，对宇宙文明来说，当发现一种新的宇宙文明时，最佳的选择不是开枪暴露位置，而是保持沉默，从而保护自己！

所以，从社会进化规律、社会制度、星际文明秩序看，黑暗森林法则不可能是宇宙的通行法则，从《三体》自身逻辑看，黑暗森林法则也不可能成立！

黑暗森林法则的本质是人类蒙昧时期的丛林法则，当时人类还未能完全脱离动物属性，动物之间的物竞天择仍是原始社会的主要法则。在丛林法则中，由于没有竞争底线，不仅弱者没有安全保障，就连强者也会因弱者联手或偷袭而毁灭。例如，《韩非子·说疑》记载："舜逼尧，禹逼舜，汤放桀，武王伐纣，此四王者，人臣弑其君也。"《荀子·正论》也记载："夫曰尧舜禅让，是虚言也，是浅者之传，陋者之说也。"《竹书纪年》中也有更为详细的类似记载。所以在丛林法则下人人自危，没有谁拥有真正的安全，当安全需求无法被满足时，就谈不上价值创新与发展。

丛林法则思维和阴谋论源自人类还处于动物时期争夺资源、保护自身的本能认知，但若停留于这种本能认知，就不会有社会合作，更不会有社会性创新，智人也就无法脱离动物成为"人"，这种文明更无法进化到宇宙高阶文明。正如囚徒困境计算机策略比赛所展示出来的，信任与合作可以击败贪婪与自私，人类若相信丛林法则，黑暗就会如影随形，人类若相信合作共赢，世界上就不会再有黑暗的容身之处。任何崇尚丛林法则的文明都不可能走出自己的星系，因为在此之前其就会因自相残杀而毁灭。只有代表创新者的不战而胜之道的法则才可能产生高科技，推动社会文明的进化，只有这样的法则才可能成为宇宙通行法则。

二、人类文明进化 3 阶段

竞争一定要有明确的底线规则，无底线的竞争只会把人类拖入黑暗之中。人类其实很早就认识到了这一点，为了摆脱丛林法则，提出了对应的解决方案，按照解决方案的成熟度、人类离丛林法则思维的远近，人类文明进化可分成 3 个阶段：幼年期、青年期、成年期。幼年期文明的解决方案仍不成熟，丛林法则、野蛮和愚昧盛行；青年期文明的解决方案开始逐步成熟，可以较为有效地制约丛林法则、野蛮和愚昧；成年期文明的解决方案完全成熟，人类彻底摆脱丛林法则、野蛮和愚昧的困扰，迈向宇宙高阶文明。

（一）人类文明的幼年期

人类进入农业革命后，全球各地的人类社会逐渐产生了文明，不同区域的人类开始发明了不同的解决方案，以制约狩猎采集部落时期的丛林法则，避免绵延不断的战乱，但由于解决方案不成熟，此阶段仍存在大量的丛林法则思维和行为。儒家的孔子以仁、礼来制约丛林法则，避免乱世之争，以礼分社会上下等级，以仁使上下各安其位。为了推广自己的学说，孔子在《尚书·尧典》中采信了虚构的"尧舜禅让"传说，在仁礼框架内进行朝代更替，避免战乱，《墨子》《论语》《史记》相续继承了这种说法。最初《尚书·尧典》关于舜只有"瞽子，父顽，母嚚，象傲"的描述，其后由于墨子推崇"尚同"，认为应该选择天下贤良立为天子，将部落贵族、黄帝后裔舜描绘成耕田、捕鱼、烧窑的下层平民，延长舜的世系次第，进一步虚构出帝王将统治权禅让给农夫的故事。孟子对此态度暧昧，《孟子·万章》记载孟子认为"天子不能以天下与人"，而是"天与之"，认同了禅让制在社会价值上的合理性，回避了禅让的真实性。司马迁也将禅让之事作为首篇《史记·五帝本纪》的重要内容。

儒家的仁、礼虽然可以使社会保持一定程度的稳定，禅让制也在一定程度上减少了后世改朝换代的血腥杀戮，但将社会地位不平等作为正常的价值观，导致整个社会僵化，束缚了社会创新力的发展。而法家本质是帝王维护统治的无限权力规则，并非现代人人平等的法律体系。所谓外儒内法，其实是用儒家的仁、礼约束社会各阶层，用法家使帝王获得无限权力，由于没有权力制约与社会创新，随着人类对存量资源的争夺，使社会陷入了不断的朝代轮回。汉代的察举制、魏晋时期的九品中正制、隋代的科举制只是在一定程度上打开了社会等级的晋升通道；程朱理学的"存天理，灭人欲"加剧了对社会创新思想的禁锢；王阳明心学虽然对理学进行了反抗，"知行合一"有一定解放思想的作用，但由于缺乏明确的、外显的底线规则，只能内化为个人的思维方式、行为方法，还不能对社会性创新产生直接助力。随着理学的兴盛，数学、物理、化学等自然科学都没能形成系统性理论，社会性创新沉疴难起，使整个社会难以通过社会性创新进行进化，错失了工业革命的爆发机遇。

中东地区的政教合一，虽然在一定程度上制约了丛林法则，维护了社会稳定，但也导致了社会的保守和封闭，限制了社会创新力的爆发。西欧自罗马帝国后，没再出现像东方和中东那样的大一统帝国，各地的封建君主不得不和教廷分享权力，借助神权控制人的思想，所以其制约丛林法则的力量相对薄弱。欧洲经历了约 1000 年的战乱，随着教廷分裂和黑死病爆发，严重削弱了神权对思想的统治，人们开始质疑宗教，思想从宗教控制中逐步解脱出来，转而探寻人性自由、艺术与科学。以古希腊文明为基础，文艺复兴首先在商业贸易发达的意大利爆发，社会性创新开始喷薄而出，推动社会进化，最终引发了工业革命。西欧虽然经历了长期战乱，但"失之东隅，收之桑榆"，首先爆发了工业革命，这是因为帝国制将行政统治权和思想控制权统一，行政统治权和思想控制权相互补充、增强，当思想控制权出现漏洞时，行政统治权就会对其进行强行修补，而控制思想也会增强行政统治权，所以社会很难出现思想创新，只会因争夺资源而陷入轮回之乱。但西欧并未采用帝国制，而是停留于分封制。西欧采用了独特的行政统治权和思想控制权分离方案，两者之间既存在合作关系，又存在竞争关系，所以当思想控制权出现漏洞时，有些区域的行政统治权不仅不会去强化修补，还会故意削弱思想控制权的影响力，这给了人们进行思想解放、社会创新的机会。而且，文艺复兴是工业革命的前提条件，所以在全球各区域的随机进化中，人类的工业革命率先爆发于西欧，而不是其他区域。

（二）人类文明的青年期

人类文明的青年期包括工业革命和互联网革命，此阶段的解决方案开始逐渐成熟，丛林法则行为开始减少。文艺复兴之后，人类文明开始从幼年期进入青年期。在工业革命时期，人类逐步意识到竞争的底线规则需要建立在自由、公平、正义、和平、法治等价值之上，各区域的人们对此达成共识。只有遵守同一道德准则、行为规范，才能避免无底线的丛林法则，同时在底线规则之上给予人们自由，才能充分发挥社会创新力，推动社会进化，使这些价值理念逐渐被全世界大多数人认可，全球各区域的解决方案基于此开始进行不同程度的同化。但是仍存在两方面的问题：一方面，当时的人类对共同价值理念的内涵、边界、关系、保障机制、协同机制等内容仍未能达成全部、充分共识，对丛林法则的制约仍不足；另一方面，由于人类对社会运行、经济运行、科技发展等规律的认知仍较为薄弱，建立在底线规则之上的科学体系并不成熟，对人类社会实践难以产生精准的指导。从未来学角度看，经济学、管理学、社会学、心理学等学科仍有很多疏漏、错误之处，远未达到成熟境界，导致目前全球各区域的解决方案无法与互联网革命充分适配，都存在或多或少的差距，难以充分激发人类的创新力，还需要进一步进化。各类社会学科的不完善也导致了全球各区域难以对各类规则、机制达成高度、充分、广泛的共识，形成深度合作。所以，现在的人类文明还处于文明的青年期，虽然有了底线规则，但底线规则仍不清晰、不完善，建立在底线规则上的各种机制也需要继续探索、发展、完善。人类大多数现代科学体系的建立仅有百年左右，未来还不断会有新的科学体系产生，人类的整体科学体系还处于发展初期的快速成长状态。聚势战略是人类文明突破互联网革命的新一代解决方案，包含了战略学、经济学、未来学等内容，相比幼年期的解决方案更为成熟，可以应用于全球各区域，是人类社会未来百年的发展方向，但其目前也仅搭建了基本框架体系，还可以进一步深化与完善。聚势战略其实也只是人类文明从青年期进化到成年期的垫脚石。

心学"致良知"其实是道德自律的方法。心学的良知与孟子的"性善论"一脉相承，孟子认为人类只有讲仁义道德才能区别于禽兽，相信人可以通过自我修养、学习进行完善，"人皆可以为尧舜"。心学从人性本善出发，推导出人需要道德自律，在实际行动中实现"良知"。以此为基础再向前推导就是"良知是什么"。良知其实就是人类共同的价值理念，明确了共同价值理念，就可以从个人的思维方式、行为方法升华到社会的底线规则。欧洲的哲学家大多支持"人性本恶"的观点，认为需要依靠外在力量控制和约束人的行为，如奥古斯丁、马基雅弗利、叔本华，也有人支持"人性本善"的观点，如希腊斯多葛学派的代表人物和卢梭。"人性本恶"需要规则约束，"人性本善"也需要道德自律。"人性本善"和"人性本恶"其实只是看问题的出发点不同，一个从主观进化角度，一个从客观约束角度，殊途而同归。"人性本善"需要比"人性本恶"多推导一步，最终都可以推导出社会底线规则。"人性本恶"也并非都是坦途，荀子"以人性本恶"推出需要推广礼治，李斯、韩非子则推出需要支持严刑峻法，推导方向都出现了错误。所以东方在历代帝国制与礼治的压制中，也在缓慢地进化，从懵懂中触摸到了共同价值理念的边界，从长期看大概率也可以独立进化到工业革命，但这种受限状态下的思想进化需要极为漫长的时间。

中国历代儒家学者都被束缚于庄子提出的"内圣外王"中，"内圣"是指自己应该做什么，"外王"是指自己应该为世人提供什么。孔子认为先"克己复礼"，然后才能"修己以安人""修己以安百姓"，出现问题首先向内寻求解决方法，成为道德"完人"后才能治理好社会。但这种传承了两千多年的思维范式值得商榷。在"内圣"与"外王"中，首先应该考虑的是自己应该为世人提供什么，通过自己应该为世人提供什么来决定自己应该做什么，是由"外王"决定"内圣"，而不是先"内圣"而后"外王"。"内圣"其实是内在道德追求，"外王"其实是外显社会规则，如果先追求每个人都成为道德"完人"，再治理社会，则外显社会规则的进化就会遥遥无期，根本无法实现阶梯式上升的良性循环，因为在外界物质基础较为匮乏的条件下，每个人都很难成为道德"完人"。梁启超以"立德、立功、立言"三不朽为依据认为，中华文明的漫长历史只出现过两个半"完人"，如此少的"完人"只能说明出现"完人"是特例，而非普遍规律，根本无法实现"人皆可以为尧舜"，只会不断重复"屠龙少年终成恶龙"的故事，只有把外显社会规则的进化放在首位，通过社会规则的进化，推动创新的发展、财富的增加，进而带动个人道德的逐步完善，进一步推动外显社会规则的进化，形成阶梯式上升的良性循环，才能避免"屠龙少年终成恶龙"，这才是社会发展的正途。

所以，真正的大道是"外王内圣"，而不是"内圣外王"。"内圣外王"符合直觉，但不符合逻辑，先推动社会公共领域的进化，进而带来个人私有领域的进化，才可能真正出现"人皆可以为尧舜"。东方社会的文化需要从追求内在道德规则进化为追求外显社会规则，因为只有共同价值理念成为整个社会的底线规则，并以此为基础构建社会关系、社会制度，才能激活社会性创新，这需要整个社会思维模式的进化。只有认知到"传统文化思想"在时代面前暴露出的不足，摆脱传统儒家思维模式的束缚，将整个社会的注意力从儒家传统思想、心灵鸡汤型励志、庸俗化人情世故等内在道德、精神追求，转移到外显社会规则、社会性创新上，让社会规则从隐性转为显性，让社会人际关系从复杂变为简单，从低智社会进化为系统、多元、理性的高智社会，涌现出大量、普遍、各擅其长的社会精英，整个社会发展才能出现质的飞跃，进入良性循环发展轨道。即使是欧美社会建立的学科也需要进行准确鉴别。例如，"成功学"本质是一种自我管理方法，由于缺乏对客观规律的分析与研究，人们并不可能单纯通过主观自律，而获得客观世界的事业成功。其实"成功学"并非真正的成功学，它只是利用夸大的命名来获取社会关注，其准确命名应该是"自我管理学"。而对于商业成功、社会事业成功来说，建立在客观规律基础上的战略学才是真正意义上的成功学。

（三）人类文明的成年期

在人类社会进入机器革命时期后，人类文明开始进入成年期，社会解决方案将完全成熟，丛林法则思维和行为基本消失。此阶段的人类素质获得了极大的提高，人类将对共同的价值理念达成充分共识，可以有效制约丛林法则。同时，人类对社会运行、经济运行、科技发展等规律已经有了充分的认知和共识，人类已经掌握了基因信息、大脑思维机制，管理学、经济学、社会学、心理学、哲学等学科体系也已经发展成熟，能根据实际情况采取适合的策略和措施，全球解决方案的同化程度严重，建立在共同价值理念之上的社会性创新等相关机制的设计、运用已经达到成熟境界，能在各种情况下充分激发社会性创新。此时的人类文明才算进入了成年期，开始有资格迈向宇宙高阶文明。

金庸的武侠小说《天龙八部》中描述了一个"珍珑棋局"，这个棋局极为复杂，30年间天下高手无一人能破，最后被一个不懂棋局的和尚自填一气"送死"，反而误打误撞给解开了。"珍珑棋局"是围棋的术语，指变数太多而无解的棋局。"祸起萧墙时，唯有玲珑一局来句解"，一个问题在当前维度难以解决时，只有站在更高维度才能迎刃而解。人类若一直处于原始的丛林法则之中，最终的结果必然是走向毁灭，这将是无解的死局；若困守于幼年期的解决方案中，也会因故步自封，掉入进化陷阱。人类在制定解决方案时需要依据未来学，不断制约丛林法则、释放社会创新力，只有这样才能破解人类发展的"珍珑棋局"。凤凰涅槃，浴火方能重生。人类终究会消除内部分歧，携手面向未来、面向浩瀚无垠的宇宙，大宇航时代将不会太遥远了。

在印度洋北森蒂纳尔岛生活着一个原始部落，该部落的人被称为森蒂纳尔人（Sentinelese），他们以采集和打猎为生。据估计这个部落已在该岛上生活了6万多年，他们过着与世隔绝的生活。森蒂纳尔人对外来人员的敌意很强，过去试图跟他们接触的人都受到了暴力对待。例如，2006 年，两个渔民由于太靠近他们而被屠杀；低空飞行的直升机也被他们用箭射击和扔石块攻击。对此，印度政府立法禁止与森蒂纳尔人发生接触。诺贝尔奖获得者费米曾提出"费米悖论"，如果银河系存在大量先进的地外文明，那么为什么连飞船或探测器之类的证据都看不到？一个合理的解释是，丛林法则思维是文明还未成熟的标志，目前人类仍然没有完全摆脱丛林法则的影响，建立与星际科技相匹配的社会关系、社会制度，还没有成为高度理性、高度和谐，并能保持高度创新力的社会，向不稳定的社会交流或传授超越其社会承受能力的星际科技，反而容易造成其毁灭。理性的做法是，与未摆脱丛林法则影响的社会保持距离，静待其自身进化到高度理性、高度和谐、高度创新力的社会，再与其交流和沟通。可能地球正像北森提内尔岛那样被星际社会立法保护，或许只有当人类文明经过互联网革命的洗礼，进入成年期，真正获得永恒、迈向深空之时，才会有宇宙文明开始与人类接触。

三、文明底线在不断抬升

17 世纪，约翰·洛克（John Locke）认为在自然法中，人拥有天生的生存、自由、财产 3 种权利，这 3 种权利是不可侵犯的。但约翰·洛克提出的 3 种权利仅只能保障人的生存。在工业革命时期，人类社会文明才刚刚起步，对人的权利认知不足，社会积累的财富也不足，因此仅仅能保障人的生存。随着人类社会的进步，文明的底线在不断抬升，从工业革命时期的洛克式生存自由人，将发展到互联网革命时期的精神自由人，再发展到机器革命时期的生命自由人。在工业革命时期，人类刚刚实现了物质自由，但物质水平较低，区域差异较大，所以文明底线是保障生存自由；到了互联网革命时期，物质逐渐丰富与发达，人们需要追求精神自由，文明底线除了保障生存自由，还应为每个人提供必要的教育，使其有能力获得幸福生活与精神自由，同时应保障每个人都能获得必要的生活物质，以获得基本的社会尊重，此时文明底线是保障精神自由；到了机器革命时期，人类社会的物质将高度丰富，每个人也将实现精神自由，那时文明底线将进一步抬升，需要为每一个人提供基本的生命自由，以实现生命的永恒与多样化，那时每个普通人的基本权利都是古代帝王、当代顶级富豪梦寐以求、可望而不可即的奢侈品。

文明底线体现为社会公平，人类社会随着物质财富的不断丰富，从最初的只有效率、没有或者很少有公平，进化到效率优先、兼顾公平。在不影响效率的前提下，公平的比重会逐渐加大，最终会进化到效率与公平保持在一个相对稳定的比率。社会公平表现在人类权利的两个方面：权利种类、权利质量，文明底线包含的权利种类不断扩大，权利质量不断提升。在权利种类上，根据改良后的马斯洛需求层次理论，以生存、自由、财产权利为最初基础，从下层需求向上层需求延伸，权利种类不断增加。第一层是生理需求，任何人都有获得维护生存必需品的天然权利，生理需求的满足来自人类的道德底线。第二层是安全需求，人们向集体让渡自己的部分权利，由集体制定规则与法律，并由集体根据法律提供人身安全、财产保护、自由保障，人们在法律之下获得最大限度的人身安全、财产保护、自由保障，使每个人的安全需求总和最大化，安全需求的满足来自权利交换。第三层是社交与尊重需求，随着社会物质的丰富，集体负有让每个人获得必要社会尊重的责任，为每个人提供必要的衣食住行、教育、医疗、生育、养老、妇幼保护、残障保护、失业保障、工伤保障、犯罪矫治等服务，使其获得社会尊重，尊重需求的满足来自文明进步。在互联网革命时期，人类的需求还会向第四、第五层需求扩展，在全球化社会中将会更加注重爱情、亲情、友情等人类情感的满足，目前的临终关怀等社会救助已经包含了部分情感的满足。

在权利质量上，主要包括保障性市场的公平质量和竞争性市场的公平质量。保障性市场包括教育、医疗、生育、养老等方面。以教育保障为例，16世纪，德国的马丁·路德（Martin Luther）首次提出普及教育的主张，主张教育机关应该由公费设立，政府有强迫人民送子弟入学的义务；1763年，普鲁士王国颁布了《乡村学校规程》，率先普及了小学义务教育；英、法、美等国家大多在19世纪70年代后开始实行义务教育，中国在1912年规定初等小学四年为义务教育。目前，欧美地区大部分区域的义务教育为13年，覆盖从幼儿园到高中，不少区域的义务教育在向15年过渡，甚至有些区域在15年的基础上，开始推行免费上大学，如纽约州为中低收入家庭提供免费高等教育。未来随着互联网革命的发展，为了实现精神自由的目标，不仅需要普及型的通用教育，更需要个性化的高素质教育，以充分激活每个人的创新潜力，所以未来政府需要提供能惠及大多数人群的低成本、个性化、高素质的互联网教育，教育质量将随着社会的发展不断提高。

目前人类社会处于互联网革命初期，全球区域发展仍不平衡，从整个人类社会而言，物质仍未达到高度丰富的程度，个性化的高素质教育仍是一种奢侈品，所以目前教育保障主要解决的是从无到有的问题，由国家提供普及型通用教育，而优质教育资源由市场进行分配最有效率。但是当人类社会的物质高度丰富后，教育保障就需要从有到优发展，个性化的高素质教育将成为大众消费品，这是互联网革命的时代需要，也是社会公平的需要。未来教育保障从有到优后，公立学校将大幅缩小与私立学校的能力差距，教育保障性市场将逐渐成为主流，教育保障性市场可以包括公立学校、补助私立学校、公私立学校联盟等多种形式，高端的私立学校将会持续存在，与公立学校相互竞争，以保持足够的市场活力。保障性市场的效率并非必然会低，目前公立学校的教育质量普遍较低，主要原因有：一方面由于要惠及大众，规模较大，因此难以保证个性化高素质教育；另一方面薪酬人事机制僵化，难以激励教师创新。针对这些问题，政府可以一方面利用互联网的网络效应，加强个性化高素质教育，降低成本；另一方面利用机制创新，提高教师的积极性与创新性。随着未来社会的发展，不仅是教育产业的保障性越来越强，医疗、养老等产业的保障性也将显著加强，人们将获得足够的医疗、养老保障，得到应有的社会尊重。但这种保障性市场变化应根据社会发展阶段循序渐进，不要操之过急，否则会导致失败。

社会保障的提高和人类普遍认可的价值观的普及相辅相成，缺一不可。社会保障的提高能让人们拥有基本的物质基础与能力素质，可以自由、充分地进行创新性活动。人类普遍认可的价值观应在中小学强制普及，激发人们的荣誉之心、上进之心，提高道德水平，从而最大限度地减少"搭便车"的现象，节约社会成本，并通过保障价值观的基本一致避免社会动荡。社会保障和人类普遍认可的价值观相结合，才能最大限度地激发社会创新活力，提高社会运行效率。

在竞争性市场的公平上，最早的莫斯科公司、英国东印度公司、荷兰东印度公司和法国东印度公司等企业拥有贸易独占权，它们可以发行货币、拥有军队并且可以通过与其他国家订立条约，开展掠夺型贸易，当时的商业竞争很难谈得上公平。1673年法国出现普通公司和两合公司，1892年德国出现有限责任公司，公司作为市场主体开始整合资本、土地、智力等资源，商业竞争逐渐走上正轨，但当时的市场竞争仍存在很多垄断、贿赂、诽谤、虚假宣传、滥用行政权力等不正当竞争行为，相继出现了托拉斯、卡特尔、辛迪加和康采恩等垄断组织。在当代，人类已经认识到商业公平竞争的重要性，制定法律限制垄断、贿赂等不正当竞争行为，商业竞争有了底线规则，规定企业必须在底线规则之上进行竞争。但目前的商业公平其实仍是低水平的公平，企业之间的竞争会受到国家产业政策、关税政策、政府关系、自身资本实力、产业资源等多种因素的影响，竞争胜负并不完全由创新力决定，而是综合政府关系、资金实力、资源实力、科技实力、创新能力等多因素之后的结果。因此，目前的商业公平并不是自然法状态下的公平，只是现实状态的"公平"。未来随着互联网的发展、全球社会的出现，全球商业竞争规则将会统一，产业政策将会一视同仁，关税政策、政府关系将会消失，即使初创型小企业也能通过全球网状超级平台随时整合丰富的资金和产业资源，从而可以剥离其他因素的影响，回归到创新力的本源竞争。全球所有企业，无论规模大小、资源多寡都将处于同一起跑线上，从而实现更高程度的商业公平，在这种状态下，人类的创新力才会最大限度地蓬勃兴起。

未来随着文明底线的不断抬升，除了社会公平，民主、自由、法治等价值的质量也会从低到高逐步抬升，这将会推动人类社会运行法则的不断重构与优化，最终进入人类文明的成年期。在全球统一（联合）政府、全球社会时期，在民主上，首先，全球公民的素质将普遍提高；其次，将出现高效、实用的议事机制。随着互联网工具的成熟、议事成本的降低，越来越多的事务将使用全民公决制，而非代议制，人们可以充分而直接地发表自己的意见，行使自己的权利。在法治上，所有主体都将在全球统一法律之下行事，市场经济将极度发达。在自由上，由于物质基础的极大丰富，人们将拥有更多的自由时间，既可以获得友情、亲情、爱情等情感价值的丰富，也可以根据兴趣爱好自由择业，获得事业价值的丰富。由于全球一体化，人们将不会再受到地域、国界的限制，可以自由流动与居住，与世界各地的人充分接触与交流。高水平的民主产生高水平的法治，高水平的法治保障高水平的自由与高水平的公平，高水平的自由与高水平的公平孕育出充沛的社会创新力，推动黄金动力三角价值空间扩大、社会财富增长，从而进入下一个阶段，实现更高程度的民主、法治、自由与公平。

在互联网革命时期，人类社会以共同价值观为基础，利用整体市场机制，不断进行机制创新、模式创新。随着互联网革命的深入，黄金动力三角价值区域不断扩大，人类社会将一步步走向古人梦想中的"乌托邦""大同社会"，但切忌拔苗助长，重蹈覆辙。

第三节

最高境界的不战而胜之道：摆脱丛林法则，迈向宇宙高阶文明

一、最高境界的不战而胜之道

不战而胜的最高境界不能只从个体角度考虑，而是应当将个体发展与整个系统发展融为一体，从整个生态系统发展角度考虑，通过模式、机制创新，在使自己和利益相关者获利的同时使竞争对手获利，从而将竞争冲突转换为合作共赢，使个体通过合作共赢获得比竞争更大的利益，推动整个生态系统的效率获得快速提升。所以不战而胜的最高境界只能基于创新者的不战而胜之道，而不可能基于守成者的不战而胜之道，是创新者的不战而胜之道的进一步升级。从商业看，千里驹、IBM、安卓通过商业模式创新都将原来的竞争者转换为合作者，获得了更大的商业生态；从战争看，罗马将公民权赋予了整个意大利，将原来的竞争者转换成合作者，获得了盛极一时的国力。

最高境界的不战而胜之道，必须基于3点进行设计：共享价值基础、共赢机制整合、掌控核心资源。①共享价值基础：企业在设计价值基础时除了要创造出更大的价值总量，还必须兼顾竞争者的利益，与竞争者共享价值。例如，千里驹将项目规模化降本效益让给了中小型展馆/展厅企业；IBM退出了商用软件领域，以退为进，转而与独立商用软件商建立联盟；安卓采用了开源免费模式，向合作者让利。②共赢机制整合：共赢机制必须创造出比以前机制更强的系统竞争力。例如，千里驹利用自身能力建立产业平台，整合中小型展馆/展厅企业的客户资源，为客户提供了更大价值；IBM将独立商用软件商的商用软件有机整合到4层业务整体解决方案，从而帮助客户解决了整合协同效率较低的痛点问题；谷歌整合了手机厂商的独立安卓系统资源，扩大了整个安卓平台生态，为全球消费者提供了价值。③掌控核心资源：例如，千里驹掌控了核心产业平台；IBM掌控了4层业务整体解决方案；安卓掌控了整个安卓平台生

态,利用掌握核心资源,形成良性梯次竞争。

因为共赢机制比原有机制在效率上更优,而且竞争者可以通过价值基础创新共享价值,从而获得比原有机制更大的价值,所以能吸引竞争者放弃对抗,转而加入创新者共赢机制,实现合作共赢。而创新者掌控了核心资源,也使竞争者难以通过资源转移轻易离开共赢机制。例如,三星、诺基亚都放弃了自己的系统,投入了安卓的怀抱,但三星并没有完全死心,在2010年后仍尝试研发了BADA系统、Tizen系统,但发现离开了安卓的平台资源,根本无法获得成功。竞争对手若想要离开合作共赢模式,简单地抄袭旧共赢模式并不会成功,只有创造出比共赢机制更有效率的新机制、为社会贡献出更高的价值,才能取代原有机制。而且不同阶段、不同机制的核心资源其实有很大不同,这给了创新者机会,只要能围绕价值对机制进行创新,就有可能绕过原有生态控制者的"马其诺防线",构建、整合出效率更高的生态系统,从而形成良性梯次竞争,推动整个人类社会的价值总量增长。

不战而胜之道的最高境界就是,通过创新价值、机制,不仅可以使自己和利益相关者获益,还可以使竞争对手获益,让竞争对手加入自己的阵营,通过良性梯次竞争,避免恶性竞争,不断提升整个社会的有序度,对抗熵增。只要以扩大黄金动力三角价值区域为目标,将"道法术器势"合一,遵循大道、选择战略、运用方法、借力工具、把握趋势,协同一致发挥出体系竞争的最大效用,创造出符合时代发展的新共赢机制,就能超越原有生态系统领导者,并破尽世间"伪法"。

《道德经》有言:"上善若水,水利万物而不争,故莫能与之争。"整个人类社会的机制设计也是如此,即通过未来学形成共识,明确未来发展目标,建立全球协作分工机制,提升人类的整体素质与能力。人类社会发展的基础就是互利、共赢,若没有互利、共赢就不会有创新,也不会有交易。在互利、共赢的基础上,通过增强创新能力,让各国都能共享发展红利,从而大大减少基于存量资源的竞争,避免冲突恶化,利万物而不争,使自身立于不败之地。随着全球经济的发展,自身也能获得快速发展,从而帮助人类社会摆脱丛林法则,迈向高阶文明。

二、社会性创新的哲学思考

黑格尔利用主奴关系说明,自在自为的自我意识的辩证与统一。在两方的生死之争中，一方因为勇敢成为主人，另一方投降者成为奴隶，主人有力量占有和支配奴隶，自我意识分化为主动的意识与依附的意识，奴隶固然不存在自为，但主人需要依赖奴隶对物进行改造加工，他的自为并不是真实的独立，因此主奴双方都没有达到自在自为。奴隶虽然处在被支配的状态，但先通过恐惧意识到潜在的自为存在，然后通过"陶冶事物"（对物的独立自主加工改造）的劳动，成为自在自为的存在。

黑格尔受到斯密的启发，在主奴关系的论证过程中，把劳动引入哲学领域、精神领域，将社会关系投射到意识结构中，让劳动发挥核心作用，以此证明自我意识的形成。但在这个过程中，黑格尔没有意识到广义的劳动包括重复性劳动和创新性活动，而"劳动"在经济学和哲学、社会学的应用场景、过程、结果并不相同。在经济学中，重复性劳动可以产生价值，但在哲学、社会学中，重复性劳动对人的工具化使用，会压抑人性，奴隶根本无法自我觉醒，只有创新性活动才能让奴隶觉醒。黑格尔在引用劳动概念过程中，无意识地泛化、扩大了创新性活动的概念，把创新性活动扩展为包含重复性劳动和创新性活动的广义劳动，犯了"混淆概念"的逻辑错误。

只有在创新性活动中，奴隶才可以发挥自己的聪明才智，对物进行独立自主加工改造，展示出自己的与众不同才能，从而不仅超越了其他奴隶，还超越了主人，这时奴隶逐步意识到自己的与众不同，增强了自信心，只有这样才能觉醒出自己的独立自主意识。而奴隶在创新性活动中展示出的与众不同才能，一方面会让主人发现，这样的奴隶并不是低贱、平庸的工具，其能力甚至可以超越自己，从而使其反思，承认这样的奴隶并不是工具，而是与自己同样高贵的，具有创新力的人，通过否定之否定，主人与奴隶形成了平等，自身也实现了自在自为；另一方面从事创新活动奴隶的杰出表现，也会让其他奴隶觉醒，自己也具有与众不同的潜力，并不是低贱的工具，同样可以成为自在自为的存在。

创新性活动引发自我觉醒的现象，可以被人类发展历史常识所证实。古罗马帝国通过战争获得了大量奴隶，大部分人沦为低级奴隶，被用于农场、牧场、矿区工作，每日从事重复体力劳动，生活非常艰苦，只有少部分具有一定能力的工匠、学者成为高级奴隶，从事教仆、艺术辅导、文书、商业代理、会计、裁缝、木匠、厨师、理发师等技术工作，奴隶主给予较好的食物、住宿供给，以换取其提供较好的服务，特别是教仆、艺术辅导、商业代理、文书、会计，他们的创新质量直接关系主人子女教育和自身经济利益，主人通常会给予他们座上宾式的尊重和坦诚相待般的信任以换取忠诚。

高级奴隶们按照主人的意愿进行创新工作，从而增强了自己的能力。例如，很多雕刻家都曾是奴隶，他们按照主人的趣味和意向雕刻石像，在这个过程中进一步增强了自己的能力并展示了自己的才华。这些具有创新能力的高级奴隶更容易赢得主人的尊重与信任，其获得自由的可能性也高于低级奴隶，很多著名学者都是被释奴，如古希腊《伊索寓言》的作者伊索、古罗马戏剧家泰伦斯、斯多葛派哲学家爱比克泰德，都因自身杰出的学识和智慧而被主人释放。

很多高级奴隶与主人关系亲密，受到信任，获得自由后仍会帮助主人处理重要事务。例如，提罗发明了提罗速记符号，有些符号至今仍在使用。他被主人西塞罗释放，同时获得了西塞罗的名和族名，成为西塞罗家族成员的亲密朋友。他在西塞罗死后，还收集并出版了西塞罗的著作。有些皇家被释奴甚至能够成为国家行政官员，史料记载，尼禄前往希腊期间把罗马帝国交给他的被释奴赫利乌斯管理，公元1世纪罗马帝国行政部门的许多职务都由皇家被释奴担任。

这些高级奴隶也引发了主人的反思，西塞罗、塞内加、小普林尼等奴隶贵族，都主张给予奴隶宽厚、仁慈的待遇，因为他们接受过精通希腊哲学的高级奴隶的教育，这些奴隶的杰出才能给他们留下了深刻的印象。

斯巴达克起义是古罗马帝国最大的一次奴隶反抗事件。色雷斯人斯巴达克被罗马人俘虏后，其因聪明、体格健壮被主人送到角斗士学校学习。斯巴达克利用自己的才能成为角斗士的领袖。觉醒后的斯巴达克利用一切机会劝说角斗士们为自由而奋斗，不再成为主人的工具，由此爆发了大规模的奴隶反抗起义，推动罗马帝国颁布了保障奴隶有限权益的法律。

所以，黑格尔的主奴关系理论既存在逻辑错误，又不能被历史发展常识所证实。黑格尔认为："真正的思想和科学的洞见，只有通过概念所做的劳动才能获得。"只有概念才能产生知识的普遍性，才能超越普通常识的不确定性和贫乏性。因此，虽然黑格尔以纯粹概念构建出了庞大的哲学体系，但因时代和个人认知的局限性，其根据自身认知所建立的哲学体系其实很难被证明是绝对理性的。而哲学是指导人类认识、改造世界的工具，如果哲学体系不能实现与现实世界的对接、映射或反馈，那么再庞大的哲学体系也不过是黑格尔个人的"脑力游戏"，因此黑格尔的哲学体系必须与现实世界常识进行一定程度的连接或映射。如果只是个人的纯粹概念体系，人们就很难发现该体系中存在的问题。当纯粹概念体系与现实世界常识连接时，由于黑格尔的哲学体系并非绝对理性的，就会暴露出该体系的内在缺陷，这就是黑格尔自身的矛盾性，也是导致黑格尔出现逻辑错误的根源所在。

创新性活动需要从"劳动"中独立出来。广义的劳动包含重复性劳动和创新性活动，但广义劳动中重复性劳动占绝大比例，而创新性活动只占极少比例。如果认为劳动包含创新性活动，就可以使用"劳动"替代"创新性活动"，就会导致以下问题：第一，概念不准确。占"劳动"绝大比例的是重复性劳动，而非创新性活动，这会造成概念理解出现严重偏差；第二，导向不一致。由于"劳动"绝大比例是重复性劳动，重复性劳动会将注意力引向存量资源再分配，产生激烈的竞争；创新性活动会将注意力引向人的精神自由、创新和增量价值，通过创新制度、激发人的创新潜力等方式来解决矛盾；第三，结果不一致。关注重复性劳动，聚焦存量资源再分配，会导致社会发展停滞；关注创新性活动，创造增量财富，会推动社会财富不断增值，社会阶层良性循环，社会不断进步。

人类社会重大思想的进化其实极为缓慢，在黑格尔去世近100年后，"创新"概念才由熊彼特提出，而熊彼特的创新理论也局限于经济生产领域，并没有上升到哲学、社会学等领域，也没有推广到其他学科领域，创新还没有真正成为人类跨领域大系统学科的基础。

人的自由、创新、价值是三位一体的，自由是创新动力与源泉，创新是行动方式，价值是创新结果，三者共同构成创新整体。聚势战略以创新三位一体为基础，连接、贯通了未来学、战略学、经济学，未来学的五十六定理可以为企业、区域提供发展方向指引，改良后的需求层次、独特价值序列、边际效用贯通了心理学、企业战略、微观经济学，区域战略与整体市场机制相贯通，从而成为人类社会迈向宇宙高阶文明的创新基石。

以创新三位一体为基础，还可以贯通哲学、社会学、教育学、管理学、法学、金融学、历史学、心理学等社会学科。例如，教育学围绕智力资源的普及与成长进行研究，降低智力资源的成长门槛；管理学围绕激发智力资源自由活力，对组织结构、流程、制度等内容进行革新研究；法学围绕深化智力资源股份、智力迭代等机制进行研究，提供坚实有力的社会制度保障；金融学围绕智力资源的募资、投资与风险控制进行研究，推动智力资源的蓬勃兴起；历史学利用黄金动力三角进行系统性研究，发现更系统、深入的人类历史。通过各学科的相互衔接，建立起统一、系统、协同的社会学创新大体系，提升人类社会对社会性创新的认知，提高社会创新整体效率，应对互联网革命带来的挑战，打开人类新时代的大门。

未来，以人工智能为代表的智能机器人终将取代人类从事重复性劳动，人类只有创新之路可以走，明确社会性创新是人类社会的主要推动力，不仅具有现实价值，还具有未来价值。

三、黄金动力三角在史学中的应用

史学其实是一种价值观，真正创造与推动历史的主角并不是帝王将相，而是利用社会性创新推动人类社会生产科技、能源科技、生产方式、社会关系、社会制度等要素进化的创新者，正是这些创新者们的不断努力，使人类逐渐走向文明，走向富足，走向永恒。在农业革命时期，人类的传统记事方式是记录英雄人物参与的王朝兴衰交替等各种重大事件的事件史。例如，司马迁的《史记》、司马光主编的《资治通鉴》。在工业革命时期，法国历史学家费尔南·布罗代尔（Fernand Braudel）认识到这种记事方式的缺陷，他在1949年出版的历史巨著《菲利浦二世时代的地中海和地中海世界》中，通过长时段的地理环境演变史、中时段的社会史与经济史、短时段的事件史与人物史，利用记述历史的多元维度、事件与脉络结构的辩证关系，试图展示出更为完整的历史脉络，使史学研究从短时段的事件史进化为系统历史。但费尔南·布罗代尔当时还没有认知到生命进化规律，对推动人类社会发展的主要动力的认识并不充分，该书仍然存在各时段边界不明确、脉络因果不明显、记录过于琐碎等问题。

随着经济学、金融学、社会学等学科的发展，人们开始借助其他学科研究历史。例如，《十六世纪明代中国之财政与税收》《世界是部金融史》《乡土中国》，这些研究提供了新的视角，但仍不全面。财政、金融制度其实是社会制度的一部分,《乡土中国》研究的是民国时期的农村社会关系,其实也是历史中农业革命时期的中国农村社会关系。这些研究显示了部分社会制度、社会关系的历史状态,但未能显示科技、生产方式、社会关系、社会制度等因素的相互作用。这些研究存在局限性:一方面视角角度仍较为单一;另一方面这仍是静态、片段式研究,而非整体性、动态性的系统历史研究。

黄金动力三角不仅可以用于研究未来,其实还可以用于史学研究。底层科技史、生产史(含经济史)、社会史、制度史与表层事件史进行有机耦合,共同构成了人类历史的核心。从某种角度来说,历史人物只是在这些底层规律作用下按剧本表演的演员,当然也有不按剧本表演的演员,但很快就被踢出历史舞台了。未来的史学研究方法将基于黄金动力三角等人类社会进化规律,通过研究人类社会生产科技、能源科技、生产方式、社会关系、社会制度等要素之间相互递进、相互耦合、相互制约的关系,进一步提升历史研究理论,厘清人类历史的主要发展脉络,揭示出更为系统、深刻的人类社会发展历史。

四、聚势之道

在浩瀚无垠的宇宙,地球与人类只是无尽星河中的一粒尘埃,但无论多么伟大的宇宙智慧文明,只要是以对抗熵增为目标,就必然以价值创新为核心,以及以黄金动力三角的生产科技、能源科技、生产方式为动力,通过持续不断的社会性创新接力,维系整个社会体系不会崩溃,那么以价值创新为核心的创新者的不战而胜之道,以及以控制资源为核心的守成者的不战而胜之道就必然会存在。创新者的不战而胜之道在明,守成者的不战而胜之道在暗,只有利用创新者的不战而胜之道对抗守成者的不战而胜之道,整个社会才能避免陷入黑暗与动乱,利用创新不断有序进步。这种不受地域、时间、种族、星空等限制的普遍规律可以被称为"道"。即使经历无尽岁月、跨越无穷星河、崩塌无数文明,在社会领域,聚势战略蕴含的不战而胜之道,与未来能够统一引力、强核力、弱核力、电磁力的"大统一理论"等普遍规律一样,依然会与世长存!

/ **聚势** / 开创全球
科技、商业、经济新趋势

题诗以记：

大　道

不问圣贤不问天，一代人杰一代先。
幼蛹蜕壳终化羽，老凰焚尽始涅槃。
纵经人间万重劫，洗净碧空共婵娟。
独立江南千峰顶，寥寥天地有筠仙。

CHAPTER 4

第四章

聚天地之势
——聚势战略体系

聚势战略的核心特征是"结阵布势",构建生机勃勃的生态系统,培育、发展、扩大势力,夺取天地之势,扭转乾坤,以势取胜。

/ 聚势 / 开创全球
科技、商业、经济新趋势

第一节

是什么：聚势战略本源是不战而胜之道

一、聚势战略是一个面向互联网革命的系统战略体系

聚势战略是以不战而胜之道为基础构建的企业、区域、全球3层次战略学，企业战略学是面向未来、全系统的十二维一体战略体系。聚势企业战略包含了9种创新战略、3种竞争战略，是一个面向互联网革命的系统战略体系，一个基于势战的完整战略体系，一个将战略和商业模式融为一体的战略体系。以聚势战略为核心的现代管理学，可以以独特价值序列为基石，连通现代管理学与现代经济学。

人类商业领域的竞争在大规模工业生产出现以后，已经经历了4个阶段。

第一个阶段是以福特T型车为代表的产品竞争阶段。由于福特公司创新了流水线生产方式，同质化、标准化使汽车价格大幅下降。在这个阶段，只要能利用规模化生产方式生产出产品，就能赢得商业竞争的胜利。与规模化、流水线生产相适配的是工厂管理，所以在整个企业管理体系中，第一个被建立起来的管理理论是工厂管理。

第二个阶段是以百事可乐与可口可乐为代表的营销竞争阶段。随着时代的发展，大规模生产的工业品、消费品逐渐增多，产品逐渐过剩，而人们的需求层次不断提高，不再满足于千篇一律的产品，开始关注体验、多样性等更多的价值。单纯的产品竞争已经无法赢得商业竞争的胜利，企业必须关注客户需求才能获胜，商业竞争从关注内部生产的产品竞争，升级到关注客户需求的营销竞争，因此以定位理论、营销管理为代表的营销理论开始被建立起来。

第三个阶段是以通用电气的"工业制造+金融服务"和IBM的4层业务整体解决方案为代表的商业模式竞争阶段。随着商业竞争的进一步加剧，企业仅凭单个管理体系已无法构建出竞争优势，需要紧密围绕客户价值，更有力、更合理地整合、协调内外部的所有资源、能力，只有这样才能构建出更强大的"阵式"，借助"势战"才能获得竞争优势。通用电气使人们第一次认识到多个

不同业务"耦合"可以带来 1+1＞2 的效益，而 IBM 的 4 层业务整体解决方案标志着企业从内部的封闭式商业创新走向整合外部资源的开放式商业创新，商业竞争从生产、营销的单个体系竞争进入企业综合资源的系统性竞争阶段，因此以价值创新为基础的商业模式理论开始被建立起来。

第四个阶段是以苹果的"iPhone+App Store"模式为代表的平台模式的竞争阶段。前三个阶段还处于工业革命时期，第四个阶段开始进入互联网革命时期，互联网开始深刻地改变各行各业。当苹果的"iPhone+App Store"模式被发明出来后，人们第一次认识到产品可以借助平台整合海量外部资源，构建出平台生态进行竞争。Facebook、推特、腾讯、淘宝等大量平台生态陆续出现，除了互联网大企业，传统产业的中小企业也可以学习千里驹，整合产业资源构建产业平台，平台也从单边平台、双边平台、多边平台向超级平台发展，人类的商业竞争从综合资源的系统竞争，升级到海量资源的平台生态竞争阶段。

未来人类社会将进入第五个阶段：全球网状超级平台生态模式的竞争阶段。这个阶段的竞争将不再是一个单独平台的竞争，而是多个网状超级平台联合的全球网络生态竞争。未来商业生态将不再局限于以人为中心的平台或以产品、软件为中心的平台，而是变成万物相连的地球终极平台网络生态。全球最终只会存在 2~3 个地球网状超级平台（未来甚至会进化到只有一个终极网状平台），其余的商业企业将会依附于地球网状超级平台。这将是人类有史以来最庞大的商业生态，对互联网革命的进程将产生巨大的推动作用。地球网状超级平台的出现标志着人类第一次互联网革命迈向成熟，对后世也将影响巨大，是第二次和第三次互联网革命的发展基础。

随着商业竞争从工业革命时期进入互联网革命时期，人类商业竞争重点逐步从产品、营销升级到商业模式、平台模式、网状超级平台模式，而管理理论也需要跟随时代进行升级。弗雷德里克·温斯格·泰勒（Frederick Winslow Taylor）的科学管理、艾·里斯（Al Ries）与杰克·特劳特（Jack Trout）的定位理论、菲利普·科特勒（Philip Kotler）的营销管理、迈克尔·波特（Michael E.Porter）的竞争战略等传统理论是时代的里程碑，但这些理论是工业革命时期的产物。随着人类从工业革命进入互联网革命，这些理论虽然仍然有很强的实用价值，但并不能完全满足时代的需求与变化，就像冷兵器虽然仍能致命，但现代战争已经进入热兵器时代。

在互联网革命时期，随着竞争的发展，不仅客户能决定企业的成败，商业生态环境中的利益相关者、社会等价值参与者也能决定企业的成败，因此需要以多个利益相关者为基础，利用结构化关系中的平台、商业模式等管理理论，通过结构化关系的创新为客户、利益相关者、社会贡献增量价值。创新模板是聚势战略的核心，基于互联网革命的时代特征，利用以多个利益相关者为基础的结构化关系创新工具，演化出价值总量拓展、价值要素重构、价值等级拓展等战略，因此聚势战略是面向互联网革命的系统战略体系。

二、不战而胜之道是"势胜之道"

天地玄黄、宇宙洪荒，有些事物自宇宙诞生起就长存至今，这就是道。自古天地有常道，万古不移。这种常道就是基本规律，既不会被创造，也不会被毁灭，无论斗转星移，无论沧海桑田，只要循道而为，就能得到必然的结果！自然界的道就是自然界的客观发展规律，万事万物都会从产生、发展、停滞到毁灭。人类社会的道，就是人类社会的发展规律：从阶段看，是人类社会孕育、发展、形成、进化和崩溃的基本规律；从动力看，是人的利益、欲望、情感推动的基本规律；从形态看，是组织选择集权、分权的基本规律。不战而胜之道是人类社会通过不直接竞争的手段获得胜利的基本方法。

中国古代对不战而胜之道有不少研究，姜太公吕望在《六韬·武韬·发启》中写道："全胜不斗，大兵无创"，兵圣孙武在《孙子兵法·谋攻篇》中写道："故上兵伐谋，其次伐交，其次伐兵，其下攻城"。孙武认为最好的战争手段是"上兵伐谋"，攻城是不得已而为之。何为"上兵伐谋"？孙武又阐述道："故善用兵者，屈人之兵而非战也，拔人之城而非攻也，毁人之国而非久也，必以全争于天下，故兵不顿而利可全，此谋攻之法也。"这句话的意思是不使用战争、不破坏城池、不使黎民百姓遭受兵灾，就可以获得战争胜利，既使自己的兵力得到保全，又获得了最大的利益，这就是谋攻。孙武总结道："是故百战百胜，非善之善者也；不战而屈人之兵，善之善者也。"不战而胜，才是战争最高明的胜利之道。但吕望、孙武所阐述的实际上是不战而胜展现出来的结果，而不是不战而胜的取胜之道。

有人认为商界的不战而胜是差异化竞争，因为差异化竞争避开了与竞争者的直接竞争，所以这算没有直接交战而获胜，但这种看法并不准确。不战而胜是指双方的"势力"差距很大，从而不通过双方的直接交锋，就能使对手屈服。不战而胜更强调的是对"势"的运用，通过强大的"势"使对手屈服、不敢应战，从而获得全胜。因此，不战而胜的本质是"势战"，不战而胜之道是"势胜之道"，差异化竞争只是"势战"其中的一种表现形式！

"势战"可以分为创新者的"势战"和守成者的"势战"。创新者和守成者的区别并不在于规模大小，而是采用不同的不战而胜之道：创新者立足于价值创新，通过创造差异化的增量价值，建立生机勃勃的创新型生态系统，吸引利益相关者结盟，扩张声势，从而快速增强实力，超越竞争对手，通过"势战"迫使竞争者屈服，从而实现不战而胜；守成者则立足于控制资源的不战而胜之道，守成者的"势力"一般较为强大，可以利用自己的势力截断竞争对手生态系统的关键性外部资源连接，从而封杀竞争对手的生存空间、成长空间，逐步削弱竞争对手的实力，最终导致竞争对手的生态系统崩溃，从而实现不战而胜。创新者的"势战"和守成者的"势战"在实践中既可以分别运用，又可以合并运用，以发挥不战而胜之道的最大效用。

《孙子兵法·兵势篇》写道："故善战人之势，如转圆石于千仞之山者，势也。"这句话的意思是善于指挥作战的人所造成的态势，如同在极高处的山上滚下圆石，形成了一种不可阻挡的力量，这就是势。就如政治联盟中尽可能增加支持的人，减少反对的人，支持的人多了，自然支持"对手"的人就少了，竞争对手就会在社会生态系统中陷入孤立状态，力量此消彼长，从而形成压倒性的趋势。政治如斯，战争如斯，区域竞争如斯，商业竞争也如斯。从商业来说，商界竞争的最高境界就是不战而胜！

三、"势胜"的关键在于模式和机制创新

在商界竞争中，"势胜"的关键是什么？"势胜"的关键就是商界中的"排兵布阵""结阵布势"，利用各种关系构筑起对自己有利的态势，增强自己的力量，扩大自己的势力，同时遏制竞争对手势力的扩张，逐步形成对竞争对手的压倒性优势，它是一种动态的竞争结构。这种竞争结构是企业中各种事物之间的排列组合关系，包括产品之间的关系、业务之间的关系、经营要素之间的关系、生态圈中利益相关者之间的关系等。竞争结构就是企业的商业模式，商业模式其实是商界"阵型"的统称！没有创新型商业模式，企业很难在商业

竞争中赢得胜利，商业模式是战略的核心！

商业模式是商业生态系统的结构化关系和运行规律。商业生态系统是由利益相关者、物质、能量和信息所组成的多层次、多要素的经济联合体。利益相关者通过控制相关资源形成了价值活动，多个价值活动相连构成了价值链，不同的价值链相互交织形成了生态价值网，物质、能量、信息等资源通过生态价值网在联合体成员间的流动和循环，形成共生、互依、互融的生态系统。结构化关系包括商业生态系统中人与人、人与子系统、子系统与子系统之间的交易、协同、共生、伴生等关系，改变这些要素之间的排列组合关系，就能重构出具有独特价值的商业模式。

机制是指各要素之间的结构关系和运行方式，包括经济机制、商业模式、管理机制等系统，模式与机制本质上是同一事物。这种结构化关系和运行规律在商业上体现为商业模式，在经济上体现为经济机制。"势战"在商业竞争上体现为商业模式的竞争，在区域竞争上体现为经济机制的竞争，因此聚势战略既包括了商业领域的商业模式创新，也包括了经济领域的机制设计创新。

四、聚势战略是一个将战略和商业模式融为一体的战略体系

商业模式会随着时代的变化而演进，创新性商业模式会不断超越原有的商业模式。这种创新性商业模式以战略为导向，以价值创新为核心，以创新性发明为突破口，通过事物的重新排列组合创造出更强大的商业生态价值，提高商业生态系统的效率，构建出比竞争对手更加强大的势能、势力，从而超越旧的商业模式，获得不战而胜。

如何通过各种事物的排列组合构建出强大的势能，形成领先的商业模式？

"工欲善其事，必先利其器。"创新者想要进行商业模式的高效创新，需要获得以价值创新为核心的商业模式创新工具的帮助。选择商业模式创新工具至少要考虑到以下3点：一是战略承接，从差异化的战略定位出发，明确差异化的客户群体；二是发现商业模式的价值基础，发现客户重点关注的独特价值序列与利益相关者关注的重要价值，考虑到所有相关方的利益，只有这样商业模式才能稳固；三是实现价值创新循环，充分整合关键资源、核心能力，寻找合适的利益相关者，形成价值共识与价值认同，优势互补、资源协同，通过交易模式、运营模式、盈利模式三位一体的价值创新循环，实现企业结构化关系的整体创新，

为差异化客户群创造独特价值序列，为利益相关者创造重要价值。具备以上 3 点的商业模式创新工具才能帮助创新者整合资源，进行商业模式的高效创新。

创新模板是进行商业模式、机制创新的创新工具，包含七大要素：战略定位、价值基础、运营模式、交易模式、盈利模式、关键资源、核心能力，如图 4.1 所示。

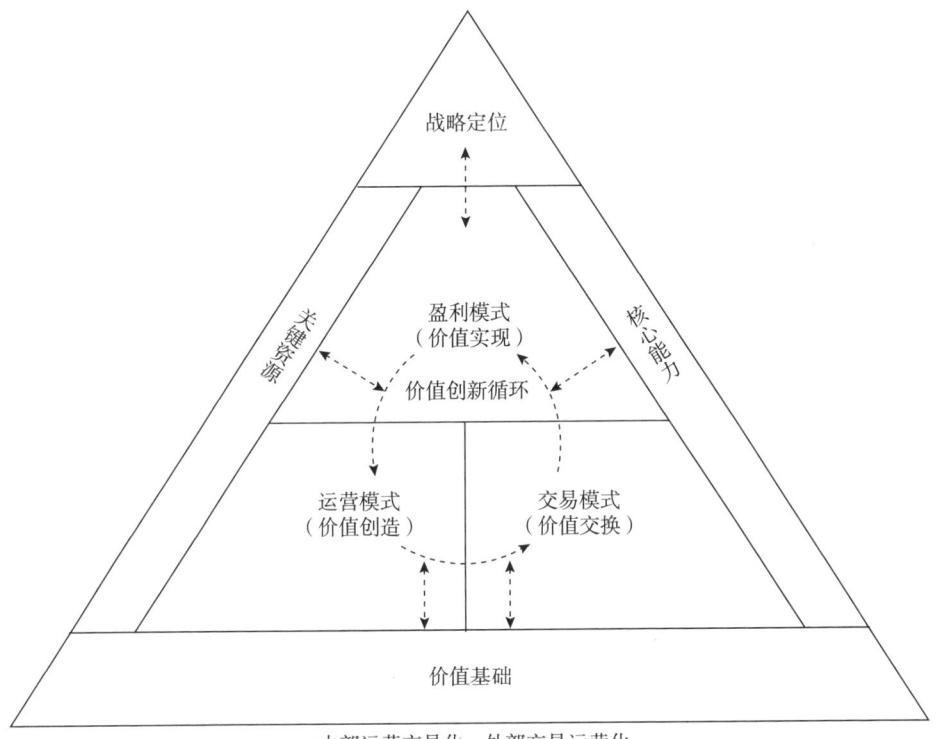

图 4.1　创新模板
（资料来源：作者自绘）

战略定位是差异化的市场定位，它是整个商业模式的导向，决定着企业的差异化客户群是谁，以及商业模式应该重点关注谁、为谁服务、为谁创造价值。价值基础是整个商业模式的基础，它决定着商业模式应该为差异化的客户群创造出什么样的独特价值序列，而且商业模式创新不应仅仅关注客户，还应关注商业生态系统中所有重要的利益相关者，如客户、合作伙伴、员工、股东、社会、政府、社区等，他们的重要利益都应当在模式创新中得到保障和扩大，否则商业模式的创新根基会不稳固。价值基础与价值主张有本质的不同，

/ 聚势 / 开创全球
科技、商业、经济新趋势

价值主张是基于工业革命时期传统产业链企业的客户思维，而价值基础是基于互联网革命时期平台型、生态型企业的网络思维，考虑了网络商业生态中各相关利益者的价值，既包括价值总量、价值等级、独特价值序列等价值体系，也包含原有的价值主张。创新模板的核心是三大核心模式——运营模式、交易模式和盈利模式。运营模式是竞争者的内部结构化关系，包括业务模式和组织模式；交易模式是竞争者所处生态系统的外部结构化关系；盈利模式是竞争者收入、成本等财务要素的结构化关系。运营模式的本质是价值创造，交易模式的本质是价值交换，盈利模式的本质是价值实现，价值创造、价值交换、价值实现共同构成了价值创新循环，这是商业模式的核心。关键资源、核心能力是实现商业模式的重要助力，既是助力商业模式实现的"翅膀"，又是用来阻止竞争对手进攻的"壁垒"，是企业的护城河。

需要指出的是，价值基础包含了联合国提出的ESG投资理念，ESG注重可持续发展，倡导企业在运营过程中需要注重环境（Environment）友好、社会（Social）责任和公司治理（Governance）。价值基础的主体是不同利益的人群，环境的优劣会对整个社会产生影响，因此环境价值属于社会价值的一部分；而公司治理涉及股东、员工、政府等人群价值，公司治理的优劣决定了股东、员工、政府等相关利益方价值的合理与充分。通过价值基础的创新，不仅为股东带来财务价值，而且在环境、社会、治理等方面创造出增量价值，利用价值创新循环可对ESG价值进行落地支持，因此创新模板也是适配ESG投资的商业模式创新工具。

商业模式主要关注价值创新，因此价值创造、价值交换、价值实现是商业模式的核心，共同构成了价值创新循环。价值创造主要由运营模式产生，交易模式严格来说并不产生价值，在交易环节产生的价值主要来自传统商业交易模式由于不经济而产生的价值损耗，也就是对交易成本的节约，价值实现以客户、利益相关者可以接受的方式将价值精准变现，获取盈利，从而实现价值交易循环，并为下一次价值交易循环做准备。

商业模式应当包括运营模式、交易模式和盈利模式3个部分，价值创造、价值交换、价值实现是一个整体，三者缺一不可。有部分研究者把交易模式理解为整个商业模式，但这只是狭义的理解。如果没有企业内部运营模式的支持，则很难实现交易模式、盈利模式的创新。很多时候模式创新往往是在运营模式、交易模式、盈利模式3方面同时进行的，如海尔的"人单合一"模式、京瓷的阿米巴模式、万科的"小股操盘"等。企业内部运营是整个商业大环境中不可分割的一部分，交易模式与运营模式互为一体。把商业模式局限于企业的交易结构、交易模式，而不考虑企业内部的运营模式与盈利模式，并不利于价值循环的整体创新。

价值创造、价值交换、价值实现从另一个角度来看，就是"形""势""利"。"形"是指企业组织的实力，即"决积水于千仞之溪者"；"势"是指与外部利益相关者共同构建的势力，即"转圆石于千仞之山者"；"利"是指"胜者"获得的利益。辛弃疾在《审势》中写道："用兵之道，形与势二。不知而一之，则沮于形、眩于势，而胜不可图，且坐受毙矣。"这句话的意思是用兵之道，形与势都很重要，只注重其中一方面，就会沮丧于形、眩迷于势，以致胜利（"利"）不能图谋而坐以待毙。

"形""势""利"这3个核心要素是相互关联的："形"是"势"的根，没有"形"就谈不上"势"；"势"是以"形"为基础生成并进行变化的；"形""势"本为一体，相互作用，目的是取"利"，共同决定了"利"的格局；"利"的变化最终决定了企业组织能得到多少利益，这3者共同构成了"势战"的核心。

势战是指企业通过强大的"形""势"克制、压制竞争对手，使其不敢攻击、不敢应战，从而获得全胜。即使竞争对手盲目发动攻击，企业也能利用有利的"形""势"，以最小的代价、最高的效率击败竞争对手，保护自己的"利"。排兵布阵之法不仅包括阵型的"形""势""利"（价值循环），还包括阵型的进攻方向（战略定位）、阵型的后盾（价值基础）、阵型的壁垒（关键资源、核心能力），这7个方面共同构成了排兵布阵之法，这就是商界的不战而胜之道。阵型的势力来源于两个方面：一方面来源于客户，企业为客户创造独特价值序列，价值组合越独特、越重要，获得的客户越多、势力越大；另一方面来源于利益相关者，企业为利益相关者创造重要价值，价值越大，参与的利益相关者越多，势力越大。商业模式是战略的核心，不同的商业模式意味不同类型的战略、不同的战略进攻方向、不同用途的"阵型"。价值基础、交易重构、有机耦合、业务重组、资源能力、平台等商业模式既是商业模式创新，也是战略创新，聚势战略是一个将战略和商业模式融为一体的战略体系。

创新模板的七大要素都是抽象的创新要素，因此创新模板作为价值创新工具，不仅可以用于商业领域的商业模式创新，还可以用于区域领域的机制创新。

五、聚势战略是一个基于势战的完整战略体系

战略大师亨利·明茨伯格（Henry Mintzberg）在1998年出版的《战略历程：纵览战略管理学派》中梳理了战略管理的10个学派：设计学派、计划学派、定位学派、企业家学派、认识学派、学习学派、权力学派、文化学派、环境学派和结构学派，但这10个学派其实代表的不是10种不同的战略，而是一个战略形成流程的10个不同方面。仅有定位学派中迈克尔·波特基于产业链各环节的静态竞争提出的3种竞争战略属于战略，其他学派提出的战略本质是对战略形成过程的管理，而非战略本身，当时人们对真正的战略还知之甚少。现代管理学中大量战略书籍也都聚焦战略的形成、管理过程，而非不同类型的战略决策，本质属于战略管理体系，而非真正的战略体系。

现代管理学从诞生到现在，在战略方面产生过迈克尔·波特的竞争战略、艾·里斯与杰克·特劳特的定位理论、W.钱·金（W. Chan Kim）和勒妮·莫博涅（Renée Mauborgne）的蓝海战略等数种重要的战略理论，真正具有创新性的战略思想凤毛麟角，这3种战略理论也只是从不同角度对战略进行分析。如同盲人摸象，有人摸到象鼻，有人摸到象腿，有人摸到象牙，都缺乏对战略的全局性思维和系统性思考。在工业革命时期，人类对战略的研究处于"随机试验"阶段，战略仍然处于发展初期，还并未成熟。随着人类社会从工业革命时期进入互联网革命时期，在传统经典理论的基础上，需要创新性管理理论涌现出来，不断进化商业竞争的系统性方法，帮助更多人在商业实践中获得成功，从而推动人类社会的不断进步。

聚势战略基于两种不战而胜之道，通过对商业领域的全面扫描与梳理分析，从不同角度提出了9种创新战略（其中价值要素重构战略通过价值要素重组可以演化出无数种细分战略）、3种竞争战略、53种细分战略（2种价值总量拓展细分战略、5种有机耦合拓展细分战略、3种业务重组拓展细分战略、5种产业链拓展细分战略、2种市场区域拓展细分战略、3种资源能力拓展细分战略、24种平台生态拓展细分战略、6种战略资源竞争细分战略、3种生态系统封闭细分战略），覆盖了战略所涉及的价值创新、业务形态、业务关系、产业链、市场、资源能力、存量资源竞争等核心领域，在商业竞争中，第一次构建出基于势战的完整战略体系。

9种创新战略、3种竞争战略均从不同角度对战略进行研究，战略之间存在交叉之处，组合在一起可以构成一个完整的战略体系——十二维一体聚势战略。人类对战略的认知过程，是从萌芽阶段的感性实践，到发展阶段的"随机试验"的理性认知，再到成熟阶段的完整战略体系。一个完整的战略体系的出现，意味着人类战略、商业模式理论逐渐从工业革命时期的萌芽、发展走向互联网革命时期的成熟，有利于推动人类商业竞争的升级与深化。

六、两种不战而胜之道就是熵减与熵增

德国科学家鲁道夫·尤利乌斯（Rudolf Julius Emanuel Clausius）在1868年提出了"熵"，用以度量一个热力学系统的无序程度，因此热力学第二定律也被称为熵增定律。在内能不变的封闭环境中，系统进行自发过程的方向总是熵值增大的方向，直到熵值达到最大值，系统才达到平衡状态。如果按照熵增定律，则一个封闭系统只会自发地熵增、走向无序。所以在熵增定律的基础上出现了"热寂论"。由于能量的耗散，世界万物趋于衰弱，宇宙趋于"热寂"，结构趋于消亡，无序度趋于极大值，整个宇宙随着时间的进程而走向死亡。但地球生命的进化揭示出了另一种不同的发展方向：熵减。以生物进化论、生命进化论为基础的进化观念体系指出，进化的结果是种类因不断分化、演变而增多，结构虽不断复杂有序，功能因不断进化而强化，整个自然界和人类社会都向着更为高级、有序的组织结构发展，而且功能结构越强，进化速度越快。更高程度的熵减代表更高效率的经济机制、商业模式。从经济角度看，企业家、股东、科技创新者为了追求利润最大化，会努力将科技从最初发源地推广到其他区域，科技、资本等核心要素都会呈现不断扩大、蔓延的趋势，人类社会的有序度也因此不断增加。

价值基础中的价值总量增加意味着更高程度的熵减，通过价值创新循环创造出更有序、高效的组织，才能贡献更多的价值总量，这是商业模式进化的方向，通过运营模式、交易模式、盈利模式可以对整个价值创新循环进行分析、解构、重组，从而明确创新的具体构成、变化，才能从"无序"到"有序"，实现"熵减"。

创新者的不战而胜之道和守成者的不战而胜之道就像是一个硬币的两面、太极的阴阳两仪，相生相伴，永不泯灭。创新者的不战而胜之道的本质是通过自身生态系统的熵减，增强竞争能力，从而在竞争中获得胜利；守成者的不战而胜

之道的本质是使竞争对手的生态系统熵增，导致系统崩溃，从而在竞争中获得胜利。这两者都是围绕生态系统的有序度（熵）进行竞争与发展的，因此两种不战而胜之道是广泛存在于人类社会商业、区域、战争等竞争领域的普遍规律。

聚势战略包含了创新者的不战而胜之道与守成者的不战而胜之道。创新者的不战而胜之道包括商业领域的9种创新战略（44种细分战略）、区域领域的6种创新战略（13种细分战略），而守成者的不战而胜之道包括战争领域的3种竞争战略、商业领域的3种竞争战略（9种细分战略）和区域领域的3种竞争战略。

如果说以弱胜强之道是突袭，在最短时间、最小空间内取得战略突破，闪电一击成就致命绝杀，是实力弱小的一方对抗实力强大的一方的取胜之道。那么，不战而胜之道就是绞杀，以时间换空间，拉长时间，逐步压缩竞争对手的生存空间，使其越来越虚弱，无力反抗，避无可避。这是拥有高维度竞争模式的竞争者对低维度竞争模式的竞争对手采用的取胜之道，因为高维度竞争模式能更有效地利用资源，在竞争中越战越强，可以从容不迫地掌控整个竞争局面并对竞争对手进行绞杀，不断压缩对手的实力和生存空间，最终以很小的代价碾压对手赢得胜利，这就是"势胜之道"的精髓。

题诗以记：

东　风

南海紫荆苞欲张，
北垂黄草尚凝霜。
东风一夜清万里，
九域关山尽绿妆。

第二节

有什么：9种创新战略与3种竞争战略

战略是一种全局性的谋划，包含一切对企业经营有重大影响的策略、模式、行动等手段，而具有不同战略目标、策略特征、模式特征的战略才能算是一种独立的战略。聚势战略在商业领域包括 9 种创新战略（创新者的不战而胜之道）、3 种竞争战略（守成者的不战而胜之道）及 53 种细分战略，以此构建了创新性、系统性的战略学。

人们往往希望有一种简单、直接、有效的战略可以解决所有问题，但这其实是一种惰性思维，是不切实际的幻想，因为客观世界复杂多变，并不存在一种可以解决所有问题的简单战略，只是在不同情况下存在一种较简单、直接、有效的战略或战略组合。所以聚势战略由 12 种不同的战略体系有机构成，每一种战略在某种情况下其实都是较简单、直接、有效的，但单独一种战略不能适应所有情况，因此需要根据实际情况去选择合适的战略或战略组合。聚势战略体系（商业）如表 4.1 所示。

表 4.1 聚势战略体系（商业）

不战而胜之道	战略	细分战略
创新战略	价值总量拓展战略	横向数量拓展战略
		纵向深度拓展战略
	价值要素重构战略	
	价值等级拓展战略	
	有机耦合拓展战略	业务群耦合战略
		业务流耦合战略
		平台流耦合战略
		场景耦合战略
		产融耦合战略
	业务重组拓展战略	业务分拆战略
		长尾战略
		业务组合战略
	平台生态拓展战略	平台流量、区域开发、平台拓展、平台创新、收入利润等 24 种成长战略
	产业链拓展战略	产业链深耕战略
		产业链横向拓展战略
		产业链纵向拓展战略
		产业链升级战略
		产业链组合战略

续表

不战而胜之道	战略	细分战略
创新战略	市场区域拓展战略	细分市场突破战略
		全面市场拓展战略
	资源能力拓展战略	聚众战略
		共享战略
		整合战略
竞争战略	竞争方式牵引战略	
	战略资源竞争战略	存量客户、流量、数据、供应链、资金、利润区6种资源竞争战略
	生态系统封闭战略	核心保护战略
		核心突破战略
		生态封锁战略

资料来源：作者自绘。

一、9种创新战略

创新者的不战而胜之道以价值创新为基础，包含9种不同的创新战略：价值总量拓展战略、价值要素重构战略、价值等级拓展战略、有机耦合拓展战略、业务重组拓展战略、平台生态拓展战略、产业链拓展战略、市场区域拓展战略、资源能力拓展战略。

（一）价值总量拓展战略

价值总量拓展战略是指从市场总体价值角度，对产业链某一环节市场的价值总量从横向数量、纵向深度进行拓展的战略。价值总量拓展战略包括两种细分战略：横向数量拓展战略和纵向深度拓展战略。例如，任天堂在原有玩家的基础上，通过开发女性、合家欢等新客户群，增加了价值总量，从而实现东山再起，蓝海战略也是此战略的应用类型之一。又如，苹果通过iPhone+App Store模式升级了原有功能机产品，为客户带来更大的价值，从而在竞争中获得胜利。

（二）价值要素重构战略

价值要素重构战略是指从价值要素的角度出发，利用价值矩阵中 4 类（14 种）价值，重新构建独特价值序列的战略，这些价值具体包括基础价值的功能、质量、成本、便利、体验、速度、风险、多样性和工具价值的社交、尊重，以及情感价值的情绪、情感与伙伴价值的收益、事业。根据独特价值序列，可以选择一种或多种价值组合进行市场突破，因此每一种价值其实都是一种细分基础战略，而多种不同类型的价值组合存在无数种潜在战略，可以变化无穷。例如，千讯位置通过整合利益相关者，为客户提供丰富的功能，现代收易利用轻资产降低成本，飞贷为客户提供贷款的便利，菜鸟提升物流速度，开市客降低客户的决策风险，网易云音乐为客户提供社交价值，茶颜悦色为客户提供情感价值，Myfarm 为客户提供放松身心的情绪价值、收益价值，以及为学员提供了事业价值等。

迈克尔·波特的竞争战略中的成本领先、差异化属于该战略的细分战略，成本领先从客户价值看，属于基础价值中的成本价值，而差异化是基础价值中除成本价值外的其他价值。但迈克尔·波特的差异化战略并不包括工具价值、情感价值和伙伴价值。

（三）价值等级拓展战略

价值等级拓展战略是指从价值等级的角度出发，围绕合作伙伴、社会等利益相关者的重要价值进行创新的战略（不用于客户）。

（四）有机耦合拓展战略

有机耦合拓展战略是指从业务耦合的角度出发，利用业务之间衔接、互补、共振等内部关系变化，通过耦合类型、循环机制、耦合价值、杠杆效应、生态稳健的 5 步设计，形成一种内循环体系的"有机耦合体"战略，主要应用于商业生态系统的创新。有机耦合拓展战略包括 5 种细分战略：业务群耦合战略、业务流耦合战略、平台流耦合战略、场景耦合战略和产融耦合战略。

（五）业务重组拓展战略

业务重组拓展战略是指从业务组合的角度出发，通过业务之间分拆、组合、长尾等外在形态变化，重新构建业务竞争力的战略。业务重组拓展战略包括3种细分战略：业务分拆战略、长尾战略、业务组合战略。

（六）平台生态拓展战略

平台生态拓展战略是指从平台生态的角度出发，利用平台的价值等式：网络效应（数量）× 算法机制（质量）= 个性化的最优策略（价值），对平台的网络效应、算法机制（含价值机制、流量机制、流量杠杆）、资源、正负反馈等重要机制进行整合，围绕客户不断提升个性化的最优策略，从而拓展平台生态的战略。平台生态拓展战略包括平台流量、区域开发、平台拓展、平台创新、收入利润等24种成长战略。

（七）产业链拓展战略

产业链拓展战略是指从产业链的角度出发，沿着产业链深度、宽度、长度、高度、跨度进行拓展的战略。产业链拓展战略包括5种细分战略：产业链深耕战略、产业链横向拓展战略、产业链纵向拓展战略、产业链升级战略和产业链组合战略。

（八）市场区域拓展战略

市场区域拓展战略是指从市场拓展方式的角度出发，针对产业链某一环节市场或平台市场进行突破、延伸的拓展战略。市场区域拓展战略包括两种细分战略：细分市场突破战略和全面市场拓展战略。迈克尔·波特竞争战略中的集中化战略属于细分市场突破战略，以消费者心智定位为基础的定位理论属于消费品企业的产品战略，从战略广义定义看，也属于该细分战略的应用类型之一。

（九）资源能力拓展战略

资源能力拓展战略是指运用聚众、共享、整合等手段，打开企业边界，创新性地整合外部资源，拓展企业能力，以实现以小博大的杠杆效应的战略。资源能力拓展战略包括3种细分战略：聚众战略、共享战略和整合战略。

这9种创新战略代表了基于价值创新的9种不同战略思想，共同构成了创新者的不战而胜之道。

这9种不同的战略思想分别从不同方向进行战略创新，具有各自不同的战略目标、策略特征、模式特征，是不同的战略体系。虽然这9种战略是不同的战略体系，但最终都要通过为客户、利益相关者创造价值，从而赢得竞争的胜利。商业模式作为战略体系中的结构化关系策略，在价值创新中起到了核心作用。

价值要素重构战略中的独特价值序列也是平台生态拓展战略中个性化的最优策略，同时是有机耦合拓展战略中耦合价值的核心，耦合价值、个性化的最优策略是不同角度的独特价值序列，三大战略体系相互贯通、相互支撑。而业务重组拓展、产业链拓展、市场区域拓展、资源能力拓展等战略是否有效，最终也需要通过独特价值序列进行检验。这9种创新战略其实是一个有机整体，是一个整体战略的9个不同方面。

由于这9种创新战略是从一个聚势战略的不同角度进行创新的战略，因此可以将多个战略组合起来使用。一个聚势战略甚至可能包含9种战略，通过不同类型战略的组合可以发挥出最大的战略威力。

创新者的9种战略是立足于价值创新的模式之战，通过创新型的商业模式，创造差异化的增量价值，吸引利益相关者结盟，扩张声势，增强实力，超越竞争对手，通过"势战"迫使竞争者屈服，以此实现不战而胜。其本质就是发现社会经济中高效区域与低效区域，通过商业模式的不断迭代创新，扩大高效区域，不断推动低效区域发展为高效区域，提升整个社会的有序度，从而赢得市场竞争。这既是商业竞争的价值所在，也是人类社会不断进步的动力。

要把握时代，就必须站在时代之上，具备超越时代的眼光。从互联网革命的发展趋势看，随着第二次互联网革命的开始，3D打印机等分布式生产的普及将逐渐瓦解传统产业链，产业链拓展战略和市场区域拓展战略在制造业领域的应用范围将被缩小，但仍会存在于服务业等领域。价值总量拓展战略、价值要素重构战略、价值等级拓展战略基于抽象价值，不受具体产业的局限，适用范围广，会获得持续深入应用。有机耦合拓展战略用于商业生态不同功能的有机耦合，将为人类在第一次互联网革命末期及其后构建系统性、完整的解决方案提供极大的助力。而平台生态拓展战略将随着全球网状超级平台生态成为人类商业主体，从全球网状超级平台到以全球3D打印设计平台为核心的全球网状超级平台，再到虚拟、现实融为一体的全球网状超级平台贯穿整个3次互联网革命。随着商业实践的不断深入发展,理论体系也将越来越丰富与细化。这9种创新战略的发展与成熟,可以避免人类在错误或低效的商业实践中浪费资源,让未来商业创新具有更高的效率,有力地推动互联网革命的深入发展。

二、3种竞争战略

守成者的不战而胜之道以控制存量资源为基础,针对竞争对手的弱点制定竞争策略,使竞争对手的生态系统崩溃,从而战胜竞争对手,赢得竞争胜利。这3种竞争战略包括竞争方式牵引战略、战略资源竞争战略、生态系统封闭战略。

(一)竞争方式牵引战略

竞争方式牵引战略是指基于竞争对手在资源使用方式上的缺陷,有针对性地采用创新性竞争方式进攻,从而击败对手的战略。例如,TCL用速度竞争方式击败长虹的规模竞争方式。

(二)战略资源竞争战略

战略资源竞争战略是指基于竞争对手的薄弱资源,通过对战略资源的争夺、攻击与消耗,使其丧失战略资源支持,从而击败竞争对手的战略。战略资源竞争战略包括存量客户、流量、数据、供应链、资金和利润区6种资源竞争战略。

(三)生态系统封闭战略

生态系统封闭战略是指通过对未来发展空间的占领,封闭、遏制竞争对手生态系统的发展与壮大的战略。生态系统封闭战略包括3种细分战略:核心保护战略、核心突破战略和生态封锁战略,生态封锁战略是主导战略,核心保护战略是基础战略,核心突破战略是辅助战略,这3种细分战略需要根据实际情况组合使用。生态系统封闭战略在商业竞争中较为常见。例如,头条系与腾讯系相互封闭生态系统,以遏制对方的发展;苹果封杀Adobe Flash,以实现对整个平台生态的掌控。

竞争战略的本质特征是聚势,通过控制存量资源,夺取、扼杀竞争对手的发展趋势,但从另一个角度看,为夺取、扼杀竞争对手的发展趋势,就必须汇聚比竞争对手更强大的势力,因此竞争战略也属于大聚势战略的一部分。聚势战略是十二维一体战略，3种竞争战略是基于存量资源竞争的不同方面，因此不仅3种竞争战略可以组合使用，3种竞争战略与9种创新战略也可以组合使用，它们是一个整体战略需要考虑的12个不同方面，每一种战略都是一个不同的维度。十二维一体战略将极大地丰富企业在互联网革命时期突破市场的策略与方法，提高企业战略的创新效率，加速提升全球商业领域的竞争层次。

聚势战略的12种战略是企业战略、企业管理的"万法之宗"，仅价值要素重构战略14种价值的不同组合就达到了16383种，12种战略的潜在组合可达上亿种。聚势战略不仅包含了迈克尔·波特的3种竞争战略、蓝海战略和定位营销战略，绝大多数战略都可以据此演变。例如，规模经济战略：规模经济并不直接构成竞争优势，而是通过规模经济产生高质量、低成本等价值要素形成竞争优势，其对应价值要素重构战略中的质量、成本等要素。反定位战略：采用对行业领导者难以模仿、损害现有业务基础的商业模式，如开市客采用了沃尔玛直接难以模仿的"高质量+低成本+无风险+低多样性+多功能"的独特价值序列，反定位的本质仍然是对价值要素进行重构，找出市场未能满足、行业领导者难以直接跟进的价值要素序列。垄断性资源战略：通过垄断行业关键资源以形成壁垒，遏制、抵御竞争对手的进攻，在资源能力拓展战略的聚众、整合细分战略中，在获取行业关键资源后，都可以对行业关键资源进行深度捆绑，以形成垄断，获得更大的竞争优势。轻资产战略：可以从3个角度理解，一是从独特价值序列角度，针对成本要素，价值要素重构战略包含了轻资产战略；二是从资源能力拓展角度，针对行业资源型整合模式，资源能力拓展战略也包含了轻资产战略；三是从成本转移角度，为实现盈利类商业模式中的成本类模式，可以采用轻资产战略。网络效应战略：为了提高网络效应，平台生态拓展战略中包含了网络效应战略。除此之外，进攻性战略、防御性战略、多元化战略、产业链战略、国际化战略、规模定制战略、时基竞争战略、战略联盟等传统战略都可以根据这12种战略演变而来。

从传统经营战略角度看，聚势战略包括增长战略、稳健战略，唯有收割战略、紧缩战略等保守或退缩趋势的战略不属于聚势战略。聚势战略就是如何赢的战略，以及如何赢的法门。这12种聚势战略从不同角度，展现出战略最为完整的本体，从而更接近于战略的本质，避免人类陷入"盲人摸象"的窘境。

第三节

关键是：模式、机制是战略核心

一、战略与模式、机制的关系

随着时代的发展，各种商业模式工具被陆续发明出来，用来帮助人类进行商业模式创新。人类对商业模式的观察与理解逐渐深入，各种商业模式工具的关注重点也发生变化，从最初对商业活动系统的关注，发展到对客户价值、交易结构的关注，商业模式工具的构成要素也从三要素、四要素发展到六要素、七要素、九要素，对商业模式的解构越来越精细。

然而，现有的商业模式工具大多只是对现有商业模式按要素进行解构，展示其要素内部结构和之间的逻辑关系，具有较强的展示说明功能，但对互联网革命时期商业模式的创新能力较弱，缺乏对商业模式进行价值创新并按步骤进行建构的能力。

要构建创新型商业模式，首先必须明确商业模式的设计起点在哪里。这就要求人类必须掌握商业模式和战略的关系。有观点认为，商业模式和战略不同，商业模式是"价值创造"导向，战略是"建立竞争优势"导向，两者有关系，但属于不同的系统，因此两者"和而不同"。

要明确两者之间的关系，就必须明确两者的概念和内涵边界在哪里。

（一）从概念定义上看

从战略的概念看，"战略"最早源于古代兵法，属于军事术语，指基于战争全局分析做出的谋划。战略的定义有广义和狭义两种，广义战略的代表者是伊戈尔·安索夫（H.igor Ansoff），他认为战略管理是指将企业的日常业务决策同长期计划决策结合而成的一系列经营管理业务，也就是运用战略对整个企业进行管理。狭义战略的代表者是乔治·斯坦纳（George Steiner），他认为战略管理是决定企业长期问题的一系列重大管理决策和行动，包括企业战略的制定、实施、评价和控制。亨利·明茨伯格（Henry Mintzberg）认为，战略即计划（Plan）、计谋（Ploy）、模式（Pattern）、定位（Position）与观念（Perspective）。迈克尔·波特认为："战略是公司为之奋斗的一些终点与公司为达到它们而寻求的途径的结合物。"纵观不同学者和企业家的不同见解，无论是广义的定义还是狭义的定义，战略包含一切对企业经营有重大影响的策略、模式、行动等手段是一种共识。

从商业模式的概念看，目前学术界也没有一个统一的概念或定义。泰莫斯（Tamos）认为商业模式是一个完整的产品、服务和信息流体系。哈佛大学教授马克·约翰逊（Mark Johnson）、克莱顿·克里斯坦森（Clayton Christensen）和 SAP 公司 CEO（Chief Executive Officer，首席执行官）孔翰宁认为，商业模式是一个由客户价值、企业资源和能力、盈利方式构成的三维立体模式。亚历山大·奥斯特瓦德（Alexander Osterwalder）认为商业模式是企业如何创造价值、传递价值、获取价值的基本原理。北大教授魏炜与清华教授朱武祥认为商业模式的本质是利益相关者的交易结构。学者们从商业要素、价值创造、交易结构等角度提出了不同的商业模式定义。

本书认为商业模式是商业生态系统的结构化关系和运行规律，不仅包括企业外部的交易结构，而且包括企业内部的运营结构。"形"是"势"的根，交易结构的基础是运营结构，没有内部运营系统的支持，就没有外部交易系统的创新，二者其实是一体的，二者共同构成了商业生态系统。模式是一种结构化关系，包括商业生态系统中人与人、人与子系统、子系统与子系统之间的交易、协同、共生、伴生等关系。价值创新循环的价值创造、价值交易、价值实现是商业生态系统的核心运行规律。商业模式属于对企业经营有重大影响的策略、模式，而战略包含一切对企业经营有重大影响的策略、模式、行动等因素。因此，除非改变战略的定义，否则商业模式必然属于战略的一部分，两者并不是相互独立或相交关系，而是包含关系，战略包含商业模式！商业模式属于战略中结构化关系策略，战略的重要核心组成部分是商业模式，两者相互依存、不可分割。

（二）从结构关系上看

战略研究的是细分市场的选择与竞争策略，包含战略定位、总体战略、业务战略、职能战略等内容，商业模式研究的是商业生态系统的结构化关系和运行规律。战略定位正是商业生态系统构建的起点，战略定位明确了商业系统为谁创造价值，商业模式创新承接战略定位，通过价值基础明确为谁创造什么价值。通过价值创新循环进行结构关系创新实现价值创新，是总体战略、策略、方法、计划的重要组成部分。结构关系创新通过业务战略、职能战略落实到运营、组织、营销等管理模块中，战略定位、总体战略（商业模式）、业务战略、职能战略一体相连，商业模式是竞争策略的重要组成部分。

从两者的结构关系看，战略必然包含商业模式，而商业模式也只有以战略定位为结构化关系设计的出发点，才能有的放矢，解决很多模式设计过于追求精巧而不太实用的问题。

（三）从系统效用上看

根据通常的认识，商业模式目标是"价值创造"，战略目标是"建立竞争优势"，为客户创造价值正是建立竞争优势的重要组成部分。只有明确了战略和商业模式之间的关系，战略和商业模式才能相互借力，成为一个整体，发挥更大的系统效用。

将战略引入商业模式工具，能解决 SWOT 分析、五力模型、波士顿矩阵等战略工具虽然可以进行结构分析，但很难直接推导出有效竞争策略的问题。商业模式创新以战略定位为起点，只有明确为谁进行价值创新，才能更清晰、有效地进行价值创新。同时，战略也能弥补现有商业模型在工具、方法上的不足。只有把战略和商业模式更精准、有效地连接起来，战略、商业模式才能发挥出更大的效用。

所以从概念定义、结构关系、系统效用上看，战略包含商业模式，商业模式是战略的重要组成部分。如果说战略是管理中的"皇冠"，那么商业模式就是"皇冠"上最璀璨的钻石。商业模式的设计起点就是战略定位，而总体战略包含商业模式，商业模式与战略本为一体，商业模式通过承接战略，可以更有效地发挥商业模式的价值创新能力。管理上的模式与经济中的机制本为同一事物，两者分别是企业战略和区域战略的核心。

二、创新模板与其他商业模式工具的比较

创新模板与其他商业模式工具的比较如表 4.2 所示。

表 4.2　创新模板与其他商业模式工具的比较

工具名	原点	要素
沃顿商学院拉斐尔·阿米特的商业模式工具（三要素）	活动系统	活动系统的结构
		活动系统的角色
		活动系统的内容
哈佛商学院克莱顿·克里斯坦森的商业模式工具（四要素）	客户价值主张	盈利模式（收入模式、成本结构、利润模式）
		关键流程
		客户价值主张（帮助客户完成某项重要工作的方法）
		关键资源
北大魏炜、清华朱武祥的商业模式工具（六要素）	利益相关者的交易结构	定位：企业满足客户需求的方式
		业务系统（构型、关系、角色）
		盈利模式（收支方式、收支来源）
		现金流结构
		企业价值
		关键资源能力
商业画布亚历山大·奥斯特瓦德的商业模式工具（九要素）	基于细分客户的价值主张	客户细分
		渠道通路
		重要合作
		客户关系
		收入来源
		成本结构
		关键业务
		价值主张
		核心资源
创新模板（七要素）	基于差异化市场的价值基础创新	战略定位：差异化的市场定位
		交易模式（基础价值、工具价值、情感价值、伙伴价值）
		盈利模式（利润、成本、现金流、利润分配）
		运营模式（运营模式、组织模式）
		价值基础（为客户、合作伙伴、员工、股东、社会创造的价值）
		关键资源
		核心能力

资料来源：作者根据公开资料整理。

从现在较为流行的商业模式工具看，其要素构成各不相同。拉斐尔·阿米特（Raphael Amit）把商业活动看成活动系统，认为商业模式研究的是活动系统的结构、角色和内容。克莱顿·克里斯坦森提出了客户价值主张、盈利模式，同时认为关键流程是贯穿企业内外部的流程，所以他的关键流程其实包含了企业的外部关键交易流程和内部关键业务流程。魏炜、朱武祥认为商业模式主要是交易系统，因此提出了定位和业务系统。此定位并不是战略定位，而是企业满足客户需求的方式；业务系统主要是指企业外部交易系统。亚历山大·奥斯特瓦德虽然没有明确提出从战略出发，但是客户细分继承了差异化战略的思想，他的外部交易模式被拆分为客户细分、渠道通路、重要合作、客户关系四要素，仍从传统的管理学角度来理解商业系统的外部交易结构，关键业务主要指产生价值的核心业务活动。

虽然研究者们对商业模式的解构角度不同，但商业模式工具不仅要有较强的展示、解释能力，更重要的是具有较强的价值创新能力，需要具备以下3方面的功能。

（1）战略承接：从差异化的战略定位出发，明确差异化的客户群体。

（2）发现价值基础：发现差异化客户群重点关注的独特价值序列，以及利益相关者关注的重要价值。

（3）实现价值创新循环：通过交易模式、运营模式、盈利模式三位一体的价值创新循环，实现企业结构化关系整体创新，为差异化客户群创造出独特价值序列，为利益相关者创造重要价值。

从战略承接看，商业画布虽然具备一定的战略承接能力，但没有将战略定位作为整个商业模式架构设计的基础，其余商业模式工具也没有把商业模式与战略关联，没有承接战略的能力，没有明确围绕什么样的差异化客户群体进行商业模式创新，这会导致商业模式创新缺乏明确导向。

从价值基础看，克莱顿·克里斯坦森和亚历山大·奥斯特瓦德关注到了客户的价值主张，但所有的商业模式工具都没有关注到除客户外其他利益相关者的价值。价值基础与价值主张不同，价值主张只是基于客户的独特价值，而价值基础既包括差异化客户群体的独特价值序列，也包括其他利益相关者的重要价值。独特价值序列包含了独特价值，但不局限于单个价值，而是一组价值的组合。忽略其他利益相关者的价值将会使商业模式的根基不稳，特别是在平台商业模式涉及多方利益相关者的情况下，忽视任何一方利益相关者的价值都将导致商业模式创新的失败。因此，价值基础不仅包含差异化客户群体的独特价值序列，而且包含对合作伙伴、员工、股东、社会相关利益者的价值贡献。总体而言，价值基础包含商业模式创新对差异化客户群体及利益相关者、社会的整体价值贡献。

从价值创新循环看，拉斐尔·阿米特从活动系统的结构、角色和内容解构，克莱顿·克里斯坦森从关键流程、盈利模式解构，魏炜、朱武祥从业务系统、盈利模式、现金流结构解构，亚历山大·奥斯特瓦德从渠道通路、重要合作、客户关系、收入来源、成本结构、关键业务解构。虽然解构角度不同，各有创新之处，但由于这些人并非从价值创新角度出发，他们提出的商业模式工具难以覆盖价值创新全流程。有些商业模式工具较为笼统，不利于实际操作；有些商业模式工具缺失重要模块，无法形成完整的商业模式创新模式；有些商业模式工具过于琐碎，容易失去创新重点，难以进行有机整合等。更为重要的是，这些商业模式工具主要展示呈现功能，而不具备环环相扣、层层递进地推导创新型商业模式的能力。

总体而言，商业模式创新需要"有的放矢"，应当以战略定位为导向，明确商业模式创新针对的差异化客户群，以价值基础为支撑，明确商业模式为差异化客户群贡献的独特价值序列和为利益相关者贡献的重要价值，并以价值创新循环为核心，明确如何为差异化客户群、利益相关者贡献价值，三者次序承接、层层进化、共为一体。这就是商业模式创新3步法，也是商业模式创新工具应当具备的功能。

创新模板是基于互联网革命时期中平台型、生态型企业商业模式创新而设计的，并向下兼容工业革命时期传统企业的商业模式创新，因此与其他商业模式工具在导向、机理、构成、方法等方面存在较大的差异。

三、9类商业模式

《礼记·大学》谈道："致知在格物，物格而后知至。"现在商业模式的研究大多是对商业模式具体案例的研究，对商业模式的整体分类研究尚不深入，因此每一类商业模式的设计导向、设计机制并不清晰。如果对商业模式进行分门别类，分清不同类型商业模式的异同，则将极大地拓展商业模式的创新深度和提高商业模式的创新效率。

商业模式看似纷繁复杂，其实有迹可循。商业模式基于创新模板的七要素进行分类，可分为9类，每一类商业模式都有不同的设计重点和细分种类，如表4.3所示。

产业链战略类商业模式可以分为5种：产业链横向扩张、产业链纵向拓展、产业链深耕、产业链升级、产业链组合。产业链战略类商业模式是基于产业链纵向一体化、横向一体化等拓展战略推导而出的，具有明确的产业链战略导向，但与传统的产业链战略不同，受企业资源能力限制，更强调通过战略同盟、商业合作扩展能力边界，通过"四两拨千斤"的巧力实现战略目标。产业链战略类商业模式通过解决行业痛点来构建商业模式，解决方式有平台式、系统式、整体方案式，其特征为横向耦合、纵向耦合、单点耦合、跨界耦合、多链耦合等。

市场区域类商业模式可以分为两种：单点突破、全面拓展。市场区域类商业模式针对的是产业链的某一环节市场。企业在第一次突破较为成熟的市场时往往采用单点突破模式，通过集中资源获得竞争优势，为特定人群贡献出更大的价值，从而利用单点突破快速占领细分市场；在突破成功、市场稳固之后，常会采用全面拓展模式，对相关细分市场进行延伸拓展与渗透，以获得更大的市场份额、更多的利润和收入，同时获得更强的实力，以遏制、抵御对手的进攻。

价值基础类商业模式是主要围绕客户、合作伙伴、员工、股东、社会等利益相关者进行价值创新的商业模式，利益相关者是商业模式创新的重要组成部分，围绕利益相关者进行价值创新同样至关重要，可以利用价值总量、价值等级、独特价值序列等设计使商业模式创新获得更为稳固的基础，为利益相关者创造出更大的价值。

交易重构类商业模式可以分为4类、14种：功能、质量、成本、便利、体验、速度、风险、多样性、社交、尊重、情绪、情感、收益、事业。交易重构类商业模式主要针对交易模式进行创新，缺乏有效的创新途径，交易模式涉及的利益相关者可能有一个到多个，因此形态复杂多变。如果脱离了价值基础，仅研究交易模式的形状、连接等外在表现形式，很容易导致商业模式创新失去方向和重点，因此交易重构类商业模式应以价值为核心进行创新。在实践中，企业通常会基于价值基础中的独特价值序列，利用价值矩阵工具选择一到多个价值点进行创新，以实现价值最大化。

表 4.3 商业模式类型总览

比对项目	产业链战略	市场区域	价值基础	交易重构	业务重组	组织变革	资源能力	盈利技巧	平台
传统方式	横向一体化、纵向一体化	市场定位	价值主张	传统功能	业务单一	层级制	企业拥有的资源能力	赚进销差价	互联网平台
挑战	资源能力受限，独立实施战略困难	获取更大的市场份额	没有考虑价值序列和利益相关者的利益	缺乏有效的创新路径	客户需求个性化、多样化	无法激发组织活力	资源有限，无法抓住发展趋势	增加盈利，减少成本	获得正反馈
细分种类	产业链横向扩张、产业链纵向拓展、产业链深耕、产业链升级、产业链组合	单点突破、全面拓展	客户、合作伙伴、员工、股东、社会	功能、质量、成本、便利、体验、速度、风险、多样性、社交、尊重、情绪、情感、收益、事业	业务分拆、业务组合、长尾模式、有机耦合	他组织（层级、矩阵、项目）、自组织、生态组织等	聚众（众包、众筹、众销）、共享、整合	增加收入、降低成本、稳定现金流、利润分配	单边平台、双边平台、多边平台和超级平台
特征	横向耦合、纵向耦合、单点耦合、跨界耦合、多链耦合	单点突破、全面拓展	价值总量、价值等级、独特价值序列	价值点	聚焦、协同、大规模定制、内循环体系	自组织、自运行、自激励、自协同、自进化	外部资源内部运营化、闲置资源共享、杠杆效应	多样化、饵钩、免费、转嫁	网络效应、算法机制、流量杠杆、正反馈、负反馈
案例	千里驹、IBM、闪耀时代等	苹果、三星、小米	索尼、任天堂等	千寻位置、飞贷、蔚来、菜鸟等	Agilent、ZARA、中技服务等	海尔、京瓷、苹果等	谷歌、普洛斯、万达广场等	埃夫特、帝国化工、麦当劳等	淘宝、滴滴、谷歌、抖音、安草等

资料来源：作者自绘。

业务重组类商业模式可以分为 4 种：业务分拆、业务组合、长尾模式、有机耦合。业务重组类商业模式和组织变革类商业模式都属于运营模式创新，两者共同组成了运营模式。而运营模式与交易模式实为内外一体化，运营模式的创新往往也会导致交易模式的改变。业务重组类商业模式按分、合、重组等不同业务形态的创新进行分类，通过揭示内在变化规律，为业务创新提供指导。

组织变革类商业模式按组织形态、自主有序度可分为他组织（层级、矩阵、项目）、自组织、生态组织等 9 种不同的商业模式。通过分析企业组织的组成形态、发展阶段、内在基因和外部环境，可以判断企业组织的优化方向与进化路径。组织变革类商业模式具有自组织、自运行、自激励、自协同、自进化等特征。

资源能力类商业模式可以分为 3 种：聚众（众包、众筹、众创、众销）、共享、整合。资源能力类商业模式的设计重点在于充分利用外部资源能力构建创新型商业模式，获得超出企业原有资源能力的成本节约、业务扩张和杠杆效应。

盈利技巧类商业模式可以分为 4 种：增加收入、降低成本、稳定现金流、利润分配，每种模式都有各自的设计重点和细分内容。盈利技巧类商业模式具有多样化、饵钩、免费、转嫁等特征。

平台型商业模式按外在形态可以分为 4 种：单边平台、双边平台、多边平台和超级平台。平台的核心价值是"个性化的最优策略"，内部基本结构包括资源、算法和体验，将网络效应、算法机制、流量杠杆、正反馈、负反馈等因素连接了起来。

四、9 种创新战略和 9 类商业模式的对应关系

由于商业模式是战略的核心，战略与商业模式具有高度的同源性，但两者毕竟是不同的概念，也存在着一定差异。产业链拓展战略与产业链类商业模式、市场区域拓展战略与市场区域类商业模式、资源能力拓展战略与资源能力类商业模式、平台生态拓展战略与平台类商业模式存在着一一对应关系，如表 4.4 所示。

表 4.4 9 种创新战略和 9 类商业模式的对应关系

战略	商业模式
产业链拓展战略	产业链类商业模式
市场区域拓展战略	市场区域类商业模式
价值总量拓展战略	价值基础类商业模式
价值等级拓展战略	
价值要素重构战略（狭义），9 种战略（广义）	交易重构类商业模式
业务重组拓展战略	业务重组类商业模式
有机耦合拓展战略	
	组织变革类商业模式
	盈利技巧类商业模式
资源能力拓展战略	资源能力类商业模式
平台生态拓展战略	平台类商业模式

资料来源：作者自绘。

价值总量拓展战略、价值等级拓展战略、价值要素重构战略对应价值基础类商业模式，价值总量拓展战略、价值等级拓展战略、价值要素重构战略均属于价值基础范畴，但策略特征不同，分别针对价值总量创新、价值等级创新与价值要素创新，因此它们是不同的战略。

业务重组拓展战略、有机耦合拓展战略对应业务重组类商业模式。业务重组拓展、有机耦合拓展均属于业务重构范畴，但模式特征不同。业务重组重点针对的是业务外在形态创新，有机耦合重点针对的是业务内部关系创新，因此它们也是不同的战略。

组织变革类商业模式为战略提供支撑，盈利技巧类商业模式是战略执行的结果。这两种商业模式是战略的重要部分，但不能独立构成战略主体，因此并不是独立的战略。（受篇幅限制，组织变革类、盈利技巧类商业模式的相关内容另行出版。）

交易重构类商业模式主要包括交易对象、交易商品、交易方式等要素创新。从狭义看，主要对应价值要素重构战略，通过价值要素的创新组合控制交易风险、降低交易成本、加快交易速度，实现交易模式创新。价值要素重构战略虽然对应价值基础类商业模式，但通过为客户贡献的独特价值序列，也是决定交易模式的主要因素，因此价值要素重构战略对应了价值基础类商业模式和交易重构类商业模式。

从广义上看，几乎所有的战略都会导致交易模式创新。例如，在产业链拓展战略中，产业链深耕战略、产业链升级战略会导致交易商品、交易方式创新；产业链横向拓展战略、产业链纵向拓展战略会导致交易对象、交易方式创新。因此，若只考虑交易模式本身的变化，而忽略交易模式变化的根本原因，很容易会舍本逐末。这9种战略最终都会通过对客户、利益相关者贡献的价值，决定交易模式的创新，因此从广义上看，交易重构类商业模式对应了9种战略。

第四节

怎么做：利用创新模板推导模式

一、创新模板系列设计工具

利用创新模板系列设计工具和商业模式创新3步法可以推导出企业的商业模式。创新模板系列设计工具包含3种：商业模式设计表、价值矩阵和创新模板。商业模式设计表进行整体商业模式设计，价值矩阵进行独特价值序列设计，创新模板展示商业模式的整体结构化关系。利用创新模板系列设计工具，并结合商业模式创新3步法，可以将企业商业模式一步一步推导出来。前面已经介绍过创新模板，下面主要介绍一下商业模式设计表、价值矩阵和商业模式创新3步法。

（一）商业模式设计表

商业模式设计表是设计整体商业模式的工具，在创新模板的战略定位、价值基础、交易模式、运营模式、盈利模式等要素的基础上进行了拓展，补充了行业痛点、企业和利益相关者的优劣势等内容。企业优势包括企业的关键资源和核心能力。行业痛点是站在整个产业的高度，寻找制约产业发展的关键瓶颈，行业痛点包含但不局限于客户痛点、利益相关者痛点等因素。商业模式创新并不一定要基于客户痛点进行，很多商业模式创新是基于利益相关者的痛点进行的。例如，索尼突破游戏机市场，就是基于利益相关者的痛点进行商业模式创新。商业模式设计表如表 4.5 所示。

表 4.5 商业模式设计表

战略定位				
行业痛点				
优势	企业		利益相关者	
	关键资源	核心能力	关键资源	核心能力
劣势				
交易模式				
运营模式				
盈利模式				
价值基础				

资料来源：作者自绘。

（二）价值矩阵

价值矩阵的底层逻辑是心理学家马斯洛（Maslow）提出的马斯洛需求层次理论。马斯洛把需求分成生理需求、安全需求、社交需求、尊重需求和自我实现需求。其中，社交需求是指人际关系的需求，包括对友谊、爱等感情和归属的需要；尊重需求是指自尊和希望受到别人的尊重。但马斯洛需求层次理论存在一个问题。根据马斯洛的补充，并不是必须百分之百地满足当前需求才能产生下一个需求，人的低级需求只需要得到部分满足后，就可能产生高级需求。例如，人为了实现理想，不惜牺牲生命，不再考虑生理需求和安全需求。人是社会性动物，社交的主要目的是通过社会交流获得其他人的身份认同和尊重。尊重包括自我尊重和获得其他人的尊重，从社交中产生自尊，基于自尊获得他人尊重。因此，社交需求和尊重需求都是通过个体主观和客观世界的互动，获得客观世界的真实认同和尊重。而喜、怒、哀、乐等情绪与友谊、爱等情感是个体主观精神世界的感受，建立在社会交流、身份认同、尊重等社交互动之上。情绪是情感的基础，而爱情、亲情、友情等情感需求要高于普通社交尊重需求，与自我实现都属于主观精神范畴。所以，社交需求与尊重需求其实是客观世界类需求，而包含情绪与情感的感情需求属于主观精神类需求，应将社交需求与尊重需求合并，将感情需求从社交需求中剥离、独立出来。社交需求得到部分满足后，即使没有完全满足尊重需求，人类也可以产生感情需求。这样，需求层次理论的逻辑体系将更为严谨、合理，也可以更好地解释"生命诚可贵，爱情价更高，若为自由故，两者皆可抛"。

改良后的马斯洛需求层次理论包括生理需求、安全需求、社交需求、感情需求和自我实现需求，社交需求包含社交与尊重。从供应决定因素看，满足生理需求、安全需求的主要是外部的客观物质，主观精神难以干预；满足社交需求的主要是主观精神和客观物质的互动，目的是获得外部客观世界的认同，主观精神可以干预，但仍以客观世界为基准，因为社交的目的就是融入群体；满足感情需求、自我实现需求的主要是内部的主观精神，主观精神可以调节、控制感情，并通过自我努力实现个人目标，主观精神具有主导地位。从生理需求到自我实现需求，主导权从外部客观世界向内部主观精神转移，满足需求的难度也从易到难。改良后的马斯洛需求层次理论如图4.2所示。

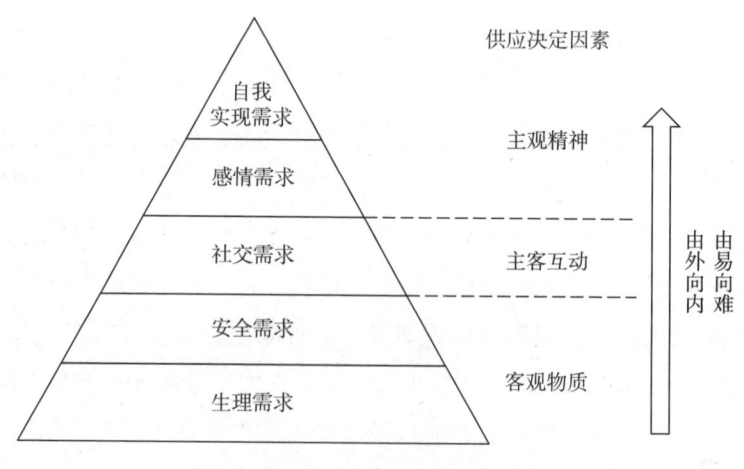

图4.2 改良后的马斯洛需求层次理论
（资料来源：作者自绘）

价值矩阵是设计客户独特价值序列的工具，包括4类（一类价值）、14种（二类价值）价值。一类价值包括基础价值、情感价值、工具价值、伙伴价值；二类价值包括基础价值的功能、质量、成本、便利、体验、速度、风险、多样性，工具价值的社交、尊重，情感价值的情绪、情感，伙伴价值的收益、事业。在二类价值下还存在细分类价值，在使用中可以根据实际情况进行设计，从而使价值创新更具有实用性。基础价值是指产品、服务、解决方案、平台具备的基础属性给客户带来的价值，很多时候产品、服务、解决方案、平台还会产生工具价值、情感价值和伙伴价值。工具价值是指客户可以利用产品、服务等工具，通过社会性活动加入社会群体，获得社会群体的认同、尊重的价值。例如，网易云音乐可以帮助客户寻找有相同偏好的音乐爱好者，一起享受音乐进行交流，从而为客户贡献社交价值；LV、CHANEL、GUCCI等奢侈品可以展示客户的身份、财富、品位，从而使客户获得其他社会成员的尊重，为客户贡献尊重价值。情感价值是指产品、服务使客户获得喜、怒、哀、乐等心理反应的价值。例如，客户在使用网易云音乐进行音乐社交时，由于具有相同的兴趣爱好与情感共鸣，可以产生友情等情感价值。伙伴价值是指企业成为客户的伙伴，为客户带来财富、事业等价值。

价值矩阵基于改良后的马斯洛需求层次理论建立，基础价值满足生理需求、安全需求，基础价值中的风险价值满足安全需求，工具价值中的社交价值满足社交需求，尊重价值满足尊重需求，情感价值满足情绪及友情、爱情、亲情等感情需求，伙伴价值满足自我实现需求，如表4.6所示。马斯洛七层需求理论增加了求知需求、审美需求，马斯洛八层需求理论增加了自我超越需求，产品、服务或解决方案提供的基础价值也可以满足求知、审美、超越自我价值观的需求。

在这4类（14种）价值中，基础价值是产品和服务的基本属性，用以满足客户最基本的需求；情感价值的主观性最强，客户往往会主动为情感、情绪价值付出更高的代价；其次是工具价值，客户也愿意为尊重、社交价值接受远高于成本的价格；伙伴价值最为稳定和长久，企业可以与客户形成战略合作。

价值矩阵中的功能是指客户购买产品、服务、解决方案获得的效能、功效价值。例如，展馆/展厅具有新颖的展示功能、冰箱的保鲜功能、汽车的运输功能等。

表 4.6 价值矩阵

一类价值	基础价值							工具价值		情感价值		伙伴价值	
二类价值	功能	质量	成本	便利	体验	速度	风险	多样性	社交	尊重	情绪	情感	收益	事业
第三层次（充分满足）														
第二层次（基本满足）														
第一层次（缺失或不足）														

资料来源：作者自绘。

质量是指客户获得的品质、性能、寿命、稳定性、效率等价值。例如，展厅设备的质量、房屋建筑的质量、洗衣店的服务质量及企业的运营效率等。

成本是指客户购买产品、服务、解决方案付出的交易成本，包括资金成本、时间成本、关系成本等。例如，展馆/展厅的建设资金成本、排队购买某品牌手机的时间成本、托人情关系购买演唱会门票的关系成本等。

便利是指客户购买产品、服务的方便程度。例如，社区超市的便利性、城市中心商城的便利性等。

体验是指客户购物或获得服务、解决方案过程中的直观感受。例如，展馆/展厅的科技体验感、乘坐出租车的体验、商城购物的体验等。

速度是指企业对客户需求的响应速度。例如，客服电话的等待时间、产品问题的响应时间、快递物流的送达时间等。

风险是指客户购买产品、服务、解决方案的潜在交易风险，包括欺诈风险、合规性风险、环境风险等。

多样性是指客户购买产品、服务、解决方案时获得的多样性选择价值。例如，淘宝平台上商品的多样性等。

社交是指客户可以利用产品、服务，获得社会群体的身份认同等社交价值。例如，客户使用网易云音乐找到有相同偏好的音乐爱好者。

尊重是指客户购买产品、服务时，可以获得的社会尊重价值。例如，购买劳斯莱斯、兰博基尼、布加迪威龙等豪车获得的社会尊重价值。

情绪是指产品、服务、解决方案、平台给客户带来的短暂、强烈、具有情景性的情感反应。例如，愉悦、愤怒、恐惧、狂喜等。

情感是指产品、服务、解决方案、平台给客户带来的稳定、持久、具有深沉体验的情感反应。例如，友谊、亲情、爱情、爱国主义、人道主义、荣誉感等。

收益是指产品、服务、解决方案、平台给客户带来的经济上的收益。例如，Myfarm通过售卖客户种植的农产品，帮助客户赚钱。

事业是指产品、服务、解决方案、平台给客户带来的事业上的帮助。例如，千寻位置为客户引入高新技术、高新企业，打造区域产业生态，帮助客户获得事业成功。

价值满足具有3个层次，第一个层次是价值缺失或不足，第二个层次是价值基本满足，第三个层次是价值充分满足。通过价值的不同层次，可以判断企业为客户提供的价值高低，以及主要竞争对手为客户提供的价值高低，通过比较分析，提炼出为客户提供的独特价值序列，从而与竞争对手展开差异化竞争。从经济学角度看，价值是每个人的主观判断，因此每一种价值的价值层次评估值实际都是市场上所有消费者价值判断的平均值。从管理学角度看，为了易于实际分析和操作，本书在进行价值层次评估时采用的是定性分析，但企业可以为每种价值设计可量化的客观指标，将定性分析转换为定量分析，从而更加精准地判断价值层次。

价值矩阵可以大幅降低商业创新的难度，创新者利用价值矩阵按图索骥，便可以发现行业中缺失的价值、竞争对手的价值强项与弱项、自己可以实现的价值，从而建立差异化的价值竞争。

（三）商业模式创新3步法

商业模式创新3步法与创新模板系列设计工具的方法需要结合使用，商业模式创新3步法如下所述。

第一步，设计战略定位。

使用商业模式设计表，分析行业痛点和企业、利益相关者的优劣势。利用客户痛点找到客户需要的潜在创新价值；利用利益相关者的痛点及其优劣势，发现可以优势互补的利益相关者，以及利益相关者需要的潜在重要价值；利用企业自身与利益相关者的资源能力形成优势互补，从而获得更强的资源能力以解决客户痛点，以此推导并确定企业的战略定位。

第二步，设计价值基础。

价值基础在商业模式创新中极为重要，价值基础创新包括3方面的内容：价值总量、独特价值序列和价值等级。这3者的设计角度不同：价值总量是从客户、合作伙伴、员工、股东、社会等利益相关者创造的价值总和上进行设计的，设计重点是模式创新贡献的价值总量；独特价值序列是为差异化客户创造的独特的价值序列，考虑的是价值的独特性、重要性；价值等级是根据各利益相关者的价值等级的高低进行设计的，考虑的是利益相关者的等级次序、利益相关者获得的重要价值，并且商业模式价值创新没有明显的"价值软肋"。

（1）价值总量，是指商业模式为客户、合作伙伴、员工、股东、社会等多方利益相关者创造的价值总和。商业模式创新必须为这些群体贡献比竞争对手更大的价值总和，只有这样商业模式创新才可能成功，而不能创造更大价值总量的商业模式创新是不可能成功的。价值总量的增加主要来自为客户、社会创造的价值，一般来说，合作伙伴、员工、股东是因参与为客户创造价值而获得利益的，所以价值总量主要关注商业模式的总体增量价值。价值总量创新的方法有两种。第一种是在原有价值基础上引入新的客户群体，在横向数量上实现价值的增加。例如，任天堂通过开发新的客户群，增加了价值总量，增厚了价值基础，从而实现了东山再起。第二种是在原有价值基础上通过模式创新为利益相关者创造更大的价值，在纵向深度上实现价值的增加。例如，闪维时代通过跨行业的资源整合，升级行业原有的解决方案，为客户带来更大的价值，实现了价值总量的增加，使商业模式更加稳固。另外，还有通过为社会贡献更大的价值来实现价值总量增加的。例如，蔚来的换电模式为社会贡献了比充电模式更大的价值。又如，Myfarm为社会减少了闲置土地，贡献了更大价值。

（2）独特价值序列，企业需要明确自己的核心客户群是谁，商业模式创新要为核心客户群贡献什么样的价值组合。传统的独特价值主张既没有考虑到为合作伙伴、员工、股东、社会等利益相关者贡献什么样的价值，又没有考虑到独特价值并不仅是一个点，而是一组独特价值的组合。而独特价值序列可以根据重要程度对价值要素进行排序，从而可以更有效地分配资源。例如，开市客为客户创造了优质、低价、无风险、易选择、多功能的独特价值序列，茶颜悦色为客户创造了优体验（新国风、新喝法、超预期服务）、高品质、平价、便利、社交、情感的独特价值序列。

（3）价值等级，在客户、合作伙伴、员工、股东、社会这些利益相关者中，企业需要在 3 点上进行设计：利益相关者是谁、利益相关者的等级高低及获得的重要价值，以及避免存在关键的"价值软肋"。

第一点，明确商业模式创新需要引入哪些利益相关者。例如，千里驹将中小型展馆/展厅企业客户群作为核心客户群，引入了中小型展馆/展厅企业作为利益相关者；任天堂除了原有客户群，又引入了新客户群，利用第三方游戏厂商资源共同为客户创造价值；Go-Jek 利用摩托车司机服务客户，同时整合了超市等利益相关者；阿里巴巴推出支付宝，把第三方支付从企业用户扩展到个人用户，整合了各大金融机构资源，共同为消费者提供创新价值。企业应明确核心的差异化客户群，整合利益相关者，共同进行商业模式创新。

第二点，明确在客户、合作伙伴、员工等利益相关者中，谁是应优先考虑的，谁是应次要考虑的。例如，阿里巴巴认为客户第一、员工第二、股东第三，而京瓷把员工放在客户之前。当企业把员工放在第一位时，结合日本的终身雇佣制，员工会与企业成为紧密的利益共同体，一心一意为企业谋发展，不为短期利益所动，通过员工自主自觉创造价值，最终也会给客户带来更大的价值，阿米巴模式由此建立。把员工放在第一位，实际也是把客户放在第一位；而把客户放在第一位，员工就真成了第二位。股东若不能直接为企业带来价值，只是贡献了资本，还需要依靠员工创新带来利润，自然要被放在员工和客户之后。

第三点，在价值基础设计过程中不能严重损害某一方的价值利益，避免存在关键的"价值软肋"，否则商业模式会不稳固，会被竞争对手乘虚而入。例如，任天堂忽视了第三方厂商的利益，甚至利用其商业生态垄断地位侵害了第三方厂商的合理利益。第三方厂商的价值等级被任天堂严重轻视，导致价值基础设计出现明显漏洞，这才使索尼有机可乘，通过模式创新为第三方厂商创造出比任天堂更大的价值，从而成功击败任天堂进入游戏机产业。又如，进入中国市场后的 eBay 依照美国惯例向中国卖家收取上架产品的费用，而阿里巴巴是免费的，导致卖家大批撤离 eBay，使得曾占据行业领导地位的 eBay 不敌阿里巴巴，在 2006 年关闭了中国业务，"败走麦城"，这才有了此后如日中天的阿里巴巴。这同样因为 eBay 认为自己是商业生态的主导者，在价值等级中忽视了对卖家的价值贡献，给了阿里巴巴反超的机会。

价值总量、独特价值序列和价值等级需要进行次序设计。在价值总量拓展战略中，横向数量拓展战略需要开拓新客户，纵向深度拓展战略需要进行模式升级，两者都要求全面创新，因此从开始就需要进行全系统设计。价值要素重构战略是在确定核心客户群之后，围绕核心客户群进行价值要素重组，因此在价值总量之后进行设计。而价值等级拓展战略是确定为客户贡献的独特价值序列后，围绕其他利益相关者进行价值创新，以避免商业模式价值基础出现明显的漏洞与"价值软肋"，因此在最后进行设计。

基于第一步设计推导出的企业战略定位、客户需要的潜在创新价值和利益相关者需要的潜在重要价值，选择价值总量创新方式，利用价值矩阵工具，设计出提供给客户的独特价值序列，并以此为基础，明确价值等级中各利益相关者的等级高低、重要价值，从而推导出价值总量、独特价值序列、价值等级。

第三步，设计模式。

以战略定位为引导，以价值基础中的价值总量、独特价值序列、价值等级为支撑，进行交易模式、运营模式、盈利模式设计。通过商业模式创新 3 步法，推导出企业的商业模式创新，利用创新模板展示企业的商业模式。

战略定位决定着商业模式的产业链定位、商业生态定位、差异化客户群定位，是商业模式设计的起点；而价值基础中的价值总量、价值等级、独特价值序列决定着为谁贡献价值、价值的大小、价值的独特性与重要性。这两者共同决定了如何利用资源能力进行交易模式、运营模式、盈利模式设计，以支撑战略定位，构建价值基础，实现商业模式创新的成功。

战略与商业模式设计的耦合关系如图 4.3 所示。

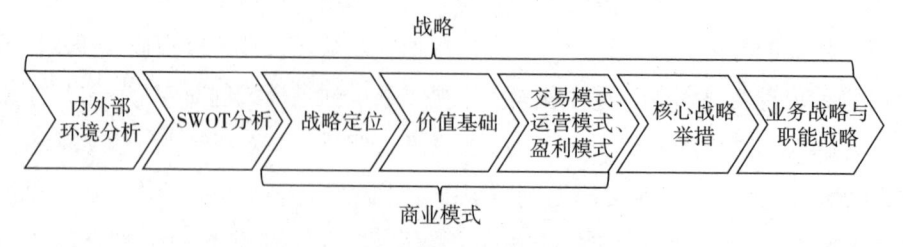

图 4.3　战略与商业模式设计的耦合关系
（资料来源：作者自绘）

从商业模式的输入与输出看，商业模式设计承接的是战略的内外部环境分析、SWOT分析。根据内外部环境分析、SWOT分析的结论，输入商业模式设计表中的优劣势、行业痛点，以此可以推导出战略定位，再推导出价值基础，接着推导出交易模式、运营模式、盈利模式，而交易模式、运营模式、盈利模式是总体战略中核心战略举措不可或缺的重要内容，也是影响业务战略、职能战略的关键内容，因此商业模式的输出是战略的核心战略举措、业务战略与职能战略。

所以，从整个设计过程看，战略包含了商业模式，商业模式是战略不可分割的核心组成部分。商业模式设计弥补了战略体系在SWOT分析之后，无法直接推导出总体战略中核心战略举措的重大体系性缺陷。而商业模式设计如果缺乏战略引导，则将导致模式创新缺乏设计起点，既不能保持创新聚焦，又不能严丝合缝地步步推导，同样存在重大体系性缺陷。整个战略设计流程应当包含商业模式设计，两者相互支撑，互相弥补各自体系中的重大缺陷，形成统一、完整的整体。

二、推导商业模式示例

千里驹主要为政府、企业提供城市规划馆、博物馆、公共文化展馆、开发区展厅、企业展厅等展馆/展厅设计施工等一体化解决方案。2018年后，一方面受宏观经济发展速度趋缓的影响，展馆项目面临项目削减、预算压缩、付款周期变长等情况，另一方面不同细分市场出现多家领导者，资源开始向领导者聚集，行业竞争逐渐加剧。在这种情况下，千里驹可利用商业模式创新3步法重新设计商业模式。

第一步，设计战略定位。

通过行业痛点分析，发现展馆/展厅客户最为关注展厅的创意体验，能否借助现代科技手段以新颖、经济的方式展现出独具特色的展示内容。在展馆/展厅行业有大量的中小型企业，这些中小型展馆/展厅企业虽有一定的本地市场资源优势，具有迅速建立品牌认知度的能力，但由于其规模较小、专业度不够、设计能力有限、运营成本高，无法用新颖、经济的方式为客户展现出独具特色的内容，难以很好地解决行业痛点，项目实施后的客户满意度较低，因此在市场上无法抵挡具有资本实力、行业资源优势的行业领导者的进攻，只能节节败退。而千里驹具备较强的策划、设计、建设施工、运营维护等一体化运营能力，在行业里深耕时间长，与行业的专业人才资源具有紧密的联系，也具有一定的资金资源优势。

千里驹商业模式设计表（一）如表 4.7 所示。

表 4.7 千里驹商业模式设计表（一）

战略定位	产业平台商			
行业痛点	无法以新颖、经济的方式为客户展现出独具特色的内容			
优势	千里驹		中小型展馆/展厅企业	
	关键资源	核心能力	关键资源	核心能力
	行业人才资源 一定的资金资源	展馆/展厅项目策划、设计、建设施工、运营维护一体化的运营能力	本地市场资源	迅速建立品牌认知度的能力
劣势	由于市场知名度有限，市场深度开拓困难		由于规模较小、专业度不够、设计能力有限、运营成本高，客户满意度较低	
交易模式				
运营模式				
盈利模式				
价值基础				

资料来源：作者根据公开资料整理。

千里驹从中看到了市场机会。如果将企业战略定位调整为产业平台商，与中小型展馆/展厅企业建立战略联盟，就可以将中小型展馆/展厅企业的客户群作为平台的目标客户群，由中小型展馆/展厅企业作为平台合伙人，负责本地市场开拓和客户关系维护，千里驹负责项目的策划、设计、建设施工、运营维护。两者合作将可以更好地解决行业痛点，增强市场竞争能力。

第二步，设计价值基础。

千里驹价值矩阵（建立产业平台前）如图 4.4 所示。

通过千里驹价值矩阵可以看出，在建立产业平台前，中小型展馆/展厅企业在功能、质量、体验、风险方面具有明显的价值短板，但在便利、速度、情感等价值点上具有优势，而千里驹恰好在便利、速度、情感等价值点上偏弱，行业领导者在功能、质量、体验、风险等价值点上领先。千里驹通过产业平台模式可以提升中小型展馆/展厅企业在功能、质量、成本、体验、风险、多样性等价值短板，从而把原来的竞争对手变成合作伙伴，而中小型展馆/展厅企业可以增强千里驹的便利、速度、情感的价值，因此双方具有较强的战略合作基础。

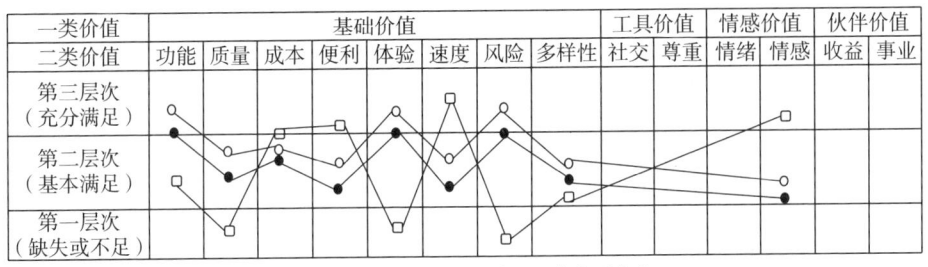

一类价值	基础价值								工具价值		情感价值		伙伴价值	
二类价值	功能	质量	成本	便利	体验	速度	风险	多样性	社交	尊重	情绪	情感	收益	事业
第三层次（充分满足）														
第二层次（基本满足）														
第一层次（缺失或不足）														

○行业领导者　●千里驹　□中小型企业

图 4.4　千里驹价值矩阵（建立产业平台前）
（资料来源：作者根据公开资料整理）

千里驹价值矩阵（建立产业平台后）如图 4.5 所示。

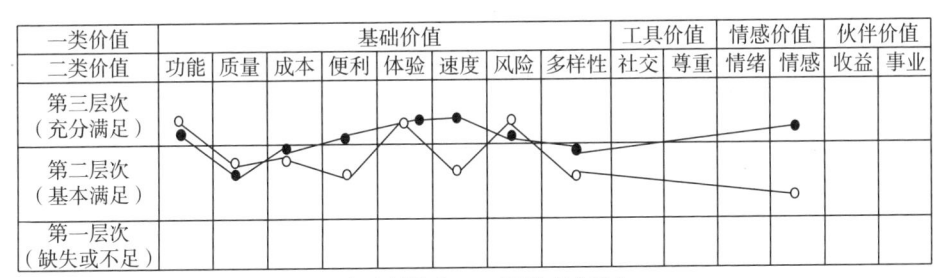

一类价值	基础价值								工具价值		情感价值		伙伴价值	
二类价值	功能	质量	成本	便利	体验	速度	风险	多样性	社交	尊重	情绪	情感	收益	事业
第三层次（充分满足）														
第二层次（基本满足）														
第一层次（缺失或不足）														

○行业领导者　●千里驹产业平台

图 4.5　千里驹价值矩阵（建立产业平台后）
（资料来源：作者根据公开资料整理）

千里驹在建立产业平台后，具备了一定的规模优势。首先，借助规模优势，反向整合行业专业资源，大力提升了客户关注的创意体验价值；其次，借助平台合伙人、行业专业人士等资源，在便利、速度、情感、多样性等价值点上反超了行业领导者；最后，在功能、质量等价值点上缩小了与行业领导者之间的差距。千里驹构建了创意体验、快速响应速度、情感维系、经济成本等一组独特价值序列，利用产业平台大大提升了其整体竞争能力。

在明确了客户的独特价值序列后，还要明确其在价值基础中的价值等级和带给利益相关者的重要价值。由于中小型展馆/展厅企业负责获取项目，它们作为平台合伙人对平台来说非常重要，因此千里驹通过规模化运作降低成本，将降低的成本让给平台合伙人。平台还需要整合行业设计师等行业资源，行业设计师帮助千里驹提升创意体验价值，同时依靠专业能力获取设计费等固定收益。千里驹利用产业平台模式获得更大销售规模和产业平台的主导权，因此价值等级的排序是客户第一，而中小型展馆/展厅企业（平台合伙人）、行业设计师、千里驹并列第二。

从价值总量看，千里驹通过产业平台整合了更多的资源，实现了能力的提升，从而为客户贡献了更优的独特价值序列，解决了行业痛点问题，同时帮助中小型展馆/展厅企业抵御了行业领导者的市场竞争，从而创造出更大的价值总量。

千里驹商业模式设计表（二）如表4.8所示。

表4.8 千里驹商业模式设计表（二）

战略定位	产业平台商				
行业痛点	无法以新颖、经济的方式为客户展现出独具特色的内容			
优势	千里驹		中小型展馆/展厅企业	
^	关键资源	核心能力	关键资源	核心能力
^	行业人才资源一定的资金资源	展馆/展厅项目策划、设计、建设施工、运营维护一体化的运营能力	本地市场资源	迅速建立品牌认知度的能力
劣势	由于市场知名度有限，市场深度开拓困难		由于规模较小、专业度不够、设计能力有限、运营成本高，客户满意度较低	
交易模式				
运营模式				
盈利模式				
价值基础	展馆/展厅客户（创意体验、快速响应速度、情感维系、经济成本等），中小型展馆/展厅企业（项目规模化降本效益），行业设计师（设计费），千里驹（更大的销售规模和产业平台的主导权）			

资料来源：作者根据公开资料整理。

第三步，设计模式。

以战略为引导，以价值基础为支撑，进行交易模式、运营模式、盈利模式设计。

（1）运营模式。千里驹整合产业资源，将传统企业运营模式调整为"产业平台+合伙人"新型模式，经过3年的持续努力，将行业各环节的专家、产业链供应商、商业配套保障体系一为产业平台的核心资源要素，储备了空间设计师、展陈设计师、3D设计师、室内设计工程师等全行业数十个工种的优质人才；对智能导览系统、陈列展示系统、光环节系统、艺术辅助展示系统、多媒体系统、平面展示系统、声环境系统、虚拟博物馆系统这八大系统进行了深化设计，提升了平台的系统化实施能力；同时，对工程施工技术、材料、工艺、流程进行了标准化、规范化，降低了成本，提高了运营效率，构建了环境和空间的咨询、策划、规划、创意、设计、实施、招商、运营、升级等专业模块一站式平台精准化服务，从而为客户提供了创意体验、快速响应速度、情感维系、经济成本等独特价值序列。

（2）交易模式。由中小型展/馆展厅企业作为平台合伙人，负责本地市场开拓，千里驹负责项目的策划、设计、建设施工与运营维护，行业设计师等外部专家与公司内部空间设计师、展陈设计师、3D设计师等专家共同联手，负责创意设计。

（3）盈利模式。通过项目合作，千里驹按事先约定分配机制获得项目规模收入，行业设计师等专家获得设计费，中小型展馆/展厅企业获得规模化降本效益，从而结成战略同盟，共同抵御行业领导者的市场竞争。

千里驹战略实质是进行了产业链的横向拓展。由于构建了产业平台，大量项目合作机会开始涌入，而行业传统的工程垫资模式风险较大，千里驹通过只接不需要垫资的项目进行项目筛选，大大降低了项目运营风险，从而有效控制了宏观环境风险。

千里驹商业模式设计表（三）如表4.9所示。

通过商业模式创新3步法设计，借助商业模式设计表和价值矩阵等设计工具，一步一步推导出千里驹的商业模式，最后利用创新模板完整地进行呈现，如图4.6所示。创新模板、价值矩阵和商业模式设计表是创新模板系列设计工具，利用创新模板系列设计工具可以快速进行商业模式创新。进行商业模式设计后，还需要根据实际情况对商业模式各要素进行调整、优化与完善，反复推敲、不断进化，从而获得更大的成功。

表 4.9 千里驹商业模式设计表（三）

战略定位	产业平台商			
行业痛点	无法以新颖、经济的方式为客户展现出独具特色的内容			
	千里驹		中小型展馆/展厅企业	
	关键资源	核心能力	关键资源	核心能力
优势	行业人才资源 一定的资金资源	展馆/展厅项目策划、设计、建设施工、运营维护一体化的运营能力	本地市场资源	迅速建立品牌认知度的能力
劣势	由于市场知名度有限，市场深度开拓困难		由于规模较小、专业度不够、设计能力有限、运营成本高，客户满意度较低	
交易模式	中小型展馆/展厅企业负责本地市场开拓，千里驹负责项目的策划、设计、建设施工与运营维护，行业设计师等外部专家与公司内部设计师共同联手，负责创意设计			
运营模式	构建产品平台+合伙人模式，整合行业专业资源，负责项目咨询、策划、规划、创意、设计、实施、招商、运营、升级等各个专业模块的一站式平台精准化服务			
盈利模式	千里驹获得项目规模化收入，行业设计师获得设计费，中小型展馆/展厅企业获得项目规模化降本效益			
价值基础	展馆/展厅客户（创意体验、快速响应速度、情感维系、经济成本等），中小型展馆/展厅企业（项目规模化降本效益），行业设计师（设计费），千里驹（更大的销售规模和产业平台的控制权）			

资料来源：作者根据公开资料整理。

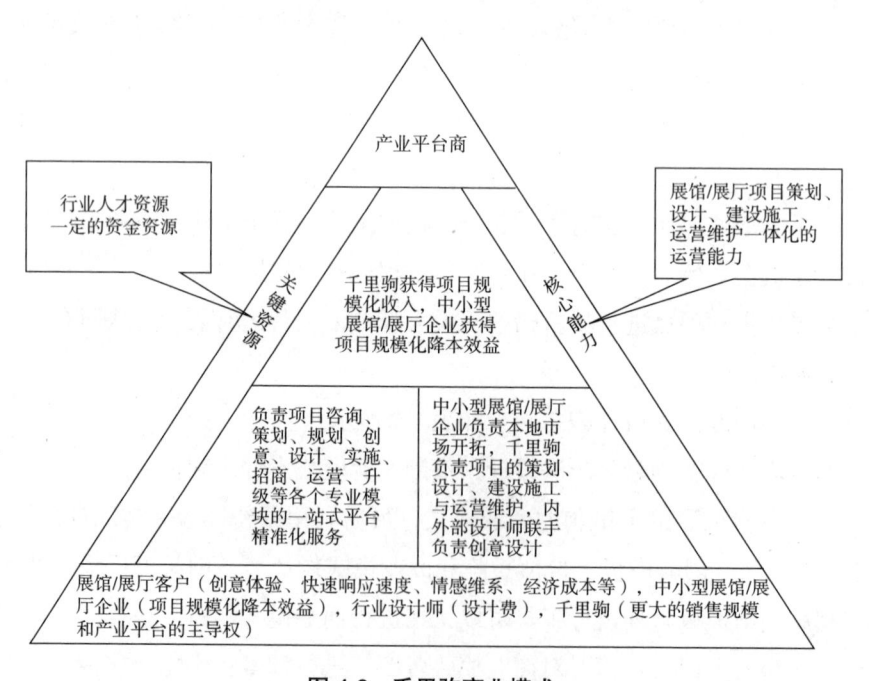

图 4.6 千里驹商业模式

（资料来源：作者根据公开资料整理）

商业模式是一整套精巧、系统、平衡的体系，关键要素之间环环相扣、缺一不可，忽视任何一个关键要素都可能会导致商业失败，尤其要重视行业痛点、战略定位、独特价值序列、利益相关者的重要价值与交易模式、运营模式、盈利模式之间的关联关系。

CHAPTER 5

第五章

价值筑基
——价值创新类战略

从价值创新角度,围绕市场价值总量、客户独特价值序列、利益相关者的重要价值进行创新,以价值为基,夯实整体阵势的基础。

/ 聚势 / 开创全球
科技、商业、经济新趋势

第一节

价值总量拓展战略：突破市场价值总量

价值总量拓展是指从市场总体价值角度，对产业链某一环节市场的价值总量从横向数量、纵向深度进行拓展的战略。利用价值总量拓展可以发现价值总量创新的路径。价值总量拓展战略有两种细分战略：横向数量拓展战略、纵向深度拓展战略。

一、横向数量拓展战略

横向数量拓展战略，是指在原有客户群基础上引入新客户群，或从原有客户群转向消费能力更强的新客户群，从而在横向数量上实现价值增加的战略。

2002年，执掌任天堂52年的社长山内溥退休，由岩田聪接班。当时任天堂的主力机型N64在主机大战中惨败，后续主力机型NGC由于相关人员决策失误，在发售时便受到重挫。岩田聪意识到任天堂无法再与索尼、微软等竞争对手进行正面对抗，准备另辟蹊径。

岩田聪认为应该打造低门槛的趣味游戏平台，让更多人玩游戏，即努力"扩大玩家规模"。一直以来游戏机的典型客户都是孩子，尤其是男孩，而游戏机厂商从未考虑过孩子的母亲，她们更像是游戏机厂商的"敌人"——努力让孩子与游戏机保持足够的距离，防止孩子沉迷游戏。

岩田聪提出了著名的"母亲至上原则"，不追求游戏机的技术与性能，而是让母亲满意。在设计下一代游戏主机Wii时，岩田聪要求设计师不要聚焦于高技术，而要侧重体积小、易整理、好操作，不给母亲在收拾家务时增添麻烦。在主机待机时，风扇必须停止工作，保持安静。为了解决孩子沉迷游戏的问题，Wii还会自动生成无法删除的游戏记录。

岩田聪不仅要让母亲满意，还要让老年人满意。当时在日本，《成人的脑锻炼：计算练习》和《成人的脑锻炼：音读练习》很畅销，这引起了岩田聪的关注。以此为理论基础，任天堂研发了"脑锻炼"游戏，其可以让老年人提升自己的大脑活跃度，保持健康。

任天堂把 Wii 的游戏手柄制作成了长条形，以方便玩家单手掌握，同时加入了体感系统。在年轻人手里，游戏手柄是大力劈砍的利剑；到了老年人手里，游戏手柄就变成了前后挥舞的网球拍。除此之外，手柄还可以变成指挥交响乐团的指挥棒、敲响皮鼓的鼓槌、拉弓上弦的弓箭、切菜的刀具等。Wii 不仅实现了健身、购物、浏览照片、家庭竞赛等场景的家庭娱乐需求，每天还能获得天气预报、新闻报道等 48 种服务。但 Wii 过于奇特的"遥控器"操作方式难以与第三方厂商的传统游戏产品进行适配，因此被业界戏称为"三坟（第三方坟场）机"。

Wii 于 2006 年 11 月发布，截至 2013 年 6 月其全球销量超过 1 亿台，Wii 成为三大游戏机厂商中性能最低却最畅销的机型。凭借 Wii 的空前成功，任天堂东山再起，在 2008 年重新回到全球游戏的顶峰。

但随着智能手机的流行，开发全年龄段家庭成员的任天堂，相比索尼、微软受到的冲击更大，而且任天堂后续推出的两款主力机型 3DS、WiiU 都存在较大的产品缺陷。外部的市场侵蚀和内部的机型失误使任天堂连续数年销量出现滑坡。任天堂经过长期的深刻反思，最终选择了坚持扩大玩家队伍的战略，在 2017 年推出了主、掌机一体化的便携主机 Nintendo Switch（NS）。NS 定位于可以随时随地玩的主机，偏重休闲娱乐，既可以在家玩，也可以在地铁上玩，还能和朋友联机玩，适合玩家充分利用空闲时间，从而与偏重沉浸感和故事性、具有较多游戏大作的索尼 PS，以及偏重"车枪球"类游戏的微软 Xbox 展开差异化竞争。

任天堂一方面淘汰了 Wii 过于标新立异的"遥控器"，游戏机体和手柄不再异形化，从而更好地支持第一方和第三方的经典游戏作品，因此获得了美国艺电公司（EA）、育碧等 50 多家第三方厂商的游戏加持，以吸引传统玩家；另一方面通过可拆卸的 Joy-Con 手柄支持体感操作，通过健身环大冒险等体感游戏继续吸引女性、合家欢等非传统玩家。

在价格上，NS 也明显低于同期竞品，而且 NS 是 3 家中唯一不锁区的，玩家可以跨区购买便宜游戏，这受到了玩家的欢迎。任天堂的 NS 价值矩阵如图 5.1 所示。

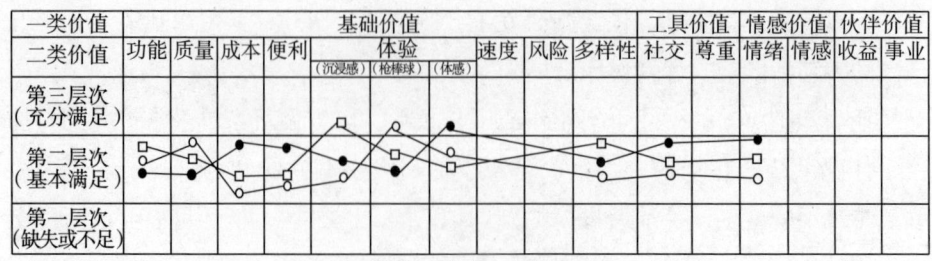

一类价值	基础价值							工具价值	情感价值		伙伴价值	
二类价值	功能	质量	成本	便利	体验(沉浸感)(枪棒球)(体感)	速度	风险	多样性	社交	尊重	情绪	情感	收益	事业
第三层次（充分满足）													
第二层次（基本满足）													
第一层次（缺失或不足）													

□ 索尼　○ 微软　● 任天堂

图 5.1　任天堂的 NS 价值矩阵
（资料来源：作者根据公开资料整理）

　　NS 成为近年最畅销的游戏机，使任天堂重新站在了游戏世界之巅。任天堂通过游戏创造出了强大的 IP，在积累了大量客户群之后，将这些 IP 进行跨界联名，如联名文具、键盘、衣服、运动鞋、食品，甚至"贴膜"飞机，涵盖了衣、食、住、行各个领域，以扩大影响，获取收益。例如，任天堂与优衣库联名推出带有 IP 的服装，肯德基与宝可梦联名推出赠品可达鸭。

　　从战略定位看，任天堂的 NS 战略定位于可以随时随地玩的主机，这种定位与其他游戏平台商的传统游戏主机有了明显的区别，由此决定了价值基础的不同。

　　从价值基础看，任天堂与其他游戏平台商最关键的区别在于价值总量。在战略定位的指导下，任天堂在坚守原有客户群的同时，引入了新的客户群，追求"更低的游戏门槛"与"更有趣的游戏机制"，在横向数量上实现价值客户的增加，扩大了价值总量，从而获得了商业成功。在独特价值序列上，任天堂为传统游戏客户依然贡献了实惠、丰富的游戏体验，而为女性、合家欢等增量客户贡献了健身体验、随时随地的互动娱乐体验。在价值等级上，传统用户和女性、合家欢等增量客户排第一，其次是第三方游戏厂商和任天堂。第三方游戏厂商获得了广阔的市场空间和易开发主机，易开发主机可以降低成本、增加利润，任天堂则获得了丰厚的市场利润。任天堂的 NS 商业模式如图 5.2 所示。

　　商界环境复杂多变，其实并非选择了一种正确的战略就能获得持续成功，即使是正确的战略，也需要适应环境的变化，不断完善与优化，只有这样才能持续成功。任天堂在通过 Wii 扩大玩家规模获得成功后，面对智能手机的威胁，暴露出了原有模式在整合第三方游戏厂商上的缺陷，历经 3 任社长的持续接力，前后经历了十余年时间，才让 NS 进化到较为成熟的程度，既保留原有传统游戏玩家，又吸引女性、合家欢等非传统玩家，既发挥第一方游戏特色，又团结第三方游戏厂商，获得了最大的价值总量，夯实了最为坚实的价值基础，从而东山再起。

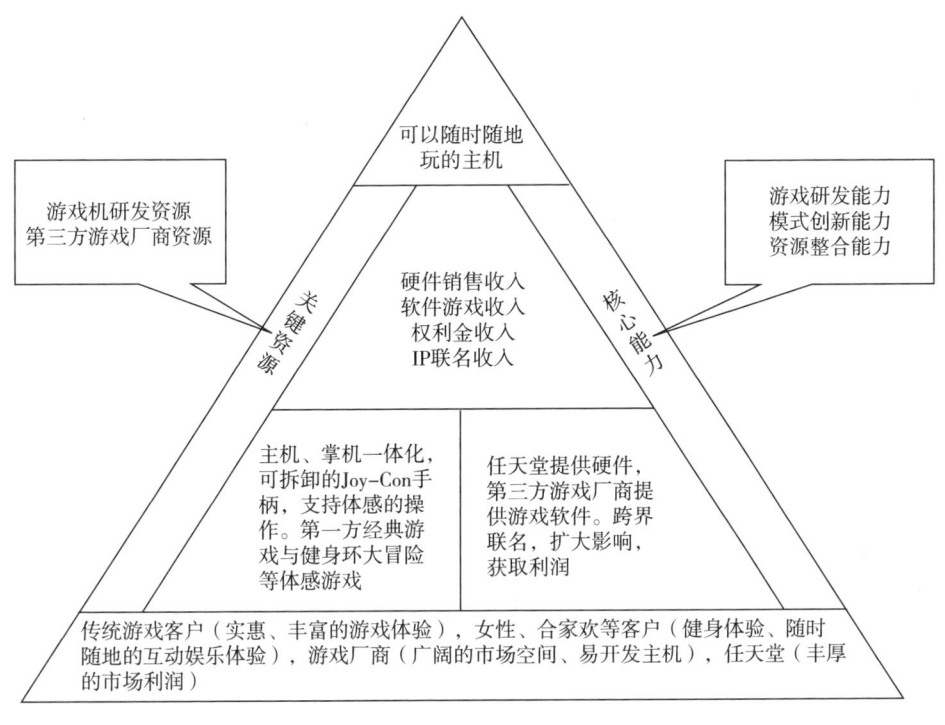

```
                         可以随时随地
                           玩的主机

  游戏机研发资源                                    游戏研发能力
  第三方游戏厂商资源        硬件销售收入              模式创新能力
                          软件游戏收入              资源整合能力
                          权利金收入
                          IP联名收入

                    主机、掌机一体化，    任天堂提供硬件，
                    可拆卸的Joy-Con手     第三方游戏厂商提
                    柄，支持体感的操      供游戏软件。跨界
                    作。第一方经典游      联名，扩大影响，
                    戏与健身环大冒险      获取利润
                    等体感游戏

  传统游戏客户（实惠、丰富的游戏体验），女性、合家欢等客户（健身体验、随时
  随地的互动娱乐体验），游戏厂商（广阔的市场空间、易开发主机），任天堂（丰厚
  的市场利润）
```

图 5.2　任天堂的 NS 商业模式
（资料来源：作者根据公开资料整理）

其实，横向数量拓展战略与蓝海战略在本质上异曲同工。蓝海战略利用战略布局图和 4 步动作框架对业务价值要素进行"剔除、减少、增加、创造"，从而拓展企业的边界。例如，太阳马戏团通过在传统马戏中引入戏剧情节，从而引入了成年人客户群，这和任天堂在价值基础上进行横向拓展，为游戏机加入健身体验、随时随地的互动娱乐体验，从而拓展女性、合家欢等非传统玩家客户其实殊途同归。

二、纵向深度拓展战略

纵向深度拓展战略，是指通过升级行业原有的产品、服务和解决方案，为客户及利益相关者带来更大价值的战略。

在 2007 年 iPhone 出现之前，诺基亚凭借结实耐用、通信质量优良的功能机，以及大规模研发、大规模制造支持的上千款产品机海战术建立了全面、坚固的"马其诺防线"，牢牢占据着全球手机第一的位置长达 15 年，在功能机时代几乎无人能敌。

苹果为了突破市场，将战略定位于时尚消费数码市场的领导者，同时对手机进行了重新定义。诺基亚将手机看成用于通信的手机，将上网、游戏等程序看成手机的附加功能，苹果将手机看成电脑，将手机的基础功能（如通话、短信）和上网、游戏、看书等功能看成电脑的附加功能。对手机的定义不同，给客户带来的独特价值序列也截然不同。对诺基亚的客户来说，诺基亚提供了一种结实、简单易用、高性价比的手机体验；而对苹果的客户来说，苹果提供了一种时尚、易用、海量应用的电脑体验，因此苹果手机对客户来说已经不只是一部用来通信的手机，而是一台具有丰富、易用体验的"时尚电脑"。

从价值基础看，在价值总量上，苹果通过 iPhone+App Store 模式升级了原有功能机产品，在纵向质量上为客户及利益相关者带来更大的价值。在独特价值序列上，苹果为客户贡献了时尚（社交）、易用（体验）、海量应用（体验）等独特价值序列。苹果实际重新定义了手机价值：功能机的"易用"是在键盘条件下的"易用"，而不是智能机全触摸屏的"易用"；功能机的"丰富"是买手机时装多少程序的"丰富"，而不是智能机可通过 App Store 下载海量应用的"丰富"；功能机的"时尚"是翻盖机、键盘机的"时尚"，而不是智能机无键盘金属机身的"时尚"。苹果改变、提升了消费者对手机的认知度，提供了更高维度的价值。在价值等级上，客户排第一，苹果与合作伙伴排第二。

苹果基于战略定位和价值基础，对交易模式、运营模式和盈利模式都进行了重新设计。

从运营模式看，在业务模式上，苹果首先打造了一款没有键盘的时尚手机，3.5 英寸（1 英寸 ≈ 2.54 厘米）全触控屏幕、金属机身；利用一个按键和一个触摸屏，通过多点触摸完成人与手机的交互；使用了当时处理速度最快的处理器，配置了一个桌面级别的操作系统 iOS。这些改变相对于诺基亚的九宫格按键手机来说，都是极大的革新。苹果从 2007 年开始布局自研芯片，2008 年收购了芯片设计公司 P.A.Semi，从 2010 年 iPhone 4 开始搭载自研的 A4 处理器，2017 年推出 A11 Bonic 仿生芯片。苹果通过自研芯片提升了手机的性能，降低了成本，打造了更深的"护城河"。在组织模式上，苹果打造了一个充分依赖专业知识的职能制组织，来支撑手机的产品研发、供应链管理和产品营销。

从交易模式看，苹果在 2007 年发布 iPhone 时，iPhone 还只是一款时尚手机，但在 2008 年 7 月 10 日苹果推出 App Store 后，iPhone 就从手机升级到了网络电脑。这个应用的推出帮助苹果彻底奠定了胜局，苹果利用 App Store 整合了大量的软件开发者，软件开发者为苹果手机用户提供了种类繁多的 App，极大地丰富了手机用户的使用体验。2019 年，App Store 中的应用数量超过 200 万款，聚集了全球 2300 多万名软件开发者。

在供应链上，苹果对核心技术的策略是自己研发或并购，如芯片、iOS 系统、AI 等技术，对非核心技术、供应链低价值部分，则采取外包策略。苹果也曾尝试自己进行组装生产，但成本太高、速度太慢，因此选择将供应链全部进行外包，利用市场规模优势获取全球化规模生产利润。苹果建立了一个全球化供应链系统，将屏幕分给三星、镜头分给 LG 和夏普，由富士康负责组装，其在每一个关键零部件上都会选择两家以上的供应商，以相互牵制、压价。苹果全球化供应链在乔布斯的继任者蒂姆·库克（Timothy Donald Cook）的打磨下，将苹果的库存周转天数从一个月降到了 5 天。

在销售渠道上，苹果会根据区域情况选择直营专卖店、独家或多家合作的运营模式。苹果会在具有较大市场规模的城市开设直营专卖店，并根据市场实力、通信技术匹配度选择运营商。独家运营商会获得一定时间内苹果手机的独家代理权，但需要为苹果提供硬件销售分成和客户通信费用分成。如果市场较大，苹果就会选择多家合作的运营模式以充分开发市场。苹果在 2009 年之后，逐步放弃了与合作运营商的话费分成收入。

从盈利模式看，近年来苹果的主要收入来源于硬件销售收入，iPhone 销售收入在苹果的总营业收入中的占比超过 50%，其次是服务业务收入。苹果先利用时尚、易用的硬件销售扩大整个商业生态，再利用商业生态的管理和服务获取持续性盈利。苹果对 App Store 中所有应用的数字内容消费按 15%~30% 的比例抽取佣金，但受欧美等地区反垄断政策的影响，近年来苹果逐渐放松了应用内支付机制管制，降低了应用分成的比例。"苹果税"所占比例从 15% 下降至 7% 左右，第三方开发者和各种规模的企业获得了更多的剩余收入。

苹果通过对手机的重新定义，引导运营模式、交易模式、盈利模式的创新，打造出 iPhone+App Store 模式，前端通过非常简练、时尚的手机进行突破，后端通过 App Store 向 iPhone 提供海量的程序支持。这种模式大大超越了诺基亚买什么手机就获得什么服务体验的商业模式，诺基亚手机的扩展性很小，买 iPhone 的用户在很大程度上不只是在买手机，而是在买手机后端海量程序的消费体验。从表面看，苹果利用单点突破模式，只通过一款"时尚"的手机，就突破了诺基亚上千款手机组成的坚固的"马其诺防线"。实质是，苹果以互联网革命时期的平台生态模式实现了工业革命时期难以实现的大规模个性化定制内容，这使仍处于工业革命时期的成熟巅峰状态、能快速提供上千种产品的诺基亚难以招架。苹果将细分市场突破战略与纵向深度拓展战略组合使用，引领了产业升级，利用新产业模式进攻旧产业模式，这本质是升级行业原有的产品、服务和解决方案，为客户及利益相关者带来更大价值。苹果的商业模式如图 5.3 所示。

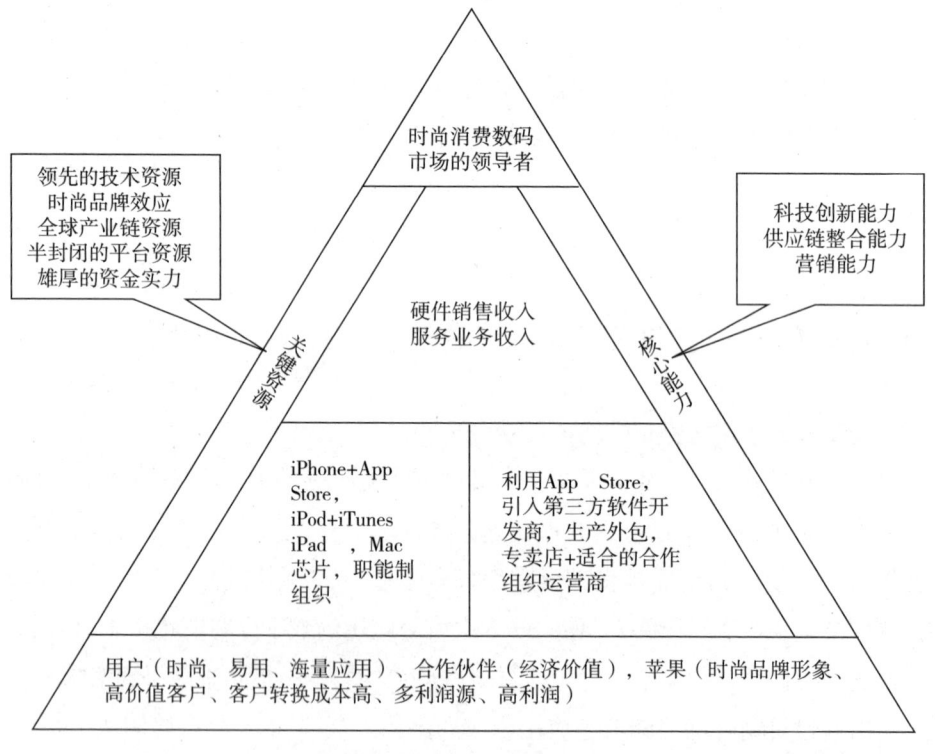

图 5.3 苹果的商业模式

（资料来源：作者根据公开资料整理）

日本农场 Myfarm 也采用了纵向深度拓展战略，定位于自产自销的社会化服务平台，对接市场供需两端资源，让更多城市人回归自然，享受农村悠闲生活，同时提高土地资源的利用效益，通过升级农业用地解决方案，为社会减少闲置土地，贡献更大价值。

第二节

价值要素重构战略：重构独特价值序列

价值要素重构战略是指从价值要素的角度，利用价值矩阵中的 4 类（14 种）价值，重新构建独特价值序列的战略。这 14 种价值包括基础价值的功能、质量、成本、便利、体验、速度、风险、多样性，工具价值的社交、尊重，情感价值的情绪、情感，伙伴价值的收益、事业。价值矩阵的 14 种价值中的每一种其实都是一种基本战略，14 种不同的价值可以组合成无数种潜在可能的战略，而每一层级的独特价值序列与更高层次的独特价值序列也是不同的战略。例如，功能机的价值要素内涵与智能机的价值要素内涵并不相同，因此不同竞争层次的相同独特价值序列也是不同的战略，具有不同的市场竞争力。

创新者可以利用价值矩阵从 3 个方面进行市场突破。第一，可以在基础价值上进行细分创新与升级创新；第二，随着社会的发展、客户需求层次的提高，不仅需要在基础价值上进行创新，还需要在工具价值、情感价值、伙伴价值上进行创新与突破；第三，根据客户群体的需求，在独特价值序列组合上进行创新。价值矩阵可以帮助创新者发现市场的价值序列全貌，如客户关注的独特价值点、竞争对手的优势价值点和劣势价值点、自己的优势价值点和劣势价值点、市场还未提供给客户的潜在价值点，从而快速找到创新的独特价值序列，建立差异化竞争优势。根据经济学的边际效用理论，当客户的某一种价值需求被满足时，创新者可以选择不同种类的价值进行创新，满足消费者的其他价值需求。独特价值序列与帕累托的效用序数论相对应。根据心理学的需求层次理论，当客户的基础价值需求被满足时，可以逐层选择工具价值、情感价值、伙伴价值进行创新。

独特价值序列中价值要素可以按重要程度进行排序，分清主次，从而在资源分配时，可以优先构建重点价值要素，使资源获得更优配置，更有效地进行战略突破。若创新者无法准确判断客户关注的独特价值点，价值矩阵还可以与市场调研相结合，帮助创新者准确认知市场的价值序列全貌。

以下对价值要素重构战略的细分战略进行举例说明。

一、开市客的独特价值序列："优质＋低价＋无风险＋易选择＋多功能"

开市客是美国最大的连锁会员制仓储量贩店，在中国上海、苏州开店时都引发了抢购狂潮。开市客如此火爆，与它的战略定位、独特价值序列密切相关。开市客基于中产阶层客户群，战略定位于会员制仓储式批发卖场，针对缺乏物美价廉、无风险购物体验的行业痛点，提出"以尽可能低的价格，持续为会员提供高品质的商品及服务"的核心理念，从而与传统大型连锁超市进行差异化竞争。传统连锁超市的利润来自商品进价与售价间的差价，而会员制仓储式超市并不通过销售商品赚钱，而是为目标客户群提供物美、价廉、无风险的商品，从而吸引大量消费者，通过消费者的会员费赚钱。

开市客的价值矩阵如图 5.4 所示。

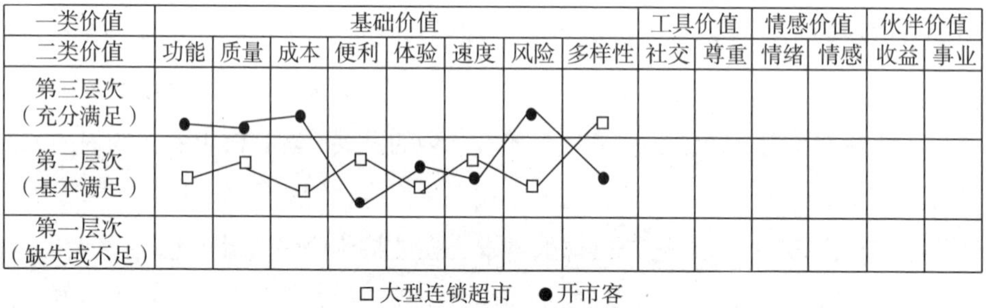

一类价值	基础价值								工具价值		情感价值		伙伴价值	
二类价值	功能	质量	成本	便利	体验	速度	风险	多样性	社交	尊重	情绪	情感	收益	事业
第三层次（充分满足）														
第二层次（基本满足）														
第一层次（缺失或不足）														

□ 大型连锁超市　● 开市客

图 5.4　开市客的价值矩阵
（资料来源：作者根据公开资料整理）

从客户群定位看，开市客的服务对象是中高收入的中产阶层消费者和中小型企业客户。这类人既追求较高品质，又追求性价比，平时工作较忙，希望一站式购齐。因此，开市客千方百计地为这类人选择、提供最合适他们的商品，以此为基础构建了"优质＋低价＋无风险＋易选择＋多功能"的独特价值序列。

从功能看，开市客不仅像传统超市一样提供商品销售，还为会员提供增值服务。例如，开市客为会员既提供免费验光检查，又提供免费的听力测试，还提供免费轮胎充气、矫正修复服务。虽然开市客的门店位置较偏，但开市客经营加油站，消费者可以在开市客加便宜的汽油。在美国低价汽油品牌中，开市客排名第一。开市客甚至是美国最大的汽车零售商，还涉足金融领域，帮助发行信用卡，分享信用卡的刷卡收益。开市客还提供西式餐厅、影印、药品、旅行代理、烘焙屋等服务。

从质量看，开市客为保证产品质量，所上架的商品都是品牌产品，品类独特且品质较高，要么是有品质的第三方品牌，要么是开市客让品牌厂商代工的自有品牌。开市客还提供数量不多的奢侈品，但并非最新款产品。例如，Burberry、Gucci 等品牌在开市客上架的都是一些老款产品，原因是开市客的客户群并不是奢侈品的最主要客户群体，奢侈品牌这样做只是为了扩大销售额，向下进行客户群延伸。在中国，开市客相比同类型的山姆会员店而言，进口商品较多，山姆会员店更多的是将国产产品根据山姆的生产包装流程进行再加工。

从成本看，开市客进行了极致的成本管理：在固定资产投资上，开市客的门店都是占地面积较大的"厂房式"，在城市郊区购买廉价土地，采用实用、简洁的装饰设计，减少资产投资；在采购成本上，通过采购大量单品策略来大幅降低成本；在运输费用上，门店靠近机场、高速公路，开市客在全球设有 24 个物流中心，30% 的货物由厂商直送门店，70% 的货物由厂商送至中心库，尽量不拆包，这使开市客的运费低于其他企业；在商品陈列上，开市客通过仓储式陈列简化经营，降低经营成本；在人力成本上，精减人员，不设场内导购，用高于行业水平的薪酬激励员工高效率地工作，降低员工流失率，节约培训费用；在营销费用上，不做广告，仅靠人带人和口碑相传，节约广告费用。由于坚持低成本策略，开市客曾经要求星巴克进场必须降低价格，二者僵持了 5 年多，最后星巴克被迫让步。开市客通过系统性的成本管理降低了成本，并将节约的成本让给了消费者。开市客规定所有商品的毛利率不超过 14%，一旦高过这个数字，就需要先向 CEO 汇报，再经董事会批准。而且一旦发现外部供应商在别的地方比开市客的价格还低，便永远不再与该供应商合作。这使过去近 20 年开市客的商品毛利率一直维持在 10% 左右，远低于沃尔玛、家乐福、永辉等超市 15%~25% 的毛利率水平。

从便利看，为了降低购地成本，开市客的门店位置都较为偏僻。例如，其上海首店距离市中心超过15千米，而且附近没有地铁站，消费者去该门店并不方便，时间成本较高，但该门店附近的停车位充足。综合来看，开市客在这一点上的价值要弱于其他大型连锁超市。

从体验看，开市客是仓储式门店，装修都较为简单，在室内空间利用方面与其他大型连锁超市的差别不大，但开市客会提供免费验光检查、轮胎充气、药品等服务，因此其服务体验比其他大型连锁超市要强。中国的开市客门店开业后较为火爆，人流量大，而且开市客的商品质优价廉、分量较大，甚至有些食品有时候人们可能一次性吃不完。这些因素虽然有其他方面的考虑，但在一定程度上影响了顾客的体验价值。

从速度看，开市客的速度主要是指服务速度。由于开市客的人流量大，而开市客不设场内导购，店员数量有限，因此店员经常满负荷工作。开市客在上海开业时，有的消费者的结账时间甚至达到了两小时，可见其速度价值比其他大型连锁超市弱。

从风险看，精挑细选的高品质SKU（最小存货单位）和较低的销售价格，使消费者的决策风险很小，而且开市客提供无风险购物服务，除了特定商品，可以"随时、随地、随性地退货"。开市客退货从不问原因、不限时间，只要会员不满意，随时可以退换！开市客规定，任何时间只要会员觉得不满意，都可以随时申请全额退款，甚至连会员卡都可以退。开市客这种全球罕见的退换货政策让消费者没有了后顾之忧，放开手脚消费。而开市客认为退换货有助于提高供应商对产品质量的重视度，被退货太多的供应商会努力提高产品质量。

从多样性看，像沃尔玛这种大型超市，一个店的SKU在40 000左右，产品种类大而全。一个中型连锁超市的SKU也普遍在10 000以上，而开市客的SKU只有3800左右，包括3000个生活必需品和近1000个冲动型消费品。开市客中的每一个SKU都经过精挑细选，通常只为消费者提供最佳的两三种"爆款"。例如，开市客的微波炉只会选低、中、高档3款产品，牙膏也不过几种品牌。单品的备货规模大，能帮助供应商压低生产成本、提高生产品质。如果单独从多样性上看，开市客的产品选择范围不如大型连锁超市的广，但较少的优质产品能让消费者更容易决策，减少了决策时间，降低了决策风险，提升了消费者的风险价值。

从价值矩阵看，开市客选择了"高质量+低成本+无风险+低多样性+多功能"的价值组合，为客户提供了独特的价值序列，从而成功与其他大型连锁超市建立了区隔。

从价值基础看，在价值总量上，开市客在纵向深度上为消费者贡献了更大的价值，带动品牌供应商获得了更多的利益，实现了价值总量的增加。在独特价值序列上，消费者获得了"多功能＋高质量＋低成本＋无风险＋低多样性"的购物价值，因此开市客深受消费者喜爱。在价值等级上，消费者第一，其次是品牌供应商与开市客，品牌供应商在扩大市场份额的同时获取了一定利润，而开市客获得了一定规模的会员。

表 5.1 所示为开市客的商业模式设计表。其中，开市客根据战略定位、价值基础，对交易模式、运营模式和盈利模式进行了设计。

表 5.1 开市客的商业模式设计表

战略定位	会员制仓储式批发卖场				
行业痛点	缺乏物美价廉、无风险的购物体验			
优势	开市客		品牌供应商	
	关键资源	核心能力	关键资源	核心能力
	中产阶层客户资源	选品能力 成本控制能力 供应链管理能力	品类产业资源	定制化能力 成本控制能力
劣势	需要优质品类资源		缺乏规模化销售渠道	
交易模式	开市客以尽可能低的价格，为会员提供精选的物美价廉、无风险商品，而开市客向品牌供应商订购大量单品类产品，以此要求品牌供应商打破自身的价格结构，提供专用低价，或开发只用于开市客的独特 SKU，或品牌供应商提供同品质的产品由开市客贴牌销售，同时品牌供应商须接受无条件退货			
运营模式	偏僻位置开店，低 SKU，高品质，极致的成本管理，无风险购物服务，丰富的增值服务			
盈利模式	会员费			
价值基础	消费者（优质、低价、无风险、易选择、多功能），品牌供应商（扩大市场份额、获取一定利润），开市客（获得规模会员）			

资料来源：作者根据公开资料整理。

从交易模式看，开市客以尽可能低的价格为会员提供精选的物美、价廉、无风险的商品，同时向品牌供应商订购大量单品类产品，以此要求品牌供应商打破自身的价格结构，提供专用低价，或开发只用于开市客的独特 SKU，或品牌供应商提供同品质的产品由开市客贴牌销售，同时品牌供应商须接受无条件退货。

从运营模式看,开市客选择偏僻位置开店,通过极致的成本管理为会员提供低SKU、高品质、低价、无风险的商品,以及丰富的增值服务。精准的选品能力、强大的成本控制能力与供应链管理能力使得开市客的客户单价是沃尔玛的2倍以上,坪效比①大约是沃尔玛的2倍,库存周转率大约是沃尔玛的1.5倍,运营费用率大约是沃尔玛的1/2。开市客的运营能力相对于大多数大型连锁超市而言非常优秀。

从盈利模式看,开市客并不赚取商品的差价,而是通过会员费赚钱。开市客2018财年全年商品销售营收为1384.34亿美元,会员费营收为31.42亿美元,净利润为31.34亿美元(略低于会员费营收)。因此开市客不会通过提高商品毛利率来增加企业利润,而是以较低的毛利润来吸引更多消费者成为其会员,通过会员费增加利润。

开市客的商业模式如图5.5所示。

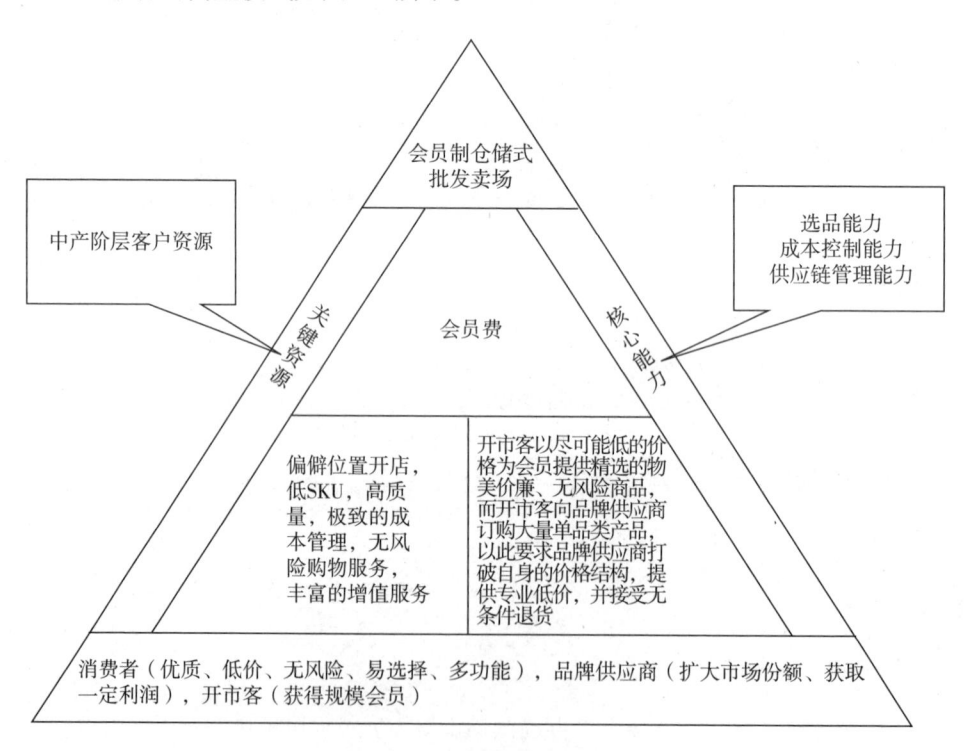

图5.5 开市客的商业模式
(资料来源:作者根据公开资料整理)

---

① 坪效比:每平方米店铺面积上所创造的营业额,常用于衡量门店经营效益。

开市客的商业模式的最大特色就是解决了消费者的决策风险问题。在传统的商业交易中，商业价值是恒定的，如果没有第三方的加入，商业交易就是零和博弈，有人赚就有人亏，所以卖方总是通过眼花缭乱的产品套餐、剃刀刀片、歧视定价、撇脂定价、尾数定价等技巧型策略，想尽办法从消费者身上多赚取一分利润。消费者内心对此是反感的，但又无可奈何，不得不从海量的商品中选择自己认为性价比最高的商品，承担了较大的决策风险和交易成本。开市客不赚商品销售的利润，只赚会员费的做法，相当于只赚取固定费用，将在传统商品交易中本应由卖方获取的消费者剩余全部让渡给消费者，使消费者选择任何一种商品都是市场最低价，后悔了还可以随时、随地、随性退换，这使消费者降低了决策风险，并大大节省了交易成本。而且消费者在开市客购买商品，帮助开市客做大规模，开市客规模扩大后节约的成本又会返还给消费者，所以消费者也乐于帮助开市客做大规模。

开市客在没有第三方加入的情况下，通过只获取固定费用，明明白白赚钱，虽然没有帮助消费者赚钱，但为消费者省了钱，降低了交易风险，而且该公司的品格如同人品一样，数十年言行一致，不占消费者便宜，使消费者产生了消费信任，这就是大道至简。所以雷军惊叹："进了开市客，不用挑、不用看价钱，只要闭上眼睛买，这是一种信仰。"

商业经营者在进行商业模式创新时，不应首先关注盈利技巧类商业模式。虽然企业盈利很重要，但如果不能为客户创造更大的价值，那么每一次盈利技巧类商业模式创新策略的成功，都会使客户增加一分反感，从而侵蚀企业长期经营的基石。商业经营者应当从价值基础出发，首先思考如何为客户创造更大的价值，摆脱企业与客户之间的零和博弈困境，丰盈商业生态，这才是商业模式创新的正确方式。"春播一粒种，秋收万担粮"，为客户创造更大价值如同播种，只有在春天播下种子，才能在秋天收获利润。

开市客的模式在中低端市场较难复制，因为开市客较为精准地选择了中高端的中产阶层市场，中高端品牌具备一定的利润空间，所以开市客可以借助中产阶层的规模优势压低价格，为消费者创造出较大的消费者剩余。而中低端市场中的产品众多、竞争激烈、产品利润本身就不高，难以在不影响品质的情况下压缩出较大的消费者剩余，为客户创造出远低于市场平均价格的售价。而在更高端的奢侈品市场，为了维护奢侈品的品牌地位、品牌形象，众品牌一般不愿意将当季商品进行减价销售，但是过季奢侈品存在一定的市场机会。

开市客与沃尔玛的商业模式不同，品类齐全的沃尔玛采用的是长尾产品策略，更容易形成多品小订单，无法在单品上形成规模优势，难以通过规模优势帮助上游厂商压缩成本，也就无法把压缩的成本让渡给消费者，变成消费者剩余。开市客通过商业模式创新形成了差异化的势战，传统的沃尔玛超市的规模远大于开市客，但在开市客涉及的 SKU 上，开市客的竞争力要强于沃尔玛，因此沃尔玛无法威胁到开市客，反而被开市客不断侵蚀中产阶层客户，这就是创新者的不战而胜之道。行业领导者往往是全线作战，利用规模优势获得产业最大价值，而创新者只要通过机制革新、模式创新在少数几个单点上取得竞争优势，就能使行业领导者无处发力，既求战不得，又避无可避。因为行业领导者受模式限制，不能因单点局部利益舍弃全盘利益，改变模式与创新者直接竞争，而不与创新者开展竞争，又无法遏制创新者在规模单点上蚕食行业领导者的市场份额。开市客是会员制仓储式超市的鼻祖，直到开市客成立数年后，沃尔玛才开始学习开市客，另外设立了山姆会员店，以此直接对抗开市客，遏制开市客的进攻。

二、轮回网络的独特价值序列："高效 + 低成本 + 安全 + 优体验 + 稳收益"

轮回网络（Samsara Networks）在 2015 年成立于美国加州旧金山，是一家利用物联网数据帮助实体企业提高运营效率的物联网运营平台，主要在北美和欧洲地区开展业务，为物流运输、批发零售、医疗等各行业的客户提供服务。轮回网络由于其独特的物联网商业模式获得广泛关注，是美国创业公司的独角兽。

轮回网络认为自己的使命是提高全球经济动力运营的安全性、效率和可持续性，因此战略定位是引领世界实体运营的数字化转型，利用物联网连接、人工智能、云计算和视频图像方面的最新科技，推动实体运营的数字化转型。轮回网络围绕战略定位，为用户构建了"高效 + 低成本 + 安全 + 优体验 + 稳收益"的独特价值序列。轮回网络的价值矩阵如图 5.6 所示。

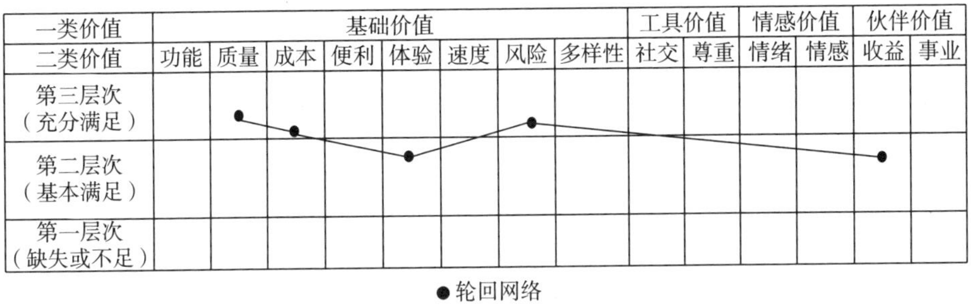

第五章
价值筑基——价值创新类战略

一类价值	基础价值							工具价值	情感价值		伙伴价值	
二类价值	功能	质量	成本	便利	体验	速度	风险	多样性	社交	尊重	情绪	情感	收益	事业
第三层次（充分满足）														
第二层次（基本满足）														
第一层次（缺失或不足）														

●轮回网络

图 5.6　轮回网络的价值矩阵
（资料来源：作者根据公开资料整理）

从质量看，轮回网络主要从 3 个方面提升客户的运营效率。一是通过为客户构建自动化工作流程，减少手工错误，提高流程运行效率，减少现场和办公室的行政工作。二是通过部署统一的云平台系统，发现浪费的时间和资源。例如，在物流行业，通过路线优化和及时调度，提高物流货车的运行效率；通过发动机的空转报告分析，识别燃油浪费，减少车辆怠速时间；通过车辆利用率报告分析，调整车辆的类型结构，提高车辆的使用效率。三是分析资产和劳动力的可用性，挖掘资产性能潜力。例如，将未充分利用的货车重新部署到需求较高的地区，在不增加投资的情况下，利用闲置资源获得更多的业务机会。

从成本看，轮回网络主要从 7 个方面降低客户的运营成本：一是根据效率报告进行分析，判断未充分利用的设备，从而出售或出租获利；二是通过从每辆车的诊断端口收集数据，制订预防性维护计划，避免出现设备故障，造成更大的损失；三是分析车辆电动与汽油行驶的里程百分比，确定哪些车辆最适合转换成电动汽车；四是设置地理围栏，并配置警报，防止车辆盗窃；五是通过行车记录仪的视频检索，为驾驶员摆脱无理的事故索赔；六是通过驾驶员安全工具，帮助驾驶员减少高风险驾驶行为，降低事故的发生频率和严重程度，降低保险费用；七是利用精准的车辆管理，使客户可以按照驾驶里程或工作时间向驾驶员付费，降低成本。

从风险看，轮回网络主要从 4 个方面降低客户的运营风险：一是通过集成的摄像头和传感器网络消除区域盲点，及时发现并排除风险；二是使用地理围栏监控资产移动，使用大门传感器监控货物进出，利用车辆偏离路线警报、实

215

时 GPS 追踪被盗资产来控制风险；三是通过对工作流程的合规性管理，降低合规风险和违规行为；四是使用带有电子标签录像功能的图像识别追踪系统（DVIR）优化车辆安全性，通过自动化预防性维护降低设备的安全风险，通过实时警报及时发现设备故障，防止员工操作危险设备或车辆。

从体验看，轮回网络主要从 3 个方面帮助客户提升货主的体验价值：一是云平台根据 GPS 数据和动态数据测算，自动预计到达时间，让货主实时掌握货物的运输情况，通过传感器随时监控货物状态，保证物流运输的质量，从而减少客户电话和状态更新请求；二是通过数字化工作流程提高服务速度，利用数字化文档和自动执行报告（如送达证明、行程温度历史记录、现场时间等），确保货主和客户快速掌握物流关键信息；三是通过云平台系统，使客户数据、业务数据在部门之间传输，确保货主获得无缝体验。

从收益看，轮回网络为了促使客户共享车辆、设备大数据，帮助第三方系统服务商进行业务创新，将物联网大数据的销售收入给予客户一定分成，除基础价值外，还为客户创造出稳定的收益价值。

通过价值矩阵可以看出，轮回网络利用物联网平台生态资源、城市商业驾驶大数据、多行业运营大数据等关键资源，以及运营效率提升能力、风险控制能力等核心能力，打造云平台；利用传感器和摄像头的数据，跟踪车辆怠速浪费了多少燃料，选择最优路线组合，降低故障率，指导驾驶员进行安全驾驶及节油驾驶活动，从而使客户获得"高效 + 低成本 + 低风险 + 优体验 + 稳收益"的价值序列。

从价值基础看，在独特价值序列上，轮回网络为客户贡献高效、低成本、安全、优体验、稳收益的价值。在价值等级上，第一是客户，第二是第三方系统服务商和轮回网络。轮回网络通过云平台整合第三方系统服务商，在法律合规、燃料管理、轮胎监测等方面增强服务能力，第三方系统服务商可以获得融入平台生态、增强业务能力、增加收入等价值，轮回网络则获得更多客户、更大利润。第三是社会，轮回网络帮助实体产业提高效率，通过车辆利用率分析推广电动汽车，帮助减碳，通过产业链的可视化缓解劳动力短缺难题。在价值总量上，轮回网络在纵向深度为客户创造出更多的价值，并为社会创造出绿色价值，实现了更大的价值总量。

表 5.2 所示为轮回网络的商业模式设计表。其中，轮回网络根据战略定

位、价值基础构建了运营模式、交易模式与盈利模式。

表5.2 轮回网络的商业模式设计表

战略定位	引领世界实体运营的数字化转型			
行业痛点	更高效、更低成本、更安全合规的运营			
优势	轮回网络		第三方系统服务商	
	关键资源	核心能力	关键资源	核心能力
	物联网平台生态资源 城市商业驾驶大数据 多行业运营大数据	运营效率提升能力 风险控制能力	细分功能领域的 专业资源	细分功能领域的专业服务能力
劣势	缺乏细分功能领域的专业服务能力		缺乏为客户提供系统集成一站式服务的能力	
交易模式	轮回网络通过云平台API集成第三方系统,一方面通过API连接已有系统,另一方面利用大数据构建新系统应用			
运营模式	通过传感器、车载摄像头、无线互联网等系统模块搭建物联网云软件平台			
盈利模式	传感器、车载摄像头等硬件设备销售收入,按月收取的云平台会员费,大数据销售收入			
价值基础	客户(高效、低成本、安全、优体验、稳收益),第三方系统服务商(融入平台生态、增强业务能力、增加收入),轮回网络(更多客户、更大利润),社会(减碳、缓解劳动力短缺)			

资料来源:作者根据公开资料整理。

从运营模式看,轮回网络主要为车队和工业用户建立包含即插即用的传感器、车载摄像头、无线互联网和基于云端的软件平台,支持GPS定位、AI行程记录、云端储存数据、实时可见、实时语音警报等功能,通过数据采集,将设备、车队和工作场所等数据整合到云平台上,客户可以无缝访问、分析和处理所有部门的运营数据,助力运营决策,提升运营效率。

以车队为例,轮回网络通过为卡车安装AI行程记录仪,可以实时发现碰撞、未遂事故、分心驾驶等情况,当驾驶员在驾驶时有看手机、距前车太近等危险行为时,系统会自动发出警报,提醒驾驶员。AI行程记录仪中的高清视频会定时上传到云平台,云平台可以根据驾驶员的驾驶数据和高清视频记录进行安全评分,并启动游戏化功能,让驾驶员每天都可以看到他们的安全分数和排名。客户可以评估驾驶员的整体安全控制能力,确定有风险的驾驶员,并奖励安全高绩效者。以前只有在司机收到罚单或发生事故时,客户才能指导他们。现在利用云平台的驾驶数据和AI行程记录仪,对评分低于一定水准的驾驶员,客户可以进行有针对性的驾驶指导,提升整个驾驶员团队的专业、安全驾驶能力。

轮回网络还为卡车安装了 GPS 定位和物联网传感器。以前车队有新订单时，车队必须估计司机何时可以返回，以进行下一次装载，或者直接给司机打电话询问。而使用云平台后，相关人员可以通过卡车的 GPS 定位进行区域跟踪，或按卡车编号查询其当日行驶路线计划，从而将新任务分配给最适合的司机，以及时满足客户的需求。物联网传感器会将车辆的性能数据传输回云平台，当车辆出现故障时，云平台会自动报警，车队可以实时诊断故障。另外，车队还可以根据云平台的行驶大数据，建立车辆性能模式，预测潜在问题，在故障发生之前采取措施，防止事故发生。通过云平台生成的卡车空转报告，可以对司机实施辅导计划，减少怠速，缩短闲置时间，提高整个车队的燃油效率。

美国联邦机动车运输安全管理局要求商业司机使用合规的 ELD（电子行车记录仪），通过服务时间、值班状态等记录，确保商业司机获得安全驾驶所需的休息时间。ELD 是一种电子硬件设备，通常通过车辆的诊断端口连接，可以与车辆的 ECU（发动机控制单元）同步，并监控车辆的使用情况，以获取发动机是否正在运行、车辆是否在移动、行驶了多少英里，以及发动机运行持续时间等数据。轮回网络的 ELD 记录还包括授权用户或驾驶员信息、值班状态更改（包括值班、驾驶、下班）、驾驶员的每日记录认证，以及驾驶员登录和注销事件。ELD 将这些信息传输到云平台，使车队能够跟踪和查看驾驶员的服务时间状态，以满足合规性要求，同时使车队可以按照实际驾驶里程或工作时间向驾驶员付费，降低成本。

美国食品运输商还要遵守 FDA 食品安全现代化法案（FSMA）。该法案要求食品运输商在交付过程中保持细致的温度记录，以证明食品始终保持在安全条件下。轮回网络为卡车安装了环境监测器，不仅可以满足政府要求连续跟踪和记录温度，而且有助于车队及早识别制冷故障，在卡车出现温度异常时收到自动警报，从而保证产品始终保持在最佳温度，还可以监控卡车上运输产品的分配和存储，实时确认冷藏品的数量和位置。

从交易模式看，轮回网络构建了一个开放性的平台生态，第三方系统服务商可以使用轮回网络开放的 API 在云平台上为客户提供创新解决方案。第三方系统服务商一方面可以使用开放的 API 构建创新应用，在云平台上连接已有的系统应用；另一方面可以利用轮回网络的大数据构建新的应用程序，为客户提供伙伴价值。

轮回网络已经与120多家第三方系统服务商进行了系统集成，包括福特数据服务、纳威司达、全球物流咨询服务等，对法律合规、燃料管理、轮胎监测、路线管理、保养、供应链可视化等方面的功能进行了优化，这些合作伙伴也利用轮回网络的开放 API 来简化数据。现在有超过6000名客户在轮回网络的云平台上使用 API 集成，其中大量客户使用了4个以上的集成系统，轮回网络利用开放 API 为客户提供了跨平台的无缝体验。

从盈利模式看，轮回网络的收入主要包括传感器、车载摄像头等监控系统硬件设备的销售收入和按月收取的云平台会员费，以及去除敏感信息后的物联网大数据销售收入。为了激励客户将车辆、设备大数据进行分享，还将物联网大数据的销售收入给客户进行分成，帮助客户将车辆、设备等数据货币化。

轮回网络的商业模式如图5.7所示。

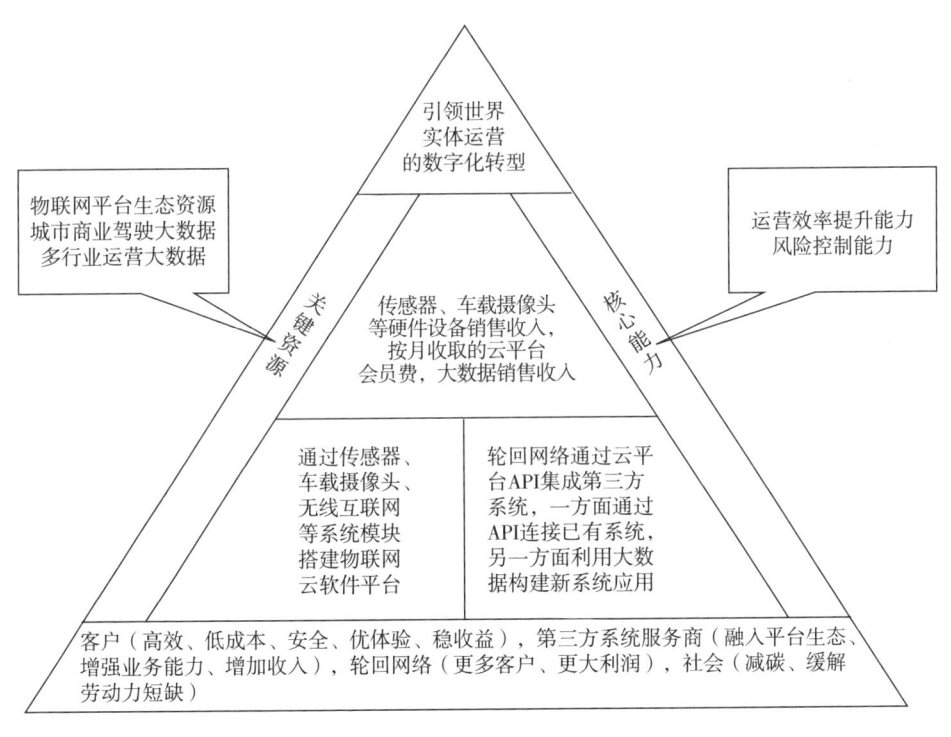

图 5.7　轮回网络的商业模式
（资料来源：作者根据公开资料整理）

三、茶颜悦色的独特价值序列："优体验＋高品质＋平价＋便利＋社交＋情感"

2013 年，茶颜悦色成立于湖南长沙，当时市场上已经有不少新式茶饮品牌，如果没有特色，其难以在竞争激烈的市场上生存。茶颜悦色选择了新中式茶饮的战略定位，中茶西做，借力故宫博物院赋予品牌古典气质，从而与其他奶茶品牌建立品牌区隔。

从价值矩阵看，茶颜悦色以战略定位为导向，选择以优体验（新国风、新喝法、超预期服务）、高品质、平价、便利等价值点为突破口，并以此为基础引发社交价值和情感价值，从而与竞争对手展开差异化竞争，如图 5.8 所示。

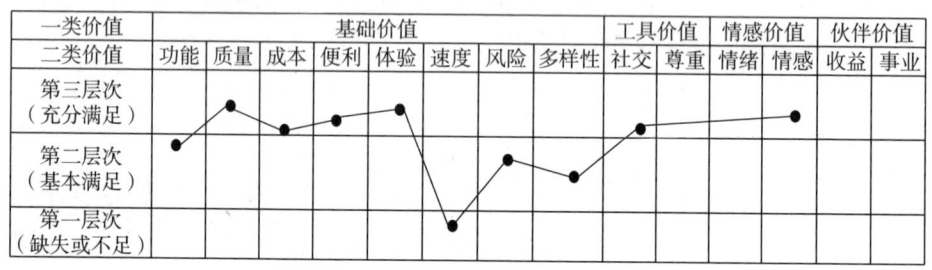

一类价值	基础价值							工具价值		情感价值		伙伴价值	
二类价值	功能	质量	成本	便利	体验	速度	风险	多样性	社交	尊重	情绪	情感	收益	事业
第三层次（充分满足）		●			●					●			●	
第二层次（基本满足）	●		●	●				●	●		●			
第一层次（缺失或不足）						●								

● 茶颜悦色

图 5.8 茶颜悦色的价值矩阵
（资料来源：作者根据公开资料整理）

从质量看，茶颜悦色为了打造高品质产品，选用进口的新西兰奶油、夏威夷果、锡兰红茶、美国核桃、雀巢鲜奶，每一款茶基底仅使用两个小时，过期之后就会作废。为了保障奶茶质量，茶颜悦色采用了直营模式。茶颜悦色也曾采用过加盟模式，但发现加盟商无法保证茶颜悦色要求的高品质，如茶基底仅使用两个小时就要被倒掉，这让加盟商很难接受，于是后续茶颜悦色只发展直营模式，通过直营把控品牌运营及网点运营的质量。

从价格看，茶颜悦色采用了平价定位法，将产品价格控制为 12~22 元，大部分产品的价格低于 20 元，甚至采用了"雨天第二杯半价"的情怀式打折模式，降低消费者的购买门槛，比价格为 25~35 元的喜茶、奈雪的茶便宜近 1/3。

从便利看，茶颜悦色自创立后 7 年内，在区域网点布局方面一直深耕长沙市场。截至 2020 年 7 月，茶颜悦色在长沙布局了 225 家门店，这个数量是蜜雪冰城门店数量的2.7倍、CoCo都可和一点点门店数量的2.2倍，在长沙五一广场周边0.64平方千米的区域内曾有茶颜悦色门店41家。茶颜悦色集中有限的力量进行密集的区域布局，使其以最小的区域运营成本在区域内迅速超越竞争对手从而获得最大规模化，不仅使长沙客户获得了购买便利价值，还让品牌得到了最大的曝光，成为长沙区域排名第一的奶茶品牌，获得了最大的品牌溢价。持续深耕长沙，客观上也制造了只有长沙才能喝到茶颜悦色的地域稀缺性，这一方面激发了长沙区域消费者的优越感和自豪感，使品牌获得本地消费者的偏爱，另一方面勾起了外地消费者的好奇心与欲望，"欲求而不得，辗转反侧"，进一步提升了品牌的美誉度，甚至还产生了"代喝"茶颜悦色的商业交易。

从体验看，茶颜悦色从新国风、新喝法、超预期服务3方面提升客户体验价值。在新国风品牌上，茶颜悦色的品牌命名、文字体系、视觉体系都围绕"新国风"进行主题设计，以增强客户体验价值。第一，品牌命名是"中式文艺范"——茶颜悦色。第二，品牌LOGO使用了《西厢记》中的人物崔莺莺团扇图案，通过佳人、团扇、八角窗等古典符号突出品牌的中式文化风格；第三，在产品的命名上，采用了富含中国古典文化气质的词句，如"风栖绿桂""幽兰拿铁""筝筝纸鸢""蔓越阑珊""烟花易冷""浮生半日""声声乌龙""不知冬"等，使产品名称有了古典诗词的意境之美。第四，在产品包装、海报、店面装修，以及茶杯、帆布袋、雨伞、明信片等周边配套产品的视觉体系设计上，大量采用了极具识别性的中国古典风格，如将宋徽宗的《瑞鹤图》《百花图卷》《花鸟册》等传统经典艺术图案应用到茶杯上。"方寸间桃花源"概念店的装修风格来源于《桃花源记》，"好多鱼"概念店借鉴了清代《海错图》，使消费者一进入门店就能感受到扑面而来的中国古典艺术气息。为了突出中式文艺气质，茶颜悦色花费上百万元买下郎世宁绘制的乾隆画像及其他多幅名画的版权，借力故宫博物院的经典古画，在消费者心中对品牌进行文化赋能，在茶颜悦色与中国古典文化间建立了强有力的关联。

从产品设计与喝法看，茶颜悦色进行了创新。消费者在饮用传统奶茶时单纯使用吸管喝奶茶即可，而茶颜悦色将奶茶成分设计为"鲜茶+奶+奶油+坚果碎"，这就要求消费者在拿到奶茶后一般先用吸管挑坚果吃，吃完再拌，最后喝。"一挑、二搅、三喝"，茶颜悦色的奶茶新喝法使整个体验过程更具有趣味性。

从服务看，茶颜悦色向海底捞学习，让每一位消费者都感受到"被重视"，提供超出消费者心理预期的服务。茶颜悦色门店中除饮品外，还备有常用物品如风油精、创可贴、花露水等，并为女性消费者准备了红糖。消费者在下雨天交20元押金就可以从茶颜悦色任意一家门店中借一把伞，然后在任意一家门店归还。

从速度看，这是茶颜悦色价值链上最弱的一环。在新冠疫情爆发之前，长沙地区大多数茶颜悦色门店都需要排队购买，在武汉开店时甚至创下8小时排队纪录。这种超长排队效应，第一引起了社会关注，提高了品牌知名度；第二利用了大众的从众心理，营造了物以稀为贵的稀缺感，提升了品牌的档次；第三带来了销量的大幅增加，通过薄利多销，以销量弥补平价带来的利润损失。

从风险看，茶颜悦色开第一家奶茶店时，店员做奶茶的经验还不够丰富，做出的奶茶质量并不好，经常有消费者反映"顶部的奶油打得很丑""多放糖或者忘放糖"等。为了使消费者喝得放心，茶颜悦色在2014年提出"永久求偿权"，消费者只要对奶茶质量不满意，就可以要求任何一家门店免费重做。

从多样性看，茶颜悦色的产品种类在20个左右，与喜茶、奈雪的茶相比，其产品上新速度并不快，基本以季度为单位计算上新速度。其主要策略还是在单品上进行迭代升级，目的是做精品质、维持供应链的稳定。

从社交和感情看，新国风体验会引发年轻人对中国传统文化的喜爱，而超预期、有温度的服务也能为消费者贡献出情感价值，人们会进行炫耀式消费，以彰显自己的个性与不同，获得相同社会群体的欣赏，从而贡献社交价值，由此还产生了代喝服务。个性化的品牌如同人品，对消费者真心实意的尊重可以引发消费者的深度喜爱，消费者愿意为了喜欢的东西付出更高的代价。以新国风体验为基础，为消费者提供超预期、有温度的服务，从而为消费者贡献出情感价值，这是茶颜悦色与其他新式茶饮品牌在价值选择上最大的不同。茶颜悦色正是贡献出了情感价值才获得了消费者特别的喜爱。2021年4月，茶颜悦色入驻深圳，有超过4万人排队购买，代购价格达200元。2020年12月，茶颜悦色入驻武汉，有人排队购买的时间长达8小时，代购价达300元。在当前社会消费品供给过剩的大背景下，茶颜悦色的开业盛况是较为少见的。

茶颜悦色与网易云音乐贡献情感价值的路径不同，网易云音乐是通过音乐社交工具的设计、平台用户之间有温度的社交，向用户贡献情绪价值，而茶颜悦色是通过新国风体验和超预期、有温度的服务，向消费者贡献情感价值。茶颜悦色虽然没有网易云音乐体系化的社交工具，但其利用微信公众号发布各种新潮的文案，通过很多粉丝进行转发，很多粉丝也在小红书等社交工具上发布自己购买茶颜悦色后的照片，形成互动传播。包括"筝筝纸鸢"这款产品名也是向粉丝征集而来的，茶颜悦色把粉丝当成自己人，粉丝也主动运用社交工具进行宣传，产生了较强的社交价值。

从价值基础看，在价值总量上，茶颜悦色在纵向深度方面为消费者贡献了更大价值。在独特价值序列上，茶颜悦色为消费者提供了"优体验＋高品质＋平价＋便利＋社交＋情感"的独特价值序列。在价值等级上，第一是客户，第二是茶颜悦色和员工。茶颜悦色的高速发展为员工提供了未来的成长机会，茶颜悦色获得了高强度的客户黏性和一定的利润。

茶颜悦色以"新中式茶饮"为战略定位，以价值基础为支撑，对运营模式、交易模式和盈利模式进行了设计。

从运营模式看，茶颜悦色以新中式茶饮为导向，通过优体验（新国风、新喝法、超预期服务）、高品质、平价、便利等价值突破市场，获得品牌溢价，为消费者贡献社交与情感价值；通过直营模式、密集布局、标准化流程降低成本、控制品质，以支撑市场突破，形成整个运营模式。在内部管理上，茶颜悦色在门店人员配置、茶品制作、接待消费者等流程上形成了标准体系，通过对新员工进行入职培训进行强化固定。培训内容除包括茶品制作流程外，还包括相关服务流程，如欢迎词、试饮、会员问询、集点卡销售、冷热提醒、复诵、喝法介绍、节气介绍等接待事项，以及企业文化，通过培训对运营流程、产品品质、服务质量形成支撑。

从交易模式看，茶颜悦色积极探索联名产品模式。例如，茶颜悦色与同业品牌喜茶推出联名款礼盒，与化妆品品牌御泥坊推出护肤用品及彩妆，与咖啡品牌三顿半开了首家实体联名概念店，与一汽大众推出联名储值卡。虽然这些都是小规模探索性质，但与不同行业品牌的跨界合作，扩大了茶颜悦色的品牌影响力。

从盈利模式看，茶颜悦色主要依靠奶茶的销售收入，此外茶颜悦色也通过自有店铺"知乎，茶也"销售茶、茶杯、衬衫、明信片等文创产品获取收入。据茶颜悦色透露，其毛利率比行业平均水平要低很多，基本处在"毛利率"的生死线上，主要原因可能是其从商业模式整体考虑，为了获取口碑与市场规模，产品价格偏低，原材料很多依靠进口，导致其毛利率偏低。而喜茶、奈雪的茶等行业竞争对手在国内自建了茶园、果园，通过"自建基地 + 全国仓储布局"模式保证低成本与供应链稳定性。

图 5.9 所示为茶颜悦色的商业模式。

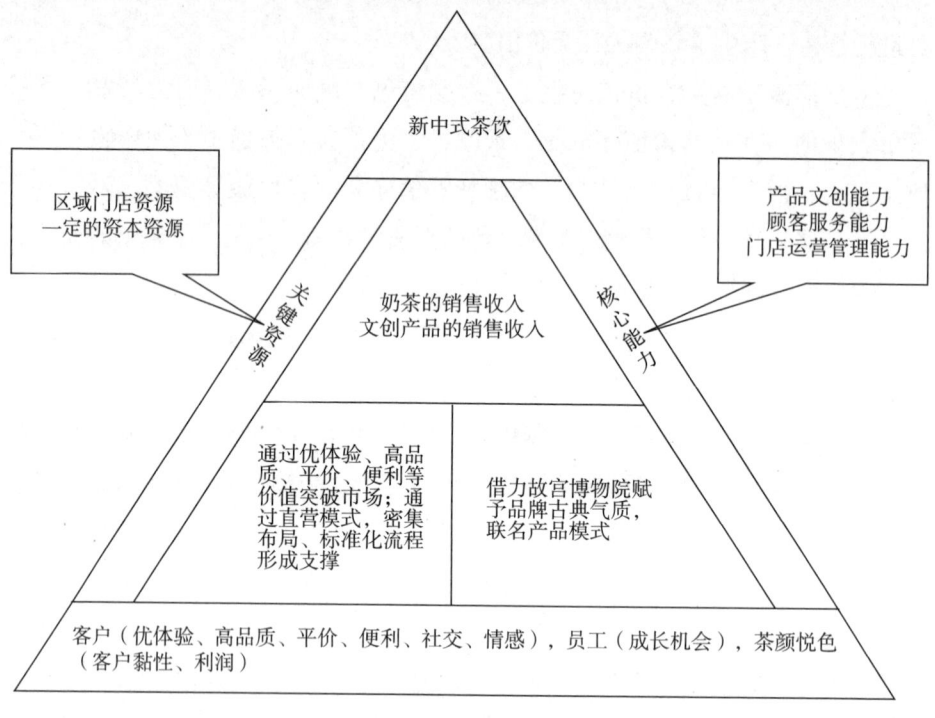

图 5.9 茶颜悦色的商业模式
（资料来源：作者根据公开资料整理）

从整个商业模式看，茶颜悦色在运营模式上有较大的创新，利用优体验、高品质、平价、便利等独特价值序列突破市场。从运营模式看，高品质、平价产品及密集门店，与超预期服务、新喝法的体验是业务内容。从交易模式看，这也是茶颜悦色与客户之间的交易内容。运营模式与交易模式实为内外一体化，与客户相关的产品、服务、解决方案，对内是业务模式内容，对外是交易模式内容。从此角度看，茶颜悦色在交易模式上也有独具特色的创新。同类型的还有开市客，其以低价为会员提供物美、价廉、无风险商品，也是基于价值矩阵在交易内容上进行了独具特色的创新。

品牌如人，始于颜值，敬于才华，久于善良，终于人品，人品需要内外如一。对客户真心实意的尊重，需要在员工自主、自愿的情况下才能实现。只有尊重员工，才会有对消费者的尊重。没有员工自主性，再细致的服务标准都是没有温度的，不能得到消费者真正的喜爱。而超预期、有温度的服务才能为消费者贡献出情感价值，这是茶颜悦色的独立"人格""人品"，也是其真正的核心竞争力。如果忽视了价值基础中为员工创造的价值，就会松动茶颜悦色整个商业模式大厦的基石。

茶颜悦色的商业模式也说明，多要素的价值基础比单要素的价值主张更能完整、真实地反映商业的实际情况。只有全面、周到地考虑消费者、合作伙伴、员工、股东、社会等利益相关者的利益，才能使商业模式创新获得持续成功。

四、Go-Jek 的独特价值序列："优质 + 便利 + 多样化"

由于雅加达的城市道路拥堵严重，因此印尼政府大力提倡人们驾乘摩托车出行。2010 年，Go-Jek 在雅加达成立，其最初的战略定位是摩托车打车应用，以解决摩托车司机和客户由于信息沟通不畅，浪费大量时间成本的行业痛点。当时只有 20 名摩托车司机参与该服务，而当地已经有一家蓝鸟出租车公司，拥有大约 2 万辆出租车。Go-Jek 作为雅加达第一家专业摩的公司，通过招聘、培训摩托车司机，引入网络预订系统和统一的收费服务标准，以及统一司机的服装和让司机使用智能手机，改变了雅加达"摩的"市场档次较低、无序竞争的局面，使其快速发展。

在规模扩大后，Go-Jek 发现"摩的"司机不仅可以接送乘客，还可以快递包裹。因此 Go-Jek 提出了一个问题："作为一个有很多用户的平台，除了接送用户，我还能做什么？"Go-Jek 由此开始了多样化发展。2015 年，Go-Jek 开发了手机 App，主要提供 3 项服务：GoRide（两轮车出行服务）、GoSend（包裹快递服务）和 GoMart（线上超市购物）。客户在 Go-Jek 上既可以打车，也可以购物，还可以寄快递；摩托车司机载完客户后，不仅可以利用闲置时间收快递、送快递，还可以去超市取货送给客户。这使客户在一个手机 App 里就可以获得打车、购物、快递等一站式多样化优质服务，摩托车司机获得了更高的业务收入，超市利用 Go-Jek 平台实现了更高的销售收入，Go-Jek 则实现了规模化发展，订单从每天 3000 个激增到 10 万个，业务也扩展到雅加达以外城市，并通过打车费分成、快递费分成、商品消费分成获得了更高的收入。

Go-Jek 的商业模式（发展中期）如图 5.10 所示。

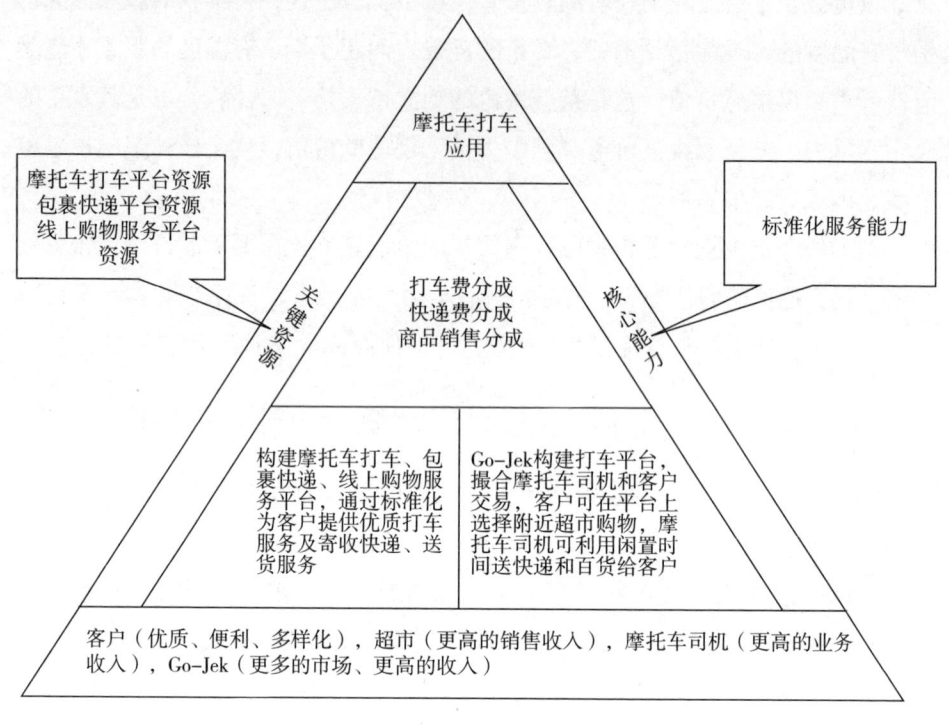

```
                    摩托车打车
                      应用

摩托车打车平台资源
包裹快递平台资源          打车费分成              标准化服务能力
线上购物服务平台     关  快递费分成    核
资源                 键  商品销售分成   心
                    资                能
                    源                力

           构建摩托车打车、    Go-Jek 构建打车平台，
           包裹快递、线上购    撮合摩托车司机和客户
           物服务平台，通过    交易，客户可在平台上
           标准化为客户提供    选择附近超市购物，摩
           优质打车服务及寄    托车司机可利用闲置时
           收快递、送货服务    间送快递和百货给客户

客户（优质、便利、多样化），超市（更高的销售收入），摩托车司机（更高的业务
收入），Go-Jek（更多的市场、更高的收入）
```

图 5.10 Go-Jek 的商业模式（发展中期）
（资料来源：作者根据公开资料整理）

从价值基础看，在价值总量上，Go-Jek 为客户贡献了更大价值，帮助超市、摩托车司机获得了利益，实现了价值总量的增加。在独特价值序列上，客户获得了优质、便利、多样化的服务；在价值等级上，客户排第一，超市、摩托车司机、Go-Jek 排第二。超市获得了更高的销售收入，摩托车司机获得了更高的业务收入，Go-Jek 则进入了更多的市场，获取了更高的收入。

到 2021 年年底，Go-Jek 已进入越南、新加坡和泰国市场，成为印度尼西亚第一家独角兽公司，布局六大类业务（出行与物流、食品与购物、支付服务、日常生活、新闻娱乐和商业服务），20 多种细分产品服务，甚至把当年的竞争对手蓝鸟出租车公司也收入旗下，合作司机达到了 200 多万人，连接了 50 万多名商家，每天的订单数超过了 1 亿个。

Go-Jek 的出行与物流服务包括 6 种产品：摩托车出行服务，网约车服务，包裹快递服务，货运服务，出租车服务，通勤助手服务。

Go-Jek 的食品与购物服务包括 5 种产品：食品配送服务，药品配送服务，线上超市购物服务，在线购物服务，附近优惠。

Go-Jek 的支付服务包括 9 种产品：移动支付，家庭生活账单服务，虚拟信用卡服务，手机充值，数字保险服务，会员积分服务，投资服务，公司员工出行费用管理服务，捐款服务。

Go-Jek 的日常生活服务包括 6 种产品：上门按摩服务，家政服务，家电维修，上门美容，快递洗衣，汽车维修保养。

Go-Jek 的新闻娱乐服务包括两种产品：影视剧在线观看及下载服务，电影票、音乐会门票等线上购买服务。

Go-Jek 的商业服务包括两种产品：企业订单管理平台服务，电商解决方案服务。

Go-Jek 的核心产品是出行和支付服务类产品。东南亚地区很多城市的交通情况与雅加达类似，交通比较拥堵，因此"摩的"出行服务很受欢迎，为 Go-Jek 平台带来了宝贵的人口流量。东南亚地区无银行账户的人口众多，人们在日常生活中大多使用现金，Go-Jek 的支付产品 GoPay 利用数字化支付服务为东南亚地区的客户和中小商家提供了诸多便利，由此也延伸出虚拟信用卡、家庭生活账单、手机充值、会员积分、投资、数字保险等系列服务。依靠出行人流量和支付金融支持，Go-Jek 的业务扩展到 C 端的日常生活、食品与购物服务、新闻娱乐和 B 端的商业服务，构建了解决日常问题的一站式全方位服务平台。

Go-Jek 的商业模式类似于中国"滴滴 + 支付宝 + 京东 +58 同城 + 美团"的业务总和，其多样化的业务在全球商业模式实践中也是较为少见的。Go-Jek 的这种模式与东南亚的区域情况有关，东南亚的地域、人口有限，Go-Jek 在获得了出行的人口流量后，势必会以此为基础进行横向业务扩张，打造平台生态，获得更多的业务收入、更强的客户黏性，使整个平台生态规模更为庞大、稳健。而中国地域较为广阔、人口众多，单项业务有足够大的成长空间，首先会选择复制模式进行地域扩张，同时沿专业化方向进行深入拓展，这样更容易获得成功；在形成较大规模后，再考虑进行横向业务拓展。正如《孙子兵法·虚实篇》所言："故兵无常势，水无常形。能因敌变化而取胜者，谓之神。"

五、千寻位置的独特价值序列："全功能 + 事业"

千寻位置是中国高精度位置服务商，负责建设中国北斗地基增强系统"全国一张网"，战略定位从最初的"精准位置服务平台"升级为"时空智能基础设施服务平台"，目标是成为万物相连时代的大规模时空智能基础设施服务平台。千寻位置通过自主研发的定位算法，缩小北斗导航系统原来的米级精度误差，提供厘米级定位、毫米级感知、纳秒级授时的时空智能服务。

千寻位置建设时空智能基础设施服务平台，需要商业生态圈及应用场景的支撑。千寻位置以智慧城市项目为龙头，与小米、大疆、华为、上汽、高德等企业建立协同，从单一的时空服务能力升级为包括芯片、模组、板卡、传感器、智能终端、算法、数据、运营等云端一体化的时空智能商业生态系统，从而大大提高了整个智慧城市商业生态的功能价值。

例如，千寻位置虽然拥有二维平面空间的厘米级定位能力，但缺乏在三维空间的精准定位能力，当城市高楼出现火灾时，由于每一栋楼的层高可能不同，且无法看到建筑物内部的情况，即使知道哪一层楼发生了火灾也无法精准定位火灾高度位置，难以在第一时间匹配具备足够救援能力的救火车与救火工具，影响灾害的救援效率和速度。深岚数字是一家从事"物联网 + 数字孪生"领域的科技服务商，可以提供专业的数字孪生一站式解决方案，曾参与上海城市大脑建设，负责将上海全域数据三维化，并将模型进行了分层分户，通过标准地址接入上海全域物联网感知设备，从而极大地提高了上海市城市管理能力。因此，千寻位置与深岚数字建立战略联盟，由千寻位置负责智慧城市整体建设，由深岚数字负责三维数字孪生城市项目，共同为地方政府提供智慧城市服务与精准的三维空间定位服务。

千寻位置基于"时空智能"，与深岚数字这样的战略合作者合作孵化出多个 AIoT 新物种与规模化应用，如实现车道级导航的智能导航软件、自主进行农药定点喷洒的无人机、识别红绿灯的自动驾驶公交车、监测危房矿山桥梁的形变监测设备等应用。

千寻位置的价值矩阵如图 5.11 所示。

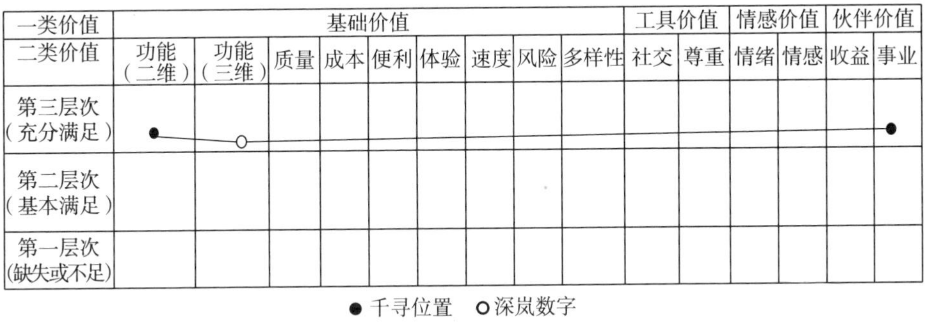

第五章
价值筑基——价值创新类战略

一类价值	基础价值								工具价值		情感价值		伙伴价值	
二类价值	功能（二维）	功能（三维）	质量	成本	便利	体验	速度	风险	多样性	社交	尊重	情绪	情感	收益	事业
第三层次（充分满足）	●	○													●
第二层次（基本满足）															
第一层次（缺失或不足）															

● 千寻位置　○ 深岚数字

图 5.11　千寻位置的价值矩阵
（资料来源：作者根据公开资料整理）

千寻位置除为客户贡献了完善、丰富的功能价值外，还贡献了事业价值。例如，千寻位置助力德清县实施智慧城市项目。浙江省德清县是首届联合国世界地理信息大会举办地，千寻位置帮助德清县实现了全国首个覆盖主城区的车道级高精度地图（厘米级），在时间和空间维度整合了整个城市的元素。千寻位置还帮助德清地理信息小镇引进了长光卫星、超图软件等地理信息企业300多家，建设国际地理信息产业集聚区，打造产业生态。德清县目前是中国地理信息企业集聚度最高的区域，其连续3年上榜浙江省年度特色小镇"亩均效益"领跑者名单。由此可见，千寻位置为客户创造了可持续发展的事业价值。

从价值基础看，在价值总量中，千寻位置的商业模式创新，在纵向深度上为地方政府贡献了更大的价值，也带动深岚数字等利益相关者获得了更大的价值，创造了更大的价值总量。在独特价值序列中，千寻位置通过与利益相关者合作，为地方政府提供了"功能（智慧城市，含二维、三维定位）+事业（产业生态）"的价值序列。首先，现阶段的智慧城市仍处于发展初期，客户对智慧城市的需求还处于功能需求阶段，因此千寻位置通过整合相关资源，帮助客户借助智慧城市功能提升城市管理与服务水平；其次，精准三维定位属于智慧城市的重要功能之一，可以增强客户基于三维城市的城市服务能力；最后，对于产业生态而言，千寻位置为客户提供了事业增量价值。在价值等级上，客户排第一，深岚数字等利益相关者与千寻位置排第二。深岚数字等利益相关者获得专项项目收益，而千寻位置获得整体项目收益与整个时空智能基础设施产业生态收益。

千寻位置的商业模式如图5.12所示。

/ 聚势 / 开创全球
科技、商业、经济新趋势

```
                时空智能基础
                设施服务平台

北斗卫星导航系统         关          千寻位置获得高精度          核          高精度定位能力
城市客户资源             键          定位设备及服务销售          心
                       资          收益，深岚数字获得          能
                       源          三维数字孪生城市项          力
                                  目收益

                  千寻位置获取          由千寻位置负责智慧
                  智慧城市项目，        城市整体建设，销售
                  与商业生态系          高精度定位设备及服
                  统的战略合作          务；深岚数字负责三
                  者联合进行项          维数字孪生城市项目
                  目建设

     地方政府（智慧城市，含二维、三维定位，产业生态），深岚数字（专项项目收益），
     千寻位置（整体项目收益、产业生态收益）
```

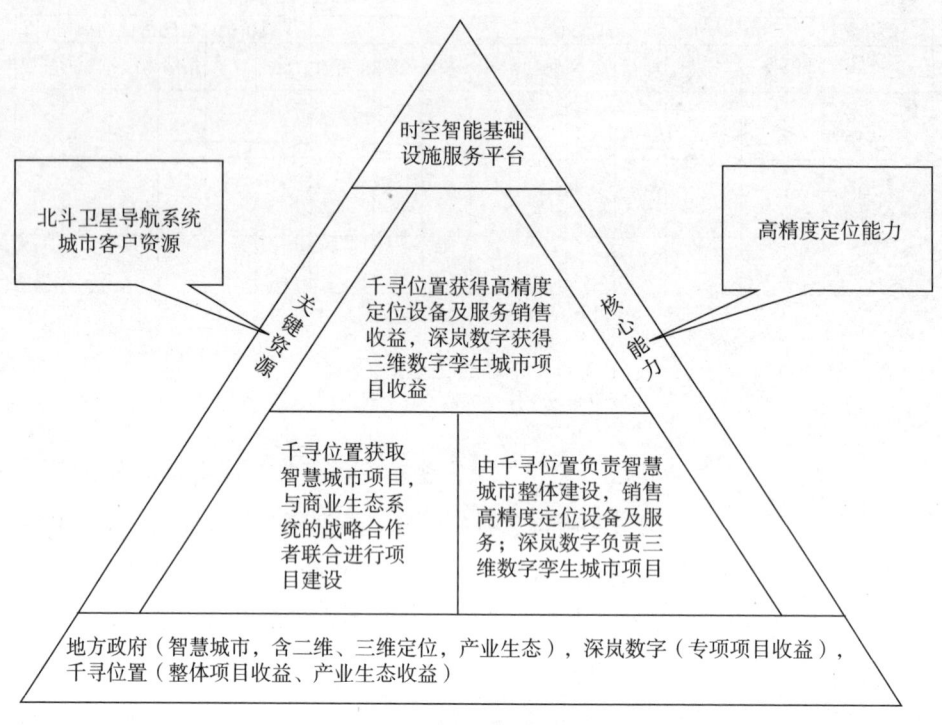

图 5.12　千寻位置的商业模式
（资料来源：作者根据公开资料整理）

很多企业还为客户提供了收益价值，例如，轮回网络为了促使客户共享车辆、设备大数据，帮助第三方系统服务商进行业务创新，将物联网大数据的销售收入给予客户一定分成，除基础价值外，还为客户创造出了收益价值。又如，Myfarm 不仅为客户提供农耕服务，客户农田生产的农作物还可以通过 Myfarm 的蔬菜直营店进行售卖，使客户获取收益。

企业可以利用价值矩阵，针对行业痛点、客户痛点进行战略定位与价值创新。"兵无常势，水无常形"，不同的价值序列组合可以产生无数种潜在可能的战略。例如，飞贷针对中小微客户贷款申请难、获批难、用款难、还款难、再借难等痛点，将公司重新定位为"中小微金融服务商"，为中小微客户提供具有"够用＋快速＋便利＋简单"独特价值序列的贷款服务，在一段时间内突出传统银行及蚂蚁金服借呗、腾讯微粒贷等金融科技信贷产品的重围，获得了快速发展；网易云音乐针对"缺乏基于音乐的社群交流"的行业痛点，战略定位于音乐社区，而不是音乐播放器，构建了"优质个性化音乐＋相同喜好

人群的音乐社交＋丰富的音乐与社交情感"的独特价值序列，在价值总量纵向深度上为用户贡献了更大价值，并带动歌手、独立音乐人、唱片公司获得了利益，从而成为网上音乐平台的后起之秀。

第三节

价值等级拓展战略：利益相关者价值创新

价值等级拓展是指从价值等级角度，围绕除客户外的合作伙伴、社会、员工等利益相关者的重要价值进行创新的战略。利用价值等级拓展战略可以发现被行业、竞争对手忽视的合作伙伴、社会（环境）等利益相关者的重要价值，从而重新构建商业模式，实现战略突破。

一、合作伙伴价值

任天堂是现代游戏产业的开创者，在任天堂兴起之前，美国游戏业龙头雅达利执行"数量压倒质量"策略，导致市场上出现了大量劣质游戏，游戏行业出现了著名的"雅达利大崩溃"现象。任天堂占领了行业领导地位后，为了不步雅达利的后尘，对游戏厂商制定了严格的权利金制度，覆盖了游戏的内容审核、卡带制造、渠道发行、利润分配、版权、押金等各个环节。随着时间的推移，任天堂管控得越来越苛刻，游戏厂商们也越来越不满，但谁都无力单独对抗任天堂。直到1989年，任天堂垄断游戏机市场的局面才有所改善。当时任天堂和家电巨头索尼合作开发家用游戏机，而由于双方各怀心思，合作在1992年失败，索尼为了研发新产品已投入了巨大的资源，不甘心放弃，又看好家用游戏机的市场前景，下定决心进入游戏机市场。

索尼为了击败游戏霸主任天堂，进行了精心的准备。索尼的优势在于电子产品制造，弱势在于缺乏高水平游戏制作能力。于是，索尼拉拢了对任天堂早已心怀不满的著名游戏厂商南梦宫（NAMCO），双方合作在1994年12月推出了一款游戏机，这款游戏机沿用了PlayStation的名称，它就是有名的PS1。索尼没有把PS1定位为电子设备，而是将其作为专门的游戏主机，从而与其他

CD 媒体游戏机进行区别。这些 CD 媒体游戏机主要依赖于视频播放而不是具有互动要素的游戏。同时，索尼学习任天堂，把 PS1 打造为游戏平台。PS1 是第一款具备 32 位、光盘与 3D 图形要素的游戏机，远远超越了只有 16 位、卡带和平面图形要素的任天堂主力游戏机 SFC，以及同期的 32 位游戏机。PS1 的发售意味着游戏机的性能上升到了更高的水平，即从 2D 画面提高到 3D 画面、从几兆的磁盘容量扩展到数百兆的磁盘容量、从有损音质跨越到无损音质。索尼还拓宽了游戏机的发行渠道，传统游戏机都在玩具店里进行销售，而索尼把游戏机扩展到音像店和电子商店进行销售，并开拓了欧洲家用游戏机市场。

索尼发现了任天堂权利金制度的弊端，提出了一系列针对第三方游戏厂商的友好政策。任天堂要求游戏厂商一年内开发不多于 5 款的专属游戏，且必须通过任天堂的质量认证才能生产。另外，游戏厂商的游戏卡带生产流通都要委托给任天堂，游戏卡带不仅成本高、供货慢，产量还不稳定，从游戏提交给任天堂审核到上市往往需要好几个月。而索尼拥有庞大的光盘生产线，强大的规模效益使其光盘产量大、价格低、生产周期短，CD 的制作成本只有任天堂卡带的 1/10。从订货到上市，CD 要比卡带至少要快两倍，所以索尼不限制游戏厂商的每年游戏开发数量，游戏审核也比任天堂宽松许多。任天堂的权利金最高可抽取 1/5 的游戏收入，另外还收取每盒 14 美元的卡带制作费；游戏厂商首批订货量至少为 2 万套，且必须提前向任天堂支付全款。而索尼每款游戏只收取 900 日元的权利金（含代理制造费），首批订货数量也下降到 5000 套，订货量可以随着销售情况快速调整。索尼甚至会帮助游戏厂商向生产厂家垫付生产费用，索尼向游戏厂商的付款速度也要远远快过任天堂。

由于索尼友好的权利金制度，游戏厂商开始不断倒向索尼。当时有两款最畅销的国民游戏：《最终幻想》和《勇者斗恶龙》，分别是由日本游戏业界顶级的厂商史克威尔（SQUARE）和艾尼克斯（ENIX）制作的。这两家游戏厂商本是任天堂的铁杆盟友。任天堂因不满史克威尔帮助索尼制作游戏，恶意抛售史克威尔的《圣龙战记》，使其陷入破产边缘，但索尼对史克威尔伸出了援助之手，这促使史克威尔彻底倒向索尼。此后，在史克威尔的劝说下，艾尼克斯在 1998 年也加入了索尼阵营，"伏龙""凤雏"皆被索尼所得，竞争胜利的天平开始倒向索尼。

而任天堂面对索尼的进攻，反应过慢。由于当时的主力游戏机 SFC 还在热卖，任天堂不想过早放弃这个还在赚钱的平台，直到1995年才发售了技术仍不成熟的VirtualBoy，1996年6月推出了N64，希望用N64反击索尼的PS1。N64的性能非常卓越，其处理器能力是PS1的4倍，但任天堂担心CD容易出现盗版，会威胁自身利益，所以仍沿用了游戏卡带。这导致N64处理器与原本的处理器几乎是"两个物种"，游戏开发难度巨大。而且游戏厂商发现，无论如何都无法把游戏压缩到卡带需要的容量，这使N64发布时能玩的游戏只有3款，到年底仍然只有3款游戏，没有其他游戏厂商跟进开发。如此少的游戏资源使大多数游戏粉丝都拒绝购买N64。任天堂直到N64发售3年后，才采用N64DD驱动器来弥补容量的不足，但其容量也仅有64MB。

焦头烂额的任天堂不断给游戏厂商施压，而发售一年多的PS1已经被卖出近千万台，充分证明了自己的市场潜力，第三方游戏厂商对PS1的疑虑已经基本消失，再加上南梦宫、史克威尔起到了带头作用，这导致大部分游戏厂商纷纷投向了容量大、易开发、宽松权利金制度的索尼阵营。而任天堂还基于以往的霸主思维，选择了用铁拳镇压反叛，反而把更多骑墙派逼上了梁山。史克威尔、艾尼克斯、嘉富康（CAPCOM）、科乐美（KONAMI）、南梦宫等诸多原本属于任天堂阵营的主力游戏厂商全都投奔了索尼，索尼的游戏平台上出现了一大批流行游戏，如《生化危机》《最终幻想7》《勇者斗恶龙7》等。索尼发表了"所有游戏在这里集结"的宣言，大力宣扬几乎所有第三方厂商都投奔了索尼阵营，这个时候的任天堂可以说众叛亲离。

PS1在众多游戏厂商的支持下，不断追击N64。PS1的生命周期长达11年，累计销量达到1.025亿台，而N64的累计销量仅为3293万台，索尼借助PS1超过任天堂，成为游戏机行业的领导者。索尼PS1的商业模式如图5.13所示。

从战略定位看，索尼与任天堂相比并无特殊之处，但关键是行业痛点——游戏厂商苦任天堂已久，索尼敏锐地发现了这个行业痛点，并在价值基础中进行了改变。

从价值基础看，在独特价值序列上，游戏玩家需要好玩、丰富的游戏体验，而索尼自己无法为游戏玩家提供丰富的游戏体验，需要与第三方游戏厂商合作，所以第三方游戏厂商对索尼的商业模式成功来说至关重要。在价值等级上，游戏玩家排名第一，但游戏厂商却是索尼PS1能够成功的关键要素，索尼通过为游戏厂商提供易开发、容量大的主机和宽松的权利金制度，以及广阔的市场空间，为游戏厂商创造了比任天堂更大的价值增量，因此赢得了游戏厂商的支持。而赢得游戏厂商支持的索尼成功进入了曾被任天堂垄断的游戏机市场，获取了丰厚的利润。从价值总量看，索尼为游戏玩家提供了好玩、丰富的游戏体验，同时为游戏厂商创造了更大的价值，通过竞争使整个价值基础的总量相比任天堂增加了。

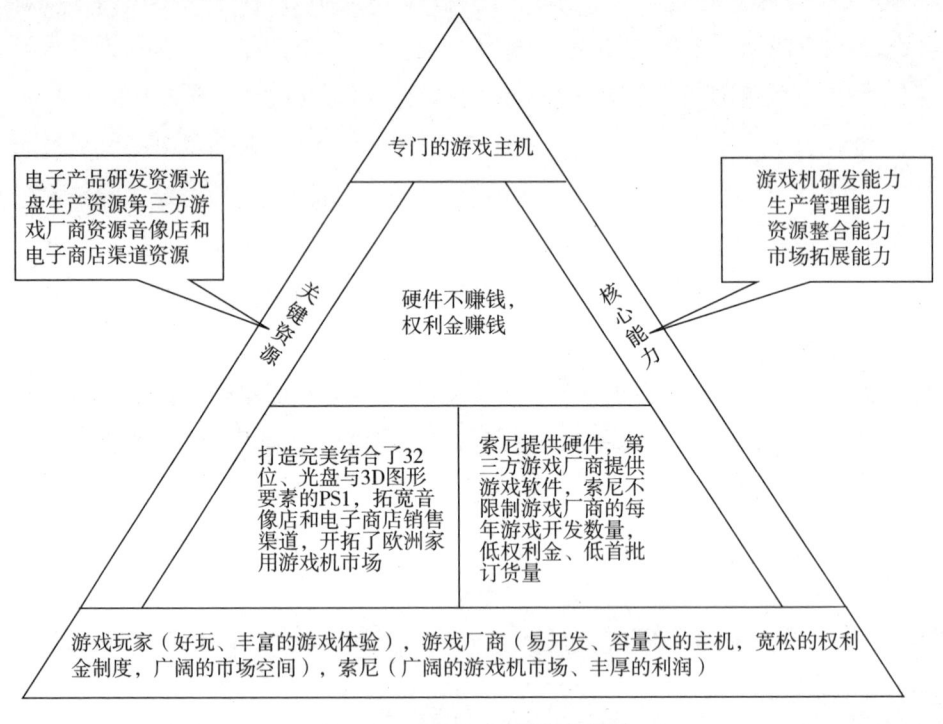

图 5.13 索尼 PS1 的商业模式
（资料来源：作者根据公开资料整理）

只针对客户的价值主张很难解释索尼的成功。价值主张并不适合互联网革命时期的双边平台、多边平台或涉及多种利益相关者的商业模式创新，包含客户、合作伙伴、员工、股东、社会等多因素的价值基础可以帮助企业更全面地发现商业模式的漏洞与创新点，从而进行商业模式创新。

任天堂过于轻视价值等级中的第三方游戏厂商排序，这是任天堂被索尼击败的根源。任天堂的社长山内溥甚至提出"第一方软件决定硬件战争胜利"的观点，认为光凭自己就能赢得竞争胜利，结果被索尼狠狠打脸。当时的家用游戏机市场是暴利市场，1992年任天堂的盈利超过了美国三大电视网的盈利之和，1994年任天堂的税前利润仅次于丰田汽车，排名日本第二，但任天堂的员工不足千人。如此丰厚的垄断利润，使任天堂如同持金过闹市，让很多潜在的竞争对手觊觎。由于任天堂已经形成平台的规模效应，控制了行业内的绝大部分资源，具有很强的竞争能力，因此竞争对手很难获得第三方游戏厂商的支持，达到平台规模的阈值，最终无不以失败收场。但久居王座的任天堂终于被胜利冲昏了头脑，认为自己可以控制一切，过度打压游戏厂商，榨干产业生态中的每一滴利润，其种种恶行终于引起众怒，给了索尼可乘之机。具备硬件技术资源的索尼竭尽全力拉拢原属于任天堂阵营的具备丰富游戏软件资源的众游戏厂商，它们联手反抗任天堂的"暴政"，而任天堂的应对既缓慢又失当。索尼经过近十年的积累与鏖战，终于攻破了任天堂本来应该固若金汤的平台生态。商业生态系统的主导者应当公平地对待其他同盟者，维持商业生态的平衡，只有这样才有利于商业生态的长远发展。

价值等级实际代表的是企业经营的价值理念是否为员工、客户、股东等利益相关者所认可、相信并愿意为之付出。例如，京瓷的经营理念是"在追求全体员工物质和精神两方面幸福的同时，为人类社会的进步、发展做出贡献"。在价值等级中，京瓷把员工放在了客户之前；阿里巴巴则认为客户第一、员工第二、股东第三；而韦尔奇被称为"股东价值"运动之父，他在1981年率先提出了"股东价值"概念，并通过不断并购来实现收益的持续增长，从而落实他的价值理念。其中区别在于随着社会化大生产发展阶段的变化，企业成功的关键要素也在变化。在社会化大生产刚开始时期，只要企业能生产出好产品就能获得大规模销售收益，此时资本要素最为宝贵。有了资本企业就能组织大规模生产，就可以通过并购其他企业获得快速发展，因此此时股东是排在首位的。当社会大生产的产品逐渐丰富，市场由供方市场向需方市场转变，赢得客户的喜爱变得至关重要，客户在价值等级上成为最为关键的要素，资本的地位开始下降。当市场进一步发展，客户需求逐渐多样化，企业创新力的重要性就逐步显现出来，员工的重要性开始上升。京瓷认识到只有激发员工的创造力，企业才能成功，因此把员工放在了客户之前，认为员工是企业的第一批客户。从未来看，在产品同质化的趋势下，创造力最为宝贵，只有具备创造力的员工才可以不断发掘新市场、新客户，具备创造力的员工的重要性甚至可能超过客户，未来平台型组织可能需要无数个像埃隆·马斯克（Elon Musk）、乔布斯这样可以独当一面的创新型员工。如果企业竞争发展到了这个阶段，企业的价值等级就必须变成员工第一、客户第二、股东第三。

　　常说失败为成功之母，从任天堂的失败中还可以看出，若没有找到成功的本源，成功也是失败之母。任天堂从"雅达利大崩溃"中吸取教训，对第三方游戏厂商严格管理，这本来是其成功的重要因素之一，但后来逐渐严苛的管理，以及利用垄断地位对第三方游戏厂商的强硬打压，却埋下了任天堂失败的伏笔。商业如斯，其他领域的竞争也如斯。秦发现西周的分封制导致诸侯坐大，天下战乱不断，因此采用郡县制的流官体系，加强中央集权，达到"六合一统"，但这种体系又存在中央权力过大、流官缺乏忠诚度的隐患。嬴政去世后，赵高一人就造成了中枢系统的休克，致使整个体系迅速崩溃。西汉刘邦为了避免秦、周时期的弊端，通过白马之盟约定"异姓不封王"，却导致了七王之乱。唐朝的疆域辽阔，为了抵御外族入侵，唐玄宗李隆基设立藩镇，结果尾大不掉，出现了藩镇割据的局面。宋太祖赵匡胤认为，唐朝亡于地方藩镇权力过大，因此定下"重文轻武，强干弱枝"的国策，虽然避免了武将拥兵自重、地方政权割据分裂国家的情况，但没想到走向另一个极端——人浮于事、机构臃肿、军队战斗力差，最后被外敌攻灭。明朱棣为了防御外敌，同时为了避免边将拥兵自重，迁都北京，以天子守国门，却被内部的农民起义所推翻。因此，人们不仅应从失败中吸取教训，还应时时对曾经的成功经验进行反思，只有这样才能避免因内外部环境的变化而导致曾经的成功经验成为今天的绊脚石。若没有更高一层的系统性思维，发现成功的本源，人们往往会陷入矫枉过正、周而复始的怪圈。

二、社会（环境）价值

　　电动汽车有充电和换电两种模式，充电模式是目前电动汽车的主流，以特斯拉为代表的大多数电动汽车厂商都采用了这种模式，但这种模式也存在一定的问题。里程焦虑、补能焦虑和购置成本高是困扰着电动汽车消费者的痛点问题，虽然快充技术可以实现半小时充能80%，但是与传统加油方式相比，时间仍然过长，而且一到节假日，大量服务区的充电桩均会出现车主长时间排队等待的现象，甚至出现了车主等待5小时、充电1小时的情况，这大大影响了电动汽车消费者的体验。

在这种情况下，没有充电模式痛点问题的换电模式又被关注起来，但电动汽车行业对换电模式早有尝试。2007年，以色列公司Better Place电动汽车换电公司成立，开创了电动汽车电池更换的概念，但因经营不善等原因在2013年宣布破产。时任雷诺汽车CEO的戈恩认为换电模式是一条死路。2013年，特斯拉也曾尝试过90秒快换技术，但因换电成本高，消费者不接受，特斯拉退出了换电市场。中国国家电网在2011年曾力推换电模式，但因没有汽车厂商响应，只能在2014年暂停该项目。

特斯拉认为充电是大规模民用电动汽车最好的补能方式，但换电模式失败的主要原因其实是不符合车企的利益。电池是电动汽车的核心部件，动力电池的成本占整车成本的30%~40%，利润空间较大，车企不愿意放弃获利机会，而且前期建站投入大，各家企业的电池技术标准不完善，难以快速规模化。因此在电动汽车的发展初期，不仅换电模式成本高、难以规模化，还要损失利润，商业运作难度太大，企业几乎无法存活，电动汽车厂商更愿意选择充电模式，以较低难度快速发展、抢占市场。

但对于整个社会来说，换电模式优于充电模式，原因主要有以下几点：一是解决了消费者的里程焦虑、补能焦虑，像加油一样随时随地换电，仅几分钟就可以更换，提高了消费者出行的便捷度和体验感；二是降低了消费者一次性购车投入，同时提升了电动汽车的保值率；三是降低了行业整体基础建设投入，如果电动汽车普及，大部分停车位都得装上充电桩；四是电池运营公司对电池进行统一全生命周期管理，有利于延长动力电池的寿命，提高整个社会对电池资源的高效利用；五是高效利用电能，在用电低峰期给电池充电，甚至部分地区的多余电能可以利用电池存储，提高整个社会的能源利用率；六是有助于解决老旧小区充电桩建设的难题。因此，从价值基础上看，在综合考虑客户价值和社会价值后，换电模式在整体上是优于充电模式的，可以更有效地利用电池资源及电能资源。

因此，换电模式只有在电动汽车行业度过发展初期，进入规模化发展阶段，才会有后发的电动汽车厂商愿意推广，以实现对占据领导地位的先发电动汽车厂商的弯道超车。而且单个电动厂商采用换电模式，由于不具有规模优势，难以摊低成本，在商业运作上仍然非常困难。企业只有从价值基础出发，依靠换电模式的社会价值，借助社会力量形成产业标准，推动规模扩大，才有获得商业成功的可能。

换电模式在经历了初期的失败后，于2014年11月成立的蔚来重新发现了换电模式的机会。蔚来致力于成为中国版的特斯拉，但二者的不同之处是，特斯拉想成为像丰田、大众等一样的主流汽车厂商，而蔚来想做像BBA等一样的豪华汽车厂商，所以蔚来的战略定位是高性能豪华智能电动汽车，面向城市高收入精英人群。特斯拉成立于2003年，历经十余年的发展成为全球电动汽车的领导者，而蔚来第一款量产车在2017年12月才上市，两者之间的差距巨大，因此蔚来需要选择一条不同的道路。蔚来的价值矩阵（初期）如图5.14所示。

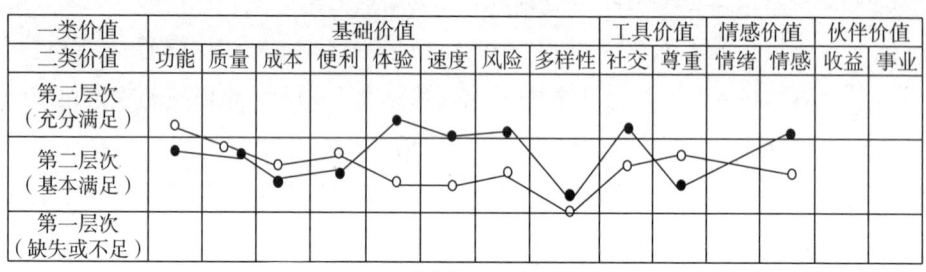

一类价值	基础价值							工具价值		情感价值		伙伴价值	
二类价值	功能	质量	成本	便利	体验	速度	风险	多样性	社交	尊重	情绪	情感	收益	事业
第三层次（充分满足）														
第二层次（基本满足）														
第一层次（缺失或不足）														

○ 特斯拉　● 蔚来

图5.14　蔚来的价值矩阵（初期）
（资料来源：作者根据公开资料整理）

从价值矩阵看，蔚来选择了与特斯拉不同的独特价值序列。特斯拉起步早，拥有丰富的制造经验、先进的技术和成熟的供应链，在功能、质量上要强于蔚来；特斯拉占据了先发优势，Model X和Model S打开了豪华市场，在尊重价值上也强于蔚来；Model 3在完全国产化之后，利用上海超级工厂的规模优势，价格已经和大部分国产车相同，具备很强的市场竞争力；从便利上看，截至2022年1月，特斯拉在中国大陆的超级充电站数量达到1100座，覆盖中国360个以上的城市，而同期蔚来的换电站数量为800座，可见特斯拉略胜蔚来。在2014年蔚来刚成立时，蔚来难以在短期内在这些价值要素上超越特斯拉，于是其选择在"用户体验"等价值上超越特斯拉，把体验服务做到极致，特点是"省心""质量高""反应速度快"，从用户体验出发反向构建科技、设计、服务等能力。在充换电模式上，特斯拉采用的是超充模式，特斯拉的V3超充桩可以在15分钟内为电动汽车最高补充250千米续航里程的电量，蔚来则选择了能解决"里程焦虑、补能焦虑、购置成本高"等痛点问题的"可充、可换、可升级"模式，其第二代换电站最多可同时容纳 18 块电池进行更换，换电时间缩减至最低 90 秒。很多客户选择蔚来的原因就是家里无法安装家用充电桩。蔚来还推出能量无忧和服务无忧套餐，服务专员可以帮客户代做汽车保养、紧急充电，甚至开维修车来补胎或充电，服务全面且反应速度快。在出现事故后，若车辆维修时间超过 24 小时，蔚来会额外提供一辆代步车来供客户使用。

蔚来因提供极致的服务体验获得了很多客户的喜爱，有客户帮助蔚来向访客介绍产品，甚至有客户周末自发协助蔚来办理交付新车业务。据蔚来统计，超过 50% 的销售结果来自蔚来现有用户的推荐。蔚来以体验价值为基础，在社交价值、情感价值上也超越了特斯拉，创造了一个完全不同于传统车企的企业形象，甚至获得了"汽车行业的海底捞"的称号，其以"亲民"和"宠粉"为标签为客户提供高质量服务，从而支撑自身的高端定位。蔚来选择的独特价值序列是高性能、豪华、无忧的用车体验，以及快速的反应速度与情感价值。

由于在社会（环境）价值上，换电模式优于充电模式，国家政策也逐步向换电模式倾斜。2020 年财政部等部委在发布的《关于完善新能源汽车推广应用财政补贴政策的通知》中规定新能源乘用车补贴前售价不能超过 30 万元，但换电车辆不受此规定限制；2020 年《政府工作报告》中首次把换电站建设纳入新基建基础设施建设范畴，政策开始明朗，鼓励开展换电模式应用；2021 年《政府工作报告》中，再次提出要大力发展换电站，支持"车电分离"模式，11 月中国第一个基本通用性国家行业标准《电动汽车换电安全要求》（GB/T 40032—2021）正式发布，而蔚来作为换电模式的代表，参与了国家换电标准的制定。宏观政策的逐步明确，为蔚来的发展打开了广阔天空，也使东风、北汽、长安、上汽、吉利等企业纷纷加入换电模式赛道。

由于国家政策的支持，蔚来在换电模式赛道处于先发地位，这使其获得了资本的力捧。蔚来在前期为了扩张市场持续产生巨额亏损，2019 年年底其现金储备仅剩余 10 亿元，而 2020 年其融资额高达 61 亿美元，特别是 4 月合肥市的战略投资者（简称合肥战投）向蔚来投资了 70 亿元，为蔚来雪中送炭，到 2021 年年底蔚来现金储备高达 425 亿元。截至 2021 年，蔚来已融资了 11 轮，累计融资超过 150 亿美元，合肥战投、腾讯、京东等 50 多家投资机构相继对蔚来进行了投资。

凭借资本助力，蔚来开始整合资源，与利益相关者进行战略合作，扩张声势。2020年，蔚来将中国总部迁入合肥；2021年，蔚来规划建设新桥智能电动汽车产业园区，并计划自建生产线，同时引入数百家上下游关键配套企业，在合肥形成高度聚集的智能电动汽车产业集群，带动当地的传统车企实现转型升级，双方合作不断深化。2021年4月，中国石化与蔚来签署战略合作协议，将在2025年之前共同建设5000座智能充换电站，中国石化加油站的总数超过3万座，智能充换电站将位于中国石化加油站内，这将大大减轻蔚来投资智能充换电站的资金压力。

2020年8月，在国家政策成熟后，蔚来公布电池租用服务（BaaS）方案。蔚来联合宁德时代、湖北科技和国泰君安国际成立了独立的电池资产公司——武汉蔚能电池资产有限公司（简称蔚能公司），构建了一条电池投资、租赁、管理、运营、回收的生态价值链。电池的资金压力由蔚能公司承担，减轻了车企与消费者的资金压力。目前动力电池的月租费用虽然不低，但未来随着换电模式规模的扩大，一方面电池的成本会不断降低，另一方面消费者的多样性选择会增多，消费者可以根据每天行驶耗费的电量进行灵活租用，这将大大降低整体使用成本。电动汽车的销量扩大与电池使用寿命的延长也会给电池管理公司带来源源不断的现金流与利润分成，而动力电池衰减到一定程度还可以转换为储能电池，用以储存风能、太阳能等能源，帮助电网"削峰平谷"，直到无法使用为止。换电模式扩大后，蔚能还可以与其他车企合作，进一步扩大规模，获得规模效应。

市场进化的一般规律是先扩大规模形成社会趋势，再进行市场细分。而蔚来首先将市场定位于高性能豪华智能电动汽车，这其实存在一定冲突。定位高端会很难形成规模，会制约换电新模式的推广，若换电新模式难以推广，则高端定位也很难长期坚持，操作顺序反了，市场开拓的困难就会加大。所以蔚来换电模式成败的关键仍是能否尽快形成规模化。蔚来可以设立中低端子品牌，或开发适合社会大众的电动汽车产品，或与其他汽车厂商建立战略联盟，共享换电模式，利用规模化降低前期固定资产的巨额投入，降低用户的使用成本，从而推动换电模式成为一种社会趋势。但从社会价值来说，换电模式优于充电模式，因此也需要政府的大力推动，通过制定通用换电标准，引导更多的电动汽车厂商加入换电模式赛道，扩大换电模式规模，降低成本。因此，只有在电动汽车行业发展成熟期，换电模式才可能成功。在行业发展初期，一家车企很难形成规模效应并获得成功。

蔚来的商业模式如图 5.15 所示。

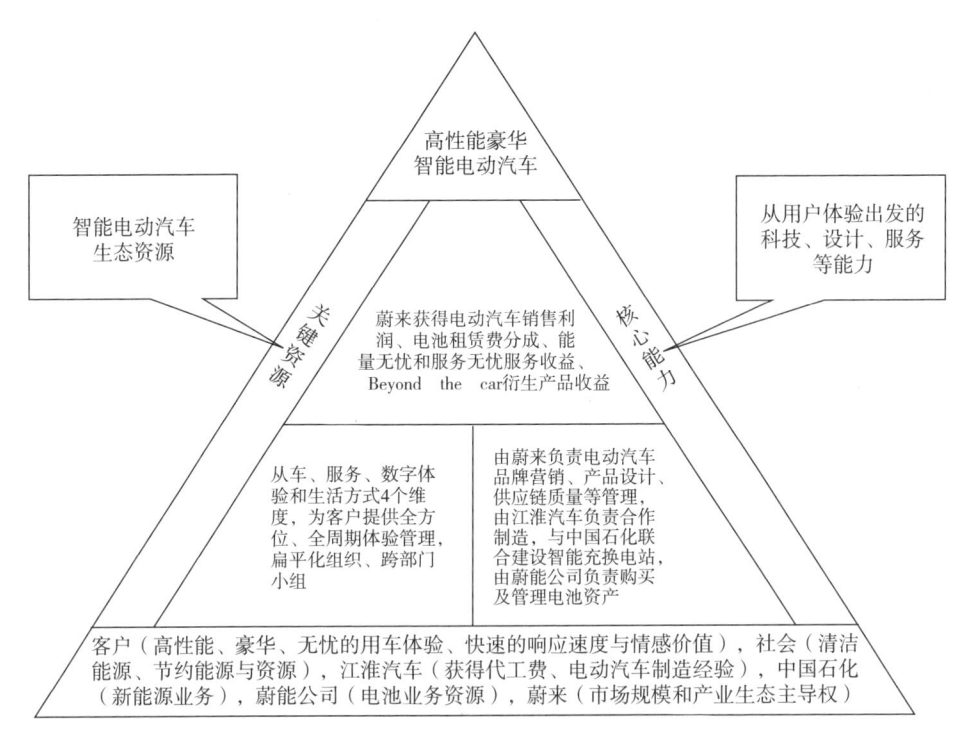

图 5.15　蔚来的商业模式
（资料来源：作者根据公开资料整理）

从价值基础看，在价值总量上，蔚来一方面通过模式升级，在纵向深度上为客户贡献了更大的价值，另一方面在社会价值上贡献了比充电模式更大的价值，实现了价值总量的增加。在独特价值序列上，蔚来为客户贡献了高性能、豪华、无忧的用车体验，以及快速的响应速度与情感价值。在价值等级上，客户排第一，社会排第二。蔚来通过换电模式不仅为社会贡献了清洁能源，而且节约了能源与资源，有利于生态环境的保护，从而有了快速发展与整合资源的机会。江淮汽车、中国石化、蔚能公司等利益相关者与蔚来排第三。江淮汽车获得代工费、电动汽车制造经验，中国石化获得新能源业务，蔚能公司获得电池业务资源，蔚来获得市场规模和产业生态主导权。从特斯拉和蔚来的模式选择也可以看出，社会价值和股东价值在一定时间段内有存在冲突的可能，这需要企业根据社会环境、企业资源能力进行综合考虑后进行决策。

战略定位决定了商业模式的各要素，商业模式是战略体系的核心组成部分。蔚来根据高性能豪华智能电动汽车的战略定位，从客户体验价值入手，构建了不同于竞争对手的系统竞争力，同时对社会价值进行创新，获得了国家、社会的支持，构建了独具特色的商业模式，找到了与智能电动汽车行业领导者不同的差异化发展之路。这就是模式之战，利用差异化提供创新价值，打造核心竞争力，通过资源整合，构建出强大的势能，实现不战而胜。

价值主张只考虑客户价值，视角较为狭窄。客户价值和社会价值是蔚来的商业模式成立的底层逻辑，缺一不可。蔚来的商业模式若只考虑客户价值，则难以获得国家、社会的支持，无法转危为安，通过整合获得强大势能。只有包含利益相关者等多个要素的价值基础，才能为蔚来的商业模式提供支持。各国政府对电动汽车的支持，也是来自电动汽车的社会价值，而非客户价值。正是来自各国政府的补贴、免税等政策支持，全球电动汽车市场才从2011年的5.5万辆快速发展到2022年上千万辆的庞大规模。

也有研究者认为电动汽车并不环保，电动汽车在生产制造过程中仍然会产生碳排放，与燃油车相差无几。如果电能来源于火力发电厂，那么电动汽车的能耗将高于燃油车。如果电能来自风能、太阳能等清洁能源，则电动汽车的二氧化碳排放量将大大低于燃油车的二氧化碳排放量。随着互联网革命时期再生能源的普及，电动汽车将是未来的大势所趋。因为在社会（环境）价值上，换电模式优于充电模式，所以不论蔚来是否会成功，换电模式在未来有极大可能会超越充电模式，成为主流趋势。

需要注意的是，价值是主观判断，商业模式的社会价值源自公众的主观认知。既然是主观认知，就不一定完全与客观事实相符，存在信息差、时间差。但企业建立社会价值，应努力以客观事实为基础，因为随着时间推移，信息差和时间差都会逐渐被填平，公众的主观认知会不断接近客观事实。

三、ESG应用

ESG评价体系分别从环境、社会及公司治理角度，来衡量企业发展的可持续性。环境、社会都属于价值基础中社会主体的价值，公司治理属于价值基础中股东、员工、政府等主体的价值。全球存在多种ESG评价体系，如美国的MSCI（摩根士丹利）ESG评价体系、Sustainable1（标普全球）ESG评价体系，英国的 Refinitiv（路孚特）ESG 评价体系、FTSE Russell（富时罗素）ESG 评价体系，以及中国的深交所国证 ESG 评价体系、中国国新 ESG 评价体系等。无论是哪种评价体系，只要是从环境、社会、公司治理角度进行评估、改进的，都可以利用创新模板构建 ESG 战略。

目前 MSCI ESG 评价体系在全球的应用范围较广。2022 年 12 月联想集团获得 MSCI 的 AAA 级评级，成为中国获得 AAA 级评级的两家企业之一。下面我们以联想集团为例，说明创新模板在 ESG 中的应用。联想集团的 ESG 战略定位是"领先的可持续发展企业"，其将 ESG 理念与业务转型融合、创新，最终实现从先行者向赋能者转变，将自身的 ESG 实践经验转化为 ESG 解决方案，并推广到智能制造、智能楼宇、智慧城市、绿色供应链、低碳园区等产业领域。

联想的 ESG 模式（部分关键议题）如图 5.16 所示。

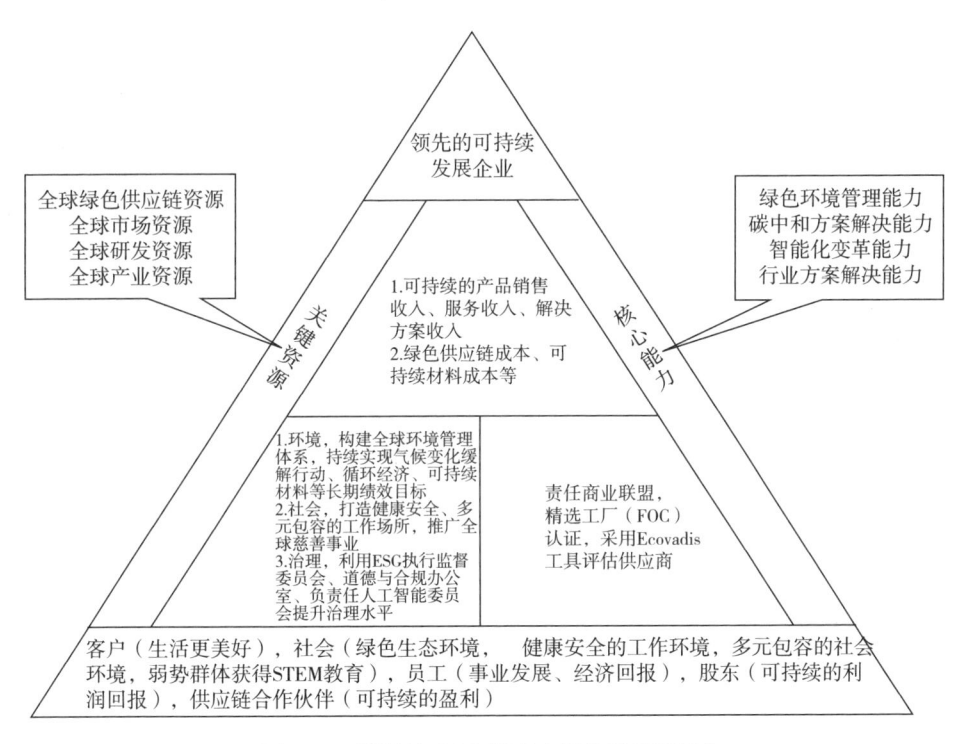

图 5.16　联想的 ESG 模式（部分关键议题）
（资料来源：作者根据联想集团《2022/23 财年环境、社会和公司治理（ESG）报告》和公开资料整理）

从价值基础看，在价值等级上，联想集团为客户贡献的价值是使生活更美好，为社会贡献了绿色生态环境、健康安全的工作环境、多元包容的社会环境,以及帮助弱势群体获得STEM[包括科学(Science)、技术(Technology)、工程(Engineering)和数学(Mathematics)]教育等价值,为员工贡献了事业发展、经济回报等价值,为股东贡献了可持续的利润回报,为供应链合作伙伴贡献了可持续的盈利。从价值总量看,联想集团不仅贡献了经济价值,还贡献了绿色、健康安全、多元包容等社会价值,实现了价值总量的增长。依据联想集团《2022/23财年环境、社会和公司治理(ESG)报告》,与价值基础相关的部分关键议题如下所述。

在环境范畴,为了实现绿色环境,联想集团构建了全球环境管理体系,从产品、工作场所、供应链3个层面,选择了10个重要的环境主题进行评估与改善。这10个环境主题包括产品层面的材料、包装、能源消耗和排放,工作场所层面的工作场所温室气体排放、工作场所能源消耗、废弃物管理、水资源管理,供应链层面的产品生命周期末端管理、供应商环境表现、产品运输。联想集团以2009/10财年为基准,在2019/20财年实现了减排92%的里程碑式成就。联想集团还基于气候变化缓解行动、循环经济、可持续材料等长期绩效目标,提出在2050年年底之前实现净零排放,并成为中国首家通过科学碳目标倡议(SBTi)净零目标验证的高科技制造企业。

在社会范畴,联想集团打造了健康安全、多元包容的工作场所,建立了职业健康安全(OHS)管理体系、安全生产标准化(中国工厂)等多项制度,设立了多元化与包容性委员会(负责加强组织包容性)。为了加强全球供应链的ESG管理,联想集团要求供应商参与责任商业联盟(Responsible Business Alliance)验证审计计划(VAP)和精选工厂(FOC)认证,遵守《RBA行为准则》,并采用Ecovadis工具,将ESG评估范围拓展至所有供应商,确保供应商达到或超过适用的劳工、环境,以及健康、安全、道德标准。另外,联想集团还通过全球慈善事业委员会管理慈善事业,并通过"Love on全球服务月"、"TransforME捐赠活动"、人道主义援助等活动回馈社会,帮助弱势群体获得技术和STEM教育机会。

在治理范畴,联想集团由首席企业责任官担任ESG执行监督委员会主席,定期向董事会及其委员会汇报ESG事务最新进展;道德与合规办公室负责监督《RBA行为准则》的执行情况,该准则明确要求员工的业务行为要遵守法律和道德规范;成立负责任人工智能委员会,发现人工智能系统可能出现的道德或法律问题。

MSCI ESG 评价体系包括 10 个主题：环境范畴的气候变化、自然资本、污染物与废弃物、环境机遇，社会范畴的人力资本、产品责任、利益相关者异议、社会机遇，治理范畴的公司治理、商业行为。这 10 个主题又向下细分为 35 个关键议题（不同时期的关键主题数量有所不同）。这些主题和所属的关键议题都可以利用价值创新循环进行创新。例如，气候变化中的碳排放可能涉及交易模式、盈利模式创新，自然资本中的原材料采购可能涉及交易模式创新，污染物与废弃物中的有毒排放、电子废弃物、包装材料和废弃物可能涉及运营模式创新，环境机遇可能涉及战略定位与运营模式、交易模式、盈利模式创新，人力资本、产品责任可能涉及运营模式创新，人力资本中的供应链劳工标准可能涉及交易模式创新，利益相关者异议可能涉及交易模式创新，社会机遇中的融资途径可能涉及盈利模式创新，社会机遇中的医疗保健服务可得性、营养及健康领域的机会可能涉及战略定位与运营模式、交易模式创新，公司治理、商业行为可能涉及运营模式创新。利用价值创新循环中运营模式、交易模式、盈利模式的创新，可以将三大范畴（价值基础中利益相关者的重要价值）的关键主题进行落地，进而形成协同一致的 ESG 模式。此外，ESG 模式还可以与原有商业模式进行融合，从而获得全面、统一的创新型企业商业模式。

ESG 是人类社会从工业革命时期发展到互联网革命时期的必然产物。人类从最初只关注财务指标，到关注人与自然、人与社会，通过与环境、社会的协同共荣，兼顾多个发展目标，实现社会、企业等主体的可持续发展。

第四节

独特价值序列与边际效用：现代管理学与现代经济学的共同基石

价值矩阵是基于改良后的马斯洛需求层次理论提出的。从经济学看，边际效用的基础是建立在价值矩阵上的独特价值序列，供应者根据消费者的需求层次，创新独特价值序列满足消费者需求，从而产生边际效用。需求层次、独特价值序列、边际效用其实是三位一体的，从消费者看，需求层次可归入心理学；从供应者看，独特价值序列可归入管理学；从微观经济看，边际效用可归入经济学，这三者都是各自领域的重要基石。以此为纽带，可以贯通心理学、管理学、经济学三大科学领域，相互间产生紧密连接与互动。从边际效用出发，可以构建出整个现代经济学大厦；从独特价值序列出发，也可以构建出整个现代管理学大厦。现代经济学与现代管理学其实构建在同一块基石之上。

边际效用理论认为效用和稀缺决定了价值："一瓶水救命，第二瓶水解渴，第三瓶水备用，第四瓶水太重。"效用是指满足人们欲望的程度，而消费者所处的需求层次决定了人们有没有欲望。例如，一架庞巴迪公务机对跨国企业的企业家来说既有功能价值又有社交价值，属于必需品，但对于工厂的工人来说既不具有基础价值，也不具有社交等其他价值。工人对庞巴迪公务机并没有拥有欲望，对其来说最好的选择就是卖掉，即使可能低于市场价格，也会尽快出手，避免承担高昂的停机费、维修费等费用。因此需求层次决定了人们有没有欲望，稀缺决定了欲望的大小。

整个现代管理学的根本目标是为客户提供创新价值。从独特价值序列出发，可以构建出整个现代管理学大厦：一方面为客户提供创新基础价值、工具价值、情感价值和伙伴价值；另一方面在为客户提供创新价值的基础上，为股东、员工、合作伙伴、政府、社会等相关利益者提供创新价值。独特价值序列与现代管理学体系（部分理论）如图 5.17 所示。

从战略看，价值总量拓展战略为新客户提供创新价值或为老客户升级价值；价值要素重构战略从全方位创新客户价值；价值等级拓展战略在为客户提供创新价值的基础上，为股东、员工、合作伙伴、政府、社会等利益相关者提供创新价值；有机耦合拓展战略、业务重组拓展战略、产业链拓展战略、市场区域拓展战略、资源能力拓展战略通过业务、产业链、市场、资源能力的创新，最终为客户提供创新价值；平台生态拓展战略通过提供"个性化的最优策略"，从而为客户提供创新价值；组织变革模式通过提升组织的创新力、运营效率最终为客户提供创新价值；盈利技巧类商业模式需要在为客户提供创新价值的基础上获取利润；战略地图是将战略落地的工具，通过战略分解、实施、监督与改进，最终为客户提供创新价值。

第五章 价值筑基——价值创新类战略

基础价值							工具价值		情感价值		伙伴价值	
功能	质量	成本	便利	体验	速度	风险	多样性	社交	尊重	情绪	情感	收益	事业

战略

- 价值总量拓展战略
- 价值等级拓展战略
- 业务重组拓展战略
- 市场区域拓展战略
- 平台生态拓展战略
- 盈利技巧模式

- 价值要素重构战略
- 有机耦合拓展战略
- 产业链拓展战略
- 资源能力拓展战略
- 组织变革模式
- 战略地图

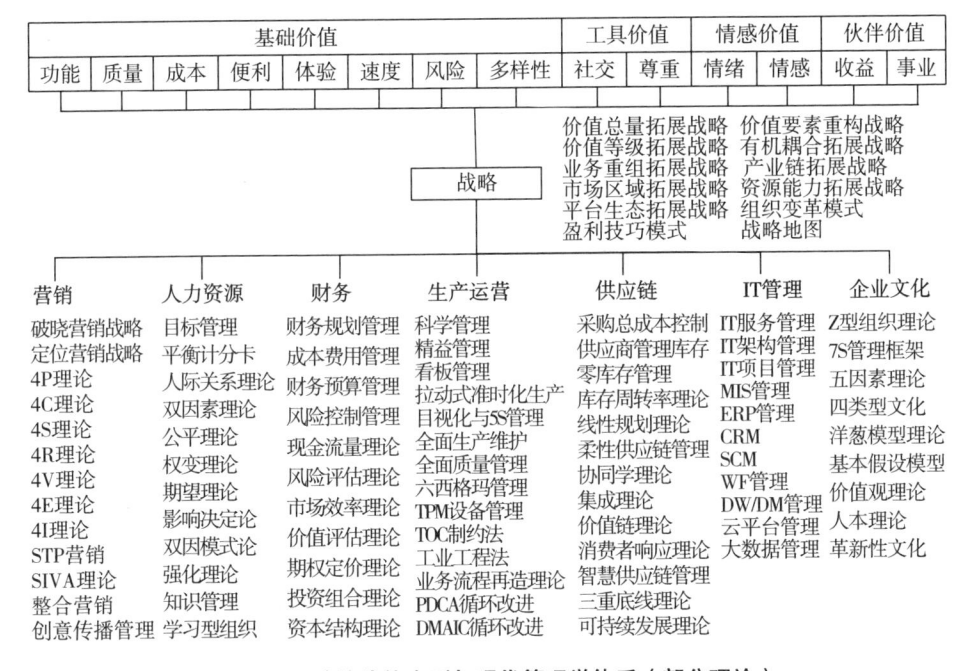

营销	人力资源	财务	生产运营	供应链	IT管理	企业文化
破晓营销战略	目标管理	财务规划管理	科学管理	采购总成本控制	IT服务管理	Z型组织理论
定位营销战略	平衡计分卡	成本费用管理	精益管理	供应商管理库存	IT架构管理	7S管理框架
4P理论	人际关系理论	财务预算管理	看板管理	零库存管理	IT项目管理	五因素理论
4C理论	双因素理论	风险控制管理	拉动式准时化生产	库存周转率理论	MIS管理	四类型文化
4S理论	公平理论	现金流量理论	目视化与5S管理	线性规划理论	ERP管理	洋葱模型理论
4R理论	权变理论	风险评估理论	全面生产维护	柔性供应链管理	CRM	基本假设模型
4V理论	期望理论	市场效率理论	全面质量管理	协同学理论	SCM	价值观理论
4E理论	影响决定论	价值评估理论	六西格玛管理	集成理论	WF管理	人本理论
4I理论	双因模式论	期权定价理论	TPM设备管理	价值链理论	DW/DM管理	革新性文化
STP营销	强化理论	投资组合理论	TOC制约法	消费者响应理论	云平台管理	
SIVA理论	知识管理	资本结构理论	工业工程法	智慧供应链理论	大数据管理	
整合营销	学习型组织		业务流程再造理论	三重底线理论		
创意传播管理			PDCA循环改进	可持续发展理论		
			DMAIC循环改进			

图 5.17 独特价值序列与现代管理学体系（部分理论）
（资料来源：作者根据公开资料整理，因篇幅所限，仅列出部分理论）

从营销看，破晓营销战略和定位营销战略都是通过在客户认知特征中的突破，让客户更为准确地认知产品，从而为客户贡献价值的；4P理论、4C理论、4S理论、4R理论、4V理论、4E理论、4I理论、SIVA理论、整合营销等通过对不同营销要素的强化、组合，使客户更为精准地认知、接触、体验、获取产品、服务，从而为客户提供创新价值；STP营销通过市场细分更为精准地为客户提供创新价值；创意传播管理通过与互联网时代相结合为客户提供创新价值。

从人力资源看，彼得·德鲁克的目标管理、平衡计分卡研究的是组织目标与绩效之间存在的关联关系。彼得·德鲁克提出"企业的使命和任务，必须转化为目标"，其本质就是将为客户长期提供创新价值转化为组织目标，通过对组织目标的分解、执行、监督与改进，最终为客户提供创新价值。人际关系理论、双因素理论、公平理论、权变理论、期望理论、影响决定理论、双因模式论、强化理论等研究的是如何更有效地激励员工，从而为客户提供创新价值。知识管理、学习型组织研究的是如何建立知识型、创新型、可持续发展组织，从而为客户持续提供创新价值。

从财务看，财务规划管理、成本费用管理、财务预算管理、风险控制管理根据战略规划、管理财务活动，降低经营成本，控制经营风险，从而支持企业为客户创造价值。现金流量理论、风险评估理论、市场效率理论、价值评估理论、期权定价理论、投资组合理论、资本结构理论等通过对资产、期权、投资组合、资本结构等要素进行分析，识别金融风险，合理定价，实现可持续性成长，从而支持企业为客户持续创造价值。

从生产运营看，以泰勒的科学管理为基础，精益管理、看板管理、拉动式准时化生产、目视化与5S管理等方法可以提高生产效率、提高质量、降低成本、加快反应速度，对客户基础价值具有直接作用；业务流程再造理论、PDCA循环改进、DMAIC循环改进可以持续改进生产运营，为客户持续创造价值。

从供应链看，采购总成本控制、供应商管理库存、零库存管理、库存周转率理论及线性规划理论可以降低成本、加快反应速度、提高效率、创新客户基础价值；柔性供应链管理、协同学理论、集成理论、价值链理论、消费者响应理论、智慧供应链管理通过需求变化的适应能力、自组织协同、集成制造、价值链、消费者、数字科技等不同角度对整条供应链进行重构，以加快响应速度、降低成本、提高客户满意度，为客户提供创新价值；三重底线理论、可持续发展理论强调企业不能仅考虑经济利益，还需要考虑社会责任、环境保护。其实质是企业在为客户提供创新价值的基础上，还需要考虑社会等相关利益者的价值，实现可持续性发展。

从IT管理看，IT服务管理、IT架构管理、IT项目管理是IT系统的实施方法，MIS管理、ERP管理、CRM、SCM、WF管理、DW/DM管理是IT系统的应用方法，云平台管理是公有云、私有云和混合云的管理方法，大数据管理是企业经营数据的管理方法。IT管理可以提高企业运营效率、加快反应速度、提升经营能力，从而支持企业对客户价值的持续创新。

从企业文化看，Z型组织理论、7S管理框架、五因素理论、四类型文化、洋葱模型理论、基本假设模型、价值观理论、人本理论、革新性文化从不同角度对企业文化进行了解构，优秀的企业文化能够营造良好的工作氛围，形成凝聚力、向心力和约束力，支持企业对客户价值的持续创新。

虽然篇幅有限，本书仅列出现代管理学的部分理论，但现代管理学中所有理论最终都是为了给客户创新基础价值、工具价值、感情价值和伙伴价值，现代管理学和现代经济学构筑在同一块基石之上，在企业表现为独特价值序列和现代管理学，在社会经济表现为边际效用和现代经济学。

因为现代管理学的所有理论最终都需要为客户提供创新价值，所以整个现代管理学都建立在独特价值序列、价值基础之上，但并不是所有的管理理论、管理策略都属于现代管理学，只有可以提供创新价值的管理理论、管理策略才属于现代管理学。人类受到农业革命时期的传统文化影响，很多企业仍存在大量农业革命时期的管理策略、管理方法，这些管理策略、管理方法主要立足于资源控制、阶层控制。例如，立足于价值创新的创新者的9种创新战略属于现代管理学，而立足于存量资源控制的守成者的3种竞争战略就不属于现代管理学。立足于资源控制、阶层控制的管理策略、管理方法并不利于企业内部提升管理效率，掺杂了大量人际技巧、权谋之术的"中国式管理"其实并不属于现代管理学，它是特定社会环境下、特定时期的一种产物，会造成企业无人主动担责、相互推诿扯皮、缺乏合作协同、工作积极性下降、创新力匮乏的现象，最终会导致企业运营效率降低、成本上升。由此可见，这样的"中国式管理"其实是阻碍企业发展的"慢性毒药"，其终将被时代所淘汰，并不是未来发展的管理大道。

目前流行的"中国式管理"也不是真正的"中国式管理"，真正的"中国式管理"应当基于正直、坦诚、勇敢的人性，基于创新三位一体，虽源自民族，但益于世界，不光中国能用，全世界也能用，不光现在能用，未来也一直可以用，这才是真正的"中国式管理"！因此，只有根据现代管理学的价值准绳对企业管理策略、管理方法进行鉴别、调整与优化，才能去芜存菁，真正提升企业的运营效率。

守成者的3种竞争战略主要应用于企业外部的市场竞争，在全球市场统一、市场规则明确的情况下，市场规则的制定者也应针对守成者的3种竞争战略制定规则，避免守成者的竞争战略被应用于市场竞争中，推动整个市场竞争向价值竞争发展，使竞争有序化、规范化，从而有利于整个人类社会的黄金动力三角区域的增长。

战略学在整个现代管理学体系中处于核心位置，战略决定了为客户创新什么样的独特价值序列，为社会、合作伙伴等利益相关者贡献多少价值，选择什么样的战略决定了匹配什么样的营销、人力资源、财务、生产运营、供应链、IT管理、企业文化等管理，营销、人力资源、财务、生产运营、供应链、

IT管理、企业文化等管理需要支撑战略的落地与实现。战略学作为现代管理学的中枢，其从建立走向成熟在很大程度上也标志着现代管理学走向成熟。

聚势战略可以利用战略地图、平衡计分卡进行分解落地。战略地图和平衡计分卡分别由罗伯特·卡普兰（Robert S. Kaplan）和戴维·诺顿（David P. Norton）提出。在战略地图的客户层面可以引入基础价值、工具价值、情感价值和伙伴价值等独特价值序列，将独特价值序列分解到内部流程层面、学习和成长层面，以确定具体的营销、人力资源、财务、生产运营、供应链、IT管理、企业文化策略，形成明确的行动方案、预算、绩效指标和目标值，从而以量化方式对战略进行执行、监督、评估与修正。

由于现代管理学中的所有理论最终都需要为客户提供创新价值，因此我们可以利用价值矩阵中的4类（14种）价值建立量化指标，构成企业的价值量化评价表（独特价值序列量化评价表），通过引入量化评价对整个现代管理学体系效果进行评估。下面以手机企业为例进行说明。功能价值可选择屏幕显示、交互、照相、语音、红外线等指标，质量价值可选择性能、电池续航、残次品率等指标，成本价值可选择价格、维修费用等指标，便利价值可选择线上购买便捷度、线下网点密集度等指标，体验价值可选择体验门店的视觉体验、听觉体验、生活体验等指标，速度价值可选择快递效率、售后维修效率等指标，风险价值可选择数据安全、爆燃风险等指标，多样性价值可选择可选范围内品类数量等指标，社交价值可选择品牌特征、社交互动等指标，尊重价值可选择社交定位等指标，情绪价值可选择手机能否给客户带来情绪稳定、愉悦、乐观等指标，情感价值可选择手机能否给客户增进亲情、友情、爱情等指标，收益价值可选择手机能否为客户创造收入等指标，事业价值可选择手机能否为客户带来事业发展等指标。

通过价值量化评价表可以评估企业为客户提供的创新独特价值序列高低，进而可以在一定程度上评价某一种管理改进最终能为客户提供多少创新价值，使现代管理学中所有理论的管理改进在理论上都可以进行量化评估、纵向时间对比、横向跨类对比与优化改进，从而有利于企业管理理论、管理策略的迭代升级，不断提升企业的经营效率。

利用财务三表（资产负债表、利润表及现金流量表）对企业经济结果进行评价，利用价值量化评价表对企业为客户提供的创新价值进行评价，利用ESG对利益相关者的价值进行评价。财务三表、价值量化评价表、ESG构成了企业完整的价值基础评价，包括价值总量、针对客户的独特价值序列和针对利益相关者的重要价值，从而真实地反映了企业经营全貌。

在经济学中，创新、企业家精神与独特价值序列也有极强的关系。约瑟夫·阿洛伊斯·熊彼特（Joseph Alois Schumpeter）提出了创新的5种情况，但价值是消费者的主观评价，只有交换才可以产生价值。交换对商品价值而言是直接因素，其他要素都是通过交换产生价值的间接因素，因此创新的根本目标是基于交换为消费者提供创新价值，所有的产品、技术、市场、资源配置、组织创新都为这个根本目标服务。而为消费者提供的创新价值来源于价值矩阵的独特价值序列，企业家精神正是在不确定性下，为了创新独特价值序列而进行的决策判断。套利者和投机者其实都不是真正的企业家，因为这两者都不能为消费者提供创新价值。套利者是指通过歧视性政策、垄断、串谋等非市场化方式，低价获得商品进行套利销售的人。但发现市场中存在的不均衡状态，通过市场中的低买高卖行为销售商品的人并不是套利者，而是市场创新者，因为其为消费者提供了创新价值，且只有创新者才是真正的企业家。

企业创新包括战略创新、运营创新、科技创新3类创新。战略创新包括价值总量、价值要素、价值等级、有机耦合、业务重组、产业链、市场区域、资源能力、平台生态等方面的创新，以及组织模式创新、盈利模式创新与战略工具创新。另外，战略创新包括传统意义上的商业模式创新、市场创新、组织创新等内容。运营创新包括营销、人力资源、财务、生产运营、供应链、IT管理、企业文化等方面的创新。生产运营是狭义的运营概念，运营创新是广义的运营概念，包含了所有支撑战略落地执行的内容。科技创新包括产品、技术等方面的创新。战略创新、运营创新、科技创新构成了企业创新的所有内容，战略创新、运营创新对应了黄金动力三角中的生产方式创新，而科技创新对应了黄金动力三角中的生产科技、能源科技创新，通过创新不断扩大人类社会黄金动力三角的价值区域。

企业创新的最终目标是实现独特价值序列创新，为客户提供创新价值，所以独特价值序列在创新、企业家精神中占据至关重要的核心地位。没有独特价值序列创新就谈不上创新与企业家精神，独特价值序列创新可以作为判断创新与企业家精神的依据。利用价值量化评价表可以量化评价一家企业为客户提供的创新价值的大小，因此价值量化评价表也可以量化评价一家企业创新力、企业家精神的高低，从而有利于现代管理学与现代经济学的同步进化。

第六章

掎角之势
——业务创新类战略

从业务创新角度，利用业务之间衔接、互补、共振等内部关系变化，与分拆、组合、长尾等外在形态变化，进行商业生态系统创新，形成掎角之势。

第一节

有机耦合拓展战略：构建商业生态内循环体系

近年来，企业发展出现了两种趋势：一种是"专业化"，如美国通用电气、IBM、西门子、霍尼韦尔、联合技术等传统跨国大公司面对激烈的竞争，纷纷进行业务分拆，希望通过做小、聚焦，实现业务"专业化"，从而获得市场竞争力；另一种是"有机耦合"，如苹果的"iPhone+App Store"伞状超级平台、郭士纳时期 IBM 的 4 层业务整体解决方案、韦尔奇时期通用电气的"工业制造+金融服务"、联合健康的"保险+HMO（管理式医疗）"、普洛斯的"地产+基金"、万达的"订单地产"，都利用业务间的"有机耦合"，实现了商业生态系统中各业务间的相互协同、相互支撑、共同进化，各企业通过业务规模的扩大获得了独特的市场竞争力。

"有机耦合"不是简单的业务多元化，多元化是指业务延伸的方式，而"有机耦合"是指通过各产品、业务的协同形成类似"有机体"的紧密耦合关系，进化为一个更强大的"有机整体"，各组成部分分工明确、互相支持、协同进化，从而超越原有的竞争方式，跃升到更高维度的竞争方式，产生更高维度的竞争力。

自然界中的有机体，从单细胞进化到多细胞，通过细胞功能的分化，有机体开始产生呼吸、循环、运动、内分泌、排泄和生殖系统，通过多个细胞协同合作实现了比单细胞更强大的能力，如"细胞外消化"，获得了啃咬、吞噬能力；从多细胞进化到脊椎动物，有机体又产生了脊椎、脊髓、大脑等器官结构，内骨骼成为身体的主要支持结构，通过与其他器官的协同，可以抵抗重力，行动更为灵敏；从脊椎动物进化到两栖类动物，有机体产生了肺和四肢等器官结构，从而可以上岸活动；从两栖类动物进化到爬行类、哺乳类动物，有机体进化出了颈、胸廓、支气管、心室、盲肠、乳腺、子宫等器官结构，利用各种器官组织的协同，有机体在行动、呼吸、消化、生殖等能力上都获得了质的飞跃。有机体通过关键器官与相关器官的协同进化，产生"有机耦合"，从

第六章
掎角之势——业务创新类战略

而进化到更高层次,获得了更强大的生存能力,最终出现了恐龙、狮子、老虎、大象、虎鲸、人等生态链顶级生物。若有机体只有"专业化"的进化方向,就只能一直停留在单细胞状态,只有利用重要器官的"有机耦合"才能通过协同进化上升到更高层次。

"有机耦合"与"专业化"存在相互支撑的关系,但"有机耦合"可以产生比"专业化"更强大的力量。"专业化"主要在一个单点上进行精进,单点的进步难以带动整个产业的跃升;"有机耦合"可以利用几个关键单点的耦合,带动众多单点进行协同进化,推动整体产业跃升到更高层次。相对于小而美的"专业化",大而强的"有机耦合"是实现产业进化的主导力量。例如,在iPhone出现前,功能机已经出现了摄像头,功能机不仅可以播放视频,还可以通过2GWAP网络上网。这些单点技术虽然预示着一种新型手机即将到来,但如果没有关键单点技术的"有机耦合",那么这些单点技术无法带动功能机进行进化。苹果推出了拥有多点触摸技术的全触控屏幕、iOS系统,利用多点触摸技术实现了不用键盘的人机交互,利用iOS系统实现了手机系统的电脑化,利用关键单点技术之间的"有机耦合"完成了从手机到电脑的跃升,整合了摄像头、播放视频/音频、上网等创新性单点技术,大大丰富了"手机电脑"的功能,苹果通过"有机耦合"把手机产业提升到了更高层次。

"有机耦合"的每一次进化,不仅会淘汰仍处于原来竞争层次的对手,还会淘汰处于原来竞争层次的大量"专业化"小企业。在功能机时代,主要竞争者是诺基亚、摩托罗拉、爱立信、索爱、西门子、夏普,在苹果利用"有机耦合"开启智能机时代后,主要竞争者变成了苹果、三星、小米、华为、OPPO、vivo,功能机时代的主要参与者们纷纷掉队。随着功能机主机厂业务的萧条,很多为功能机进行配套的上下游企业也纷纷倒闭。例如,在诺基亚兴盛时,2000年在北京建设了星网工业园,聚集了超过30家诺基亚配套供应商,它们围绕诺基亚生产其所需的零配件。这些供应商都是当时细分领域的佼佼者,但当2013年诺基亚退出手机业务后,这些上下游的配套供应商基本都停产或关闭了。例如,中国台湾的闳晖科技主要生产手机按键,曾进入诺基亚、摩托罗拉等全球知名企业的供应链,但随着触摸屏的盛行,诺基亚、摩托罗拉业务转型与萎缩,其于2015年1月宣布破产,与之拥有类似命运的还有联建科技、中华映管、广辉电子等企业。

"有机耦合"的进化过程是单向、不可逆的，就如同有机体进化到哺乳动物，再返回到海中，即使生存环境变得和以前相同，哺乳动物也不可能再退化为鱼，而是在更高层次进化为蓝鲸、座头鲸、虎鲸、海豚等，成为海洋的霸主。商界竞争也是如此，一旦上升到更高层次，就不会再下降到低层次。例如，苹果将手机行业的竞争方式提升到"产品＋平台"模式后，虽然仍有少数手机生产商利用区域、客户群等特性存留在功能机市场，但大部分手机生产商只能跟进到这种主流竞争方式，否则就会被市场竞争所淘汰。

"有机耦合体"是两个或多个业务通过"有机耦合"形成的内循环体系。内循环体系根据不同性质的"流"进行设计，从流量入口到流量路径，贯穿"有机耦合体"整体体系的业务模块，整个流量循环完成后，再进行下一次循环，循环往复、生生不息。这种内循环体系不是完全封闭的体系，而是半封闭半开放的内循环体系，完全封闭的环境只能导致"有机耦合体"的死亡，只有合理利用外部环境资源，并不断与外界进行交互的"有机耦合体"才能成长壮大。

"有机耦合体"根据价值基础的不同，其开放性也存在差异。例如，苹果为了保障用户的完美体验价值，将 iOS/App Store/iPhone 打造为一个软硬件一体化的半封闭系统，利用 App Store 整合外部软件厂商资源，以丰富平台生态，外部软件厂商需要遵守苹果制定的规则，否则就会被拒之门外。谷歌为对抗苹果平台生态，采取了更开放的策略，给予手机厂商更大的价值，开放源代码，允许手机厂商进行修改，从而团结众手机厂商对抗苹果。同时，谷歌通过兼容性测试套件避免移动终端的过度碎片化，保障用户良好的体验价值，并利用"Better Together"计划与手机厂商、软件开发者合作，将苹果平台生态中的隔空传送、设备接力、手表解锁手机、空间音频等多设备连接功能带入安卓生态中。因此，既不存在完全封闭的系统，也不存在完全开放的系统，完全自由开放只会导致混乱，最终导致消亡，真正能存活、发展的"有机耦合体"都是具有不同开放性的内循环封闭系统。

"有机耦合"建立在业务组合基础上，但"有机耦合"的关系强度要高于一般的业务组合。很多业务组合只是管理要素协同（非业务要素协同）关系，如业务之间的品牌、渠道、管理、文化、财务等要素协同，主要是产业周期的组合与平衡。协同关系要弱于"耦合"关系，只有一种业务变化可以影响到另一种业务，使其发生跟随变化，才是"耦合"关系。"有机耦合"通过业务之间的耦合可以形成"掎角之势"，产生比单独一种业务更大的价值，主要应用于业务组合和商业生态系统的创新。

"有机耦合体"包括3种耦合形态。第一种是两种或多种业务互为上下游的衔接形态，如普洛斯利用其控制的私募基金接盘其开发的工业地产，工业地产和私募基金进行了业务"耦合"，互为上下游衔接关系。第二种是两种或多种业务的互补形态，如IBM郭士纳时期的4层业务整体解决方案"耦合"了基础设施、中间件、应用软件、IT服务4层业务，这4层业务互为补充，共同构成整体解决方案。第三种是两种或多种业务具有的共振形态，如三星的移动电话、电视机、电冰箱、空调等横向多元化业务，既不是业务上下游关系，也不是对客户形成统一解决方案的业务互补关系，但电视机屏幕技术的进步可以提升手机屏幕技术，从而为客户贡献价值，这就是业务的共振形态。这种共振形态也存在于安卓的母子平台中，子平台软件开发商、消费者的增加，会带动母平台业务的繁荣。

有机耦合拓展战略是指从业务内部耦合角度，利用业务之间衔接、互补、共振等内部关系变化，通过耦合类型、循环机制、耦合价值、杠杆效应、生态稳健5步设计，形成一种内循环体系的"有机耦合体"战略，也可称为有机耦合模式5步设计法。有机耦合模式5步设计法的设计步骤如下所述。

第一步，选择耦合类型。耦合类型是内循环体系的不同种类，通过选择耦合类型确定内循环体系的构建方向。

第二步，确定循环机制。循环机制是内循环体系的内部功能分区、循环体系，通过对内循环体系的价值区、利润区、功能区、流量入口和流量路径的设计，建立创新性内循环机制。

第三步，评估耦合价值。评估内循环体系各业务模块耦合价值的大小，是决定业务模块之间连接强弱的关键，为客户贡献的独特价值序列是耦合价值的核心。

第四步，利用杠杆效应。杠杆效应是内循环体系的乘法，利用杠杆效应的设计可以放大"有机"体系的获利机制。

第五步，保障生态稳健。生态稳健是内循环体系的减法，平衡各方利益、控制风险以获得生态稳健，从而使"有机"体系能够健康成长。

一、选择耦合类型

有机耦合拓展战略基于耦合类型，包含5种细分战略：业务群耦合战略、业务流耦合战略、平台流耦合战略、场景耦合战略、产融耦合战略。企业可以根据这5种细分战略进行内循环体系的导向设计。业务群耦合战略是从各业务协同关系上进行结构耦合的战略，业务流耦合战略是从业务时序上进行结构耦合的战略，平台流耦合战略是从平台流量时序上进行结构耦合的战略，场景耦合战略是从用户使用场景上进行结构耦合的战略，产融耦合战略是从产融互动时序上进行结构耦合的战略。

（一）业务群耦合战略

业务群耦合战略是指基于客户痛点、产业痛点进行耦合设计的战略。此类内循环体系的设计重点在于横向的业务要素耦合，同时也存在纵向的业务流，如IBM、千寻位置、闪维时代都通过整体解决方案与客户进行深度捆绑，并通过后续服务获取长期收益，因此内循环体系在横向、纵向上都需要进行考虑。下面通过几个案例进行分析。

（1）IBM郭士纳时期的4层业务整体解决方案。IBM围绕客户需要提升科技产业细分领域产品协同效率的痛点进行解决方案的设计，基于"基础设施（硬件、数据库、操作系统）—中间件—应用软件—IT服务"4层业务结构构建了整体解决方案，整合了全球SAP、Sun、西贝尔等72家独立商用软件商，从整体解决方案和独立商用软件商两端获取客户，并通过整体解决方案锁定用户，获取长期收益，形成了闭环的生态循环体系。

（2）千寻位置的城市整体解决方案。千寻位置围绕客户建设智慧城市提升城市管理、服务能力的痛点，以时空智能基础设施服务平台为基础，整合深岚数字、华为、荣耀、小米、大疆等相关服务商，为城市客户提供智慧城市整体解决方案，并帮助城市客户引入产业生态，从而与客户形成了长期紧密协作，形成了闭环的生态循环体系。

（3）香港地铁的"地铁＋物业"模式。香港地铁负责修建和运营香港城市铁路，以地铁建成以前的地价，获得地铁站场上盖物业的专属开发权，通过公开招标，招募房地产企业开发地铁附近的商场、住宅等物业。采用"地铁＋物业"模式的地铁网络覆盖了香港70%的居住区和商圈，既让地铁站点成为满足市民衣、食、住、行需求的城市微中心，又利用周边居住区给地铁运营、商场和店铺带来了稳定的客流，还将地铁沿线的物业升值回馈于地铁建设，减轻了香港特别行政区的财政负担，实现了市民、香港地铁、香港特别行政区政府3方共赢。

IBM站在了客户的角度，从客户深层次的痛点出发，整合彼此独立、分散的信息化产业细分领域硬件、软件产品，构建了4层业务整体解决方案。千寻位置以时空智能基础设施服务平台为基础构建智慧城市整体解决方案，帮助客户导入产业生态，同样对地基增强行业的竞争对手形成了降维打击。香港地铁利用地铁业务和土地资源，与房地产企业进行耦合，从单纯的地铁公司进化到"地铁+物业"，从而实现持续性盈利，成为全球少数几个实现盈利的城市地铁公司之一。IBM、千寻位置、香港地铁仅凭自身的资源能力是无法构建这样的整体解决方案的，它们必须以自身业务为基础，对关键业务进行"有机耦合"，整合利益相关者资源，协同进化，才能实现竞争方式、竞争能力的跃升。

（二）业务流耦合战略

业务流耦合战略是指基于业务全生命周期流程进行耦合设计的战略，其需要考虑业务和现金流之间的耦合。产业链的本质是业务流，利用上、中、下游产业链的业务协同，为终端的消费者提供产品或服务。

业务流耦合有3种类型。第一种是有现金流，需要业务，如联合健康利用其掌握的现金流，引入医院业务，从而提升了保险业务质量。第二种是有业务、需要现金流，如普洛斯、万达、蔚来等传统产业企业大多需要进行重资产投资，如果没有充沛的现金流就无法实现快速扩张。普洛斯利用其控制的基金实现了资产快速变现，万达利用业态耦合的不同销售策略实现了现金流平衡，蔚来利用控制的电池公司实现了现金流的节约，普洛斯、万达、蔚来模式是3种不同的有业务需要现金流的设计策略。第三种是业务流之间的耦合，如中技服务为中国技术交易所配套的知识产权服务模式、闪维时代的园区整体解决方案、三星的产业链耦合模式。

联合健康、普洛斯、万达、闪维时代、中技服务通过多种业务在业务流上的"有机耦合"，解决了各自在业务上的瓶颈问题，获得了独特的市场竞争力，对竞争对手形成了降维打击，从而在各自的细分市场中占据了领头羊的位置。三星则利用产业链的"有机耦合"，对抗了强大的苹果，压制了安卓阵营的竞争对手，获得了强大的市场竞争力。蔚来对业务流的设计，由于市场环境、资源能力等方面的原因，还未完全成形，仍处于探索阶段。

(三)平台流耦合战略

平台流耦合战略是指基于平台流量的流向进行业务耦合设计的战略。例如，苹果在产品、平台间进行耦合设计，安卓在母平台与子平台间进行耦合设计，腾讯在众多平台间进行耦合设计。下面通过几个案例进行分析。

（1）苹果的伞状超级平台模式。苹果利用 iPhone、iPad、iPod、iWatch、Mac 等硬件产品和 App Store、Mac App Store 软件平台系统构建了伞状平台耦合，将硬件产品作为"伞骨"进行引流，将软件平台系统作为"伞柄"，吸引大量的软件商提供丰富多样的产品体验。客户从进入平台购买硬件产品，到进入软件平台系统使用各种软件，形成了闭环的生态循环体系，苹果从中获得产品收入和"苹果税"。

（2）安卓的母子超级平台模式。谷歌利用三星、小米、华为、荣耀、OPPO、魅族、vivo、联想、诺基亚、摩托罗拉、索尼等手机厂商为安卓打造了一个超级平台生态，将这些厂商的手机产品作为平台入口，将用户引入平台，吸引大量的软件开发商进入平台，提升用户的使用体验，形成了闭环的生态循环体系。安卓利用闭源的 GMS（谷歌移动服务）应用和广告收入获利。

（3）腾讯的网状超级平台模式。微信和 QQ 是社交平台的流量入口，腾讯将流量导入腾讯新闻、QQ 音乐、微信读书、QQ 阅读、腾讯视频、腾讯微视、腾讯游戏等内部数字内容平台，让用户获得数字内容收益，同时将流量导入京东、滴滴、拼多多、美团点评等外部平台，让用户获得购物、出行、生活便利，通过内外平台结合，形成了闭环的生态循环体系。腾讯从内部平台获得业务收入，从外部平台获得广告收入和投资收入。

苹果利用硬件产品与软件平台耦合，实现了对单纯功能机产品的跃升，对竞争对手形成了降维打击；安卓为了与苹果对抗，采用了母平台与子平台耦合，利用子平台扩大势力，整合最广泛的手机厂商、软件开发商资源，占领了最大的市场，对苹果形成了包围态势；腾讯将社交平台流量给其他平台导流，利用平台间的"有机耦合"，获得了难以撼动的市场地位、庞大的商业生态和巨大的利润。

(四)场景耦合战略

场景耦合战略是指基于用户体验环境的空间、时间、人物、行为、心理等要素进行业务耦合设计，如家居场景、汽车场景、出行场景、餐饮场景、购物场景等，从而使用户获得最佳的体验价值的战略。

以小米的生态链模式为例。小米利用生态链企业投资，扶持、整合了智能插座、空气净化器、智能音箱、智能灯泡、智能血压计、智能迷你滚筒洗衣机、手环、体重秤、扫地机器人、平衡车、移动电源等智能硬件厂商，围绕小米路由器、小米手机、小米电视、小米盒子建立了一套完整智能家居的闭环体验生态，努力为用户贡献出最佳的体验价值。

（五）产融耦合战略

产融耦合战略是指基于产业和金融流向进行耦合设计，通过产业与金融的互动，借助金融杠杆放大业务规模的战略。

以通用电气韦尔奇时期的"工业制造＋金融服务"模式为例。通用电气利用公司享有的3A信用评级进行低成本举债，利用举债获得的廉价资金进行工业制造领域的并购，扩张规模获得更多的资产和更大的市值，从而获得更多资金进行并购，通过产融互动，构建了一个闭环的业务循环体系。

韦尔奇利用工业制造与金融服务的耦合，创造了当时全球市值最高的企业。但需要注意的是，工业制造与金融服务的耦合关系较为松散，金融并购应该为业务间的"有机耦合"服务，以形成更强的竞争力。韦尔奇把业务分类为核心、技术、服务及外围业务，利用"数一数二"进行业务的优胜劣汰，但对业务间的"有机耦合"关注较少，致使业务间未能形成有机整体，难以产生更强有力的竞争力。"大而不强"导致通用电气在2008年金融危机时期因过度扩张而陷入危机，至今未能摆脱困境。

二、确定循环机制

循环机制包括两个部分：功能分区、流量循环。功能分区通过对内循环体系的功能分区设计，明确各业务模块承担的功能。功能分区包括两个部分：价值区和利润区。价值区是内循环体系对客户贡献价值的业务模块，利润区是内循环体系获取利润的业务模块。流量循环通过内循环体系的流量机制设计，明确流量入口及流经各业务模块的路径，内循环体系的"流"可以是不同性质的"流"，如人流、资金流、数据流、业务流等。流量机制需要围绕"有机耦合体"一种或多种核心流进行设计。流量机制包括两个部分：流量入口和流量路径。流量入口是流量进入内循环体系的最初入口，流量路径是内循环体系从入口到终点的全过程路线。下面通过几个案例进行分析。

（1）IBM 郭士纳时期的 4 层业务整体解决方案。整体解决方案对客户的价值在于整体业务耦合，因此价值区是 4 层业务，利润区也来自这 4 层业务。此模式的重点是人流，IBM 和 SAP、Sun 等独立应用软件商这两端都是流量入口，流量路径是两端流量相互流通的路线，如 IBM 的客户可以是 SAP 的客户，而 SAP 的客户也可以是 IBM 的客户。

（2）千寻位置的城市整体解决方案。整体解决方案的价值区是整体业务耦合，利润区也来自整体业务组合。此模式的重点是人流，流量入口是千寻位置，流量路径是从千寻位置基础业务到深岚数字、华为、大疆等相关服务商的功能业务。

（3）香港地铁的"地铁+物业"模式。对市民来说，此模式的价值在于衣、食、住、行的便利，其价值区是地铁和物业，利润区是物业。此模式的重点是人流，流量入口是地铁周边的居民区，流量路径是从居民区到商场、地铁。

（4）联合健康的"保险+HMO"模式。对客户来说，增量价值由医院等医疗机构提供，价值区是医疗机构的医疗服务，良好的医疗服务会为保险公司带来客户，并进行控费，利润区是联合健康的保险业务。此模式的重点是人流，流量入口是保险公司的客户保单，流量路径是将客户从保险公司导向医院等医疗机构，通过人流实现价值增值，增加利润。

（5）普洛斯的"地产+基金"模式。此模式可以帮助普洛斯快速回收现金流，实现高速周转、运营。对客户来说价值区仍然是物业开发、运营等业务；利润区主要是物业开发，次要是物业运营，通过私募基金实现了快速变现。此模式的重点是资金流；流量入口是物业开发，普洛斯通过将自有资金投入物业开发产生资产；流量路径从物业开发到私募基金收购、普洛斯运营，通过自有资金到自有资产，再从自有资产到自有资金、运营资产的流动，实现快速回收现金流。

（6）万达的"订单地产"模式。此模式仍然用于快速回收现金流。其价值区是融合大型商业中心、商业步行街等业态的城市综合体；前期利润区是住宅、写字楼，后期利润区是商铺、酒店。此模式的重点是资金流；流量入口是自有资金开发的城市综合体；流量路径是前期从住宅、写字楼销售获得短期现金流，支持城市综合体的开发，后期从商铺、酒店运营的租金获得长期现金流。

第六章
掎角之势——业务创新类战略

（7）蔚来的 BaaS 模式。此模式对客户的价值是减少购车成本，同时加快车辆换电速度、减少行驶焦虑。其价值区是购车、换电环节；利润区主要是电动汽车出售环节，次要在电池租赁与电池梯次利用环节。此模式的重点是人流与资产流，人流的流量入口在购车环节，流量路径是从购车到电池租赁，资产流的流量入口在电池投资环节，流量路径是从电池投资，到电池租赁、管理、运营、回收。

（8）中技服务的"评保贷投易"知识产权服务模式。此模式的价值在于通过知识产权的评估，帮助客户实现融资与交易。其价值区是评估、贷款、投资、交易，利润区是担保和贷款。此模式的重点是业务流，流量入口是评估，流量路径是从评估到担保、贷款、投资与交易。

（9）闪维时代的园区整体解决方案。此模式的价值区重点是解决用户痛点的定位、招商，利润区是展示。此模式的重点是园区业务流，流量入口是园区定位，流量路径是从园区定位、管理、招商、孵化到展示。

（10）三星的产业链耦合模式。此模式的价值区是 CPU、NAND 闪存、DRAM 内存、显示屏、AMOLED 面板等核心零部件，利润区是手机和半导体业务。此模式的重点是业务流；流量入口是移动电话、笔记本、电视机、电冰箱、空调、数码摄像机等产业链终端业务；流量路径是从产业链终端向产业链上游延伸，利用市场终端规模支持核心零部件的生产、研发，核心零部件取得市场领先位置后，又会对市场终端形成支撑。

（11）苹果的伞状超级平台模式。此模式的价值区是 iPhone、iPad 等硬件产品和 App Store 软件平台，这两项业务共同为客户贡献价值；利润区主要是硬件产品，次要是软件平台的服务。此模式的重点是人流，流量入口是 iPhone、iPad 等硬件产品，流量路径是从硬件产品向软件平台导流。

（12）安卓的母子超级平台模式。此模式的价值区是开源的安卓系统平台，利润区是闭源的 GMS 应用和广告。此模式的重点是人流，流量入口是各手机厂商的硬件产品，流量路径是从各厂商的硬件产品到安卓子平台、安卓闭源的 GMS 应用。

（13）腾讯的网状超级平台模式。此模式的价值区是社交平台，利润区是数字内容平台、购物平台、出行平台、生活便利平台。此模式的重点在人流，流量入口是社交平台，流量路径是从社交平台到数字内容平台、购物平台、出行平台、生活便利平台。

（14）小米的生态链模式。此模式的价值在于为客户提供完整智能家居的闭环体验生态，因此其价值区是小米路由器、小米手机、小米电视、小米盒子，以及智能插座、空气净化器、智能音箱等智能硬件整合；利润区一方面是小米路由器、小米手机、小米电视、小米盒子，另一方面是智能硬件厂商的投资增值。此模式的重点是智能家居数据流；流量入口是小米手机及各类智能硬件；流量路径是从小米手机、智能硬件到小米盒子、小米路由器，再到云平台，通过用户使用数据与云平台的大数据分析，给予用户个性化的整套智能家居体验方案，从而提升用户的使用体验。

（15）通用电气的"工业制造+金融服务"模式。此模式对客户价值考虑得较少，价值区是工业制造，利润区是金融服务。此模式的重点是业务流和金融流；流量入口是工业制造；流量路径是先利用工业制造规模获取大量低息贷款，再以低息贷款收购工业资产，扩大资产规模，从而获取更多的低息贷款。

（一）价值区

在"有机耦合体"中，各业务通过内循环体系共同形成商业模式的价值创造，各业务与价值创造均有不同程度的关联关系，但价值贡献有主次、直间之分，价值区按关联关系可以进一步细分。按价值创造的主次区分，可以分为主价值区、次价值区；按价值的关联性区分，可以分为直接价值区、间接价值区。

例如，在闪维时代的园区整体解决方案中，园区定位、招商是主价值区，园区管理、孵化、展示是次价值区；在安卓的母子超级平台模式中，开源安卓系统平台是主价值区，GMS应用是次价值区；在联合健康的"保险+HMO"模式中，医疗机构的医疗服务是直接价值区，联合健康的保险服务是间接价值区；在普洛斯的"地产+基金"模式中，物业开发、运营等业务是直接价值区，私募基金业务是间接价值区。

（二）利润区

利润区的设计主要依据3个要素：业务属性、市场竞争和业务控制权。

首先是业务属性。香港地铁将物业开发、商业地产持有作为利润区，因为地铁是公共交通资源，不可能获取较高利润，而物业可以随行就市，且具有一定的稀缺性，因此业务属性决定了物业比地铁更适合作为利润区。万达广场也根据住宅、写字楼、商铺、酒店的业务属性，决定了利润区的设计，住宅、写字楼可快速销售，可以作为短期现金流来源，而核心商铺、酒店的租金较高，可以作为长期现金流来源。通用电气将利润区放在金融服务上，因为金融服务业务具有金融杠杆，比工业制造业务的弹性更大，更容易获取利润。苹果将主要利润区放在硬件产品上，将次要利润区放在软件平台的服务上，其也考虑了硬件产品收入容易被消费者接受，较易获取，而目前软件平台的服务尚有所不足，"生态税"也不宜太高。腾讯将主要利润区放在数字内容平台、购物平台、出行平台、生活便利平台上，而不是放在社交平台上，这主要考虑了社交平台的社交属性，由于不想将其过度商业化，因此主要通过导流与投资获利。

其次是市场竞争。三星的利润区是手机与半导体业务，主要由市场地位决定。三星在这两个市场中都处于领导地位，可以获得较高的利润。IBM 的 4 层业务整体解决方案也会根据市场上的竞争情况进行报价：在竞争对手实力较强的市场中的业务报价较低；在竞争对手实力较弱的市场中的业务报价较高。

最后是业务控制权。"有机耦合体"会整合外部资源共同形成内循环体系，因此会将利润区设置为拥有较高控制权的业务，以使利润最大化。例如，联合健康将利润区设置为保险业务，普洛斯将利润区设置为地产开发，中技服务将利润区设置为担保、贷款业务，小米将利润区设置为小米路由器、小米手机、小米电视、小米盒子等智能硬件。

有的企业会综合考虑 3 个要素。例如，蔚来将利润区主要设置在电动汽车上，因为电动汽车的业务控制权最高，同时考虑了业务属性，即电动汽车是一次性销售的，而电池租赁、电池梯次利用可以获取长期利润回报。闪维时代将利润区设置为展馆/展厅，一方面考虑了业务控制权；另一方面考虑了业务属性，展馆/展厅是工程项目，金额大、利润较高。谷歌将安卓利润区放在 GMS 应用和广告上，一方面考虑了市场竞争情况，不宜对免费的谷歌开源系统进行收费；另一方面考虑了业务属性与控制权，广告业务收费较为成熟，GMS 应用可以完全控制，能获取最大利润。

（三）流量入口与流量路径

流量循环需要考虑人流、资金流、数据流、业务流等流量的不同性质，根据其特性选择流量入口，并根据流量路径的设计重点，选择不同的流量路径，从而充分发挥内循环体系的最大效用。

对于以人流为主的"有机耦合体"，其流量入口一般是用户接触频率较高或较为成熟的业务，流量路径的设计重点是将流量引导到增值业务上，充分发挥客户流量价值，不仅能使企业获得更大的收益，还能使客户获得更大的价值，形成闭环生态。例如，腾讯的流量入口是微信与QQ，腾讯将社交平台流量导入数字内容平台、购物平台、出行平台、生活便利平台，获取流量收入与投资效益；香港地铁的流量入口是地铁周边的居民区，香港地铁将居民区流量导入商场、地铁，获取经营收益；联合健康的流量入口是保险，联合健康将流量导向医疗机构，为客户提供更大的价值，从而获得差异化竞争力，获取更多订单；苹果的流量入口是iPhone、iPad等硬件产品，苹果将流量引导到软件平台上，从而获取更大的收益。

对于以资金流为主的"有机耦合体"，其流量入口一般是自有资金投资开发的重资产，流量路径的设计重点是通过新业务整合将资产快速变现为现金流。例如，普洛斯的流量入口是自有资金开发的物业资产；普洛斯将物业资产导入私募基金，通过私募基金将资产快速变现；万达的流量入口是自有资金开发的城市综合体资产，万达通过前期的住宅、写字楼销售和后期的商铺、酒店运营，将城市综合体资产变现为自有资金，实现增值。

对于以数据流为主的"有机耦合体"，其流量入口一般是与人、物有关的智能终端设备；流量路径的设计重点是通过数据收集、整理、分析，找到数据化的用户个性化整体解决方案，并应用于消费场景相关各类智能硬件，提升用户体验。例如，小米的流量入口是小米手机及各类智能硬件，小米需要通过流量路径设计，针对用户场景数据流，进行一系列数据整理、分析、提炼及升级，不断提升用户体验。

对于以业务流为主的"有机耦合体"，其流量入口一般是优势业务；流量路径的设计重点是通过业务的衔接、互补、共振等形态进行延伸，获得最大的协同效应。例如，三星的流量入口是移动电话、笔记本等产业链终端业务，通过流量的反向拉动，支撑芯片、显示屏等核心零部件获取市场领导地位，核心零部件反过来又支撑了产业链终端业务；通用电气的流量入口是工业制造业务，通过工业制造支撑金融业务的发展，金融业务反过来又支撑了工业制造业务的扩大。

三、评估耦合价值

企业应通过对耦合价值的评估，判断"有机耦合体"为客户贡献的价值，并据此对内循环体系进行调整。企业应从价值基础出发，设计内循环体系的耦合价值。价值基础中最重要的是为客户贡献的独特价值序列，同时应兼顾价值等级中利益相关者的重要价值。因为整个商业模式的价值总量主要是从为客户贡献的价值中产生的，利益相关者因为参与了商业模式的构建、为客户贡献了价值，才能从价值总量中获得属于自己的价值，所以内循环体系耦合关系的强弱应主要依据独特价值序列进行判断。"有机耦合体"业务之间的耦合关系与独特价值序列的关联度越高，为客户贡献的价值就会越高，反之就会越低。在"有机耦合"的设计中，应优先选择高耦合价值的业务耦合，从而构建出强有力的差异化市场竞争力。

耦合价值有 3 种：高耦合价值、中耦合价值、低耦合价值。高耦合价值是指业务之间的耦合可以支撑对价值的重新定义，对用户来说有不可替代性，从而引领产业进行升级；中耦合价值是指业务之间的耦合对用户的独特价值序列具有直接作用，对用户来说具有一定的替代难度；低耦合价值是指业务之间的耦合对用户的独特价值序列的作用不大或只有间接作用，对用户来说容易被替代。耦合价值表如表 6.1 所示。

表 6.1 耦合价值

耦合价值	耦合类型				
	业务群耦合	业务流耦合	平台流耦合	场景耦合	产融耦合
高耦合价值	IBM 郭士纳时期的 4 层业务整体解决方案、香港地铁的"地铁+物业"模式	联合健康的"保险+HMO"模式、闪维时代的园区整体解决方案	苹果的伞状超级平台模式		
中耦合价值	千寻位置的城市整体解决方案	万达第四代"万达广场"模式、蔚来的 BaaS 模式、三星的产业链耦合模式、中技服务的知识产权服务模式	安卓的母子超级平台模式、腾讯的网状超级平台模式		
低耦合价值		普洛斯的"地产+基金"模式、万达第三代"万达广场"模式		小米的生态链模式（初期）	通用电气的"工业制造+金融服务"模式

资料来源：作者根据公开资料整理。

（1）IBM 郭士纳时期的 4 层业务整体解决方案。IBM 耦合了"基础设施

（硬件、数据库、操作系统）—中间件—应用软件—IT服务"4层业务，对客户价值进行了重新定义，从服务器的功能与便利价值，升级到客户IT整体解决方案的功能与便利价值，因此4层业务耦合具有高耦合价值，对客户来说具有很强的不可替代性。所以，在公有云出现之前，IBM凭借4层业务整体解决方案在企业IT服务市场独占鳌头多年，微软、埃森哲等竞争对手都与其有很大的差距。

（2）香港地铁的"地铁+物业"模式。香港地铁从单纯的地铁公司升级为"地铁+物业"，既减轻了香港特别行政区的财政负担，又给周边居民带来了便利的衣、食、住、行服务，两种业务具有很强的互补性，缺一不可，对客户来说具有很强的不可替代性，属于高耦合价值。

（3）千寻位置的城市整体解决方案。千寻位置围绕智慧城市整合深岚数字、华为、荣耀、小米、大疆等利益相关者业务，为地方政府提供智慧城市管理、精准三维定位、产业生态等独特价值序列，业务之间耦合对独特价值序列具有直接作用，有一定的替代难度，属于中耦合价值。

（4）联合健康的"保险+HMO"模式。联合健康利用医疗机构的加入，重新定义了保险对客户的价值，不仅包含传统的风险保障价值，还包含通过全生命周期健康管理，帮助客户省心、省时、省钱地保障身体健康。保险与医疗机构的业务耦合具有高耦合价值，具有不可替代性，只有双方紧密联合才能为客户提供增量价值。

（5）闪维时代的园区整体解决方案。闪维时代通过整合科研院所、科创服务企业等资源，共同形成园区定位、招商、孵化、展示一整套解决方案，解决高新区持续招商难、产业集聚效应差等难题，重新定义了展馆/展厅产业对客户的价值，具有高耦合价值，对客户来说具有不可替代性，原有产业竞争对手难以替代。

（6）万达的"订单地产"模式。万达在第三代"万达广场"模式中，主要着眼于快速回笼现金流，从而实现规模扩张，百货、电影城、KTV、酒店等大型购物中心的标配业务耦合难以为客户贡献与众不同的独特价值序列，这种业务耦合属于低耦合价值，因此当竞争激烈时，万达难免会陷入困境。万达在线下商超业态面临线上零售业态激烈竞争的情况下，在第四代"万达广场"模式中进行了重大创新，选择了骑乐马术、真人CS、室内冲浪馆、射箭、儿童篮球、动物园等大量体验型业务进行耦合，从而形成与线上零售的差异化竞争，突出了对客户的体验价值。这种业务耦合具有中耦合价值，丰富的体验业态对客户来说具有一定的替代难度。

（7）蔚来的BaaS模式。蔚来汽车公司、电池公司、能源公司、投资公司等利用彼此的业务耦合，为客户提供了换电模式的选择，帮助客户降低购车成本，并提供了便利、快速的换电体验，贡献了独特价值序列。这种业务耦合具有中耦合价值，具有一定的替代难度。

（8）三星的产业链耦合模式。三星的"黄金产业结构"耦合具有中耦合价值。三星利用横向多元化业务、纵向一体化业务耦合为客户贡献了科技领先的独特价值序列，这种业务耦合对客户来说具有一定的替代难度，但横向多元化业务不如纵向一体化业务的耦合力强。纵向一体化业务耦合可以通过CPU、NAND闪存、DRAM内存、显示屏、AMOLED面板、摄像头等直接影响手机业务的技术领先性与成本，从而影响手机业务的独特价值序列，而横向多元化业务耦合主要在技术、供应链上产生"共振"，从而间接影响业务的独特价值序列。

（9）中技服务的知识产权服务模式。中技服务依据"专利价值分析指标体系"建立的"评保贷投易"一体化的知识产权服务模式，帮助客户实现了便利的知识产权融资、交易，贡献了独特价值序列，对客户来说具有一定的替代难度，这种业务耦合具有中耦合价值。

（10）普洛斯的"地产+基金"模式。普洛斯通过物业资产和私募基金的业务耦合，快速回笼项目巨额投资，从而扩大业务规模。但这种业务耦合对客户来说没有直接的价值贡献，并没有产生独特价值序列中的价值，因此这种业务耦合具有低耦合价值。这种业务耦合对客户的影响不大，容易被替代。

（11）苹果的伞状超级平台模式。苹果利用"iPhone+App Store"模式重新定义了价值，将功能机的"易用""丰富""时尚"升级到智能机的"易用""丰富""时尚"，提升了用户的认知水平。这种"硬件设备+软件平台业务"耦合具有高耦合价值，两者密不可分、不可或缺，对客户来说具有很强的不可替代性。

（12）安卓的母子超级平台模式。安卓利用"安卓母平台+手机厂商子平台"的业务耦合，为客户贡献了丰富的软件体验、较高的质量与较低的购买成本、更换成本等独特价值序列。这种业务耦合具有中耦合价值，对客户来说具有一定的替代难度。

（13）腾讯的网状超级平台模式。腾讯利用社交平台、数字内容平台、电子商业平台、生活服务平台的耦合关系，不仅为客户贡献了社交价值，还为客户增加了便利、多样化的内容服务、生活服务价值。这种业务耦合具有中耦合价值，对客户来说具有一定替代难度。

（14）小米的生态链模式。小米在发展初期利用生态链厂商，以手机、路由器、盒子为基础，整合了智能插座、空气净化器、智能血压计、智能迷你滚筒洗衣机等智能硬件，为客户提供了一套完整智能家居的闭环体验生态。这种生态链模式还处于发展初期，并未完全建成，体验价值对客户来说还不具有独特性，可替代性较强。这种处于发展初期的业务耦合具有低耦合价值，因此难以阻止智能硬件厂商为了获取利润，脱离小米生态链另立新品牌。小米澎湃OS操作系统构建成功，将大幅提升这种业务耦合的耦合价值。

（15）通用电气的"工业制造+金融服务"模式。通用电气运用这种模式时主要考虑了财务指标，对耦合关系考虑得较少，资产规模虽不断做大，但现有业务与被收购业务具有低耦合价值，并没有利用"有机耦合"打造出独特的核心竞争力，不能为客户提供独特价值序列，因此当金融危机来临时该业务陷入困境。自从通用电气运用这种模式以来，后世陆续产生了很多金融与工业制造组合的实践，但若不能为客户提供独特价值序列，则大而不强，在金融危机时反而容易陷入困境。

当年乐视"生态化反"模式失败的根本原因就是没有为客户贡献耦合价值。乐视期望通过"平台+内容+终端+应用"4层架构连接11种引擎（包含平台层的云视频平台、电商平台、用户运营平台、广告平台和大数据平台，内容层的内容运营和内容库，终端层的硬件和LetvUI系统，应用层的Letv Store和应用服务），通过整合让各业务之间相互发生"化学反应"，最终形成乐视独有的生态圈。乐视的问题在于其构建商业模式时只思考了各业务的耦合类型，根据业务流规划了极为庞大的商业生态，但对内循环体系的循环机制与耦合价值缺乏清晰的认知与明确的设计。乐视的"生态化反"只停留在空洞的口号上，既没有制定价值区、利润区、流量入口、流量路径等具体细节的分阶段规划与对应的资源配置计划，也没有制定分阶段的耦合价值目标，孱弱的商业模式设计能力导致乐视的资本运作无法有的放矢。乐视只重视商业生态的简单拼合，不重视利用业务"有机耦合"形成独特的竞争力，以致无法为客户贡献具体的耦合价值。并不是把业务简单地"拼"在一起，就能让"生态化反"产生高耦合价值。无节制、低效率的资金使用最终让乐视因"梦想"而"窒息"，其市值从顶峰的1700多亿元跌到退市时的7.18亿元，大量投资机构、投资者也因为缺乏对"有机耦合"的真正认知，被乐视庞大而空洞的商业梦想所迷惑，为梦想买了单，损失惨重。

四、利用杠杆效应

内循环体系应该充分利用经营杠杆、财务杠杆、股权杠杆、流量杠杆等工具，扩大规模，提高经营业绩，获得更高的收入与利润，对体系做乘法，以实现以小博大的杠杆效应。经营杠杆是指企业可以通过增加规模、采用轻资产模式等方式提高业绩。财务杠杆是指企业可以通过增加负债等方式提高业绩。股权杠杆是指企业可以通过层层嵌套的股权结构，以较少的资金控制巨额资金。流量杠杆是指企业可以通过平台流量的充分流转等方式，提高业绩。财务杠杆是较为常见的资金运作工具，内循环体系应注意运用经营杠杆、股权杠杆和流量杠杆，通过整合利益相关者扩大销售规模，通过轻资产模式增加利润、控制风险，利用股权杠杆整合社会资金，形成闭环的生态循环，利用流量杠杆增强客户黏性、增加收益。下面举例进行具体分析。

（1）IBM郭士纳时期的4层业务整体解决方案。IBM利用独立应用软件商扩大了销售规模，在IBM郭士纳时期的4层业务整体解决方案中，除底层服务器主机外，软件系统、咨询服务都是轻资产模式，利润较高，通过锁定客户，还能获得长期的服务收益。IBM将经营杠杆运用得较为充分。

（2）联合健康的"保险+HMO"模式。联合健康利用医疗机构的加入，不仅增强了客户黏性、增加了保险的销售额，还可以控费、降低成本。联合健康也充分运用了经营杠杆。

（3）普洛斯的"地产+基金"模式。普洛斯主要利用股权杠杆，整合了社会巨额资金，承接了成熟的物业资产，缩短了运营周期，从而可以扩大业务规模，获得更高的利润。

（4）万达的"订单地产"模式。万达在第三代"万达广场"模式中，通过整合利益相关者，以及不同资产的售租处置，运用经营杠杆，扩大了销售规模，实现了资金的快速周转，近年来还运用轻资产模式增加利润、控制风险。

（5）蔚来的BaaS模式。蔚来利用了股权杠杆，整合了电池公司、投资公司等机构，以小资金撬动巨额资金，对重资产的电池业务进行剥离运营，同时涉及了经营杠杆。蔚来在剥离电池资产后，电动汽车售价变低，扩大了销售规模，资产变轻，固定资产折旧降低，增加了收益。

（6）中技服务的"评保贷投易"知识产权服务模式。中技服务运用了经营杠杆，客户在进行知识资产交易时，需要进行评估、担保，既可以按市场水平获取评估费、担保费，也可以按评估价值进行商业保理贷款，获取贷款利息收益。

（7）苹果的伞状超级平台模式。苹果主要运用了经营杠杆、流量杠杆：运用经营杠杆在平台整合众多的软件供应商，增强平台吸引力，扩大硬件产品的销售规模；运用流量杠杆，扩大硬件产品的关联销售，利用巨额流量浇灌平台生态，获取"苹果税"。

（8）安卓的母子超级平台模式。谷歌主要运用了经营杠杆、流量杠杆：运用经营杠杆，在母子平台生态中扩大谷歌搜索的市场份额，从而增加广告收益；运用流量杠杆，一方面利用子平台上的软件商，在各母子平台形成协同效应、规模效应，另一方面利用子平台培养的用户使用习惯，回流闭源的 GMS 应用，获取利润。

（9）腾讯的网状超级平台模式。腾讯主要运用了流量杠杆，将社交平台流量导入内外各平台，获取经营收益、广告收益和投资收益。

（10）通用电气的"工业制造+金融服务"模式。通用电气主要运用了财务杠杆，获得了大量低息贷款并将低息贷款用来收购质量较优的资产，从而将资产规模不断做大，负债能力越来越强，实现滚动发展。

五、保障生态稳健

企业在设计"有机耦合"的内循环体系时，在利用杠杆效应获取更高的收入与利润的同时，应当考虑体系的生态稳健性，控制或去除高风险因素，对体系做减法，以实现长期稳健发展。生态稳健应该从两个方面进行设计：价值基础和风险防控。

对于价值基础，创新性内循环体系应当考虑各利益相关者的价值，不能损害关键利益相关者的利益，否则商业模式的基础就不稳固。例如，任天堂的"权利金"模式对第三方游戏厂商过于苛刻，损害了利益相关者的利益，被索尼乘虚而入，抢夺了其本来固若金汤的市场霸主地位。而且内循环体系的创新,应尽可能通过利益相关者的利益分析,发现可以提升的空间,为模式创新提供助力。例如,蔚来就是发现了换电模式在社会价值上优于充电模式,并因此得到了地方政府及能源企业的大力支持,从而绝处逢生,获得快速发展。

对于风险防控,创新性内循环体系应当仔细考虑模式中的高风险因素,尽量避免因内在循环机制缺陷与外部系统性风险形成共振,致使模式坍塌。例如,通用电气的"工业制造+金融服务"模式,在经济顺周期,可以帮助企业快速做大。由于业务之间没有形成"有机耦合",总体规模虽大,但业务分散致使其核心竞争力不足,对核心客户的价值贡献没有明显超越竞争对手。在经济逆周期,该模式就可能会被核心客户放弃,导致业务急剧下滑。金融危机也使通用电气金融服务公司(简称通用金融)持有的金融资产快速贬值,工业制造和金融服务同时遭到重创,由相互促进变成相互拖累。

如果说商业模式是战略的皇冠,"有机耦合"就是皇冠上的明珠,IBM、联合健康、普洛斯、万达、苹果、谷歌、腾讯、通用电气等企业都曾利用"有机耦合"对商业生态系统进行创新,带领产业进行升级,通过创新者的模式之战成为行业霸主,成就了盛极一时的辉煌。

大企业应该以"有机耦合"为主要进化方向,构建生机勃勃的商业生态系统。小企业可以利用独特价值序列突破"专业化",在一定程度上选择"有机耦合"拓展商业生态,如闪维时代整合外部资源构建"有机耦合体"。大企业具有资源能力上的优势,更有能力通过各业务间的紧密协同,成为一个更强大的"有机整体",利用关键业务的跃升,带动整个"有机整体"进入更高的发展阶段,从而产生更高维度的竞争力,对原来的竞争对手形成降维打击。每一次商业经济体的进化过程,都是向更有序、更高效的系统机制发展的进化历程,这也是整个社会向更高维度熵减的进化历程。

第二节

业务重组拓展战略:业务形态优化

业务重组拓展战略是指从业务组合角度,通过业务之间分拆、长尾、组合等外在形态变化，重新构建业务竞争力的战略。业务重组拓展战略包括3种细分战略：业务分拆战略、长尾战略、业务组合战略。

一、业务分拆战略

业务分拆战略，通过业务分拆，进行减法经营，聚焦主业，专注精深，从而快速捕捉市场的发展机会。

惠普最早起家于电子测量仪器，并基于仪器设备业务开拓了电脑业务。数年后电脑业务快速发展，惠普在此基础上又拓展了打印机等业务，新业务不断延伸拓展。1999年11月，惠普将电子测量业务相关的元器件、测试与测量、化学分析和医疗仪器业务部门分拆出来，成立了独立的公司安捷伦，其主要业务覆盖通信和生命科学两个领域。

安捷伦经过多年的发展，已经形成电子测量、生命科学、化学分析、诊断及基因组学四大主营业务。电子测量业务的业绩会随半导体、PC（个人计算机）行业的行业周期波动，属于周期性行业，而生命科学、化学分析、诊断及基因组学等生物分析诊断业务受益于生命研究科学的发展，业绩持续保持稳定增长。两个市场的领域性质并不相同，电子测量业务一直在为新兴业务输血，而后三者的营业收入总和已经超过了电子测量业务的营业收入。

2013年，安捷伦再次将公司一分为二。分拆后，一家公司继承"安捷伦"的名称，主营业务为生命科学、化学分析、诊断及基因组学三大业务，战略定位为全球领先的生命科学、诊断公司；另一家公司是德科技，继承惠普最早的电子测量业务，战略定位为全球领先的电子测量公司。

安捷伦进行业务分拆，从价值基础层面主要考虑了客户、员工、股东3个群体，认为业务分拆要么对客户有利，要么对员工有利，要么对股东有利，这3个群体的利益是企业进行业务分拆时必须考虑的。

首先考虑客户。业务分拆之后，两家公司的管理层可以专注于各自的业务领域，能更好地为客户提供专业服务，同时能避免在行业的下行周期从成长业务中分出太多现金流来支持其他业务的发展，从而影响长期竞争力的构建，丧失为客户提供更多价值的机会。

其次考虑员工。业务分拆使每个业务板块的员工可以将公司的成功与个人事业的成功紧密相连。例如，独立后的德科技可以将资金完全投入自己的业务，从而将业绩与员工的努力相匹配。而主营生物分析诊断业务的安捷伦的员工同样如此，员工与公司的连接更为紧密。

最后考虑股东。在分拆前安捷伦有电子测量、生物分析诊断两项业务，这两项业务存在完全不同的商业模式，投资者很难同时理解两块业务并对安捷伦做出正确价值评估，因此安捷伦的股票估值被打了折扣。安捷伦的管理层曾拜访过全球上百位专业投资者，一些投资者甚至说："了解生命科学对我来讲已经很难了，为什么还要我们去了解诸如国防通讯信息产业？这个要求太高了。"安捷伦将两项业务分拆建立了两个独立的公司，使公司估值逻辑更为清晰、明确，股东可以获得更合理的价值。安捷伦宣布业务分拆当天，股票就上涨了10%，到2013年年底，安捷伦的股票价格为58美元/股，达到了上市以来的最高点。

近年来，西门子、霍尼韦尔、通用电气等欧美传统大公司纷纷进行业务分拆。通用电气的CEO卡尔普表示："通过（分拆）打造3家行业领先的全球性上市企业，每家公司都能因主业更集中、资金更定向、战略更灵活而受益，从而为客户、投资者和员工带来更多的价值。"

安捷伦等传统大公司通过业务分拆"做小"公司，利用减法经营，从而激发公司的竞争力和创新力。在快速发展的市场，通过"做小"公司，可以聚焦主业，专注精深，从而快速捕捉市场的发展机会，获取更大的市场份额。

二、长尾战略

长尾战略，通过提供众多需求量较小、个性化的中尾部产品，以满足人们的不同需求。

ZARA是成立于1974年的一家西班牙服装品牌，它是世界"快时尚"的领导品牌。其战略定位为"买得起的快时尚"，以顾客为中心，快速、高效地为顾客提供平价时尚产品。传统服装行业的模式特点是"品种少、批量大"，但ZARA反其道而行，选择了"快时尚、多款、少量、平价"的独特价值序列。

ZARA依靠对潮流的跟随和微创新，针对喜欢独特风格的时尚女性提供顶尖设计，又依靠着全球消费大数据进行快速迭代创新，设计出时尚且多样化的产品，利用灵敏的供应链系统、全球工厂和发达的物流系统，加快市场反应速度、降低生产成本，支撑了以"快时尚、多款、少量、平价"独特价值序列为基础的长尾模式。

在长尾模式中，服务企业也有不同的探索。与 ZARA 力求阐释流行时尚不同，优衣库提倡"舒适人生"的独特价值序列。其把衣服视为一种零件，尊重消费者自身对于时尚的定义，让消费者可以根据自身的整体服装风格去自主搭配零件。优衣库的商品数量仅为 ZARA 商品数量的 1/5，但优衣库对每一款衣服都进行了多样性开发。例如，把衣服领口分为方领、圆领等多种款式，很多商品都提供了 4~5 种颜色选择，最多能提供 18 种颜色，而 ZARA 九成以上的商品仅提供 2 种以内的颜色选项。在满足消费者个性化需求上，优衣库走出了另一条路，ZARA 在服装款式上进行多样化，而优衣库在服装颜色、细节上进行多样化。虽然优衣库在时尚、个性化风格上不如 ZARA 强烈，但优衣库精于面料材质，产品质量较好，具备一定程度的当季潮流风格，注重通过精致细节展现不同品位，兼顾高性价比，因此优衣库比 ZARA 更适合追求内在舒适、个性展示欲望没有那么强烈的东方社会，传统的东方文化相比西方文化更为含蓄、内敛。

未来长尾模式会向个性化继续发展，社会消费品生产企业业务模式发展的方向就是大规模定制模式，即一人一款，利用网络互联、智能生产、工业机器人、灵敏供应链等智能工厂系统服务单个用户的个性化需求。2020 年，李维斯（LEIS）在加州帕洛阿托的斯坦福购物中心开了北美首家数字化定制店 NextGen，进行大规模定制模式探索。消费者可以在这里定制丹宁裤，定制服装以经典款式 501 为蓝本，但在物料、剪裁、缝线等方面可以按照个人需求进行定制、修改，还可以在品牌中加入名字，整个定制周期为两周，费用为 100~500 美元。

商业模式的成功与社会发展密切相关，无论是单一款式的 T 型车，还是多样化的 ZARA、优衣库、李维斯，都通过商业模式创新较好地满足了当时人们的需求，从而获得商业成功。ZARA 和优衣库虽然都是"快时尚"行业的领导者，但成功之道并不相同。ZARA 的商业模式建立在全球时尚文化逐渐趋同之上，而优衣库商业模式的基础以东方文化为主，同时兼容全球时尚文化，优衣库的"快"更多地体现在供应链上，而不是时尚文化上。从两者商业模式的不同也可以看出，虽然全球的时尚文化在逐渐趋同，但不同区域的社会文化仍存在较大差异。企业在构建商业模式时必须考虑到这种区域差异，而这种区域社会文化本身也在跟随时代不断进化。

三、业务组合战略

业务组合战略，通过不同业务组成的集合，形成产业发展周期等要素的组合优势，使业务间相互支撑发展，推动现实与未来持续增长的动态平衡。

安捷伦分拆前有电子测量、生命科学、化学分析、诊断及基因组学四大主营业务，电子测量作为成熟业务，对生命科学、化学分析、诊断及基因组学等新兴业务进行资金输入，以扶持新兴业务快速成长。

和记黄埔拥有港口码头经营、地产开发、零售及制造、能源基建、电信与投资等业务，业务发展与产业发展周期的互补、企业成长性与稳定性的互补、利润与现金流的互补，使和记黄埔获得了较强的抗风险能力，实现了整体业务的持续稳定发展。

波士顿管理咨询公司在20世纪70年代开发的波士顿矩阵，和后续通用电气公司开发的GE矩阵（麦肯锡矩阵），都只是将业务看成单独个体，而非一个有机整体，所以只能根据产业周期等要素分析业务之间的消长与风险，以分配企业的有限资源、控制产业风险、进行业务组合的平衡，从而实现企业的持续发展，但难以在业务之间产生更高效的组合效应。

随着时代的发展，商业竞争已经从最初的产品竞争、营销竞争发展到更全面的商业模式竞争，市场竞争在不断增强，传统跨国企业的多元化模式往往会导致决策流程过长、资源难以集中，因此进行了不同程度的分拆。很多知名学者、投资者甚至认为大集团模式正在消亡。但大集团模式能否存在的关键在于多元组合模式能否进化为有机耦合模式，产生1+1>2的协同效应，建立比单独业务更强的竞争力。当年杰克·韦尔奇也是通过业务组合创新，创造了工业制造和金融服务互动的"有机耦合"模式，才把通用电气带到全球市值第一的高度，使多元化经营理念获得了广泛传播。但商业模式的创新需要跟随时代的发展而演变，一次商业模式的创新很难管用百年，商业模式需要不断进化。杰克·韦尔奇的继任者们既没有意识到通用金融从抵押贷款到保险等一系列问题，及时通过商业模式创新进行修补、进化，又未能对未来发展趋势做出准确的判断，接连丢城失地，这才导致通用电气从全球市值第一的王座上跌落尘埃，坐困愁城，恍然间已成明日黄花。

CHAPTER 7

7

第七章

声生势长
——平台生态拓展战略

利用平台价值等式，将价值机制、流量机制、流量杠杆、资源、正负反馈等机制协同一致，实现平台生态的声生势长，运用24种成长策略，推动平台形态的发展与进化。

第一节

平台价值等式：网络效应 × 算法机制 = 个性化的最优策略

一、平台生态拓展战略与平台商业模式的定义

平台是进行某项事情所需要的现实或虚拟环境。平台生态拓展战略是指从平台生态角度，利用平台价值等式，围绕客户不断提升个性化的最优策略，从而拓展平台生态的战略。平台生态拓展战略包括平台流量、区域开发、平台拓展、平台创新、收入利润五大类（24种）成长战略。

平台商业模式是指建立至少连接一个特定群体的现实或虚拟环境，通过整合规模化、多样化、特色化资源获得个性化的最优策略，从而实现价值创新的商业模式。平台商业模式是平台生态拓展战略的核心。

传统产业链是封闭式的。产业链就像一条长长的传输通道，产品在传输通道中流转并增值，通道的终端是消费者。例如，在汽车产业链中，上游是钢厂、零部件供应商，中游是汽车整车生产厂，下游是经销商、门店和终端顾客。汽车产业链的核心企业是整车生产厂，控制着整个产业链，而每一个整车生产厂都单独与消费者发生关系，并不会与其他整车厂商共享能保证其市场领先性的客户、设计、生产等产业链核心资源。

平台与传统产业链不同，是开放式的。平台并不是平台内容的生产者，而是整合者。平台拓宽了通道终端与消费者的接口，使资源在平台上集聚，从而整合了一条或多条产业链，让传统产业链的核心企业，甚至供应商、经销商都可以通过同一个平台与客户建立连接。平台压"扁"了供应链，直接连接了生产者和消费者，通过整合资源、去除冗余环节等手段，提高了传统产业链的效率，通过多点连接具有了网络效应。所以，平台企业的商业模式与产业链企业的商业模式相比，具有独特的发展与运行规律。

在平台商业模式中，连接特定群体是特征，资源整合是手段，个性化的最优策略是目标。平台连接一个或多个特定群体，充分利用平台优势，整合产

业链的规模化、多样化、特色化资源，通过算法为消费者提供个性化的最优策略，将多样化供给与多元化需求匹配起来，既实现规模经济，又实现范围经济。

平台商业模式是人类社会发展过程中的必然结果，在人类社会中，"实体平台"早已出现，即城市。城市比农村拥有更多资源，人们生活在城市中可以根据自己的爱好、特长与需要，获得更好的就业、教育、医疗、娱乐等机会，因此越来越多的人进入城市，这就是人类社会随工业革命的推进而出现的城市化进程。城市化进程的主要表现为：越来越多的人进入城市从事不同工种，城市规模越来越大，专业化程度越来越高，在这种大环境下，大众可以获得更好的个性化工作、生活方案，多样化供给与多元化需求可以进行更好的匹配，城市也具有了更强的吸引力。随着工业革命进程的推进，高度分工合作的产业链在人类社会出现，虽然可以实现一个企业的规模经济与范围经济，但仍未能在消费者端实现跨产业链的范围经济。当互联网革命出现后，利用互联网技术进行跨产业链的资源整合，实现更大范围经济与规模经济就成为一种必然结果。随着平台型企业的出现，平台商业模式也应运而生。

平台是互联网发展到一定阶段后的必然产物，各种资源在平台上进行大规模的集中、整合，以产生更强的规模经济、范围经济，从而为消费者提供更大的价值。互联网平台是人类的大规模交易、沟通工具，平台商业模式是适配交易的社会交易方式。只有一个价值点的价值主张仍然是基于工业革命时期传统企业的客户思维，而包含客户独特价值序列和多个利益相关者重大价值的价值基础，是基于互联网革命时期平台型企业、生态型企业独特的网络连接进行构建的，因此价值基础比价值主张更适合企业向平台商业模式、生态型商业模式进化。

二、平台的核心价值

平台的核心价值是"个性化的最优策略"，策略是指可以实现目标的方案集合。个性化的最优策略是指最符合消费者（客户）个性化需求的产品、服务或方案，也是为客户贡献的独特价值序列。平台本质上并不生产商品，只是对供求双方进行交易撮合（物质价值）或帮助人们在社交中找到快乐、利益、心灵归属与尊重（情感价值），这就决定了它的核心价值是"个性化的最优策略"。平台通过帮助消费者精准、快速、有效地找到各种符合其需求的产品、服务与解决方案，从而实现价值创新。消费者通过平台获得更高的效率、更低的成本，进而获得满足需求的产品，生产者通过平台的推广获得更多客户、更大的市场份额，由此可见，交易产生的增量价值使参与交易的双方或多方共赢。

策略可以是服务、产品和解决方案，"最优策略"在不同平台表现为最优的搜索结果、消费产品、社交方案、游戏体验、影音体验、服务体验等形式。根据每个平台不同的战略定位、价值基础，"最优策略"也会存在明显的个性化差异。在平台商业模式的价值基础中，个性化的最优策略就是独特价值序列，这是平台存在的基础与发展源泉。

失败的平台往往就是因为未能持续为客户提供个性化的最优策略。例如，人人网曾因为大学生提供了个性化的最优社交需求而盛极一时，但大学生在进入社会后的个性化最优社交需求与大学时代的有明显区别，人人网正是因为未能及时认清这一点，无法持续为毕业后的大学生们提供个性化的最优社交需求，所以逐渐沉沦。

2013年，通用电气推出了物联网平台Predix。由于通用电气急于成为整个工业生态的"横向"平台，想当然地认为只要建成了工业互联网平台就能实现互联互通的数字化，从而提高客户效率和降低成本，却忽视了内部业务和企业客户的真实场景需求，无法为客户提供个性化的最优策略，最终Predix的智能平台被通用电气剥离，卖给了艾默生（Emerson）公司。

在"实体平台"中，"个性化的最优策略"也是存在的。例如，城市比农村拥有更多的资源，促使人们从农村进入城市。由于城市存在范围经济，因此人们进入城市可以获得比农村更好的"个性化的最优策略"。又如，菜市场比个体摊贩的规模更大、选择更多，同样存在范围经济，人们选择菜市场通常可以获得比选择个体摊贩更好的"个性化的最优策略"。

三、平台价值等式

平台价值等式：

$$\underbrace{网络效应}_{数量质量} \times \underbrace{算法机制}_{} = \underbrace{个性化的最优策略}_{价值}$$

价值等式是平台的内部逻辑结构，仅有数量，没有质量，无法向消费者提供价值，即使有资本助力，也于事无补；仅有质量，没有数量，也难以产生足够的价值；只有兼具数量和质量，才能向消费者提供满意的价值，从而实现"声生势长"。价值越大，势力越大，消费者获得满意的价值才会不断进入平台（正反馈），而如果平台提供不了令消费者满意的价值，消费者就会离开平台（负反馈）。传统的平台管理理论受工业革命大规模生产的影响，认为平台数量增加就能引发正反馈，因此过度重视数量，忽视了质量。而仅有数量是无法产生正反馈的，数量和质量共同决定了平台价值，不断提升的平台价值才是平台商业模式最大、最深的"护城河"。

在平台价值等式中，网络效应和算法机制共同决定了平台价值。平台的数量来源于网络效应，平台的质量来源于算法机制。资源对网络效应、算法机制会产生重要的支撑作用，因此资源对平台价值有间接且重要的作用。所以，人们在设计平台的个性化最优策略时需要考虑资源、网络效应、算法机制三大要素。

网络效应是平台连接的杠杆效应，连接越多，杠杆效应越强。算法机制是解决问题的系统性策略机制，不同的算法代表不同的时间、空间及效率，平台需要找出最符合客户需求的算法机制。资源是指平台利用物力、财力、人力、算力、技术、关系等物质及无形资源的总称，这种资源不限于平台所拥有的，还包括外部环境中平台没有所有权但可以使用或借助的。

首先，平台根据需要增强的网络效应决定整合哪些海量资源，网络效应决定整合资源的类型及资源投入的方向。其次，平台利用算法为用户在海量资源里寻找个性化的多种策略，通过对客户的偏好、实际需求进行深度挖掘、分析、匹配，在多种策略中选择出最优策略，同时兼顾平台盈利和平台生态的发展。最后，平台围绕为客户提供个性化的最优策略这一目标进行调整、优化与完善。平台通过这3步设计，最终为客户提供"个性化的最优策略"。

利用价值等式可以将平台的网络效应、算法机制（含价值机制、流量机制、流量杠杆）、资源、正反馈、负反馈等因素连接起来，统合一致进行运用，以产生最大的"个性化的最优策略"，使平台生态拓展战略发挥出最大的作用。

（一）资源

平台不可能拥有所有资源，因此需要去整合资源，但也不可能整合社会中所有的资源，这就需要围绕如何增强网络效应（最终目标是为客户提供"个性化的最优策略"）去整合资源，对不同来源、不同层次、不同结构、不同内容的资源进行识别、选择、吸收、配置、应用与融合。平台在对资源进行整合时，需要遵循轻重缓急的顺序，可以考虑的整合顺序如下。

1. 从资源的关联性看，先基础顾客后利益顾客（先增强正向网络效应）

淘宝平台上有3类顾客：购买商品的消费者、经营淘宝店铺的商家、帮助推广商品的"淘宝客"。消费者是淘宝平台的基础顾客，店铺商家和"淘宝客"是淘宝平台的利益顾客。淘宝应先围绕消费者整合业务资源，如店铺商家等资源，从而吸引基础顾客、扩大基础顾客规模；再利用基础顾客吸引利益顾客，如淘宝利用消费者规模，成立天猫商城，吸引知名品牌商；最后围绕服务店铺商家，整合"淘宝客"等资源，将服务引入深化，提升整个平台的运行效率。

只有先围绕基础顾客整合资源，将客户的"个性化的最优策略"放置在最优先级上，商业模式的价值基础才能稳固，以此为基础进行业务延伸才不会导致战略目标模糊，从而稳步、有序地拓展平台业务。

2. 从资源的重要性看，先核心资源后周边资源（先增强局部网络效应）

平台应明确自身最主要的突破领域、区域，以此为核心整合资源。例如，打车软件的核心资源就是司机资源。2012年，滴滴开始创业时，在区域上首先选择了北京，从最初开拓出租车公司资源，转向直接开拓出租车司机资源，当时滴滴重点开拓了火车站、机场出租车候车区，让司机利用等客的时间安装软件，用户数量自此逐渐形成规模，从而击败同期打车软件。滴滴因拿下北京市场而获得了腾讯的青睐，腾讯在后续多轮投资中给予了滴滴大力支持。

在区域拓展上，首先拿下了北京市场的滴滴，选择的第二个区域市场是上海，进而进军快的大本营——杭州。2014年1月，滴滴完成了对全国一二线城市的覆盖。在业务拓展上，2014年3月，滴滴为了对抗优步（Uber），推出滴滴专车业务；2015年2月14日，滴滴与快的合并，合并后的滴滴完全超越了优步中国的竞争力；2016年8月，滴滴收购了优步中国，成为中国出行服务绝对的领导者。此后滴滴不断整合资源，推出了快车、顺风车、代驾等一系列业务。

从滴滴的发展可以看出，滴滴的核心资源是司机资源，利用司机资源可以吸引、服务顾客资源，但拓展司机资源和顾客资源，必须借助资本资源的支持,所以司机资源、顾客资源、资本资源都是重要资源,但次序有先后。在全国市场中,北京市场和上海市场是战略高地,一旦拿下这两个市场,再进入其他一二线城市就如同探囊取物,所以北京、上海的司机资源是滴滴的核心战略资源。企业在初创时掌握的人力、物力、财力资源有限,一定要"把好钢用在刀刃上",用有限的资源去获取核心资源,再用核心资源换取其他周边资源,以推动"业务资源+资本资源"滚动发展。

3. 从资源的获取成本看,先内部资源后外部资源(先增强纵向网络效应)

京东在创业时的名称是京东多媒体,在中关村海龙大厦以卖光盘起家。通过薄利多销,京东多媒体成为国内最具影响力的光磁产品代理商之一,几乎垄断了中关村80%的刻录机份额。2003年非典事件发生后,京东多媒体开始转向线上市场;2004年京东多媒体网站正式上线,其借助以前经营光磁产品的资源,逐渐扩展到3C产品;在发展到一定规模后,其于2007年开始向全品类扩张,从只做3C产品转变为一站式全品类购物平台,同时决定自建仓配一体的物流体系。

通用电气的Predix项目失败的一个重要原因就是没有整合公司内部的业务资源。通用电气投入数十亿美元试图打造一个满足工业级存储、计算、传输、开发、安全等高规格要求,面向所有工业领域通用的工业互联网平台,却没有结合自身在发动机、医疗设备、电力设备等领域的业务资源优势进行深入挖掘。每一个细分工业行业领域都有很强的个性化特征,如果不能针对每一个行业进行"深耕细作",逐步实现制造资源、能力的软件化、模块化、平台化,那么这种工业互联网平台对客户来说几乎没有价值。直到最后,通用电气才意识到问题所在,开始强化能源、航空和油气等内部优势领域的业务资源整合,但为时已晚。

平台在扩张时需要各种资源的支持,内部资源的获取成本低,且相对于外部资源更易掌控,在与平台融合过程中若出现问题能更快地被发现并快速处理,从而使企业为客户提供"个性化的最优策略"的成功概率更高。首先整合内部资源,能帮助平台快速做大规模,再整合外部资源就更为容易,所以企业既要在战略上有相关多元化延伸,也要在资源整合上有相关资源延伸。京东从最初的光盘到光磁产品,再到平台阶段的3C产品、一站式全品类都遵循了这一规律,而通用电气在Predix项目上的失败,很大程度上是因为没有遵循这一规律,无法为客户提供"个性化的最优策略"。

（二）网络效应

连接是互联网的基本功能，在互联网实现的人与人、人与物、物与物等各种连接中，人与人的连接是核心，并且通过人与内容、服务、社群等连接，不断叠加、深化人与人的连接，扩展人的社会关系和社会属性。网络效应本质上就是连接的杠杆效应，利用网络平台，每一个人都有可能与地球上的另一个人直接相连，一个人的声音有可能被上亿人同时听见。一旦出现有价值的事物，其传播速度与"车马声声慢"的时代相比，完全不可同日而语，这就是互联网平台对人类的价值。

以太网的发明人罗伯特·梅特卡夫（Robert Metcalfe）曾提出一个观点：网络价值同网络用户数量的平方成正比，即 N 个连接能创造 N 的平方量级的效益。网络效应就是指随着网络节点数的增加，网络的价值呈正比增长。

平台型企业提供建立连接的现实或虚拟环境，将需求方、供给方等特定群体连接在一起。平台型企业和传统企业的根本区别在于产生网络效应的开放性环境，传统企业的生产、运营环境具有封闭性，而平台型企业建立的现实或虚拟环境具有开放性，可以整合多方资源，从而产生网络效应。网络效应的本质是随着连接数量的增加，产品、服务、知识、数据等要素的传播速度大幅加快，传播的边际成本大幅下降，甚至接近于零，因此网络的价值也随之增长。

按照不同的分类方法，有 17 类网络效应：强网络效应、弱网络效应、纵向网络效应、横向网络效应、同边网络效应、跨边网络效应、正向网络效应、负向网络效应、局部网络效应、全局网络效应、直接网络效应、间接网络效应、峰值递减网络效应、饱和递减网络效应、互利网络效应、互补网络效应、共生网络效应，如表 7.1 所示。

1. 按连接力度分：强网络效应、弱网络效应

强网络效应是指连接强度达到人们主动维护、加固的强连接状态，连接数量的增长带来网络价值的提高；弱网络效应是指连接强度处于人们被动维系的弱连接状态，连接数量的增长带来网络价值的提高。强连接是同质群体内部的纽带，人们会主动对关系进行维护、加固，并不断对关系进行加强；弱连接是不同群体之间的纽带，人们只有在产生需求时才会使用连接，连接处于被动维系、被动响应状态，强连接的连接力度要强于弱连接的连接力度。

表 7.1 网络效应分类

分类	网络效应	说明
按连接力度分	强网络效应	连接强度达到人们主动维护、加固的强连接状态，连接数量的增长带来网络价值的提高，如微信
	弱网络效应	连接强度处于人们被动维系的弱连接状态，连接数量的增长带来网络价值的提高，如微博
按连接方向分	纵向网络效应	沿产业链上游、中游、下游企业，以及贯穿企业内部的研发、采购、生产、销售、服务等端到端业务流程建立连接，连接数量的增长带来网络价值的提高，如北大纵横
	横向网络效应	沿企业各内部层次（一级生产经营部门、二级职能部门、三级决策部门）建立连接，并与企业外部同类型企业建立连接，连接数量的增长带来网络价值的提高，如海尔
按连接边侧分	同边网络效应	在平台中，同侧参与者数量的增长带来网络价值的提高，如QQ
	跨边网络效应	在平台中，异侧参与者数量的增长带来网络价值的提高，如淘宝
按连接效果分	正向网络效应	随着使用者数量的增长，网络价值逐渐提高，如亚马逊
	负向网络效应	随着使用者数量的增长，网络价值逐渐降低，如滴滴
按连接区域分	局部网络效应	一部分用户数量的增长只能提高关联用户的价值，如美团打车
	全局网络效应	用户数量的增长可以提高全体用户的价值，如抖音
按关联性分	直接网络效应	用户数量的增长导致网络价值直接提高，如腾讯游戏
	间接网络效应	用户数量的增长导致网络价值间接提高，如支付宝
按发展周期分	峰值递减网络效应	平台第一名用户带来最高的价值，随用户数量的增长，边际价值呈现峰值递减趋势，当用户数量达到一定规模后，边际价值降低至相对稳定状态，如滴滴
	饱和递减网络效应	平台用户已经饱和，随着用户数量的增长，边际价值从相对稳定状态再次出现递减趋势，因用户数增长而提高的网络效应越来越弱，如网约车
按跨平台分	互利网络效应	利用用户数量的增长使整个平台、产品组合的价值提高，如苹果
	互补网络效应	利用平台之间的功能互补实现用户数量的增长，带动整个平台组合价值倍增，如腾讯
	共生网络效应	利用单个子平台用户数量的增长实现其他子平台和母平台用户数量的共同增长，如安卓系统

资料来源：作者自绘。

人际关系网可以分为服务网、内容网、关系网、感情网、利益网、成就/亲情网，这 6 类网络的连接属性不同。服务网是为人们提供服务的网络连接，如携程网的预订酒店、机票、火车票等服务连接，以及世纪佳缘、珍爱网的婚恋服务连接；内容网是为人们提供内容的网络连接，如抖音、快手的短视频内容连接，以及起点中文网的网络小说内容连接；关系网是陌生人之间的社交关系连接，如陌陌、Soul、觅伊、探探的陌生人社交网络连接，以及微信、QQ 中的非熟人社交网络连接；感情网是熟人间的情感社交连接，如微信、QQ 中的熟人社交网络连接、网易云音乐的音乐情感社交连接；利益网是有经济利益关系的社交连接，如淘宝商铺店家与阿里巴巴的商业连接、京东 3C 厂家与京东的商业连接；成就网是个人在自我实现、奋斗过程中，因相同的目标、理念、价值观形成的精神连接，与至亲直系家属的亲情网一样，都属于最强的网络连接，如阿里巴巴创业时的"十八罗汉""腾讯五虎将""小米七剑客"，以及与成吉思汗同饮班朱尼河水的十九骑等。

成就/亲情网、利益网、感情网属于同质群体网络，网络内的连接属于强网络效应，关系网、内容网、服务网属于异质群体网络，网络内的连接属于弱网络效应。虽然不同个体对关系的价值评判有不同的标准，但一般就连接强度而言，成就/亲情网＞利益网＞感情网＞关系网＞内容网＞服务网，由于连接属性不同，连接强度在事业伙伴（亲人）、利益伙伴、朋友、点赞之交、陌生人之间依次递减。

不同的连接属性会导致不同的连接频率。事业伙伴、亲人的连接频率最高；其次是利益伙伴，人们都会主动进行密切联系；再次是熟悉的朋友，有相同兴趣爱好的人也会保持一定程度的主动沟通；最后是关系网的陌生人、内容网的内容、服务网的服务，人们只会在有陌生社交、内容、服务需求的时候才会进行联系，连接处于被动维系、被动响应状态，连接频率一般较低。

整个平台的连接力度是由连接强度、连接频率和连接数量三者共同决定的，整个平台的连接力度＝连接强度×连接频率×连接数量。单个连接的连接强度与连接频率相乘可测算出单个连接的连接力度，再与平台的连接数量相乘，可测算出整个平台的连接力度，也就是整个平台网络效应的强弱力度，而整个平台网络效应的强弱对平台的长期发展至关重要。

淘宝一方面通过平台免费政策吸引大量店铺商家进入该平台，商品数量剧增，在连接数量方面进行深入拓展；另一方面成立天猫商城，引入品牌商家和国际品牌，提升商品质量，品牌产品较普通商品的用户黏性更强、复购率更高，从而增强了连接强度和连接频率。同时，淘宝通过扶持头部达人主播以带动粉丝经济，从普通买卖商品的弱连接向包含情感因素的带货的强连接升级。苏宁进入线上商城后，既没有像淘宝那样丰富多样的店铺，缺乏连接数量，又因为线下门店和线上商城利益难以均衡而顾此失彼，再加上商品价格、支付安全、物流便利等多个关键因素长时间存在明显的短板，消费者体验较差，从而影响了连接强度和连接频率，最终导致线上平台的突破效果不佳。

目前，抖音与微信存在较强的竞争关系，双方针对用户使用时间展开了竞争。虽然抖音的短视频内容连接属于弱连接，但抖音短视频由于具有心理成瘾机制受到了很多用户的喜爱。从抖音直播获得收入的各类主播超过千万人，而付出金钱的粉丝数量更为庞大，大量主播与粉丝通过抖音平台建立了利益连接、情感连接。这些情感连接、利益连接使抖音的连接力度大大加强，超越了微信的熟人社交连接力度。抖音的社交连接力度与微信的社交连接力度相比虽然较弱，但由于其拥有了大量有强网络效应的连接，成长速度大大加快，在未来仍有较大的成长空间。而微信的用户规模已基本到顶，由此可推测，双方将会对未来发展空间展开激烈竞争。

2. 按连接方向分：纵向网络效应、横向网络效应

纵向网络效应、横向网络效应是从产业链方向上对网络效应进行区分的。纵向网络效应是指沿产业链上游、中游、下游企业，以及贯穿企业内部的研发、采购、生产、销售、服务等端到端业务流程建立连接，连接数量的增长带来网络价值的提高。例如，海尔的研发、生产、营销、供应链一级经营体，北大纵横的签单合伙人、项目经理与项目顾问。

横向网络效应是指沿企业内部级次（一级生产经营部门、二级职能部门、三级决策部门）建立连接，并与企业外部同类型企业建立连接，连接数量的增长带来网络价值的提高。例如，海尔负责生产、营销、供应链的一级经营体，提供资源服务的二级经营体，创造战略机会和创新机制的三级经营体。

3. 按连接边侧分：同边网络效应、跨边网络效应

同边网络效应、跨边网络效应是从平台边侧对网络效应进行区分的。同边网络效应是指在平台中由于同侧参与者数量的增长带来网络价值的提高。同边网络效应可存在于单边平台、多边平台和超级平台中。例如，QQ 的用户数量越多，潜在获得朋友的机会越大，交流越有价值，网络价值越大。

跨边网络效应是指在平台中由于异侧参与者数量的增长带来网络价值的提高，跨边网络效应存在于多边平台、超级平台中。例如，淘宝的用户规模越大，商家可以获得更多潜在订单，对商家的价值越大，而商家的数量越多，用户选择范围越大，对用户的价值也越大。

4. 按连接效果分：正向网络效应、负向网络效应

正向网络效应、负向网络效应是从平台连接效果上对网络效应进行区分的。正向网络效应是指使用者数量的增长带来网络价值的提高。例如，亚马逊的用户数量越多，对亚马逊商家的价值越大，网络价值越大。

负向网络效应是指使用者数量的增长带来网络价值的降低。例如，美团打车同一时间的出行用户数量如果过多，就会对有限的司机资源产生争夺，用户的等待时间就会大大加长，网络价值就会降低。而同一时间如果司机的数量过多，也会对有限的用户资源产生争夺，司机会较长时间无法获取订单，网络价值也会降低。

5. 按连接区域分：局部网络效应、全局网络效应

局部网络效应、全局网络效应是从平台区域上对网络效应进行区分的。局部网络效应是指一部分用户数量的增长只能提高关联用户的价值。例如，滴滴首先在北京进行市场突破，但北京司机数量的增加，只能对北京的用户产生网络效应，而无法在上海、杭州等其他区域产生网络效应。美团外卖同样如此，北京餐厅数量的增加，只能对北京的用户产生网络效应，而无法对全国其他城市的用户产生网络效应。

全局网络效应是指用户数量的增加可以提高全体用户的价值。例如，抖音用户数量的增加，可以带来更丰富多样的短视频内容，提高了全体用户的价值。

6. 按关联性分：直接网络效应、间接网络效应

直接网络效应、间接网络效应是从数量与价值的关联性上，对网络效应进行区分的。直接网络效应是指用户数量的增长带来网络价值的直接提高。例

如，腾讯游戏用户数量的增加，将直接提高平台的网络价值。

间接网络效应是指用户数量的增长带来网络价值的间接提高。例如，支付宝与多家企业、多个政府部门合作，开通了水电燃气缴费、个税查询等业务。随着越来越多的第三方企业、政府部门使用支付宝提供的服务，支付宝用户也越来越多。

7. 按发展周期分：峰值递减网络效应、饱和递减网络效应

峰值递减网络效应、饱和递减网络效应是从发展周期上对网络效应进行区分的。峰值递减网络效应是指平台第一个用户带来最高峰值价值，随着用户数量的增长，边际价值呈现峰值递减趋势，当用户数量达到一定规模后，边际价值降低至相对稳定状态。例如，滴滴的第一名司机对乘客来说是有和没有的关系，价值最大。从全局最优的角度考虑，后续每一名滴滴司机的加入都可以使全体乘客的等待时间缩短，缩短的时间逐步减少，直到呈现稳定状态。

饱和递减网络效应是指平台用户已经饱和，随着用户数量的增长，边际价值从相对稳定状态再次出现递减趋势，因用户数量增加而提高的网络效应越来越弱。例如，据相关报道，由于城市的网约车规模较大，政府对网约车加强管制，2018年3月到12月接单司机数降幅达42.4%，乘客人均等车时间增加大约1.5倍，若换算为正向增长，即接单司机数增长73.6%，乘客人均等车时间只减少了33.3%，司机数量增长带来的网络效应相对减弱。

8. 按跨平台分：互利网络效应、互补网络效应、共生网络效应

互利网络效应、互补网络效应、共生网络效应都是超级平台的跨平台网络效应。互利网络效应是指利用用户数量增长使整个平台、产品组合的价值提高。例如，苹果利用硬件产品之间"连续互通"的功能，使单个产品用户数量增长惠及整个硬件产品线，提高了整个硬件产品组合的价值；微信与京东利用彼此的规模效应，进行流量互相导入，使单个平台的用户数量增长惠及整个平台组合，产生互利网络效应，提高了整个超级平台的价值。

互补网络效应是指利用平台之间的功能互补实现用户数量的增长，带动整个平台组合价值倍增。例如，腾讯利用微信、QQ等社交平台的流量，腾讯新闻、QQ音乐、微信读书等数字内容平台的内容，美团点评、京东、拼多多等电子商业平台的电商贸易，腾讯地图、滴滴等生活服务平台的服务，形成超级平台的功能互补组合。腾讯利用该组合充分挖掘社交平台的用户数量增长潜

力，将自身的社交平台流量资源运转起来，利用内容、电商贸易、服务为用户提供更好的体验，获取更大的利润，实现平台组合价值的倍增。

共生网络效应是指利用单个子平台用户数量的增长实现其他子平台和母平台用户数量的共同增长。例如，谷歌利用兼容性测试控制各厂商版本的差异，软件商只要为某一个子平台的安卓系统开发了软件，就可以在绝大多数子平台中进行快速移植，实现共生，即一个平台软件商的数量增加，可以同时增加所有子平台和母平台的软件商数量，实现整个超级平台的价值倍增。

平台网络效应与价值基础有密切的联系，只有在坚实的价值基础之上才会产生网络效应。曾跻身独角兽的房产平台爱屋吉屋的运营模式与传统房产中介"门店+高佣金"的运营模式不同：爱屋吉屋采用"去门店+低佣金"的运营模式，传统房产中介的二手房佣金率为2.5%~3%，而爱屋吉屋的二手房佣金率只有1%；传统房产中介经纪人的薪酬结构为"无责任低底薪+高提成"，而爱屋吉屋经纪人的薪酬结构是"高底薪+高提成"，爱屋吉屋以"去门店"的方式降低成本，补贴给经纪人。于2014年创立的爱屋吉屋累计融资3.5亿美元，凭借资本助力，在一年之内就将员工数量发展成一万多人。但好景不长，从2016年开始，爱屋吉屋在北京和上海的市场占有率均开始下滑。2016年，爱屋吉屋在上海的全年成交量只有7109套，同比下降了近50%。2019年，爱屋吉屋倒闭。爱屋吉屋倒闭的关键原因是其在价值基础中只重视经纪人和客户的价值，却忽视了房主的价值。经纪人、房源、客源是二手房市场的三大要素，在北京、上海等一线城市，房源相比其他两个因素更重要，有好的房源才会有买家，才会有经纪人服务，才会有成交。传统房产中介就是依靠密集的门店与区域共享来获取房源和客源，从而增强房主与卖家的黏性的。爱屋吉屋在去除门店后，在经纪人和客源两方都增加了价值，但对于房主来说，既缺少了传统门店的维系，又缺乏相对于传统房产中介的增量价值，爱屋吉屋对房主的价值贡献反而减少了，因此房主没有改变渠道的动力。爱屋吉屋一直没有解决房源过少的问题，平台缺少房源出售，导致花费大量资本吸引的客户无法及时转化为成交额，高底薪挖来的经纪人也变成了负担。从爱屋吉屋的案例可以看出，缺乏价值基础的支撑，"越多买家、越多卖家"的跨边网络效应也将被切断，无法实现平台的正反馈，即使有资本的支持也无济于事。

2015年前后，数百家创业公司借资本之力进入快销品行业，企图借助平台模式改变快销品市场层层分销的现状,通过去除中间渠道提升行业效率。结果在3年后,这些创业公司大面积死亡,其根本原因也是没有充分考虑价值基础中各利益相关者的利益。快销品传统分销渠道的销售额占快销品厂商总销售额的比重超过85%,当平台以更低的价格冲击传统分销渠道时,实际上打乱了厂商的价格体系,损害了厂商的利益。因此,即使平台在一侧整合了大量需求,也无法从正常渠道拿到厂商货源,因为平台没有给厂商提供增量价值,对厂商而言只是从左手换到右手,所以切断了"越多买家、越多卖家"的跨边网络效应。价值基础比价值主张更适合于多个利益相关者的平台。在平台商业模式中,不能只考虑客户的价值主张,必须认真考虑与平衡每一个利益相关者的利益,从而促使网络效应的出现与增强,否则整个商业模式会出现危机。由于对价值基础的认知不清,无数创业者、投资者都付出了沉重的代价。

自罗伯特·梅特卡夫发明以太网,出现网络效应后,数学家、经济学家、管理学家等学者围绕网络效应进行了大量研究。迈克尔·卡茨(Michael Katz)等人提出了网络效应的经济学理论,罗德·贝克斯特朗(Rod Beckstrom)提出了正向网络效应状态的网络数学模型与负向网络效应,但目前相关研究仍主要聚焦于直接网络效应和间接网络效应、正向网络效应与负向网络效应,对网络效应的认识仍不充分。未来随着互联网革命的发展、网状超级平台的出现,网络效应将出现越来越丰富多彩的变化。人们通过对平台与未来发展趋势的全面分析,可以对网络效应有更全面、深入的认知。

(三)算法机制

平台作为人类大规模交易、沟通的工具,其核心就是算法机制。以"个性化的最优策略"为中心的算法机制是平台发展的根本动力。平台利用算法机制为用户筛选出个性化的资源整合方案,网络效应是平台的主要数量关系,算法机制是平台的主要质量关系,没有算法机制就无法产生"个性化的最优策略"。例如,电信公司构建了电话网络,但用户并不会因电话网络连接了很多台电话而购买其服务,如果电话网络缺乏算法机制,无法联系到用户想联系的人,则无法对用户产生"个性化的最优策略",那么电话网络对用户来说就没有价值,传真机、电子邮件、信用卡、借记卡等产品网络都存在同样的情况。

不同的平台对"个性化的最优策略"会有不同的理解。用户需要什么样的

"个性化的最优策略"？是完全基于用户的个人主观偏好，还是基于客观世界的实际情况？是基于个体最优还是基于整体最优？不同的理解会产生基于不同业务逻辑的算法机制，同时算法机制还需要兼顾平台盈利和平台生态的发展。因此，算法机制分为价值机制和流量机制：价值机制从用户角度进行设计，围绕用户个性化需求提供解决方案；流量机制是从平台角度进行设计，需要考虑平台盈利和平台生态的发展。平台需要对价值机制和流量机制进行权衡，这两种机制共同决定平台的质量。

1. 价值机制

价值机制就是以用户为中心，提供"个性化的最优策略"的算法机制。价值机制有5种基础类型：基于主体偏好的算法机制、基于现实客体的算法机制、基于主体偏好与现实客体交叉组合的算法机制、基于全局最优的算法机制、基于场景最优的算法机制。

1）基于主体偏好的算法机制

基于主体偏好的算法机制是指根据人们个性化的兴趣爱好及行为习惯设计的算法机制，其主要应用于社交、游戏、影音、商业贸易等类型的平台。基于主体偏好的算法机制包括如下两种。

第一种是完全基于用户个体的兴趣爱好及行为习惯的个体个性化算法机制，根据个人兴趣爱好，对平台资源进行分析、整合与撮合。例如，淘宝的个性化推荐算法会根据消费者的访问足迹、历史搜索数据，基于模型预测人群的偏好特征，从而匹配消费者可能感兴趣的商品、服务和其他信息。另外，个性化算法机制中还引入了多样性打散机制，以拓展推荐内容、避免同类型内容过度集中，并会根据消费者行为对推荐模型实时反馈，动态调整推荐结果。

Facebook作为大型社交平台，强调让用户获得"个性化的最优社交策略"。2009年，Facebook推出了第一个算法，将点赞最多的帖子推到网页提要顶部；2016年，Facebook添加了"花费时间"排名，根据用户在帖子上花费的时间来衡量帖子的价值；2017年，Facebook添加了权衡反应，如用户回复的红心或愤怒的脸，人们看完整个视频也会获得更多展示；2018年，Facebook提出了"有意义的社交方式"，通过算法机制从参与的积极性、社群互动频率、高质量内容、互动质量4个维度衡量"有意义的帖子"，优先推荐"引发对话和有意义互动的帖子"，来自用户的朋友、家人和Facebook群组的帖子会优先出现在主页中；2020年，Facebook为了控制虚假消息，利用算法开始评估新闻文章的可信度和质量；2022年，Facebook为了吸引年轻人群体，搭建了一个新的"发现引擎"，帮助用户更多地发现陌生人的内容。Facebook对用户最有价值的个性化策略判断，从开始表象上时间资源维度的"花费时间"，进化到内在用户情绪维度的情绪反应，再进化到更深层次价值维度的"有意义"，并且其算法机制也随之不断进化。另外，2020年提升内容质量、净化平台生态，2022年加大力度吸引喜欢陌生人社交的年轻人，这些举措都为平台注入了新的活力，以对抗竞争对手的竞争。而且为了与用户形成互动，Facebook还会公布其算法的细节，使用户能够控制、左右数据，从而让算法机制和人共同实现迭代进化，让用户更好地体验"个性化的最优社交策略"。

网易云音乐要打造最懂用户的音乐App，音乐推荐算法尤为重要。音乐推荐算法主要包括"召回""粗排""精排""重排"4个部分："召回"负责从推荐池筛出和用户有一定相关性的候选集；"粗排"负责先合并各路不同的召回结果，然后进行统一的度量排序；"精排"负责根据众多用户和音乐特征，刻画用户对候选音乐的偏好；"重排"主要权衡用户体验（包括业务规则、多样性打散策略等）与业务目标。以"精排"为例，网易云音乐会依据用户完整播放、点赞、转发、收藏等正反馈特征，以及曝光不播放、曝光时间非常短、不感兴趣等负反馈特征，先对用户行为序列、基于会话的多行为域建模，然后根据长期行为跟踪，建立用户兴趣演化模型，最终刻画出用户的个性化音乐偏好。

第二种是基于用户所属群体兴趣爱好及行为习惯的群体个性化算法机制，将具有相同特征的用户聚合成一个群体。由于同一群体用户在某些特征上具备相似性，因此除用户个人的兴趣爱好及行为外，还应结合群体其他用户的兴趣爱好共同构建算法模型，并动态调整，实现全体用户的"协同进化"，据此对平台资源进行分析、整合与撮合。例如，爱奇艺等视频平台会对用户按兴趣分组，当用户搜索视频内容时，所有用户看到的内容集合是一样的，但不同组的用户看到的排序并不一样，平台会根据用户组的兴趣进行排序，把用户组更喜欢的内容排在前面。对于未登录的用户或冷启动（第一次登录）的用户，平台会先根据用户性别、年龄段、城市、手机型号等属性划分人群，再基于每个人群的兴趣爱好、行为等历史数据选择用户感兴趣的商品、内容进行推荐。

2）基于现实客体的算法机制

基于现实客体的算法机制是指根据人类外部客观世界设计的算法机制，其主要应用在搜索等类型的平台。外部客观世界独立存在于人的意识活动之外，并不会根据人类意愿而转变。此类算法机制通过反映客观世界的真实存在，而使用户获得"个性化的最优策略"的价值，因此不会随主体偏好而改变。

谷歌搜索相比其他搜索引擎，能更好地理解用户搜索的目的和各种网站对用户的有用性，从而将最有用的结果排在前面，这需要谷歌对客观世界具有持续优化的深刻认知能力。一方面，谷歌会加强对用户关键词语义的理解，如用户输入"Rokc"，谷歌可以理解用户想找的是"Rock"，而如果在"Rokc"前加"Little"，谷歌则会知道这是"Arkansas"（阿肯色州）的首府"Little Rock"；另一方面，谷歌会抓取网站内容的上下文等信息，以判断内容和用户关键词的关联性，从而在数千万条内容中快速判断出应该排在前列的内容。谷歌的蜂鸟算法注重搜索请求中的所有单词，而不只是关键词，通过完整语义理解整个问题，同时利用200多个因素全面提升搜索目标与搜索结果的深层次匹配，以在客观世界中快速、准确地找到用户需要的答案。由于谷歌强调自然搜索结果（不付费的搜索结果），努力追求反映客观、真实的外部世界，因此不会在搜索结果中混杂付费的广告内容。

天猫的商品排行算法是先由平台对商品进行小时/天级别的数据跟踪，然后根据手机用户对商品的点击、加购、销量等数据进行统计，并按商品的类目/属性进行汇总，最后进行排序或加权平均排序。天猫的商品排行算法强调的是现实客体，因为天猫商城定位于中高端品牌市场，消费者需要购买的是有品质的商品。平台客观的排行数据，将有助于客户做出购买决策，实现"个性化的最优策略"。

3）基于主体偏好与现实客体交叉组合的算法机制

很多时候算法机制并非绝对基于主体偏好或现实客体，而是两者的交叉组合，只是根据实际情况对两者的权重进行了不同选择。算法机制通过既关注主体偏好，又尊重现实客体，从而为用户提供更好的"个性化的最优策略"，其主要应用于资讯、影音等类型的平台。

一点资讯和今日头条虽然都是基于主体偏好算法机制的新闻资讯平台，但两者之间的差异很明显，两者对用户的兴趣爱好的定义也不同。今日头条基于用户的兴趣、位置、社交行为、浏览阅读计算出用户兴趣，通过用户行为分析推荐新闻资讯；今日头条认为"用户浏览过的信息就是用户的兴趣"，用户爱看什么就给用户看什么；今日头条采用的是算法主导的基于主体偏好的推荐机制，但这容易使用户沉迷于自己的兴趣。而一点资讯基于用户的搜索动作，利用"兴趣引擎"技术分析用户的兴趣爱好，将推荐技术和搜索技术结合，为用户推荐新闻资讯；一点资讯认为"用户主动搜索的关键词就是用户寻求的兴趣资讯入口"，用户搜索什么就给用户看什么；一点资讯采用的是由用户主导的基于主体偏好与现实客体交叉组合的算法机制，其将选择资讯内容的主动权交由用户把握，并利用搜索技术，围绕用户的兴趣爱好提供客观世界有价值的资讯，这非常适合主动学习型用户获取价值资讯。

淘宝的算法机制经历了多次迭代：从最初商品数量较少时让商品充分曝光，到数量较多时选择增加销量的效果指标，再到提升质量的"消保"、好评率、卖家服务、评价、卖家评分等质量指标，再从客观指标进化到重视用户主体感受，加强体验与个性化，直到此时，淘宝的搜索算法机制才算基本成熟。2014年左右是一个分水岭，淘宝从重视用户主体感受中发现，可以化被动搜索为主动推荐，把整个平台机制提升到一个新的层面。接着，淘宝从推荐中发现"内容化"场景的重要性，于是从"内容化"场景又提升到视频和直播，一方面利用算法机制引导商家向"内容化"转型，另一方面利用算法机制发现用户的偏好，向其推荐满意的商品，从而深入挖掘存量用户潜力，提升成交率。淘宝的算法机制既基于用户主体偏好，又基于现实客体的品质、服务，还掺杂了"淘宝直通车""超级推荐"等淘宝的盈利机制，以及控制头部商家马太效应的生态平衡机制（以稳健平台生态）、针对竞争对手的防御机制。淘宝通过多年时间不断探索，逐步发展出一套基于主体偏好与现实客体交叉组合的综合性算法机制。

4）基于全局最优的算法机制

基于全局最优的算法机制是指基于所有用户而非单个用户的最优算法选择，主要应用于服务类型的平台。全局最优其实也是相对的局部最优，因为在实际中不可能做到无限时间、无限区域、无限人数的全局最优，算法机制必须在一定制约因素下进行计算，如时间、地区、人数等。

滴滴认为智能派单模式是其核心竞争力。滴滴最初采用的是抢单模式，

2015年之后从抢单模式改为智能派单模式,即在乘客提出需求后,由系统自动分配给愿意接单的司机,这一模式使乘客的应答率获得了20%以上的提升。派单算法的优劣也决定了整个平台的交易效率(单均服务成本)和用户体验(服务时长)。目前,智能派单模式是基于全局乘客接驾最短时间的最优解,而不是基于单个或少数乘客接驾最短时间的局部最优解。在乘客提出需求后,滴滴平台会搜索1.5~2秒可搜索区域内所有可能的司机、乘客,并参考道路的拥堵情况、司机的实际接驾距离等因素,做出全局最优匹配,但就某一具体乘客而言,匹配的不一定是距离其最近的司机。滴滴的基于全局最优算法机制会根据200多个因素计算司乘双方是否适合一起出行,这200多个因素既包含了乘客的性别、出行习惯、订单时间、订单距离、起止位置等信息,也包含了司机的性别、口碑值、驾驶习惯、历史订单信息、投诉记录等相关信息。

滴滴智能派单模式强调的是全局最优,因为其既需要撮合海量乘客、司机进行交易,也需要考虑时间、距离两个维度下的全局"个性化的最优策略"。在这种前提下,滴滴目前最高能实现七成乘客的"个性化的最优策略"。滴滴之所以在资本资源的支持下不断整合司机资源和乘客资源,是因为撮合更大规模的司机、乘客进行交易将使全局"个性化的最优策略"更优,竞争优势更为明显,而其他出行平台只能撮合规模较小的司机、乘客进行交易,难以使全局"个性化的最优策略"的质量得到提升。

5)基于场景最优的算法机制

基于场景最优的算法机制是指基于具体使用场景的最优算法选择。随着互联网、物联网的不断发展,人与物的交互会呈爆发式发展,大量基于场景最优的算法机制的平台将会涌现出来,如汽车智能座舱平台、元宇宙平台等。未来汽车将被视为可以满足娱乐、办公需求的个性化智能移动空间,这种空间不仅具有精准感知、理解用户行为的能力,而且通过互联网连接可以成为实现人与人连接的大型平台。元宇宙平台也正是因为受到硬件条件的制约,无法提供场景最优的算法机制,从而为用户创造出价值,导致扎克伯格在元宇宙上倾尽全力,最终还是事倍功半。元宇宙并不缺乏资本推动带来的平台数量,缺乏的是算法机制带来的平台质量,正因如此,其无法为用户提供比现实更优的体验,进而无法形成正反馈。

在现有平台中,也有很多基于场景最优的算法机制设计。例如,网易云音乐有多种基于场景的算法设计，如每日推荐、私人FM、歌单推荐等。其中，每日推荐以列表形式展示，这个场景主要关注用户的长期偏好；私人FM是一种流式推荐方式，其根据用户实时播放行为分析用户对推荐歌曲的喜好，从而选择后续要推荐的内容，这个场景既适合平台根据用户实时播放行为分析用户对之前推荐歌曲的反馈，也适合用户寻找一些新奇、新颖的歌曲；歌单推荐是基于歌单这种特有方式为用户进行歌曲推荐的，这个场景适合初次使用者对种类繁多的歌曲进行选择。

基于主体偏好的算法机制、基于现实客体的算法机制、基于主体偏好与现实客体交叉组合的算法机制、基于全局最优的算法机制、基于场景最优的算法机制是算法机制的5种基础类型，很多平台的算法机制都是基于这5种基础类型进行设计的。例如，网易云音乐既有基于主体偏好的算法机制设计，又有基于场景最优的算法机制设计；一点资讯采用的是基于主体偏好与现实客体交叉组合的算法机制设计；即使抖音完全采用基于主体偏好的算法机制，其中也包含了一定的"兴趣探索"机制，以对冲"信息茧房"问题。虽然算法还有盈利、生态平衡、防御、流量分发、推广等机制，但都依附于基于客户价值的基础类型机制。

在算法机制的背后是对业务逻辑的深刻理解，对业务逻辑的理解建立在价值基础中的用户独特价值序列之上。例如，谷歌对"个性化的最优策略"的理解，从表象时间维度进化到内在用户情绪维度，再进化到更深层价值维度；谷歌搜索通过熊猫算法、企鹅算法、蜂鸟算法不断提升搜索引擎质量，努力反映客观、真实的外部世界，从而为用户提供更接近现实的"个性化的最优搜索策略"；Facebook对业务逻辑的理解，在研究用户独特价值序列的基础上不断深入，最后确定了价值层面的"有意义"；推特也从简单的时间维度进化为"最优推文"，通过算法机制筛选出实时、具有热度趋势、互动较多的多媒体推文，从而为用户贡献更大的价值。

算法机制可以影响网络效应的强弱，算法设计的目标之一是增强网络效应。例如，抖音利用心理成瘾的算法机制，使网络连接属性从内容连接上升到情感连接、利益连接，从弱网络效应进化到强网络效应；网易云音乐利用音乐社交的算法机制从内容连接上升到情感连接、关系连接，在一定程度上增强了网络效应；淘宝利用红人直播将商品买卖的服务连接上升到情感连接，大大增强了网络效应。通过增强网络效应，企业可以从数量和质量两个方面提高对用户"个性化的最优策略"的价值，从而形成正反馈效应。

具有缺陷的算法机制会制约"个性化的最优货币策略"的产生。比特币由于算法机制缺陷，总数量将被永久限制在 2100 万个之内，因此具有了稀缺性，在市场上的涨跌幅很大，这与货币的币值稳定要求存在本质的冲突。因此，比特币只能为投机者提供投机价值，以及为非常规交易提供交易价值，而无法为更多的人进行常规商品交易提供"个性化的最优货币策略"价值，这导致其无法持续产生正反馈性，这是其市场规模受限的根本原因。由于比特币无法具备货币的职能，人类又发明出了稳定币。稳定币利用抵押（一般为美元、黄金）或可编程的开源智能合约来保持稳定性，虽然稳定币也存在抵押品不等值、需求不稳定等风险，但其相较比特币向数字货币的方向又前进了一步，在市场上受到欢迎。

算法机制可以调控平台生态，既能防止一方力量过大影响其他生态用户，又能控制风险，确保平台良性发展。例如，淘宝利用时间轮播、个性化因子等机制，控制头部商家的马太效应，扶持有特色的优质中小商家；苹果利用特殊的加密算法隐藏用户的信息数据，避免数据被第三方企业获取，从而提升整个平台生态的安全性；推特推出 Birdwatch 系统，帮助用户识别平台信息真伪，避免被煽动、被误导，推动整个社交媒体生态良性发展。

算法机制和用户"同步进化"，可以创造更大的价值。算法机制是以用户为核心进行设计的，充当的角色是用户和客观世界的桥梁，用以整合客观世界的各种资源，使其更好地为用户所使用。在这个过程中，企业只有深入了解用户的习惯偏好，以及准确理解客观世界的各种资源，才能更好地通过算法机制进行撮合、适配，因此既需要算法了解人，也需要人了解算法，双方深入互动，才能获得更完美的使用效果。

算法机制必须基于价值基础进行设计，避免急功近利，只有这样才能真正产生"个性化的最优策略"。平台算法机制的设计目标是为用户提供"个性化的最优策略"，而这种价值来源于企业所确定的价值基础能为用户及相关利益者带来什么样的价值。淘宝最开始为了赢得与易贝的竞争，让商家免费在平台开店，并在后续承诺永久免费。淘宝在雅虎十亿美元等资本的支持下持续亏损多年，不仅让用户获得了多样化、便捷的购物体验，还让商家获得了更高的销售收入。在获得了足够大的用户群规模后，淘宝才逐步通过淘宝直通车、钻石展位、淘宝客、增值服务等方式获取利润。

算法机制其实是人脑决策的延伸。算法机制是根据人脑决策机制进行编写，不可能超出人脑意识领域之外，借助计算机算力资源的人脑决策机制。所以，各平台的算法机制也是从萌芽阶段逐步走向成熟阶段的。例如，淘宝的算法机制重点从最初的销量到质量，再到体验、个性化，然后从被动搜索到主动推荐，再到"内容化"场景的短视频和直播，花费了漫长的20年时间，其算法机制随着人类对相关领域的探索而不断进化，Facebook、推特、微信等平台也是如此。

在互联网革命时期，算法在创新决策上无法超越人脑。尤瓦尔·诺亚·赫拉利在《未来简史》中曾写道："未来的'上帝'将不再是客户，他们将不再是经济链的顶端，经济链的顶端将是算法，算法将会帮我们做出越来越重要的决定，帮我们分析和解码客户的需求。"这种说法将算法机制进行了夸大与神化，算法机制虽然重要，但它的地位无法超过客户，更谈不上经济链的顶端，因为算法机制是围绕更好地服务客户而设计的，客户是最根本也是最重要的，忽视了客户的算法机制只会面临失败，算法机制仍然只是依据人脑决策机制而建立的工具。算法机制可以帮助人类发现原来没有认知的领域，提供更多的信息与数据，帮助人类更好地认知客观世界，但算法机制是中性的，而不是"超验"的，其机制本身仍处于人类认知领域之内，在互联网革命时期不可能超越人类认知。

对平台而言，算法是其核心竞争力，平台的优劣胜负往往就是由算法决定的。平台通过算法，可以帮助消费者更有效率地过滤大量无效内容，快速获得满足自己个性化需求的商品或内容，从而实现"个性化的最优策略"或全局"个性化的最优策略"。

2. 流量机制

流量机制是对不同类型流量进行全过程管理与分配的机制，平台"流"包括人流、物流、资金流、信息流等流量，但最关键的是人流。流量机制的核心是对平台人流进行全过程管理与分配，对平台而言，需要充分挖掘流量的价值，以实现平台盈利与平台生态的发展；对用户而言，需要管理用户发现、了解、进入、使用、成交、售后服务整个业务流程的体验，这涉及用户在平台的感官视听、交互操作、心理情感、产品服务内容等方面的全流程、全方位体验。流量机制包括3种机制设计：功能分区、流量循环、流量杠杆。

1）功能分区与流量循环

通过对平台的功能分区设计，可以明确平台各业务模块承担的功能。功能分区包括两个部分：价值区和利润区。价值区是平台对客户贡献价值的业务区域，利润区是平台获取利润的业务区域。价值区按价值创造的主次区分，可以分为主价值区、次价值区；按价值的关联性区分，可以分为直接价值区、间接价值区。流量循环包括两个部分：流量入口和流量路径，流量入口是流量进入平台的最初入口，流量路径是平台入口到终点的全过程路线，通过流量循环设计，可以明确平台流量入口及流经功能区域的路径。

淘宝的核心流量是用户流量，淘宝网首页是站外的主要流量入口。淘宝一方面通过阿里妈妈帮助商家整合外部网站资源，为店铺直接引入流量；另一方面通过与内容网站的战略合作，引入流量。用户流量通过主流量入口进入淘宝网后，会再通过"搜索""猜你喜欢""拍照""分类商品"等流量路径进行分配，"搜索""拍照""分类商品"等功能是用户根据自己意愿进行查找的，而"猜你喜欢"是平台根据用户的偏好进行主动推荐的。

淘宝有多种不同的流量路径：一是付费流量，包括外部推广链接的"淘宝客"、"搜索"的"直通车"、"猜你喜欢"的"超级推荐"、"钻石展位"、"聚划算"等；二是免费流量，如"店铺收藏""宝贝收藏"等；三是免费活动，如单品宝、折扣券、店铺宝、淘金币抵现、天天特卖、阿里试用、季节性活动；四是其他方式，如短视频、微淘、直播等方式。淘宝会根据店铺等级为高等级的商家给予更多的权重流量，对于战略性扶持的商家或业态，淘宝也会给予较多的流量分配。

淘宝利用价值区服务、吸引用户和商家，通过流量入口、流量路径的设计，既让高等级、有潜力的商家获得更多的销售机会，又让用户能快速找到符合自己需求的产品，还通过利润区的设计从付费流量中获利，并且根据平台生态拓展战略的要求，利用流量培育新兴业态和商家，以应对外部竞争。淘宝通过流量机制设计，在以用户体验为主的情况下，获取了平台盈利，同时发展了平台生态、应对了外部竞争。

2）流量杠杆

在平台流量机制中还存在流量杠杆，即利用同一类特殊群体在不同平台、区域进行流转、体验、消费，获取超出原来平台业务数倍的收益。

例如，网状超级平台。腾讯基于微信平台上城市白领的偏好，将其引导到 QQ 音乐、腾讯视频、京东、美团点评等平台进行体验和消费。腾讯除了可以利用微信本身的购买表情包、收取转账手续费获取利益，还可以通过相关平台的广告费、会员费、增值服务费收获数倍的利益，并且可以叠加资本杠杆获取相关平台的投资收益。

单边平台和多边平台也存在流量杠杆效应，平台可以引导流量在平台的不同区域进行流转，以产生流量杠杆效应。例如，某类型用户群体原本在平台上主要关注、购买服装等产品，平台可根据算法对此类型用户群体的偏好进行分析，将此类用户群体引导至符合其偏好的数码产品、家电产品、旅游产品等不同区域，通过流量杠杆实现利润的最大化。

流量杠杆主要适用于功能互补或相互关联的平台或区域，这些平台或区域利用用户流的流动来实现更多产品、服务的销售。在母子超级平台上，若各子平台存在不同的功能或区域，在建立利益共享机制的前提下，也可以引发流量杠杆效应，深入挖掘用户潜力。

流量机制与用户体验关系密切，在充分挖掘流量价值的同时，不适当的流量机制、流量杠杆会严重降低用户体验，甚至导致失败。例如，猫扑网被收购后，广告内容激增，甚至妨碍了用户的正常阅读体验，致使核心用户逐渐流失，独具特色、高质量的帖子越来越少，严重影响了用户核心体验，最终猫扑网不得不关闭论坛发帖功能，可谓名存实亡。

每一个平台只有盈利才能生存，这就需要人们精准把握商业化与"个性化的最优策略"之间的尺度与边界，避免降低平台价值。例如，网易云音乐的音乐推荐算法中的"重排"要考虑两个业务目标：一个是最大化用户的播放时长，让用户为更多的音乐付费；另一个是先让用户通过推荐的歌曲，进行下载或者收藏，然后引导用户进行会员付费，将商业化与"个性化的最优策略"进行综合考量，最终通过推荐歌曲体现出来。

（四）"个性化的最优策略"

"个性化的最优策略"就是平台为消费者提供的价值，"个性化的最优策略"与价值基础中的独特价值序列关联密切，是平台存在与发展的基石。

京东的"个性化的最优策略"有两个关键部分：品质商品与高效物流。京东与很多大品牌商建立了战略合作，京东自营店大力加强供货渠道和品控管理，从而为用户提供优质商品。

滴滴平台的"个性化的最优策略"是及时的应答、更短的等待时间、更优的坐车体验与适中的支付费用。核心体验提升的背后是算法、资源、服务标准、软件系统等的综合提升。滴滴通过整合更大范围的司机、乘客资源，通过优化全局"个性化的最优策略"，以及简洁、高效的软件系统提升乘客在应答的及时性、等待时间、支付费用等方面的体验。

抖音的"个性化的最优策略"是提供全屏沉浸式短视频视听体验。抖音在其个性化推荐算法的支持下，采用了全屏沉浸式的短视频界面，内容节奏快、种类丰富、操作简单、推荐精准，比公众号文章、微博、长视频更能进行持续刺激，给用户带来短时、强烈、持续多次的快感。

（五）价值等式的运用

1. 滴滴平台的价值等式

在资源上，滴滴首先整合司机资源，利用司机资源吸引乘客资源，加强局部网络效应；再引入资本资源，利用资本争夺其他区域资源，形成"业务资源＋资本资源"滚动式发展，加强全局网络效应。在算法机制上，滴滴采用全局最优智能派单算法；在价值上，滴滴在资源、算法、体验的支持下，为乘客提供全局性的个性化最优出行策略，体现为提供及时的应答、全局最优的等待时间、舒适安全的坐车体验与适中的支付费用。滴滴平台的价值等式如表 7.2 所示。

表 7.2　滴滴平台的价值等式

资源	网络效应	算法机制	价值（体验）
首先整合司机资源，利用司机资源吸引乘客资源；再引入资本资源，利用资本争夺其他区域资源，形成"业务资源＋资本资源"滚动式发展	先加强局部网络效应，再加强全局网络效应	全局最优智能派单算法	全局性的个性化最优出行策略，体现为提供及时的应答、全局最优的等待时间、舒适安全的坐车体验与适中的支付费用

资料来源：作者根据公开资料整理。

2. 网易云音乐平台的价值等式

在资源上,网易云音乐利用用户资源制作歌单,吸引有同样个性化偏好的用户,加强同边网络效应;再利用"石头计划""云梯计划"等计划大力发掘、扶持独立音乐人资源,利用独立音乐人的原创曲谱资源吸引用户,加强异边网络效应。在算法机制上,网易云音乐长期跟踪用户行为特征,通过"召回""粗排""精排""重排"机制,打造个性化的音乐推荐算法。在价值上,网易云音乐在资源、算法、体验的支持下,为用户提供个性化的最优音乐社交策略,体现为利用个性化的音乐推荐算法、歌单、原创内容等提升用户的音乐体验,以及利用音乐评论、朋友圈动态等提升用户的社交体验。网易云音乐平台的价值等式如表 7.3 所示。

表 7.3 网易云音乐平台的价值等式

资源	网络效应	算法机制	价值(体验)
利用用户资源制作歌单,吸引有同样个性化偏好的用户,利用"石头计划""云梯计划"等计划大力发掘、扶持独立音乐人资源,利用独立音乐人的原创曲谱资源吸引用户	先加强同边网络效应,再加强异边网络效应	长期跟踪用户行为特征,通过"召回""粗排""精排""重排"机制打造个性化的音乐推荐算法	个性化的最优音乐社交策略,体现为利用个性化的音乐推荐算法、歌单、原创内容等提升用户的音乐体验,以及利用音乐评论、朋友圈动态等提升用户的社交体验

资料来源:作者根据公开资料整理。

3. 谷歌平台的价值等式

在资源上,谷歌一方面利用谷歌"蜘蛛"在网络上抓取新内容;另一方面开放统一资源定位符(URL)提交工具让网站站长提交新内容,从而获得海量的网页内容资源,利用海量网页内容资源吸引用户,以形成正向网络效应。同时,支持算法与体验。在算法机制上,谷歌算法在设计之初有一个重要考虑:反向链接(指向网站的链接)越多,网站的权威性就越高,谷歌利用反向链接的数量来确定网站的权威性。除此之外,谷歌算法还考虑了网站质量、网站内容、用户体验、网站速度、响应能力、页面稳定性、移动端友好度、首次输入延迟、安全浏览体验、侵入性弹出窗口等数百个排名因素(包括机器学习的帮助),并且不断改进算法,以帮助用户快速找到最符合自身需求的信息。在价值上，谷歌按关键词精准匹配最优搜索结果，一方面依赖复杂的算法向用户展示最准确、安全、友好的结果；另一方面创建了一个分析用户态度和行为的用户体验指标体系，包括愉悦度、参与度、接受度、留存率、任务完成度等用户行为评估指标，并花费数年时间在各项目中应用用户体验指标体系，以提升用户体验。谷歌平台的价值等式如表7.4所示。

表7.4 谷歌平台的价值等式

资源	网络效应	算法机制	价值（体验）
一方面利用"蜘蛛"在网络上抓取新内容，另一方面开放URL提交工具让网站站长提交新内容，从而获得海量的网页内容资源	形成正向网络效应	通过反向链接、网站质量、网站内容、用户体验、网站速度、响应能力等数百个排名因素计算网站的排名	按关键词精准匹配最优搜索结果，体现为依赖复杂的算法向用户展示最准确、安全、友好的结果，并利用用户体验指标体系提升用户体验

资料来源：作者根据公开资料整理。

谷歌也有广告，但谷歌不会人为干预搜索结果，不破坏搜索结果的完整性是谷歌的宗旨，没人可以购买更高的网页评级（PageRank），谷歌会把广告单独明确标注出来，与搜索结果分离，以不影响用户的搜索体验。谷歌行为表现的根源，就在于在价值基础中的价值等级里谁排第一，即是用户还是股东。谷歌十大价值观中的第一条就是"以用户为中心，其他一切水到渠成"。在谷歌的价值等级中用户排第一，所以谷歌的运营模式不会破坏搜索结果的完整性。

商业模式中的战略定位、价值基础、交易模式、运营模式、盈利模式、关键资源、核心能力都会互相关联、相互影响，价值基础的模糊会直接影响平台模式相关功能的完善与成熟。

4. 抖音的价值等式

在资源上，抖音在成立后联络了直播平台家族公会，获得了大量美拍等直播平台的头部、腰部主播资源，以此为基础吸引了大量年轻粉丝加入抖音，形成强网络效应。在算法机制上，抖音主要基于消费者历史的点击、时长、点赞等行为数据，通过用户、内容、互动3个维度的模型分析消费者对某个内容产生互动的概率，采用排序、打散、干预等策略向消费者进行推荐。在价值上，抖音向用户提供个性化的最优短视频社交方案，体现为基于个人偏好的短时、高频、全屏、沉浸式视听，大大提升了用户体验。抖音的价值等式如表7.5所示。

表7.5 抖音的价值等式

资源	网络效应	算法机制	价值（体验）
通过直播平台家族公会获得大量头部、腰部主播资源，以此为基础吸引了大量年轻粉丝加入抖音	形成强网络效应	基于消费者历史的点击、时长、点赞等行为数据，以用户、内容、互动3个维度建立模型，预估消费者对某个内容产生互动的概率，针对预估内容采用排序、打散、干预等策略向消费者进行推荐	个性化的最优短视频社交方案，体现为基于个人偏好的短时、高频、全屏、沉浸式视听

资料来源：作者根据公开资料整理。

（六）正反馈和负反馈

"个性化的最优策略"产生作用后，消费者就会因获得满意的价值而进入平台，从而产生正反馈。价值越大，正反馈性越强，当平台提供不了令消费者满意的价值时，消费者就会离开平台，从而产生负反馈。正反馈和负反馈是"个性化的最优策略"的结果效应。

1. 正反馈

正反馈是控制论中的概念，是指当反馈信息与输入信号的调整方向一致时，具有促进和强化系统的作用。在平台商业模式中，正反馈是指当平台通过网络效应与算法机制形成的总价值达到某一临界点时，对顾客会产生吸引力，顾客的加入会增强这种总价值，使平台规模呈指数级增长。"个性化的最优策略"就是价值，也是平台的"反馈信息"，当新的顾客加入平台，会产生更强的"个性化的最优策略"，这就是"价值强则更强"，从而使平台规模呈指数级增长。

传统的正反馈观点认为，当买方和卖方的数量超过某个临界点时，就会产生正反馈。这种观点当然是片面的，若只有数量而没有质量，则无法对顾客产生足够的吸引力，没有吸引力自然不会有正反馈。只有在数量和质量的共同作用下，顾客发现了平台可以提供满意的价值，平台才会对顾客产生吸引力，从而产生正反馈。即使是有从众心理的顾客，也需要算法机制为其提供真实的价值。顾客一旦发现平台并不能为其提供分毫价值，就会转身离去，这会导致平台难以持续存活。

在真实的复杂系统（如社会）中也存在"鲁棒且脆弱"的特性。一个系统面对绝大多数的扰动（如新技术、新产品的出现等）时都是稳定的（鲁棒性），但面对极少部分的扰动（如革命性技术）时最终可能会展现出巨大的、系统层面的宏观效应（脆弱性）。因为社会的资源是有限的，新的扰动只有在经过筛选、被验证确实是有价值的，且可以降低社会的混乱无序度后，才可能跨越最低生存阈值。不能跨过最低生存阈值的扰动将自动湮灭，从而节约社会资源。只有跨越最低生存阈值的扰动，才会引起关注，不断吸引资源，加强整个社会的有序度，形成熵减。

从社会个体而言，由于信息传递得不完全，很多人都具有从众性，以减少自己的决策成本、交易成本。若平台的数量价值较弱，则平台的质量价值必须较强，只有这样才能为用户带来较强的"个性化的最优策略"；而当平台的数量价值较强时，平台的质量价值稍微有一些创新，就可以吸引用户进入平台。因此很多平台在开始拓展市场时，通常会借助资本助力，给予用户较高的补贴，以吸引用户进入平台，加强网络效应，但这只是平台"冷启动"时的暂时性策略，最终平台能否出现正反馈，还是要依靠网络效应和算法机制、价值（体验）的综合作用。

由于超级平台存在网络效应，所以正反馈也存在于超级平台中，正反馈的强弱与网络效应的强弱、平台算法机制的优劣关联密切。

2. 负反馈

负反馈也是控制论中的概念，是指当反馈信息与输出信息的调整方向相反时，具有抑制或削弱系统的作用。在平台商业模式中，负反馈是指当平台总体价值达到某一临界点时，由于消费层次、生态拥挤、社会关系、生活习性等因素的影响，反而会削弱总价值，从而使平台规模增长停滞或倒退。

有4种因素会引起平台负反馈：消费层次、生态拥挤、社会关系和生活习性。

1）消费层次

消费层次是指消费者收入的不同导致的消费的差异性，不同消费层次的用户光顾的商铺、购买的商品是不同的。拼多多的成功在很大程度上得益于淘宝平台的消费层次负反馈。淘宝围绕中高端用户群建立的"天猫"若无法同时为低端用户提供服务，将会削弱中高端用户的消费体验。淘宝这一做法导致中国大量消费力较弱的农村用户并没有被覆盖。拼多多看到了机会，将部分淘宝中小卖家引入拼多多，借助了微信庞大用户规模，成功获取了农村市场的数亿名用户。直到拼多多已经形成规模，阿里巴巴才推出独立 App 淘特，在低端市场抵御拼多多的进攻。

2）生态拥挤

生态拥挤是指平台同侧生态过于拥挤，会破坏基础顾客的使用体验及利益顾客的生存、成长空间，致使网络效应削弱或中断，价值降低，产生负反馈。

用户在使用某个打车软件时，由于区域内同一时间打车的用户太多，而司机数量较少，用户等车时间大大延长，甚至可能打不到车，这时该打车软件无法给用户带来价值，用户就可能会离开这个平台，改用其他平台。

3）社会关系

社会关系是指人们在社会活动过程中形成的相互关系的总称。人以群分，物以类聚。不同的社群之间具有不同的关系，而有些社群之间的关系是互斥性的，由于等级、观点、思维等方面的原因，难以在一个平台上共融。

美国皮尤研究中心在 2022 年公布了一项发现：在 13~17 岁的青少年中，只有 32% 的人使用 Facebook。而在 2014—2015 年的调查中，这一数据为 71%。Facebook 的一位研究人员在 2021 年年初也发现，从 2019 年以来，Facebook 的青少年用户下降了 13%，并预计这一数字将在未来两年内继续暴跌 45%。很多青少年在青春期的独立意识强，既不愿意受到监督，也不愿意受到束缚。24 岁的乔丹·兰福德（Jordan Ranford）说道："一旦父母也使用 Facebook，我们就不用了。"因为父母"实在太烦人了"。因此当父母使用 Facebook 时，很多青少年对 Facebook 就弃而不用了。

当埃隆·马斯克入主推特后，部分用户因认为推特过度放任了言论自由，对自身的价值观产生了冲击而选择离开。例如，格莱美奖获得者托妮·布莱斯顿（Toni Braxton）在推特上有 200 万名粉丝，她提出："这个平台被收购后出现一些'言论自由'的内容，让我感到震惊和厌恶。藏在'言论自由'背后发表仇恨言论令人难以接受，因此我选择离开推特，它不再是我自己和孩子的安全空间"；著名歌手莎拉·巴莱勒斯（Sara Bareilles）在推特有 300 万名粉丝，但她也发出最后的更新"推特很有趣，我走了"。

Facebook、推特在获得社会大部分用户使用的同时，由于社会关系存在相斥作用，其存在互斥关系的社群价值被削弱了，平台产生了负反馈。

4）生活习性

生活习性是指某个人的生活特点。自然、社会等多方面的原因使不同的人具有不同的生活习性，很多生活习性具有互斥性。例如，成年人事务繁多，更喜欢相处舒服的熟人圈，所以偏好熟人社交，选择适合的朋友；而年轻人对世界充满好奇，更需要情感沟通和展现个性，所以偏好陌生人社交，去寻找新的朋友。

因此基于熟人社交的微信全球用户已超过 12 亿人，但很多年轻人并不喜欢使用微信，更偏好基于 LBS（位置服务）的陌陌、滑动匹配的探探、音乐交友的音遇、主打心灵社交的 Soul 等产品，甚至约 85% 的中小学生是 QQ 的忠实用户。

当微信获得海量用户时，由于生活习性存在相斥作用，其基于熟人社交设计的机制受到了部分用户的排斥，平台产生了负反馈。

第二节

平台形态进化：从单边平台到超级平台

按外部形态划分，平台可分为单边平台、双边平台、多边平台和超级平台 4 种形态。价值等式是平台的内部逻辑结构，4 种形态则是平台的外部表现形式。随着平台的发展，存在着从单边平台到双边平台、从双边平台到多边平台、从多边平台到超级平台的进化过程。平台形态的逐渐升级，也意味着平台生态整合的资源、参与的群体越来越多，平台的能力也越来越强。

一、单边平台

单边平台是指只连接一个特定群体且具有网络效应的现实或虚拟环境，

这个特定群体往往是需求方，而供给方是一个市场主体，主体内部既可以是传统的职能制组织，也可以是具有一定网络效应的平台式组织。单边平台包括两类：需求单边平台和供给单边平台。单边平台的网络效应既可以存在于需求方，也可以存在于供应方。需求单边平台是指网络效应主要存在于需求一侧的单边平台，而供给单边平台是指网络效应主要存在于供给一侧的单边平台。

（一）需求单边平台

需求单边平台存在同边网络效应。QQ平台在需求侧存在同边网络效应，QQ平台的供给方只有腾讯一家主体，使用者越多，QQ社交网络的价值越大，越能吸引其他使用者加入。QQ最初的功能就是聊天，当用户开始增加，运营成本越来越大时，腾讯甚至不知该如何实现盈利，只能依靠融资、移动增值业务（SP业务）渡过最初的瓶颈期。随着用户越来越多，网络效应越来越强，QQ开始利用庞大的用户规模获利：通过彩铃、图片下载、QQ秀、QQ游戏等增值服务获得利润。腾讯凭借QQ庞大的客户群，开拓业务的边际成本大大降低，可以做到后发制人，如开心农场、劲舞团等盛极一时的游戏，都败于QQ用户群强大的网络效应。

（二）供给单边平台

供给单边平台存在一定的跨边网络效应。例如，韩都衣舍在大多数电商平台都开有网店，并建有自营网站和自营App，其通过这些网店、网站和App将服装销售给客户。韩都衣舍的买手小组依托内部的职能平台，具有一定程度的决策权、用人权、运营权、分配权，每个买手小组可以自行决定选款、下单、产品定价等工作，并自负盈亏，买手小组之间存在一定程度的竞争关系。截至2020年，韩都衣舍通过品牌孵化、合资、合作及生态运营等方式，运营品牌达到200多个，涵盖韩风、东方风和欧美风三大风格。韩都衣舍增加了供给方的买手小组数量、品牌数量，对客户而言，选择范围更大、产生了价值，具有一定的跨边网络效应。

供给单边平台存在纵向网络效应。例如，北大纵横拥有20个事业部、160多个行业中心。虽然其组织结构采用了事业部制，但事业部并没有签单权，而是由事业部下的行业中心等部门负责签单。项目签订后，项目组可以跨越事业部，在全公司范围自行招募项目团队成员，项目负责人与团队成员按市场规则自行商讨决定工作职责、工作内容与项目报酬，事业部提供职能平台支持，项目结束后项目团队解散，平时项目团队成员由事业部负责日常管理。北大纵横通过平台式组织模式，支撑了更大的公司规模。由于项目组可以跨事业部选择项目团队成员，因此项目组的选择范围更大。而对北大纵横的项目团队成员而言，得到的项目机会更多，可以得到更好的锻炼，双方的价值都增加了，纵向之间的网络效应增强了。另外，更好的项目团队成员会带来更好的项目成果，所以对客户而言，虽然没有因数量变化带来更强的跨边网络效应，但更好的项目团队成员会保障项目质量的提高，给客户带来更大的价值，连接的网络效应增强，由弱网络效应进化为强网络效应。

供给单边平台可同时存在纵向、横向网络效应。例如，当海尔采用网状组织模式时，每一个自主经营体都成为网络的一个节点，可以沿纵向、横向进行自行连接。从产业链纵向上，研发经营体、销售经营体发现了市场机会，就可以自行决定开发产品，并选择合适的制造经营体签订生产合同，产生纵向网络效应；从企业级次横向上，一级的研发经营体、销售经营体可以选择合适的二级人力资源经营体签订人力资源合同，产生横向网络效应。当海尔采用平台生态组织模式时，更是将企业变成了培养、扶持小微主和创客等创业团队的孵化、成长平台，帮助创业团队引入人力、资本等重要资源。随着资源的拓展，海尔大大加强了其纵向、横向网络效应。

海尔在网状组织模式下的每个节点都成立了多个自主经营体，从而在企业内部引入市场竞争机制。首先，对客户而言，研发经营体、销售经营体都可以面向市场，面向市场的节点增多了，对客户的吸引力就增强了，跨边网络效应也就增强了；其次，从产业链纵向看，每一环节的数量增多了，使下一环节的选择范围增大、整体网络的价值提高了，纵向网络效应也增强了；最后，从企业内部级次看，提供资源服务的二级经营体数量增多，使直接面对客户的一级经营体选择范围增大、整体网络的价值提高了，横向网络效应也增强了。

海尔在平台生态组织模式构建阶段，利用平台对小微主和创客等创业团队进行人力、资本支持，使提供资源服务的二级经营体、孵化器、风险投资机构的数量增多，对小微主和创客等创业团队具有较大的吸引力，小微主和创客等创业团队的数量增多，对孵化器、风险投资机构也具有较大的吸引力，双方的价值都提高了，横向之间的网络效应明显增强了。基于海尔的产业链，小微主和创客等创业团队的加入使海尔产业链的节点数明显增多，不论对小微主和创客等创业团队，还是对原有产业链自主经营体都产生了价值，纵向网络效应也明显增强了，海尔产业链更加强大与丰盛。所以，海尔的平台生态组织模式相比网状组织模式，在网络效应上具有较大幅度的提升。海尔、北大纵横都在内部建立了交易机制，对交易的单个环节来说，上游环节是供给方，下游环节是需求方，而从整个产业链角度来看，这是一种纵向网络效应。

很多实体经营企业都在学习、实践互联网平台商业模式，就是因为平台商业模式不仅可以在中台、后台集约运用资源，还可以通过生态系统中连接数量的增加来增强网络效应、提升运营的质量，从而为客户带来更大的价值。但由于单个实体经营企业在供应数量规模上，一般无法与互联网平台上海量的供应商相比，所以很难对客户产生较强的跨边网络效应，往往通过引入市场机制，在供应方产生一定的纵向网络效应，提升"质量"，从而提高对客户的价值。海尔具备了较大规模，对平台模式进行深入拓展，产生了较强的纵向、横向网络效应，不仅在"质量"上进行提升，利用"质量"的提升增强了网络效应，进化为强网络效应，而且在数量上也有所发展，具有一定的跨边网络效应。

二、双边平台

双边平台是指连接两个特定群体且具有网络效应的现实或虚拟环境。例如，任天堂、索尼的游戏平台就是双边平台，平台的一边是游戏机玩家，另一边是第三方游戏厂商。为了打开市场，任天堂开发了家用游戏机 FC 红白机。任天堂先利用大量的游戏玩家吸引第三方游戏厂商加入，再利用丰富的第三方游戏资源吸引更多的游戏机玩家购买，形成了跨边网络效应，以此击败了多家竞争对手的进攻，称霸游戏机市场多年。任天堂是第一家开创第三方游戏厂商合作授权模式的公司，索尼、微软及苹果都或多或少受到任天堂游戏平台的影响。网易云音乐也是双边平台：一边是消费音乐的人群，包括学生、白领等；另一边是音乐内容生产者，包括歌手、音乐人和唱片公司。

三、多边平台

多边平台是指连接两个以上特定群体且具有网络效应的现实或虚拟环境。多边平台是目前最为常见的平台模式，双边平台可以通过规模的扩大、平台生态的繁荣，引入更多的特定群体，从而转变成多边平台。

淘宝平台上有3方顾客：消费者、店铺商家、"淘宝客"。淘宝先利用免费开店策略吸引店铺商家，利用店铺商家的海量商品吸引消费者，再利用更多的消费者吸引更多的店铺商家，形成跨边网络效应。随着店铺商家之间的竞争加剧，各店铺商家产生市场推广需求，此时淘宝利用店铺商家吸引"淘宝客"加入，帮助店铺商家推广商品。随着"淘宝客"的增多，推广效率越来越高，店铺商家之间的竞争越来越激烈，迫使更多店铺商家进行市场推广，吸引了更多的"淘宝客"。店铺商家与"淘宝客"之间的跨边网络效应和消费者与店铺商家之间的跨边网络效应不同：消费者与店铺商家之间相互吸引、相互获利产生跨边网络效应；在店铺商家与"淘宝客"之间，则是"淘宝客"帮助店铺商家形成市场挤压，形成"内卷"式的跨边网络效应。随着平台规模的扩大、商家竞争的加剧，淘宝也从不断扩大的生意中获利。淘宝通过引入"淘宝客"为店铺商家提供服务，从双边平台发展为多边平台。

千里驹与淘宝不同，千里驹建立的是产业平台，平台上有3方顾客：展馆/展厅客户、中小型展馆/展厅企业、行业设计师。千里驹整合设计师等行业专业资源，打造产业平台，吸引中小型展馆/展厅企业加入，从而带来展馆/展厅客户，客户数量的增多又吸引了更多、更专业的设计师等行业资源，专业能力的增强又会吸引更多的中小型展馆/展厅企业，通过3方顾客的连续拉动、影响，形成跨边网络效应。

四、超级平台

超级平台是指连接多个平台、产品形成的超级平台集群，包括伞状超级平台、母子超级平台、网状超级平台，如图7.1所示。伞状超级平台由一系列产品与一个主平台构成，产品为主平台引流，主平台为产品提供支撑；母子超级平台由多个子平台和一个母平台构成，子平台由母平台衍生而来，母、子平台之间相互形成支撑；网状超级平台由多个平台共同组成，各司其职、相互协同、互利共生，进化为更为强大的商业生态。超级平台内的平台与产品之间、平台与平台之间会通过特定群体产生网络效应，从而形成比单一平台更为强大的生态网络，产生更强的市场竞争力。

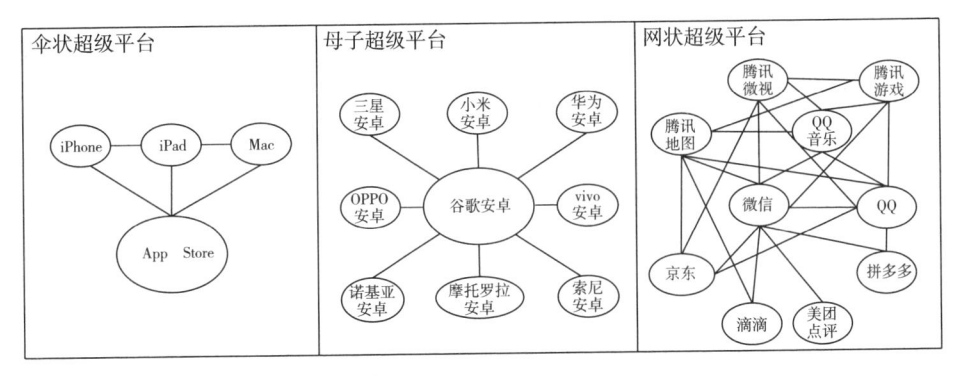

图 7.1　3 类超级平台
（资料来源：作者自绘）

（一）伞状超级平台

苹果利用 iPhone、iPad、iPod、iWatch、Mac 等硬件产品和 App Store、Mac App Store 软件平台系统构建了一个伞状平台组合，利用时尚前卫、性能优越的硬件产品作为"伞骨"进行引流，利用丰富多样的软件平台系统作为"伞柄"进行支撑。一方面，苹果硬件产品的庞大用户群吸引软件商不断加入软件平台系统，另一方面大量的软件商可以提供丰富多样的使用体验，吸引消费者购买苹果的产品成为平台用户。苹果软件商与用户的跨边网络效应，不仅跨越了平台，而且从平台延伸到产品，形成平台软件商与产品用户群相互吸引的跨平台网络效应，为硬件产品销售规模的扩大提供了支持，而苹果最主要的利润就来自硬件产品的销售。除此之外，苹果的 iPhone、iPod、Mac 等硬件产品之间还有"连续互通"功能，可以通过硬件产品之间的连接，实现产品之间流量的互通。

（二）母子超级平台

谷歌为了让安卓系统超越苹果的 iOS 系统，采取了开源策略，向市场提供免费开源的安卓系统代码，使手机厂商可以根据这些代码定制自己的手机操作系统。于是，三星、小米、华为、荣耀、OPPO、魅族、vivo、联想、诺基亚、摩托罗拉、索尼等手机厂商纷纷搭载了安卓系统，很多手机厂商还利用安卓系统开发自己的手机操作系统。因此，在安卓系统母平台上形成了诸多子平台，如三星的操作系统平台 One UI、小米的操作系统平台 MIUI、华为的操作系统平台 EMUI、OPPO 的操作系统平台 ColorOS、vivo 的操作系统平台 Funtouch OS 等。三星利用开放手机联盟扩大了安卓系统的使用范围，庞大的用户规模吸引了大量的软件商，虽然各个厂商的子系统存在一定的差异，但谷歌利用兼容性测试控制了这种差异，使得软件商为安卓系统开发的软件在绝大多数子平台中都可以进行快速移植，从而繁荣了整个安卓系统的生态，吸引更多的用户使用安卓系统，产生了跨越平台之间的跨边网络效应。作为子平台的厂商，同样是母平台的一类特定群体，更多的软件商、更庞大的用户规模，也吸引了更多的厂商加入安卓系统母平台。例如，三星放弃了 Tizen 系统，诺基亚放弃了 Windows Phone 系统，都投入安卓系统的怀抱。

（三）网状超级平台

腾讯利用 20 多年的时间构建出一个超级平台，旗下拥有微信、QQ、腾讯新闻、QQ 音乐、微信读书、QQ 阅读、腾讯视频、腾讯微视、腾讯游戏、腾讯地图等多个内部平台。在 2010 年腾讯和 360 公司大战后，腾讯意识到自己不可能涉足所有的互联网产品，因此逐步走向"开放"，利用资源优势和资本优势对重要的互联网平台进行投资，并与被投资对象建立战略联盟，从而将自己的流量资源运转起来。腾讯对美团点评、京东、拼多多、快手、滴滴、哔哩哔哩、知乎等多个外部大型平台进行投资，形成了一种互联互通、相生相融的网状超级平台。

腾讯构建的网状超级平台包含多个平台，各平台有各自独特的定位与功能，各平台之间可以形成资源相互协同、功能相互补充的聚合性效应。例如，微信和 QQ 是社交平台，腾讯新闻、QQ 音乐、微信读书、QQ 阅读、腾讯视频、腾讯微视、腾讯游戏是数字内容平台，美团点评、京东、拼多多是外部的电子商业平台，哔哩哔哩、知乎是外部的数字内容平台，腾讯地图、滴滴是生活服务平台。由于微信和 QQ 两大社交平台拥有超级流量，因此腾讯先将这两大社交平台的流量导入数字内容平台、电子商业平台、生活服务平台，再利用这些平台变现流量，获得广告收入和增值服务（如订阅会员、付费会员等）收入。

在内部平台的连通上，以QQ音乐为例，从2021年开始，用户可以在QQ音乐中选择自己喜欢的音乐，并可以将其设为微信状态，以表达自己的心情。微信还支持QQ音乐一键分享功能，用户可以把QQ音乐分享给自己的微信好友。腾讯通过把微信平台与QQ音乐平台打通，实现为QQ音乐导流。

在外部平台的连通上，以京东为例，腾讯与京东的合作涉及3个方面。一是微信在App内为京东提供了"发现—购物""我—服务—京东购物"两个访问入口，为京东导流，京东的商品链接可以在微信或QQ中直接打开、下单和完成支付，而非腾讯超级平台内的电商平台使用起来非常麻烦，京东也在自己平台内部上线微信小程序，与腾讯进行流量互通。二是腾讯与京东合作推出了京东直投，进行广告业务合作，腾讯利用微信、手机QQ、QQ空间、QQ音乐、腾讯新闻等平台为京东商户推广广告，吸引消费者到京东平台上进行购物。三是腾讯与京东合作推出超级联名卡，将腾讯视频、QQ音乐会员与京东会员进行捆绑，吸引双方会员进行互通。据京东透露，京东近年约有1/4的新用户来自微信，而腾讯借助京东的发展实现了流量变现。

因此，微信虽然可以通过投放朋友圈广告、公众号认证、用户表情包、转账手续费、微信钱包中的余额进行资本运作等方式赚取利润，但这并不是微信的主要赚钱方式。微信先利用资本对种子平台进行投资，再利用自己社交平台的流量为其他数字内容平台、电子商业平台、生活服务平台等种子平台进行导流、浇灌，从而快速扶持种子平台成长，这就是微信利用资本杠杆、流量杠杆赚取生态利润的方式。所以，微信本身并不需要太商业化，反而要克制商业化冲动，为用户打造更好的"个性化的社交最优策略"，从而把用户牢牢"黏"在微信平台上，长期、持续地为其他平台导流。为了达到这个目的，微信甚至对QQ音乐、QQ浏览器、知乎等关联平台的违规外链进行屏蔽，以更好地维护平台生态。

从网络效应看，腾讯打造的超级平台产生了强大的跨平台网络效应。QQ音乐、腾讯视频、腾讯新闻、微信读书、QQ阅读、腾讯微视、腾讯游戏等丰富多样的内容，以及京东、拼多多等平台商品和腾讯地图、滴滴等生活服务，吸引了微信、QQ平台的用户进入相关功能平台进行体验、消费。而微信、QQ平台的大量用户群也吸引了更多的歌手、唱片公司进入QQ音乐平台，更多的影视公司进入腾讯视频平台，更多的用户使用腾讯微视分享自己的短视频。京东甚至利用自己平台的用户群为微信平台反向导入流量,吸引更多人使用微信。通过网状超级平台内部各平台间的网络效应,使各平台的功能得以充分发挥、相互配合、共同进化,平台生态不断蒸蒸日上、日益兴旺,腾讯也从各平台的快速发展中获取了大量生态收益、资本收益。

未来将会出现包括基础设施、硬件、软件、内容的大闭环生态系统,这也是一种网状超级平台,多个平台会产生跨平台的网络效应,相互补充、协调发展。网状超级平台与母子超级平台不同,母平台和子平台是包含关系,子平台在母平台之上孵化而出,虽然具有一定的独立性,但母平台包含了子平台的范围,而网状超级平台中各平台是平等关系。从商业生态的独立性上看,作为超级平台的个体之间是独立存在、相互平等的;但从商业生态的重要性上看,各平台之间存在主次关系,即谁掌握了商业生态中的关键资源,谁就是超级平台中的核心平台。例如,腾讯的微信、QQ由于掌控了商业生态的关键资源,其他平台在很大程度上需要依附于微信、QQ平台进行导流,所以微信、QQ在网状超级平台中居核心地位。需要注意的是,网状超级平台中的QQ音乐、腾讯视频、腾讯微视、腾讯游戏、腾讯地图等平台由于受腾讯完全掌控,相互之间的关联性明显强于腾讯各内部平台与京东、滴滴、拼多多、美团点评等外部平台的关联性,整合力度更大,连接更密,网络效应更强。

超级平台将成为互联网革命时期的主流商业模式,特别是网状超级平台将会成为互联网革命重要的基础设施,"超级平台—网状超级平台—全球网状超级平台—以全球3D打印设计平台为核心的全球网状超级平台—虚拟、现实融为一体的全球网状超级平台"将成为未来商业竞争的主要进化方向,平台模式在此基础上会出现更加丰富、多变的网络效应。

第三节

24种成长战略:加速平台成长

平台有平台流量类、区域开发类、平台拓展类、平台创新类、收入利润类五大类(共24种)成长战略,涉及平台的流量引入、区域拓展、内容拓展、机制创新、利润获取等不同方面,如表7.6所示。根据实际情况采用适合的战略,平台可以加速成长壮大。

表7.6 平台成长战略分类表

序号	分类	细分战略
1	平台流量类	免费、补贴内容、补贴用户、双边补贴、同边客户流量、异边客户流量、产品流量、母平台流量、子平台流量、异平台流量、利益相关者流量
2	区域开发类	局部市场饱和开发
3	平台拓展类	平台变宽、平台变深、平台增高、平台拓低、从单边平台到双边平台、从双边平台到多边平台、从多边平台到超级平台
4	平台创新类	网络效应升级、算法机制升级
5	收入利润类	利润池、生态流量变现、铸币税

资料来源:作者自绘。

一、平台流量类

由于平台通过网络效应与算法机制形成的总价值达到某一临界点时,才会产生正反馈,因此平台往往会通过免费、补贴等策略来提高总价值,以吸引大量用户加入平台,从而快速形成正反馈。

(一)免费战略

很多平台都采用免费战略来降低准入门槛,吸引用户使用,以快速形成规模。例如,淘宝为了打败易贝,让商家免费开店,从收费的易贝平台抢夺了大量的商家资源,从而获得了竞争的胜利;微信先使用免费战略,吸引大量人群通过微信进行社交,获得海量流量,从而打造出大型社交生态,再利用京东、拼多多、腾讯音乐、腾讯游戏等平台将流量变现;爱奇艺利用免费战略吸引大量用户观看,但免费用户必须观看广告,视频质量也受限,从而使很多免费用户为获得更好的观看效果而升级为付费用户;百度搜索,先利用免费战略吸引大量用户,然后通过广告等方式将流量变现。

(二)补贴内容战略(单边补贴)

平台在选择补贴方向时,当内容提供方的资源有限、对价格比较敏感、需求弹性较大时，应当选择对内容提供方进行补贴，通过扶持内容提供方提供优质内容来吸引消费者，为平台引入流量，而且平台为内容提供方创造事业价值，内容提供方的客户黏性比消费者更强烈和持久。

补贴内容可分为 3 种：数量补贴、效果补贴和成长补贴。平台一般在发展初期采用数量补贴，以快速增加内容的数量，重点实现数量上的增长；在发展中期采取效果补贴，以提高内容的质量，重点实现质量上的增长；在发展的成熟期采取成长补贴，着眼于商业生态，通过扶持内容提供者成长，提升内容提供者的质量，从而持续不断地吸引消费者进入平台，构建内容消费闭环生态。

（三）补贴用户战略（单边补贴）

平台在选择补贴方向时，若用户方资源更重要，则会选择补贴用户方，吸引流量进入，以快速扩张规模。

2019 年 6 月，拼多多宣布以"100 亿现金补贴"的形式，联合品牌授权商针对全网热度最高的 10 000 款高端商品，向消费者进行大幅让利，增加高品质用户的数量，随后"百亿补贴"被拼多多升级为平台长期战略，在拼多多 App 首页中心位置开设独立入口，一直持续开放。自从实施百亿补贴，拼多多的用户数量、营收和净利润都在飞速上涨。

拼多多利用"百亿补贴"形成一种正向循环：通过补贴形成性价比→吸引消费者规模扩大→通过规模化采购反向压低供应链成本→供应链成本降低替换了平台补贴→平台实现盈利。拼多多利用这种正向循环实现了价值基础中的消费者、商家、平台 3 方共赢，不断提升平台的交易规模和线上产品质量标准，推动形成超大规模的商品供需高效精准匹配，进而实现用户基数、黏性、收入、利润的快速增长，更重要的是实现了拼多多客户群向上拓展的战略目标，打开了拼多多发展的战略空间。

（四）双边补贴战略

当平台需要快速抢夺市场时，而且在资金充沛的情况下，有时会采取双边补贴策略，通过对双边进行补贴，使流量加速进入平台，加快平台的成长速度，以获得竞争优势。

2014 年，滴滴和快的上演"补贴大战"。1 月 10 日，滴滴在 32 个城市开通微信支付，使用微信支付的乘客每单补贴10元、司机每单补贴10元；1月21日，快的跟进：乘客每单补贴10元，司机每单补贴增至15元；2月17日，滴滴宣布：乘客每单补贴10元、每天3单，司机则按城市不同每单补贴5~10元；快的随后也宣布：乘客每单补贴11元，司机则按城市不同每单补贴5~11元。双方依靠腾讯和阿里巴巴的资金支持，交替上涨补贴金额，以抢夺市场。滴滴自"补贴大战"开始到同年3月，其用户数量从2200万人增至1亿人，日均订单数从35万个增至521.83万个，补贴金额达14亿元。

由于最早没有人使用移动支付，所以"补贴大战"起到了市场教育和用户习惯迁移的作用，让用户习惯使用App打车、习惯使用手机进行支付，这也是腾讯和阿里巴巴背后对双方做出支持的原因，这并不仅是滴滴和快的两个打车软件之间的战争，更是微信支付与支付宝之间的战争，因此滴滴和快的获得了充分的资金支持。滴滴和快的经过"补贴大战"，双方的市场份额不仅没有减少，而且都出现了大幅增长，抢夺了其他打车软件和出租车的市场份额。

（五）同边客户流量战略

平台可以利用同边客户之间存在社交关系、可以相互吸引的特性，吸引同边客户流量进入平台，扩大平台规模。同边客户流量策略包括利用同边种子用户（如大V）、同边用户病毒式营销两类导入流量方法。

1. 利用同边种子用户（如大V）导入流量

知乎是一个网络问答社区平台，2011年刚成立时采用封闭邀请制，前200名用户都是互联网的领军人物和不同领域的专家、学者，如李开复、王兴、王小川、徐小平和马化腾等。前40天，这些用户在知乎上创作了8000个问题和20 000个回答，对相关行业问题和知识进行普及与回答，这帮助知乎在社会大众头脑中塑造了专业、严谨的品牌形象，给人们留下"以后如需要专业的知识，可以上知乎"的印象。2013年，知乎向公众开放注册，一年内注册用户由40万人迅速攀升至400万人，规模迅速扩大。

2. 利用同边用户病毒式营销导入流量

拼多多在2015年成立后，推出了拼团、砍价、免费拿等一系列病毒式营销玩法。拼团就是用户自己组织成团，凑够系统要求的人数后一起下单购买商品，从而享受到比单独购买更加优惠的团购低价，拼团的发起人和参与者都可以通过微信分享并完成交易。2019年拼多多又推出了多人拼团，最高可达1万人。"砍一刀"是拼多多"免费领商品"中的活动方式，用户通过分享链接，不断拉人帮自己砍价，每拉一个人，商品会随机降价，直至0元，而帮朋友砍价成为很多用户第一次下载拼多多的主要原因。

此种社交电商的病毒式营销首先利用低价激励用户发起拼团，然后利用客户的社交关系网进行分享传播，再邀请新用户参与拼团，从而尽可能高效低价地获取流量，降低拼多多的获客成本。拼多多初期定位于三、四、五线城市和农村下沉市场的用户，这些用户对价格敏感、时间相对充裕，因此快速被拼多多俘获。拼多多于2017年在三线以下城市市场的用户占比达到57%，女性用户占比为70.5%，25~35岁的用户占比为57.8%。

2017年，拼多多的获客成本仅为11元/人，而同期京东、阿里巴巴的获客成本分别为226元/人、237元/人，拼团、砍价、免费拿等病毒式营销不仅帮助拼多多获得了大量流量，还降低了获客成本。后续拼多多为了获取中高端用户，获客成本在2021年上升到432元/人，其在网络电商中的获客成本反而成为最高的。获客成本的变化体现了拼多多战略的变化，拼多多利用同边用户病毒式营销实现了在下沉市场的战略突破，接着利用补贴用户策略实现了在中高端市场的战略突破，拼多多利用这两次战略突破成功地成为中国电商市场的第三极。

（六）异边客户流量战略

平台还可以利用异边客户之间的供需、服务等关系，抓住关键资源，吸引异边用户流量进入平台，从而扩大平台规模。异边客户流量策略包括利用供应商资源导入流量、利用流量明星导入流量、利用第三方资源导入流量3种方法。

1. 利用供应商资源导入流量

千里驹针对行业痛点，将中小型展馆/展厅企业变为平台合伙人，借助平台合伙人资源为平台引入流量客户，改变了传统产业企业单打独斗的局面，实现了平台规模的扩张。

2. 利用"流量明星"导入流量

新冠疫情爆发后，中国线下音乐演出的票房和举行场次均有所减少，各大平台纷纷由线下转为线上，利用线上演唱会进行引流与获利。腾讯在 2022 年接连举办了西城男孩、五月天、崔健、张国荣重映等多场线上演唱会。崔健首场视频号线上演唱会《继续撒点野》共吸引了 4600 多万人观看；5 月 20 日、5 月 21 日，腾讯音乐、腾讯视频等平台同步线上播出了周杰伦的两场演唱会，据统计，这两场线上演唱会的总观看量达近 1 亿人次。

抖音也不甘示弱，借助明星的影响力为平台导入流量。2022 年 9 月 3 日，刘德华的线上演唱会在抖音开启，开播不到 5 分钟，在线观看人数就突破了 5000 万人，开播半小时后在线观看人数已经高达 1.3 亿人，最终观看量超过 3.5 亿人次。

3. 利用第三方资源导入流量

淘宝商家可以利用"淘宝客"获取流量，"淘宝客"主要针对的是中小站长及网络合作伙伴，"淘宝客"从"淘宝客"推广专区获取淘宝商家商品代码，任何买家经过"淘宝客"的推广（链接、个人网站、博客，或者社区发的帖子）进入淘宝商家店铺完成购买后，都可得到由卖家支付的佣金。

（七）产品流量战略

平台还可以利用产品导入流量，当用户购买产品时，可以利用产品与平台的关联关系，将产品客户变为平台客户，扩大平台规模。例如，苹果的 Mac、iPad、iPhone 和 iWatch 等硬件产品时尚、美观，受到了很多用户的喜爱。而苹果的硬件产品都装载有 App Store，用户可以从 App Store 中下载海量的应用程序，获得丰富的应用体验。苹果利用前端硬件产品为后端应用平台导流，从而吸引大量软件商提供软件产品，使苹果的闭环商业生态系统不断获得活力。

（八）母平台流量战略

母子超级平台中的母平台可以利用子平台获取流量。例如，2007 年谷歌联合全球 34 家大型企业建立开放手机联盟后，各厂商获得了安卓系统的开源代码，HTC、小米、华为、OPPO、vivo 等绝大多数厂商的手机相继搭载了谷歌的安卓系统，安卓系统获得了全球超 47 亿名用户的使用。谷歌在海量用户的基础上，推出谷歌移动服务 GMS，包括谷歌地图、谷歌应用商店、谷歌邮箱、谷歌街景等谷歌应用"全家桶",赚取了大量的广告流量收入。

（九）子平台流量战略

母子超级平台中的子平台也可以利用母平台获取流量。由于全球大部分手机厂商都采用了安卓系统，使安卓系统的软件开发商和用户规模暴增，后来很多手机厂商一方面为了节省研发成本，另一方面为了从安卓生态系统庞大的软件开发商和用户群中引流借力，都采用了安卓系统。例如，放弃了 Windows Phone 系统的诺基亚、放弃了 Tizen 系统的三星，转而进入安卓系统生态"借腹生子"，在开源安卓系统的基础上开发自己的闭源安卓系统，从安卓系统生态中获取流量。

（十）异平台流量战略

在网状超级平台中，一个平台可以从其他平台进行引流，形成商业生态的相互补充、相互完善。例如，拼多多最早从微信小程序中进行引流，从而获得了第一批用户。京东也利用访问接口、广告等方式从微信中进行引流，近年来其约有 1/4 的新用户来自微信。天猫也利用共建内容生态等方式从小红书、哔哩哔哩、丁香医生、新氧等外部内容平台进行引流。微信早期也曾从 QQ 平台导入流量，以快速扩张规模，击败当时的竞争对手米聊。

（十一）利益相关者流量战略

平台还可以利用利益相关者进行引流，以快速壮大平台生态。

2015 年，微信第一次与春晚合作，推出微信摇一摇，奇袭了支付宝，发放了 5 亿元红包，1.2 亿人参与，完成了"支付宝花 10 年才做到的事情"。2016 年，支付宝与春晚合作，通过"集五福"等方式发放了 8 亿元的红包。

不同互联网平台引流的效果是不同的。例如，百度为了推广 App 也选择与春晚合作引流，但由于其平台缺乏内容支持，难以留住春晚带来的新增客户。平台的不同阶段对流量的需求是不同的。例如，微信、支付宝发红包是为了引导社会消费者进入平台，培养手机支付习惯，当平台规模扩张、手机支付习惯养成后，对流量的需求就下降了。抖音、快手引流是因为作为后起的短视频平台，一方面平台对流量有需求，且内容具有较强黏性，可以通过引流壮大平台生态；另一方面可以培养用户使用平台支付渠道的习惯。而京东的主要用户集中在一、二线城市，利用春晚引流是为了抓住下沉市场的客户。

二、区域开发类

平台在突破线下市场时，因发展初期的资源能力有限，往往会选择局部市场饱和开发战略，即先突破局部战略性市场，以最小成本在局部战略性市场快速形成网络效应，从而获得竞争的先发优势。例如，滴滴在突破全国出行市场时，因缺乏足够的资金支持，首先选择突破北京市场，接着突破上海市场，再进入全国其他一、二线城市，然后进入全国其他城市。北京、上海是战略高地，如果滴滴能拿下北京、上海市场，就意味着滴滴也有能力拿下其他城市市场，因此滴滴通过高举高打，拿下北京、上海市场，获得了腾讯等投资者的青睐。滴滴利用投资者的资本资源从上至下争夺其他区域市场，形成"业务资源＋资本资源"滚动式发展，从而获得了快速发展。

三、平台拓展类

（一）平台变宽战略

平台在初期快速发展时，可以选择在平台内容上进行横向拓展，即拓展品类、丰富平台内容，从而吸引原来不属于平台目标客户群的用户进入平台，扩大规模，产生更强的正反馈。例如，京东从最初的京东多媒体网发展到中国第二大电商平台经历了两次横向拓展：第一次是2003年从经营的光磁产品，开始扩展到3C产品；第二次是2007年从3C产品拓展为全品类一站式购物平台，用5年的时间完成了从家电到全品类的布局，从单一的B2C零售企业转向综合型零售企业，盈利模式也逐步从垂直型转向综合型。而成立于1999年的当时中国最大的图书销售网站当当网却因为平台发展战略不清晰，局限于图书领域，没有抓住互联网红利进行横向内容拓展，不仅没有拓展出新的业务市场，连原有的图书市场也被发展起来的京东、天猫等大型综合平台蚕食。2017年，京东在图书领域反超当当网成为线上图书零售第一，天猫排名第二。当当网与同是卖书起家的亚马逊的命运截然不同，区别就在于它们对平台变宽的认知不同，不同的认知导致不同的战略定位，不同的战略定位构建出不同的商业模式，不同的商业模式带来不同的命运。

（二）平台变深战略

平台在初具规模后，应当在平台深度上进行拓展，围绕平台生态进行多元化辅助业务探索，从而为平台生态提供更好的支撑，为平台用户提供更大的价值。

阿里巴巴在 2003 年后，建立了面向 B2C 客户的淘宝网和面向 B2B 客户的阿里巴巴网。为了更好地支持两大平台的发展，阿里巴巴开始向平台纵深拓展，在 2004 年成立第三方支付平台支付宝，建立了保障网络陌生人交易的信用系统。2014 年，阿里巴巴在支付宝的基础上成立了蚂蚁金服，扩展出支付宝、余额宝、花呗、相互宝、网上银行、芝麻信用六大应用，为用户和中小企业提供深度金融服务。2005 年，阿里巴巴并购了雅虎中国，利用雅虎中国的核心搜索技术人才打造中国最强的电子商务搜索引擎，增强算法机制，提高平台"质量"。2008 年 9 月，淘宝宣布对于国内最大的搜索引擎百度进行完全屏蔽。2009 年，阿里巴巴基于搜索引擎成立了阿里云，作为云计算技术和服务提供商，向平台的中小企业及社会外部企业，提供安全、可靠的计算和数据处理能力。另外，2007 年，阿里巴巴成立了阿里妈妈，整合中小网站资源，帮助平台商家进行广告推广、引流；2009 年，阿里巴巴收购了万网，万网主要为企业提供域名注册、虚拟主机、企业邮箱、网站建设等服务，万网于 2013 年被并入阿里云公司；2013 年阿里巴巴成立了菜鸟物流，帮助中小物流公司提升物流效率，从而改善用户在平台物流上的体验价值。阿里巴巴在多年时间里沿着平台金融、算法机制、广告引流、物流等平台支撑功能进行深入拓展，不断增强平台的服务能力，构建强有力的平台生态。

值得注意的是，京东作为阿里巴巴在电商平台的主要竞争对手，在金融、算法机制、广告引流等平台支持的功能上并没有显著超越阿里巴巴，甚至可以说弱于阿里巴巴，但它在物流上显著超过了阿里巴巴。京东从 2007 年起，花费巨资自建仓储配送一体化的物流体系，提升了消费者的物流体验，形成了平台重大的差异化价值。

（三）平台增高战略

平台在初具规模后，可以从客户群定位角度向上进行拓展，扩大平台生态，获得更大的用户规模、更强的盈利能力。最初的淘宝网定位为C2C平台，因此商品品质不高，缺乏一线品牌与中高端用户群。2008年，淘宝商城上线；2011年6月，阿里巴巴将淘宝网一拆为三：淘宝网（C2C，简称淘宝）、淘宝商城（B2C）、一淘网（购物搜索），淘宝商城正式以独立公司身份开始运营；2012年1月，淘宝商城正式宣布更名为"天猫商城"（简称天猫），明确战略定位为高品质B2C平台，阿里巴巴开始向中高端市场发力。淘宝给予天猫强有力的流量支持，淘宝的中小商家流量也受到了影响，而天猫开始超过淘宝加速发展。2014年之后，国际大品牌及传统线下大品牌纷纷进入天猫，天猫通过"超级品牌日"等资源对传统大品牌进行扶持。在2017年福布斯全球最有价值的100个消费品牌中，75%的消费品牌已在天猫开店，大量的中高端消费者也随着国际大品牌的入驻进入天猫，可见阿里巴巴实现了平台增高战略。

拼多多在实现下沉市场突破后，借助"百亿补贴"向中高端市场突破。由于国际大品牌担心影响其在消费者心智中的品牌形象，一般不愿意入驻拼多多平台，因此拼多多另辟蹊径，选择与品牌授权商合作，推出"百亿补贴"活动。拼多多的"百亿补贴"基本集中在中高端大牌商品，这些商品的品牌授权商通过降低毛利率扩大了销售规模，而拼多多通过给予品牌授权商流量扶持和补贴，利用借道品牌授权商的方式，在一定程度上实现了平台增高战略。

拼多多通过平台增高战略，想打造一个"开市客+迪士尼"的电商平台。其实在中国电商中，京东是最有可能实现开市客模式的平台，因为京东直营店相对于竞争对手已经具有优品质、快物流的价值，还有着诚信经营的口碑，如果其学习开市客降低品质商品的价格，把开市客模式从线下引入线上，则将对竞争对手产生巨大的冲击，并会改变中国商业竞争的格局。而如果京东学习开市客模式，则阿里巴巴必然不会坐视不理，也会如沃尔玛开设山姆会员店阻击开市客一样，开设低价的直营品质电商店阻击京东的开市客模式。京东目前虽然已经意识到产品极致性价比的重要性，通过"百亿补贴"在一定程度上修正消费者对京东越来越贵的印象，但在供应链控制、品质控制、价格控制等方面距离线上开市客模式仍有较大的距离。

（四）平台拓低战略

平台在初具规模后，可以从客户群定位角度向下进行拓展，扩大平台生态，获得更大的用户规模、更高的收入。在拼多多快速突破下沉市场后，阿里巴巴才发现了原来被忽视的市场空白区域，并重新审视自己的战略，开始向下发力。其中，阿里巴巴通过聚划算和淘特（2021年5月20日，由阿里巴巴旗下的淘宝特价版App更名而来）对拼多多进行阻击，向下拓展市场。聚划算采用拼团模式，早在2010年就已经上线，但由于战略定位失误，失去了性价比特色，其在阿里巴巴生态中被逐渐边缘化。而淘宝特价版于2018年3月上线，其在首页推荐低价且成团率高的小额高频商品，重点推荐"9块9""限时抢购"等具备视觉冲击力的商品。尽管采取了以上应对措施，但当时阿里巴巴对拼多多其实并没有达到足够的战略重视。

2019年年底，拼多多的年活跃买家数已达5.852亿人（次年的年活跃买家数就超过了淘系平台），总成交额已超过一万亿元，实现营收301.4亿元。由此可见，拼多多已经成长起来了，而阿里巴巴决策层的反应较慢，直到2019年才将"天天特卖""淘抢购"与聚划算合并，归入大聚划算事业部，并且把淘宝特价版负责人升入合伙人体系，才开始在战略上真正重视拼多多。2020年3月，淘宝特价版独立App正式上线，而此时距2015年9月拼多多正式上线已经过去了近5年。

2019年，阿里巴巴在聚划算推出"百亿补贴"，一方面通过低价来吸引对性价比比较敏感的用户群，另一方面为中小商家减负，取消了"价保险""参聚险"等收费项目，同时将一些常用的商家付费营销工具改为免费使用。但淘特并没有像微信这样强大的流量入口，手淘也没有大规模向淘宝特价版引流。淘特更多探索的是M2C（产地直连消费者）模式，即利用"百亿补贴"从根本上简化商品流通方式，通过与源头工厂合作，加强对产业链的改造，为消费者提供低成本、快速、稳定的性价比商品，同时帮助工厂成长。淘特2021年年度活跃用户达2.8亿人，其中有一部分是淘宝系平台的增量用户，对牵制拼多多进攻淘系平台中高端市场具有战略性意义。

（五）从单边平台到双边平台战略

单边平台可以通过引入新的利益客户群体，将单边平台拓展为双边平台，从而扩大平台生态，获得更为快速的发展。

1982年，日本市场上有16种不同的家用游戏机，但市场总规模不大。任天堂认为要在游戏机市场取得成功，一是游戏机要便宜，二是游戏要多，这样才能吸引更多的玩家购买。任天堂从"雅达利崩溃"中吸取了教训，为了确保游戏质量，最初安排了3个研发部门独立开发所有的游戏软件。1983年7月，FC红白机上市后受到了许多用户的欢迎，其销量超过300万台，但任天堂发现仅其一方的游戏数量难以满足大量用户的需求。另外，世嘉在1983年7月也发布了SG-1000游戏机，一开始其销量与FC红白机不相上下，而世嘉公司也是用自己的研发团队开发所有的游戏软件。为了击败世嘉，任天堂在1984年开始接纳第三方游戏开发厂商，将原来的单边平台拓展为双边平台，最初有6家游戏厂商入选：哈德森（HUDSON）、南梦宫、泰托（TAITO）、卡普空（CAPCOM）、杰力（JALECO）和科乐美，任天堂通过著名的权利金制度来管理第三方游戏开发商。

这些第三方游戏开发商帮助任天堂大大丰富了平台游戏内容，从而使任天堂获得了快速发展。任天堂在1989年已经占据了美国83%和日本95%的游戏机市场份额，35%的日本家庭和30%的美国家庭都拥有红白机。任天堂借助第三方游戏厂商，打败了一直坚持单打独斗的世嘉，成为全球家用游戏机行业的霸主。

（六）从双边平台到多边平台战略

双边平台在发展稳定后，可以通过引入相关利益客户群体，拓展为多边平台，从而为平台上各客户群体提供更好的服务，获得更为稳健的发展。

淘宝在2003年成立后，到2005年就已经成为亚洲最大的网络购物平台。平台上聚集了大量的消费者、店铺商家，随着竞争的加剧，店铺商家产生了营销推广的需求。淘宝在2007年8月成立淘客推广平台，负责网络广告交易，2009年淘客推广平台正式更名为"淘宝客"。中小站长及所有用户都可以自由申请加入，只要通过注册申请即可成为一名"淘宝客"。中小站长可以通过自己的网站给淘宝导流，导流之后赚取佣金。随着"淘宝客"的加入，淘宝平台对店铺商家的服务能力更加强大，而淘宝也从双边平台发展为多边平台。

谷歌在1998年成立后，依靠优秀的搜索引擎技术迅速汇聚了大量的用户，但是谷歌在成立后的前两年专注于搜索技术的优化，完全没有考虑商业化。直到2000年10月23日，谷歌才推出第一款广告产品。推出广告产品后的第一个月，谷歌获得了 350 名用户，此时谷歌由单边平台进化到双边平台。2003 年，随着广告主的增多，谷歌创建了广告联盟 Adsense，开放性地引入了众多网站和广告主。网站站长加入后，将网站的广告位承包给谷歌，谷歌负责广告位的售卖和投放，获得收益后双方分成，从而将流量变现，谷歌也从双边平台进化为多边平台。2007 年 4 月，谷歌收购双击公司（DoubleClick），提高了其从广告创意、执行、监控到追踪的广告全链条服务能力。在谷歌之前，亚马逊在 1996 年创建了全球第一个网络广告联盟，汇集了众多网站站长。但亚马逊的广告联盟只允许销售亚马逊的产品，因此其只是双边平台。

（七）从多边平台到超级平台战略

多边平台在发展稳定后，可以通过自建、并购或战略联盟等方式，拓展为超级平台，从而建立超级平台生态系统，获得规模更大、更稳健的生态循环及更大的发展空间。

Facebook 在 2004 年由 Meta 上线，经历多年的发展，已经从最初的高校社交平台发展为全民社交平台，又从美国社交平台发展为全球社交平台。在 Facebook 上既有普通社交用户，又有广告顾客，还有联盟营销（Affliate Marketing）合作伙伴。品牌商可以通过联盟营销与部落客、网红、个人等推广者的合作，请他们在网络上宣传品牌商的商品或服务。当分享成功带来销售时，品牌商会给合作伙伴利润分成，Facebook 此时已经是一个多边平台。Meta 上市后，为了应对移动互联网等外部挑战，开始通过并购获得新兴社交平台与技术，在 2012 年 4 月花费 10 亿美元收购了 Instagram，同年公布了 Facebook Messenger；在 2014 年以 190 亿美元收购了 WhatsApp。目前，Meta 既有面向大众社交平台的 Facebook，又有面向年轻群体的开放式图片分享平台 Instagram，还有日常通信工具 WhatsApp、Facebook 站内短信 Messenger，Facebook 已经从多边平台发展为超级平台。

微信在构建超级平台的过程中，对于以社交、娱乐为核心的平台采取内部自建方式，如微信、QQ 等多个平台，对于不同商业生态则采取战略投资方式建立联盟。腾讯依靠其所掌握的巨大流量和资本，与不同商业生态的顶级公司进行战略联盟，构建了庞大的商业生态体系，从多边平台进化为超级平台。

四、平台创新类

（一）网络效应升级战略（数量创新）

平台可以从网络效应入手，将弱网络效应提升到强网络效应，从关系网、内容网、服务网进化到成就/亲情网、利益网、感情网，从而获得更优的"个性化的最优策略"，形成更强的正反馈。

抖音在 2016 年 9 月 20 日上线，那时的抖音主要提供短视频拍摄与分享功能。用户可以选择歌曲、拍摄音乐短视频进行分享，而抖音会根据用户的爱好，展示用户喜爱的视频。那时的抖音还是弱网络效应，用户之间的连接较弱。抖音在 2017 年 12 月推出抖音直播，大量主播开始利用抖音进行直播，主播通过与粉丝的互动给粉丝带来欢乐，主播与粉丝通过抖音建立了利益连接、情感连接，抖音的连接力度大大增强，抖音的网络效应也从弱网络效应提升到强网络效应。

（二）算法机制升级战略（质量创新）

平台可以从算法机制入手，提升算法机制的质量，从而获得更优的"个性化的最优策略"，形成更强的正反馈。

谷歌搜索从诞生后一直在持续升级：2011 年推出熊猫算法，提升网站质量；2012 年推出企鹅算法，去除网站垃圾外链的影响；2013 年推出蜂鸟算法，基于 200 多个因素全面提升搜索引擎质量。谷歌搜索引擎通过持续的进化、升级，为用户提供最有用的搜索结果。

淘宝的算法机制也经历了多次进化：从 2003 年的关键词查询，到 2006 年的人气排序，再到 2009 年的全面优化，提升了好评率、交易量等品质因素权重；从 2010 年的阿基米德排序，到 2012 年的搜索个性化，再到 2015 年的被动搜索变主动推荐，又到 2020 年的"猜你喜欢""超级推荐"。淘宝的算法机制一直在与时俱进，通过持续优化，为用户提供更符合其需求的商品。

五、收入利润类

（一）利润池战略

平台可以根据"准入、所有权、使用权、内容、价值、竞价"等收费方式，选择适合的多样化组合收费方式，以构建平台利润池，获取利润。一般来说，平台会对基础性、不确定性和充裕性的资源采用免费方式，对增值性、确定性和稀缺性的资源（产品、服务等）采用收费方式。

淘系平台为吸引流量、扩大规模，放弃了基础性的按准入收费方式，选择了"所有权+使用权+内容+价值+竞价"的组合模式。"直通车""钻展"等流量项目具有稀缺性，"淘宝客"等项目具有增值性，它们基本都采取了竞价方式，以获取最大市场价值；信用卡、花呗等信用支付服务具有价值确定性，因此按比例收费，按价值贡献获得收入；"网上店铺展示""运营管理""仓储物流"等服务按项目内容收费，通过专业服务获得收入；仓租、云服务器租赁等项目按时间收费，按使用权获取收入；阿里巴巴在天猫里有"猫享直营"店，主营3C和全球购业务，进行自营产品销售，线下还有自营的盒马生鲜，都按所有权获取收入。阿里巴巴利用所有权、使用权、内容、价值、竞价收费构建了平台利润池，获取增量价值收入、服务收入、使用费收入、产品销售收入，其中按竞价、价值收费的店铺商家广告和佣金收入占据了收入的大部分，其次是来自新零售的产品销售收入。

亚马逊、京东与淘系平台虽然都是大规模电商平台，但它们的利润池与淘系平台不同。根据2021年财报，京东91%的收入都来源于自营商品的销售，其次是广告服务收入和物流收入。京东利润池中主要是按所有权收费的自营商品销售收入；而亚马逊47%的收入来源于自营在线商城，有22%的收入来源于为卖家提供的服务。京东的自营比例远大于亚马逊和淘系平台，这其实是由京东的战略定位所决定的。京东在与淘宝等竞争对手的市场竞争中，找到了高品质的差异化发展之路。要为客户提供高品质商品、服务，就必须对商品全产业链具有更强的控制力，因此京东才会自建物流、自营商品、加强供应链控制，所以京东自营商品的规模远超亚马逊和淘系平台，其自营商品的利润池规模也必然大于同行。战略定位决定价值基础，价值基础决定交易模式、运营模式和盈利模式。

苹果的"生态税"和任天堂的"权利金"本质都是根据平台公司在生态系统中的价值贡献进行收费，所以它们的收费方式都是按比例进行分成。但由于平台公司在生态系统中处于垄断地位，在没有外界竞争威胁的情况下，分成比重常常会倾向于平台公司，平台公司会从商业生态中获取最大利益。滴滴从订单收入中抽成也是按价值进行收费的，根据调查，分成比例大概为订单收入的20%~30%，拼车的分成比例相对更高。

平台会根据战略开拓新的利润池，特别是流量较为丰富的平台，具有将流量充分变现的需求。字节跳动在2017年12月推出抖音直播，2018年就开始试水电商业务。受今日头条与腾讯"头腾大战"的影响，抖音和淘宝在电商领域一拍即合，抖音红人的"商品橱窗"上线，用户可以先在抖音红人店铺页面查看推广商品，再跳转到淘宝，抖音会对淘宝店铺的商品链接按交易额收取一定比例的平台服务费。淘宝借助抖音的流量扩大市场，抖音则找到了流量变现的渠道。根据相关数据，淘宝头部网店中有30%以上的流量来自抖音，淘宝为导流合作投入了大量资金。但抖音的想法并非仅是收取"手续费"，抖音与淘宝合作两年之后，平台规模更加庞大，短视频直播带货模式也逐渐被用户接受。字节跳动在2019年提出抖音千亿营收目标，决心做大利润池，开始竭尽全力支持抖音商业化。2019年，抖音购物车功能向除阿里系外的其他电商平台开放。2020年，抖音正式宣布将在10月9日起关闭直播间的电商外链，第三方平台商品将不再能进入直播间购物车，又推出免费开通抖音小店的政策，对店铺进行流量扶持，并让商家们做出淘宝、抖音二选一的选择。抖音正式开始打造"兴趣电商"的闭环商业生态，构建"兴趣种草—直播拔草—站内消费"的兴趣电商路径。抖音的"兴趣电商"在商品的基础价值上，为消费者叠加了快乐的情绪价值，从而吸引对此感兴趣的消费者进行购物消费。根据抖音披露，2021年，260多万名达人在抖音经营电商直播，超过860名商家累计总营业额破亿。抖音利用淘宝等电商平台资源，培养消费者的平台消费习惯，在消费者习惯建立后，再通过建立闭环商业生态获取流量的全部红利。

抖音的主要竞争对手之一快手，在开辟利润池上采用了和抖音相同的策略，以平台流量为饵，诱使其他电商平台帮助自己培养电商生态，成熟后再切断平台外链，独占平台电商生态。但快手操之过急，其几乎与抖音同时开始与电商平台合作，在2021年11月开始截断外链，但当时的快手电商生态还不够成熟，导致生态内商品数量变少，直接影响了直播流量和转化率。随着平台间竞争的加剧，2022年快手被迫重新开启外链，与天猫和京东再次牵手合作，借助外部电商平台的商品丰富自己的商品种类，从而将主播和客户留在平台。

（二）生态流量变现战略

在超级平台商业生态中，流量平台并不一定需要自身具备足够大的利润池，其还可以通过为其他平台导流获取收入与利润，从而支持超级平台生态系统的发展。

腾讯拥有微信、QQ两大流量平台，2021年微信的月活跃用户超过12.6亿人，QQ的月活跃用户超过6亿人。由于腾讯担心微信过度商业化会影响用户的聊天体验，因此对构建利润池持慎重态度。微信虽然可以通过投放朋友圈广告、公众号认证、用户表情包、转账手续费等方式获取利润，但还没有充分利用流量变现。腾讯主要先通过资本对其他业务平台进行投资，再利用自己社交平台的流量为其他业务平台引流，帮助其他平台快速成长，利用资本杠杆、流量杠杆赚取生态利润，利用流量"联结一切"。一方面，腾讯可以获得广告引流收入，仅京东于2019—2021年就向腾讯支付了高达104.58亿元的广告收入。另一方面，腾讯还可以获得投资收益。2018—2020年，腾讯经营活动一共产生了4492亿元的现金流，其中60%用于投资；2018—2021年的投资项目分别为188个、119个、171个、265个；2021年，腾讯年度盈利为2278亿元，其中"其他收益净额"达到1495亿元，占总盈利的65.6%。

Meta与腾讯都建立了网状超级社交平台，但Meta的利润池不如腾讯的多样化。2021年，Meta的营业收入为1180亿美元，其中广告收入约占该公司总收入的98%。Meta的主要利润池仍然是广告收入，而非生态系统导流产生的收益。腾讯仅导流产生的广告收入与投资收益就足以支持整个生态系统的发展，所以腾讯并不急于将微信商业化，反而更加注重维护微信的用户体验。

（三）"铸币税"战略

平台企业由于掌控平台生态，可以通过构建平台"经济生态"，利用平台管理职能获得"铸币税"等"经济波动"收入。

在游戏平台中，游戏企业常常模拟现实社会构建游戏世界。玩家既可以向游戏企业付费购买道具，也可以将持有的道具在游戏市场中进行自由交易。任何道具的市场价格一开始都和官方售价持平，游戏企业为了获取最大利润，往往超量供给，道具的市场价格便会逐步下跌，直到所有买得起的玩家都买了，没有人再购买道具时，游戏企业又会推出新的游戏道具，开始又一轮的"收割"。"铸币税"的本质是游戏企业通过超发虚拟货币或道具，使持有方财富贬值，向全体玩家收取"铸币税"来获取收入。

游戏企业可以向交易者征收"交易税"或"增值税"，从而抬高市场上道具的价格，以控制道具贬值的速度，从而获取更多利润。游戏企业还可以控制市场上的道具数量，如超发道具或回收道具，通过控制供给加剧或稳定市场上道具价格的波动，来吸引投机玩家购买、囤积，从而销售比正常需求更多的道具。

"铸币税"与苹果的"生态税"、任天堂的"权利金"不同，苹果、任天堂有具体的服务进行支撑，按价值进行比例分成，而"铸币税"战略是平台企业从平台"经济生态"角度出发，利用道具贬值和"经济波动"获取收入。

第八章

并威偶势
——通用类战略

沿产业链五维方向进行拓展，对市场进行单点突破与延伸，运用聚众、共享、整合等手段打开企业边界，实现以小博大杠杆效应，并威偶势，扩大势力。

/ 聚势 / 开创全球
科技、商业、经济新趋势

第一节

产业链拓展战略：五维延伸

竞争战略大师迈克尔·波特曾提出 3 种竞争战略：总成本领先战略、差别化战略、专一化战略。总成本基于产品或服务的成本，差别化基于产品或服务的功能，专一化基于客户。这 3 种竞争战略主要基于产业链某一环节的静态市场竞争而提出，缺少产业链延伸或变化的战略。从产业链生态竞争看，这种基于某一环节的静态竞争战略是不够的。

产业链拓展战略是指从产业链角度，沿产业链深度、宽度、长度、高度、跨度等维度进行拓展的战略，包括 5 种动态竞争战略：产业链深耕战略、产业链横向拓展战略、产业链纵向拓展战略、产业链升级战略、产业链组合战略。将商业模式纳入战略体系后，整个产业链战略体系的竞争策略将更为丰富，从迈克尔·波特的 3 种静态竞争战略可以升级到 5 种动态竞争战略，提高竞争效率，推动产业链获得更快速、更有效率的发展。

一、产业链深耕战略（深度）

产业链深耕战略是指立足产业链或产业链某一环节，围绕客户需求，从卖产品、服务拓展为整体解决方案的战略。

IBM 在计算机业界被称为"蓝色巨人"，其曾经是全球 IT 业的霸主。由于 IBM 长期的市场垄断地位，整个公司上下逐渐患上了自我满足、人浮于事、官僚僵化、各行其是的"大公司病"，一方面对市场变化、客户需求闭目塞听、置之不理，客户甚至需要求着 IBM 销售人员购买机器，另一方面很多部门、分公司置自己利益于公司利益之上，各自为政、内斗不止。这导致 IBM 在 20 世纪 90 年代初出现巨额亏损，很多人主张对 IBM 进行分拆，IBM 面临着生死存亡的危机。

在当时的信息化浪潮中，全球出现了大量拥有单一产品的高科技公司。这些公司都基于信息化产业的细分领域进行专业化发展，IBM 的竞争对手从过去的几家变成成千上万家，信息化市场领域在不断"细分再细分"，从事大而全业务的IBM首当其冲受到了冲击。当时的IBM CEO约翰·埃克斯（John Akers）和大多数专家们都认为，需要将IBM进行分拆，拆为多个更小的公司，以适应这种专业化趋势。临危受命的郭士纳却发现客户不仅需要能在各细分领域获得更好的产品，更需要能根据自己的产业实际情况、业务实际情况选择适合的细分领域产品，以及把所有细分领域产品高效协同、整合的整体解决方案！"客户不是要买电钻，而是要买墙上的那个洞"，客户实际要买的也不是细分领域的产品，而是把各细分领域的产品整合起来的协同效率，这才是客户最根本的痛点需求！而市场上如雨后春笋般冒出来的硬件、软件公司，既给了客户更大的选择空间，也让整合整个系统的过程变得异常复杂。从资源能力看，当时各细分领域的企业都不具备这样的能力，而IBM作为全球IT领域的巨无霸，具有行业最宽的产品布局和全球化的业务布局，相比专精一域的后起之秀，具备为客户实现一站式整体解决方案的资源能力优势，而分拆恰恰摧毁了IBM的这种优势，因此IBM应当坚守其"大象"地位，但需要学会如何灵活地"跳舞"。

基于这种逻辑判断，郭士纳坚决地否定了分拆IBM的计划，并将IBM的战略定位重新调整为行业的整合者。在价值总量上，IBM从产品提升到整体解决方案，实现了纵向深度的拓展，为客户解决了痛点需求，带动了合作伙伴的销售，实现了价值总量的增加。在价值序列上，IBM并不追求低价，而是追求高品质，郭士纳认为"我们所需要做的最重要的事情，就是努力将知识转化为产品，以便满足客户的所有需要，让客户满意"。当然，IBM实际不可能满足客户所有的需求，但这是IBM价值基础进化的方向。在价值等级上，郭士纳认为"客户第一，IBM第二，各项业务第三"，这是针对原来各部门把自己的利益置于公司整体利益之上进行的调整。在价值等级中，郭士纳虽然没有明确提到合作伙伴，但实际在交易模式中考虑到了合作伙伴的利益。在郭士纳时代，并没有创新模板这样的商业模式创新工具，因此郭士纳不可能在每一个环节都做到完美无缺，但郭士纳抓住客户这个关键点，虽然不够细化，但在当时已经是一种巨大的进步。在郭士纳离任后，IBM在2003年提出了更为明确的独特价值序列，帮助客户成为具有"实时响应能力""可变的成本结构"，并"专注于核心能力""坚韧不拔""随需应变"的企业。

郭士纳根据战略定位、价值基础对交易模式、运营模式、盈利模式进行了重新设计。从交易模式看，IBM从并不占优势的商用软件领域撤退，迅速与全球SAP、Sun、西贝尔等72家独立商用软件商建立了战略联盟，涉及计算机服务业各细分竞争性领域，利用独立商用软件商双向拉动市场。从运营模式看，在业务模式上，IBM结合服务器上的优势，用将近10年的时间建立了DB2、Lotus、Rational、Tivoli和WebSphere五大软件系统，并在2002年并购普华永道咨询部门，加强了中间件、IT服务及系统配套软件等薄弱环节，搭建出"基础设施（硬件、数据库、操作系统）—中间件—应用软件—IT服务"4层业务整体解决方案。服务器与五大软件系统在各自细分领域都处于领先地位，这使4层业务整体解决方案具有极强的市场竞争力。在组织模式上，郭士纳摧毁了旧有组织模式，在1995年实行全球性机构改革，按行业实行垂直管理模式，建立了11个针对行业的客户集团（如银行、政府、保险、商品流通、制造业等）和1个针对中小企业的行业集团，对客户行业进行深耕。IBM还以客户为导向，进行了长达10年的业务流程大改造。IBM对产品开发、执行、供应链、客户关系管理与服务等业务部门，以及人力资源、采购、财务、不动产、信息技术等职能部门进行了以客户需求为起点、以满足客户需求为终点的、端到端的业务流程梳理，以降低成本、提高效率、加快市场响应速度。从盈利模式看，IBM的4层业务整体解决方案不仅可以获得服务器、软件等产品的销售收入，还可以获得整体解决方案的实施服务费。

在2002年郭士纳离任时，IBM基本完成了从一家计算机制造商向整体解决方案供应商的转型。IBM通过对产业链的深耕，从卖产品转向卖整体解决方案，以此为基础调整了整个商业模式，使IBM如同凤凰涅槃，浴火重生。IBM的商业模式如图8.1所示。

IBM自郭士纳离任后，持续了10年的辉煌。随着开放技术和云计算的崛起，市场竞争的格局发生了根本性的变化。许多消费领域的平台商通过利用海量数据锻炼出来的云计算能力闯入了IBM的核心企业市场。例如，欧美市场中的亚马逊的AWS、谷歌的Google Cloud、微软的Azure，以及中国市场中的阿里云、腾讯云、华为云、百度云等，使企业可以将软件、数据库部署在外部大规模云平台上，从而以极少的成本获得高效、可靠、安全的系统服务。这种业务逻辑的改变，使郭士纳当年基于企业内部IT应用环境为IBM打造的包含五大软件系统的整体解决方案，几乎一夜之间变成了马其诺防线。IBM曾经引以为傲的大型机、数据库、中间件及咨询服务优势被极大削弱了。面对被数亿、数十亿名消费者长年累月打磨出来的消费端平台，IBM 系统的健壮性、灵活性、稳定性都无法满足客户的需求。在公有云市场上，IBM 以己之短攻敌之长，就连长期战略客户苏宁易购最终也因系统稳定性需求而放弃了 IBM。另外，IBM 昔日的客户华为、腾讯也加入了混战，从客户变成了竞争对手，这进一步削弱了 IBM 的市场竞争力。

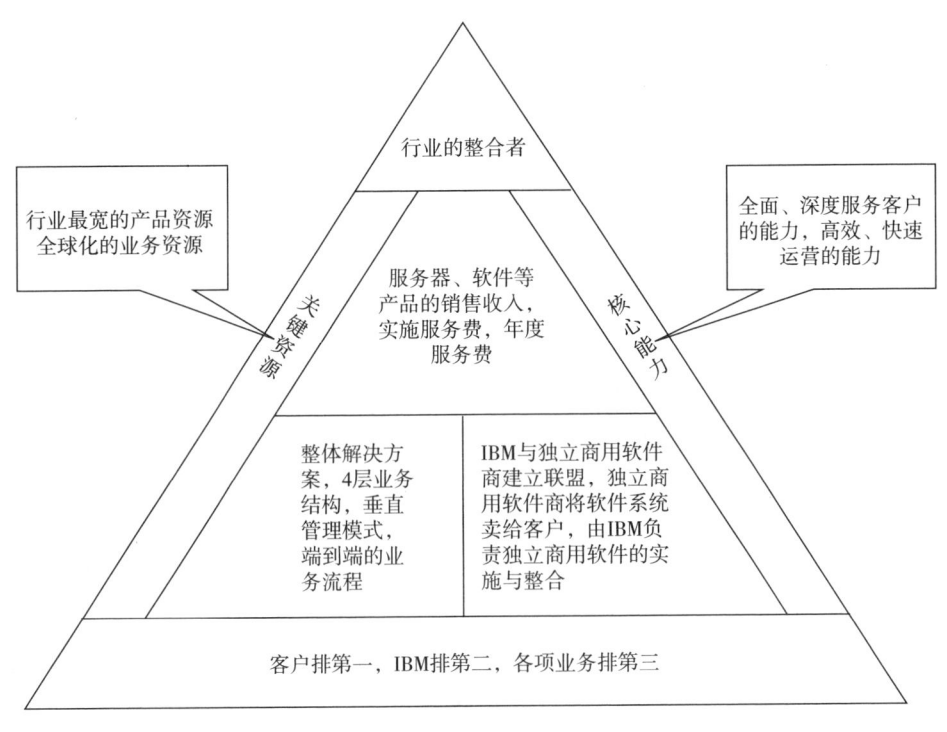

图 8.1　IBM 的商业模式（郭士纳时代）
（资料来源：作者根据公开资料整理）

IBM 在错过公有云市场后，对人工智能过于自信，错误地选择了最难突破、有既得利益牵扯且存在伦理问题的癌症治疗市场，导致花费 10 年时间、投入巨资的人工智能业务最终被剥离出售。2020 年 10 月，IBM 宣布分拆为混合云、IT 基础设施服务两家独立公司。失去了战略敏感与商业模式的创新力，"蓝色巨人"已泯然众人矣，现在只是在跟随时代，而非引领时代。郭士纳根据时代的发展趋势、IBM 的资源能力，敏锐地发现了 IBM 的与众不同之处，以此设计了 IBM 独特的战略定位、价值基础和商业模式，整合了全球商务资源，使 IBM 很难被竞争对手替代。而 IBM 的混合云和亚马逊的 AWS、微软的 Azure、阿里云等竞争对手的公有云相比，并没有明显的优势，也没有建立强大的市场壁垒，这些竞争对手同样可以延伸进混合云，而 IBM 却很难再进入公有云市场，这将导致 IBM 只能处于守势，而非攻势。随着竞争对手的逐渐强大，IBM 的市场份额将被竞争对手不断蚕食。分拆并不能真正挽救 IBM，郭士纳的继任者还没有为 IBM 找到真正的战略突破口，根据时代发展建立创新性的独特价值序列，从而构建出具有较深护城河的商业模式，重新带领"百年老店"走向辉煌。

二、产业链横向拓展战略（宽度）

产业链横向拓展战略是指整合产业资源，横向拓宽客户接触界面，从提供整体解决方案进化到建立产业平台的战略。例如，千里驹横向整合产业资源，通过合作对产业要素取长补短，提升了产业平台整体竞争能力（具体案例见第四章第四节）。

三、产业链纵向拓展战略（长度）

产业链纵向拓展战略是指从产业链单个环节的解决方案，进化到整条产业链的解决方案，或整合整条产业链的战略。

农村缺少征信数据，导致金融信贷风险难以把控，因此金融服务很难延伸至"三农"领域，农村资金的匮乏严重制约了农业经济的发展。中国社科院于 2016 年发布的《"三农"互联网金融蓝皮书》显示，自 2014 年起，我国"三农"金融的资金缺口超过 3 万亿元。

传统农业产业链在上、中、下游均存在行业痛点。对于上游的农资生产、经销商，中国现有大量种子、化肥等农资生产商，农资产能过剩，供过于求，出现恶性价格竞争。农资经销商为卖货常常需要赊销，资金周转压力大，农资销售困难重重。对于中游的种植/养殖农户，生产资金大多靠自己慢慢积累，由于规模较小，无法向银行提供足额、被认可的抵押担保，难以借助信贷资金实现生产规模化，降低成本。对于下游的农产品收购企业，资金大量需求集中在夏收、秋收两季，而小微企业主在农产品收购前没有资金使用计划，在收购过程中资金短缺时又难以筹资，造成大量农产品难以及时通过销售渠道销售出去。

A农商行作为县级农商行，与国有大行相比，其资金规模较小、资源有限、业务种类受限，难以与大银行竞争优质客户，但在国有大行能力难以完全覆盖的农村，却有农村区域网点众多、群众基础深厚的优势，具备一定深度服务农村客户的能力。因此，A农商行以"服务三农、服务中小企业、服务县域经济"为战略定位，通过普及农村金融授信，与国有大行开展差异化竞争。

首先，立足服务县域经济和服务"三农"。一是A农商行开展"整村授信"，以"整村"为单位，以户为主体，采取整村建档、逐户评级、统一授信的方式，对有需求的农户、产业大户、农村经营主体发放信用贷款。二是A农商行开展"五老评级"，充分利用"五老"群体（老干部、老党员、老教师、老乡贤、老模范）同村民生活在一起的信息优势，通过他们为农户打分，实现精准信用评级，推动村民自我管理、自我服务、自我教育、自我监督，同时不断提升村民的信用水平。A农商行通过"整村授信"和"五老评级"，建立起全面覆盖区域小微三农客户的信用体系。

其次，聚焦三农、中小企业在传统的农资采购、农业生产，以及农产品加工销售等环节的融资难问题，积极探索具有特色的产业金融支农新模式。A农商行向上游农资厂商推出农资化肥贷等产品，缓解其在春耕期资金周转不足的问题；为中游种植/养殖农户提供农补贷、增信贷等产品，积极帮助有技术资源的农户扩大生产规模，实现规模效应；为下游收购企业提供农产品市场贷、仓储质押贷等产品，解决收购资金压力问题，疏通农产品收购渠道。A农商行通过产业链纵向全面延伸，立足规模农业，扶持具有技术资源、规模生产潜力的小微农户，帮助其解决上游农资、下游农产品销售渠道资金问题，通过解决产业链纵向各环节的资金瓶颈问题，从而扩大产业链规模，实现产业正向循环发展，带动信贷规模的扩大。

最后，与地方特色产业相融合。红豆杉、富硒稻、黄茶、蔬菜、瘦肉型猪、葡萄等产业是X县的特色产业，A农商行通过与县域特色产业协会合作，围绕地方特色产业进行深耕，对县域内的种植/养殖农户、加工厂、农资公司和经销商开展评级授信工作，建立详细的信息档案，通过产业链信息的掌握，为小微三农客户提供更加丰富和精准的金融服务，进一步激发产业发展活力，从而服务地方经济。A农商行通过对区域特色优势产业链上下游的深度渗透、上下布局可以降低单体信贷风险,通过对多条产业链布局降低单条产业链的风险。

从价值基础看,在价值总量上,A农商行通过扶持区域高效农业成长,使高效农业扩大规模实现更低的成本、更高的品牌溢价,比原有产业链模式贡献了更大的价值,在纵向深度上扩大了价值总量。从独特价值序列看,种植/养殖农户获得生产资金实现了规模化,农资经销商获得了资金周转,农产品收购商扩大了农产品收购规模,而A农商行在国有大行的强势竞争下扩大了利基市场,增加了利润收入。在价值等级上,最重要的是种植/养殖农户,种植/养殖农户是产业链的核心,其次是农资经销商和农产品收购商,然后是A农商行。

A农商行的产业链纵向延伸,利用规模农业实现稳步扩大产业链上下游规模,同时让种植/养殖户通过规模化获得了更高的收益,使其有能力购买期货公司、保险公司的保单,探索"保险+期货+订单农业+农商银行"模式,从而增强产业链的抗风险能力,通过商业模式创新实现持续、稳定的规模化扩张。A农商行的商业模式如图8.2所示。

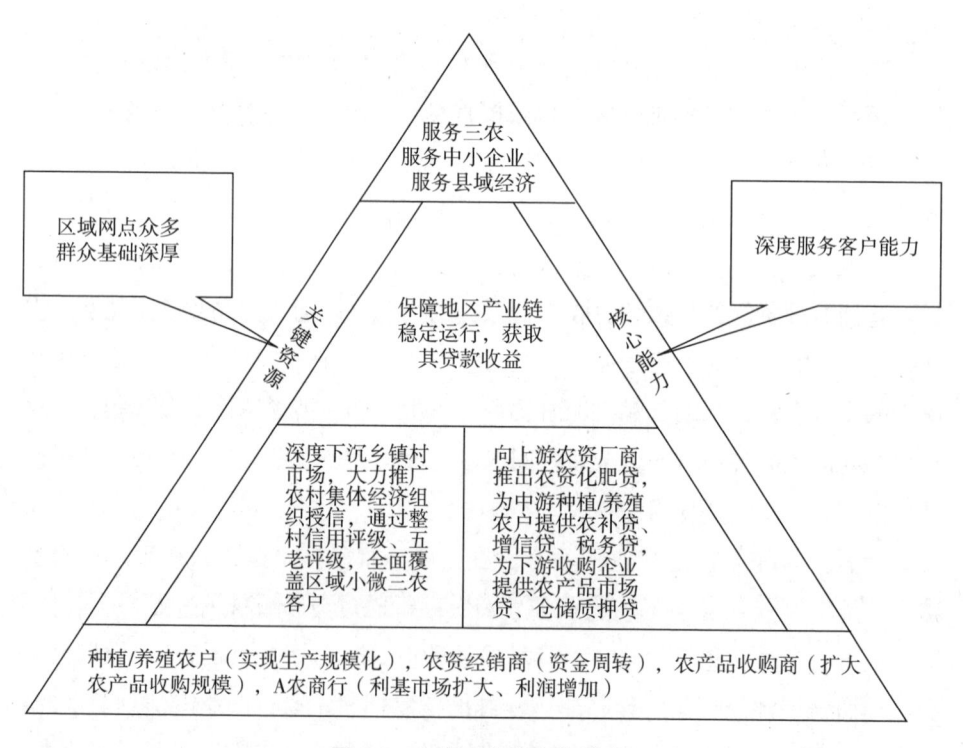

图 8.2 A农商行的商业模式

(资料来源:作者根据公开资料整理)

网商银行从另一个角度进行产业链纵向延伸。网商银行首先以电商平台为基础，向电商平台卖家推出"网商贷"，然后向上游延伸，一方面收集电商平台卖家与种植/养殖户的交易、物流、支付数据，另一方面与地方政府合作，获取农户农业保险、土地流转、农业补贴、种植情况等种植/养殖户经营信用数据。另外，网商银行通过研发的"大山雀"卫星遥感技术识别土地农作物的反射光谱，利用深度神经网络算法判断农作物的种类与生长情况，从而掌握种植/养殖户的生产经营情况。网商银行结合这3种数据实现对种植/养殖户的精准用户画像、实时授信，利用大数据、云计算等技术，采用轻资产模式从下游向上游进行大规模纵向延伸。

Made.com是产业链纵向拓展的全球实践者。Made.com是一家英国家具和家居用品在线零售网站，前身是Myfab。Made.com的联合创始人之一是一位中国人，他发现欧洲商场中的一些高端家具的原产地在中国，中间经历了七八层代理，最终售价与原产地的出厂价相差数倍，存在巨大的利润空间，于是创建了Myfab网站，把中国的低成本家具销售到欧洲。Made.com在Myfab模式的基础上建立，其客户主要为中等收入的消费群体。Made.com将设计师设计的大量作品放到网站上，由消费者投票选出喜欢的作品，将最受欢迎的产品投入生产。其制造业务被外包到世界各地，大约50%在亚洲、25%在英国、20%在东欧、5%在南欧，以获取成本优势。

A农商行实行的是区域产业链纵向拓展，扶持高效农业扩大规模，整合区域产业资源，提升区域农业的整体效率。而Made.com实行的是全球产业链纵向拓展，首先发现全球产业链中的经济低效部分，然后通过建立家居网站平台，利用多样化的个性设计、低成本吸引消费者，直接对接设计师、制造工厂等全球产业链资源，充分利用家居网站平台、设计师等高效区域资源，整合、带动制造工厂等低效区域资源，去掉代理商等冗余环节，提升全球产业链的整体效率。A农商行和Made.com的模式虽然有所不同，但都抓住了产业链中的高效环节，通过产业链的纵向拓展、整合扩大高效区域规模，实现产业链整体效率的提升。网商银行则通过高科技手段精准识别了产业链中的风险，从而开拓了新市场，满足了未被充分满足的需求，实现了产业链纵向拓展。

三星手机是全球产业链纵向拓展的一种实践，但三星的实力比Made.com强大许多，因此三星在产业链纵向拓展上不仅从手机延伸到上游零部件，控制着 CPU、NAND 闪存、DRAM 内存、显示屏、AMOLED 面板、摄像头等供应链环节，甚至更进一步延伸到了零部件生产设备，三星手机所有的核心元器件几乎都可以由三星自产自销。与 A 农商行、Made.com 不同，三星的产业链纵向拓展是半封闭式的，三星控制产业链所有核心元器件甚至更上游的供应链，从而保障三星手机产品的技术领先性、品质和稳定供给，并利用掌握的供应链关键资源对竞争对手形成压制，从而建立、维护其在手机产业中的优势地位。

四、产业链升级战略

产业链升级战略是指围绕客户痛点，整合资源，对整体解决方案进行跨产业链升级，从而更好地服务客户的战略。

闪维时代是中国最大的数字视觉传播解决方案提供商之一，高新区是其主要客户。闪维时代为高新区规划馆提供了"设计＋策划＋施工＋运营＋服务"一体化数字展示解决方案。随着竞争对手的进入，高新区规划馆的竞争在不断加剧。

国内高新区、开发区等产业园区由于存量大、定位不清晰，因此同质化现象严重，存在持续招商困难、无法产生产业集聚效应的痛点。闪维时代希望能围绕客户形成一整套解决方案，以解决高新区定位不清楚、持续招商难、产业集聚效应差等痛点问题，从而实现产业链升级。

闪维时代为升级解决方案，需要整合资源，与其他利益相关者进行战略合作。闪维时代曾为数十家科研院所提供服务，具备较为丰富的科研院所资源。闪维时代一方面利用科研院所的专家资源帮助高新区完善园区定位、产业特点，找到高新区独具特色的园区定位；另一方面与科创服务企业组成园区服务联合体，为高新区引入与国家重点扶持高科技方向相符、与当地产业链相符的科研院所的高新科技成果，由科创服务企业进行孵化扶持，解决园区持续招商难、产业集聚效应差的问题。闪维时代与利益相关者共同形成园区定位、招商、孵化、展示一整套解决方案，系统性地解决高新区的痛点问题，从而围绕客户形成产业升级，提振地方经济。闪维时代的商业模式如图 8.3 所示。

从战略定位看，闪维时代定位于科技创新服务平台商，而不是科技数字展示解决方案商，这决定其商业模式的构建将不局限于传统展览展示行业的纵向或横向拓展。因此，闪维时代在解决客户痛点时并不局限于原有行业角度，而是立足于高新区存量大、定位不清晰、同质化现象严重、持续招商困难等客户深层次痛点，进行产业升级，与其他利益相关者进行跨界合作，对商业生态进行创新，建立战略联盟，构建创新性、系统性的解决方案，为客户贡献创新的事业价值。

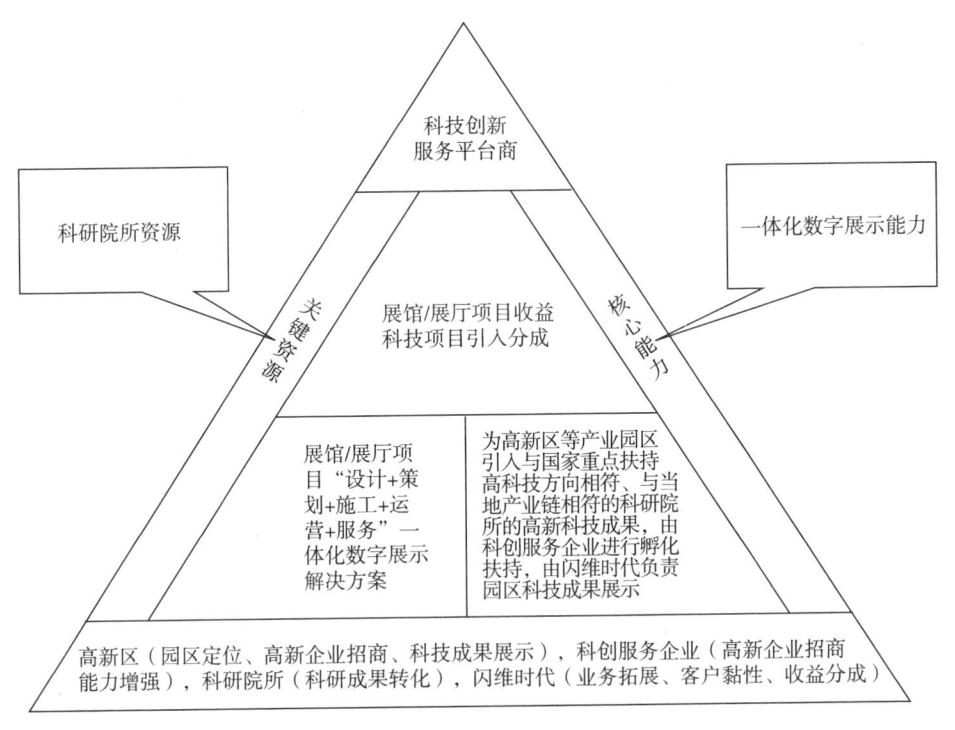

```
                        科技创新
                        服务平台商

  科研院所资源                                    一体化数字展示能力
                  关          核
                  键   展馆/展厅项目收益   心
                  资   科技项目引入分成   能
                  源                    力

              展馆/展厅项目   为高新区等产业园区
              "设计+策划+   引入与国家重点扶持
              施工+运营+   高科技方向相符、与
              服务"一体化   当地产业链相符的科研院
              数字展示解    所的高新科技成果，由
              决方案       科创服务企业进行孵化
                         扶持，由闪维时代负责
                         园区科技成果展示

  高新区（园区定位、高新企业招商、科技成果展示），科创服务企业（高新企业招商
  能力增强），科研院所（科研成果转化），闪维时代（业务拓展、客户黏性、收益分成）
```

图 8.3　闪维时代的商业模式
（资料来源：作者根据公开资料整理）

从价值基础看，在价值总量上，闪维时代通过模式升级，在纵向深度实现客户价值的增加，带动高新区、科创服务企业、科研院所都获得了增量价值，比原有商业模式创造了更大的价值总量。在客户的独特价值序列上，闪维时代通过整合资源，帮助高新区寻找独具特色的园区定位，为高新区引入更优质的高新技术、高新企业；通过形成产业聚合效应，提振区域经济，为客户创造了更大的事业发展空间、提供了创新性的事业价值。这两种独特价值能解决客户深层次的痛点，价值最大。同时，闪维时代会通过高新区展厅进行科技成果展示，并协助招商工作。在价值等级上，高新区的排名最高，其次是利益相关者——科创服务企业、科研院所和闪维时代。对科创服务企业来说，高新企业的招商能力增强能够提振区域经济，而区域经济的提振也能解决企业回款较难的问题；对科研院所来说，科技成果产业转化率的提升可以使科研成果产生

更大的经济价值；对闪维时代来说，通过跨界合作实现产业升级，战略联盟可以为客户贡献更大的价值，提升客户黏性，实现自身数字视觉展示业务的拓展，而科创服务企业和科研院可以对引入的园区科技项目进行收益分成，实现更大的收益，各利益相关者都能得到更大的价值。

闪维时代的商业模式创新是在原有行业一体化数字展示解决方案上进行升级，紧密围绕客户痛点，通过跨行业的资源整合，打造升级版的一体化解决方案，从而为客户和利益相关者创造更大的价值。

千里驹和闪维时代虽然同处展览展示行业，但战略定位的不同决定了两者的发展方向、商业模式不同，且打开企业边界的角度不同。一个基于产业平台，考虑了客户现有痛点和产业中小企业的痛点，通过产业链横向整合资源，把竞争对手变成合作伙伴；另一个基于科技创新服务平台，考虑了客户深层次的痛点，通过跨界整合资源形成产业升级，为客户创造出更大的伙伴价值，把客户变成合作伙伴。

五、产业链组合战略

产业链组织战略是指基于用户、资源能力及商业生态，从一条产业链延伸到相关多条产业链的战略。

企业采用产业链组合模式可以获得 3 方面的收益：一是多条产业链可以带来交叉销售的机会，实现客户数、客均合同数及客均利润的增长；二是持有多个产业链产品的客户，客户黏性更强，市场壁垒更高；三是多条产业链可以实现业务多样化，降低单条产业链的风险，实现整个企业的长期稳定发展。

跨产业链延伸有 3 种方式：基于用户延伸、基于资源能力延伸、基于商业生态延伸。

（1）基于用户延伸。中国平安围绕寿险的核心客户群，向医疗健康产业延伸，即基于用户延伸，通过医疗健康产业与保险产业的组合，形成"HMO+家庭医生+O2O"模式，以更好地为寿险的核心客户群提供健康、养老、医疗、寿险等服务。中国平安并购汽车之家，也是基于平安财险核心客户群的延伸，但这种产业链协同力不如平安寿险和医疗健康的产业链协同力强。医疗健康产业可以对核心客户的身体健康产生直接影响，影响寿险保单的销售规模与利润率，因此中国平安可以在市场上和竞争对手形成差异化竞争优势。而汽车之家的媒体业务、线索业务、在线营销三大业务都没有对车险用户的安全保障提供直接、有力的帮助，没有与财险业务形成较强的业务协同，产生市场上的差异化竞争优势，因此用户在购买车险保单时更多考虑的是价格。

（2）基于资源能力延伸。中国平安利用自身成熟的金融技术解决方案成立金融壹账通，为农商行、城商行、村镇银行等中小银行提供金融技术服务，并利用技术能力上的沉淀进一步进行跨产业链延伸，成立平安国际智慧城市，开拓新型智慧城市解决方案市场。

（3）基于商业生态延伸。万达在构建第三代万达广场时，基于场景商业生态进行了跨产业链延伸。为了承接万达广场新建物业，万达成立了万达百货、万达国际电影城、大歌星量贩KTV等企业。这些企业所处行业并不相同，其核心客户群、所需资源能力也不相同。万达成立这些企业的目的是快速消化万达广场经营面积，从而支撑"订单地产"资源整合模式的快速扩张。

一般而言，在产业链协同力上，基于用户延伸＞基于资源能力延伸＞基于商业生态延伸。例如，平安寿险与医疗健康产业可以产生更强的协同效应，但并非绝对如此。例如，平安财险与汽车之家的产业链协同力较弱，而万达自有企业之间的产业链协同力弱，但共同构成了创新性整体解决方案，从而在系统层面帮助万达实现了战略目标。因此，能否产生较强的产业链协同力，关键在于能否通过更强有力的耦合模式，贡献出具有创新性的增量价值。

商业模式在企业中存在层级现象，一般而言，随企业规模的不同有1~3层商业模式。

（1）1层商业模式。例如，千里驹、闪维时代的企业规模较小，都只有一层商业模式。

（2）2层商业模式。例如，湖南现代收易环保技术有限公司（简称现代收易）是现代环境科技投资有限公司下属子公司（简称现代环投），现代环投有固危废处置、垃圾焚烧发电、智能垃圾分类、厨余垃圾处置、收转运一体化智能解决方案、智能环卫装备、污水治理7项业务。其中，现代收易负责智能垃圾分类业务，第一层是现代环投基于7项业务的整体商业模式，第二层是现代收易基于母公司战略指导的"互联网＋共享"模式。

（3）3层商业模式。平安保险有3层商业模式：第一层是集团层面的"综合金融＋医疗健康"产业链组合模式；第二层是业务层面的商业模式，如综合金融的"保险＋银行＋投资＋资管"金融产业链组合模式与医疗健康的

"HMO+ 家庭医生 +O2O"模式；第三层是子公司层面的商业模式，如平安银行的"五位一体"模式，由开放银行、AI 银行、远程银行、线下银行、综合化银行协同构建的数据化、智能化的零售客户经营模式。

采用 1 层商业模式的一般是单体公司，采用 2 层、3 层商业模式的一般是集团公司或母子公司。2 层商业模式和 3 层商业模式的区别在于是否存在中间业务层面的商业模式。业务层面的商业模式由同一业务板块的几家子公司共同构成，一般由集团相关事业部或负责管理相关业务板块的集团高管负责。商业模式分层的原因是战略分层。战略一般会分为集团总体战略、业务板块战略、子公司战略，商业模式是战略的核心，因此战略有几层，商业模式就有几层。分层的商业模式也需要以战略定位为导向、以价值基础为支撑进行设计。

第二节

市场区域拓展战略：单点突破与延伸

市场区域拓展是指从市场拓展方式的角度，针对产业链某一环节市场或平台市场进行突破、延伸的拓展战略。市场区域拓展战略包括两种细分战略：细分市场突破战略和全面市场拓展战略。这两种战略是基于市场拓展方式的不同划分的。例如，苹果通过对产业、价值、产品的重新定义，采用细分市场突破战略、单点突破商业模式成功突破诺基亚的防线，开创出新市场，为消费者带来创新价值。三星发现这个新市场大部分客户群的需求没有被充分满足，因此采用全面拓展市场战略、全面拓展模式，通过机海战术、纵向一体化的商业模式设计，为这个新市场的大部分客户群创造了价值。小米通过对新市场的细分分析，找到未被充分满足的特定人群，首先模仿苹果的单点突破模式，为特定人群创造了价值；接着利用全面拓展模式进行多点延伸扩张，为更多的人群创造价值，获取更大的市场份额。苹果通过单点突破提升了整个行业的竞争维度；三星通过全面拓展在这个维度上满足了更多的客户群；小米则利用单点突破满足了这个维度上被忽视的细分客户群，并在其后进行全面拓展。3 家企业通过商业模式的不断创新，利用智能机为全球消费者提供了相比功能机更高的价值。

"单点突破"与"全面拓展"在商业竞争中一而再，再而三地出现，除了手机市场，其他产业市场也常常出现这种现象。例如，福特公司依靠T型车这一款车型突破了汽车市场，且该车型流行了20年；而通用汽车则采取了车海战略，每年都推出新产品，并且进行了产品分级，最终击败了福特的T型车。这种现象背后的逻辑是当挑战者面对领导者时，单点突破是突破领导者宽广的市场防线最有效率的方式，但缺点在于单点市场只是整体市场的一部分，挑战者在成功突破后，为了获得最大利益，往往会采取产品延伸、品牌延伸、服务延伸等措施进行全面拓展以最大限度地占领市场。

不仅产业型企业可以利用市场区域拓展战略，平台型企业也可以利用市场区域拓展战略。例如，京东选择3C电商市场进行突破，拼多多选择三、四、五线城市及农村电商市场进行突破，阿里巴巴则面向低、中、高端市场全面布局淘特、淘宝、天猫。平台型企业其实也是属于产业链的一个环节，也适用市场的拓展方式，因此市场区域拓展战略与市场区域类商业模式也可以应用于平台型企业。在采用市场区域拓展战略时，企业往往会将其与价值要素、价值总量、价值等级等创新进行组合应用，这样可以获得更好的市场突破效果。

一、细分市场突破战略

细分市场突破战略具体指对市场按区域、客户、价格、心理、行为、场景等属性进行细分，选择市场竞争压力较小、潜力较大的细分市场进入，通过集中资源获得竞争优势，利用单点突破快速占领细分市场。

小米在最初突破市场时也采用了细分市场突破战略。2010年，中国手机市场面临着一个历史性的机会，那就是由苹果引领的手机用户呈现从功能机向智能机转移的趋势。乔布斯奉行"极简"，因此苹果在突破市场时除了使用纵向深度拓展战略，也使用了细分市场突破战略，即在一种手机款式上做到极致，以此来突破诺基亚的市场。当时iPhone 4在美国的上市价格为399美元，由于当年美国人均年收入约为50 000美元，苹果的定价能覆盖大部分美国消费者群体。iPhone 4在中国的上市价格是4999元，而当年中国的人均年收入为1万多元，因此苹果的定价在中国就只能覆盖一小部分群体，而诺基亚、HTC、LG等厂商还在奉行工业革命时期新产品的撇脂定价、跟随定价策略，智能机的价格也大多在3000元以上。当时的中国手机市场出现了两极分化的现象：一边是性能较好，但售价在 3000 元以上的智能手机；另一边是性能低劣，但价格不超过 1000 元的山寨机。因此，市场出现了一个价格为 1000~3000 元的智能机空白区域，而这一区域恰恰是手机市场的传统主流区域。这就给了小米一个机会，其学习苹果的战略，占领了中国中低端机市场。

小米针对市场空白区域，最初成立时将产品定位为"高性价比手机"，市场客户群定位于年轻、新潮的科技玩家"发烧友"，小米要"做全球最好的手机，只卖一半的价格，让每个人都买得起"。虽然小米的营业收入主要来自手机业务，但它并不把自己定位为手机制造商或硬件制造商，而是把自己定位为专注于智能硬件和电子产品研发的移动互联网企业。

从价值基础看，小米在其使命中提出"始终坚持做'感动人心、价格厚道'的好产品，让全球每个人都能享受科技带来的美好生活"。"感动人心、价格厚道"实质是小米给客户带来的独特价值序列。小米的创始人雷军曾提出"小米会永远不赚超过 5% 的硬件利润"。小米利用超过用户预期的优质产品、紧贴成本的价格，也就是"优质低价"来"感动人心"。小米还运用了情感价值——"为发烧而生"，利用情怀获取消费者的情感，提高客户黏性，扩大客户群体，让更多的消费者变成小米的"发烧友"。

小米根据战略定位、价值基础设计运营模式、交易模式和盈利模式。

从运营模式看，小米为了占据市场空白区域，将小米一代手机的价格定为 1999 元，采用了夏普的屏幕、高通的双核 1.5GHz 处理器、800 万拍照像素、1GB 运行内存、1930 毫安电池。渠道成本和硬性广告费用通常占产品出厂价的 20%~30%，出厂价为 1999 元的手机通过传统渠道铺货，终端价格大约为 2600 元，而其他手机厂商和小米相近配置的手机的价格最低也达到了 2600 元左右。为了实现高质低价，小米砍掉了渠道和硬性广告，通过互联网进行销售。

从交易模式看，为了实现低价高质，快速突破市场，小米采用了轻资产模式，只做品牌设计和营销，将重资产的组装生产外包，找到了行业里成本控制能力较好的富士康和英华达进行代工。小米基于安卓系统自主研发了米柚（MIUI），并从 1000 人中挑选出 100 名内测用户参与 MIUI 设计、R&D 和反馈，这些人成为第一批"米粉"，帮助小米实现了第一轮的社群传播裂变。小米还成立了小米手机论坛，该论坛成为"米粉"的聚集地。

从盈利模式看，最初小米并不赚钱，只利用摩尔定律获取利润。集成电路芯片上所集成的电路数量，每隔 18 个月就翻一番，具体到手机行业，手机的零部件半年就能降价，如出厂价为 1999 元的手机半年后可以降到 1400 元左右。小米采取的是互联网预售制，限量预售、定时发货，由于高质低价，产品一发售很快就被抢光。小米的第一代手机从 2011 年 8 月发布到第二年的 8 月，一共被销售出 352 万部。但在 2011 年，小米只在 8 月和 12 月分别接受了 10 万部手机的预订，前四个月的发货量只占总发货量的 5.6%，第一批的 10 万部还是在预订两个月后才开始发货的，而且开始时每天的发货量仅为 1000 部。

小米除了商业模式创新，还运用了饥饿营销，但小米的饥饿营销与苹果的饥饿营销有一定区别。苹果利用苹果手机的时尚科技及低价（国外）来吸引消费者蜂拥购买，而小米的第一代手机很难让人联想到时尚、性感，但小米手机的价格远低于市面上同等配置的手机。小米前期利用性价比吸引消费者，后期随着规模的扩大、成本的降低，利用摩尔定律逐步获取利润。小米的商业模式（初期）如图 8.4 所示。

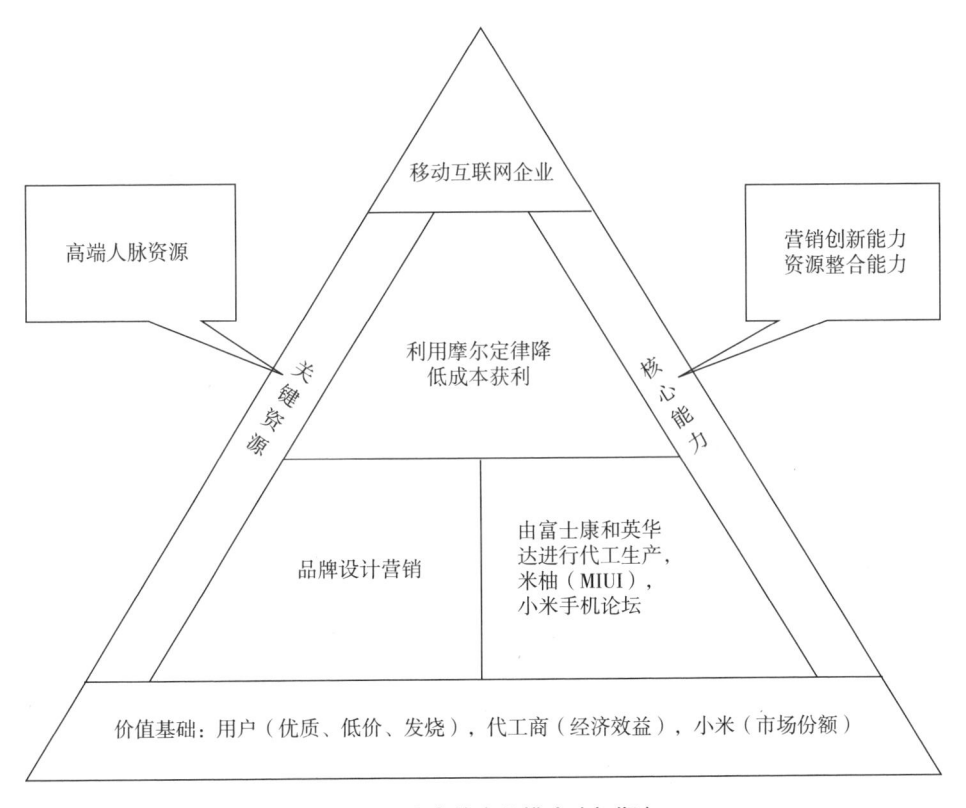

图 8.4 小米的商业模式（初期）
（资料来源：作者根据公开资料整理）

二、全面市场拓展战略

全面市场拓展战略具体指以进入、占领全部市场为目的，对市场进行全面延伸拓展的战略。

苹果的商业模式创新对于整个手机行业的规则进行了彻底的改变，对以前的行业巨头诺基亚与摩托罗拉都形成了致命性打击，三星手机却在产业更新换代时脱颖而出。

三星在2000年后就确定了"成为移动融合技术领域的出众厂商"的战略定位，下定决心要从行业跟随者转变为行业领导者。从价值基础看，在独特价值序列上，三星凭借多年的优秀工业设计能力及手机产业链的创新能力确定了"时尚""科技"的独特价值序列。在价值等级上，三星目前并没有明确的价值等级概念，三星的核心价值理念是"以人才和技术为基础，创造出最高品质的产品和服务，为人类社会的发展做出贡献"，但它认识到人才和依附于人才的技术的重要性，在整个价值逻辑链条中将人才放在首位，将其作为源动力，同时认为企业应当为社会贡献价值，人才、客户、社会是三星价值基础中的价值主体。

苹果手中有两件武器：iPhone和iTunes。三星为了击败苹果，争夺行业领导者地位，根据战略定位和价值基础对交易模式、运营模式和盈利模式进行了设计。

从交易模式看，在进入智能机时代（2001—2009年）时，三星为了抓住战略时机，采用了四管齐下的策略，同时尝试使用外部的塞班（Symbian）、Palm OS、Windows Mobile 3种平台系统和自己的J2ME平台系统，但由于平台生态不丰富等原因，都不太成功。三星当时有7款销量超过1000万部的智能手机，都基于自己研发的J2ME平台。2008年，局势逐渐明朗，曾经被三星拒绝，后来被谷歌收购的安卓系统逐渐占据了上风。为了对抗苹果的iTunes，三星在2009年也加入了安卓阵营，并将主要的战略资源放在了安卓平台上。但三星并没有完全放弃建立自己的平台生态，在2010年之后尝试研发了BADA系统、Tizen系统，然而仍然未能成功。由于安卓平台是一个开放性免费平台，既获得了大量手机厂商与软件服务商的支持，也获得了消费者的认可，三星利用安卓平台打造出安卓子平台One UI，大大抵消了苹果在iTurns上的优势。

从运营模式看，在业务模式上，苹果防线的不足在硬件产品上暴露出来了：苹果的手机款式单一。乔布斯认为对于完美的单手操作而言，拇指可以碰到屏幕 90% 以上的区域，才算是"黄金尺寸"，而这种"黄金尺寸"就是 3.5 英寸。所以，苹果在一种手机款式上做到极致，专注、聚焦可以将手机各方面性能做到最佳，这样能够强有力地突破对手广阔而薄弱的防线，而且只有一种款式，生产、供应链的复杂程度也大大下降，成本也能得到很好的控制。所以，在 2011 年 8 月 25 日乔布斯离任苹果 CEO 之前，苹果手机屏幕只有 3.5 英寸这一种尺寸。

但问题在于，一方面，人类手掌的尺寸并不是统一的，有大有小，男人和女人的手掌尺寸差异明显，区域之间也有较大差异。有人曾经做过调查，在美国、日本、法国等发达国家较受欢迎的手机屏幕尺寸是 4.7 英寸，在印度、尼日利亚等发展中国家，较受欢迎的手机屏幕尺寸在 5 英寸以上，显然 3.5 英寸并不适合所有人。另一方面，用户的需求是多样化的，手机从功能机进入智能机后，逐渐变成了人们消费、娱乐的主要平台，很多人习惯了双手操作，还会将手机用来聊天、游戏、看书、看电影，作为内容消费和娱乐的展示界面，屏幕当然越大越好。

3.5 英寸其实既不是最受欢迎的手机屏幕尺寸，又很难满足多样化的客户需求。乔布斯离任后，2012 年 9 月 13 日 iPhone 5 就从 3.5 英寸变成了 4 英寸，但产品款式仍然很单一，而且苹果为了最大限度地获取利润，只定位于高端市场。三星在 2011 年推出了 Galaxy 系列手机，Galaxy S II 手机凭借着三星卓越的设计能力和产业链深耕带来的超强性能，获得了 Tech Radar 颁发的"2011 全球最佳手机大奖"，被誉为当时市场上最好的安卓智能手机。三星紧接着针对苹果产品线单一的弱点，继承了诺基亚的机海战术，推出了多款手机产品，进行全面市场拓展。三星的手机屏幕不仅有 4.3 英寸的，还有 4.65 英寸、4.8 英寸、5.3 英寸、5.8 英寸的，利用多种尺寸的手机满足客户的多样化需求。Galaxy 系列旗下大体可分为 A 系列（中端）、C 系列（低端）、J 系列（低端）、M 系列（低端）、S 系列（时尚旗舰）、Note 系列（商务旗舰）、Z 系列（折叠型）及 W 系列（最高端）等，三星采用了全面市场拓展战略，从高端、中端、低端市场发起全面进攻。

苹果在进入全球区域市场时，为获得最有利的补贴和市场推广条件，往往不会选择区域市场最大的电信运营商，如美国 AT&T 和中国联通都是区域市场的第二名。区域市场第一名大多与诺基亚有战略合作关系，但 2011 年 2 月，诺基亚突然放弃塞班系统，转而采用微软的 Windows Phone，近一年没有推出具有竞争力的新品，导致市场出现空窗期，三星的 Galaxy 系列手机成为各区域最大电信运营商的首选合作对象，三星的大尺寸手机也填补了苹果因手机尺寸较小而不能满足客户需求的市场区域，形成了差异化竞争。三星乘势而起，替代了诺基亚的位置。

苹果为了应对三星等竞争对手的挑战，手机屏幕的尺寸也不断变大，如 iPhone 6 的屏幕尺寸是 4.7 英寸、iPhone 6 Plus 的屏幕尺寸是 5.5 英寸，iPhone XS Max 的屏幕尺寸达到了 6.5 英寸，甚至 iPhone 5S、iPhone 5C 也开始推出两种或以上的机型，但仍然无法与三星手机的多样化相比。

三星在受到 1997 年亚洲金融风暴的冲击后，认为"不能把鸡蛋放在一个篮子里"，决心以数字技术为中心，实施横向多元化战略。三星的业务涵盖移动电话、半导体、显示器、笔记本、电视机、电冰箱、空调、数码摄像机等各个领域。三星在数码电子产业实施了垂直一体化战略，掌控着上游的 CPU、NAND 闪存、DRAM 内存、显示屏、AMOLED 面板、摄像头等供应链环节，甚至延伸到更上游的零部件生产设备。三星在芯片、内存、屏幕、传感器等行业居领导位置，还拥有大量的 5G 专利，是全球唯一一家在智能手机关键零部件领域拥有全产业链优势的手机厂商，以至于苹果、小米等竞争对手也需要向三星购买屏幕、芯片、内存等零部件。横向多元化、纵向一体化的耦合方式，使三星一方面可以将横向不同领域的技术、产品融合起来，缩短开发周期，有利于快速复合创新，以获得领先优势；另一方面可以降低成本、提高硬件配置、保障产量稳定供给。三星对这种产业耦合方式非常满意，称之为"黄金产业结构"。依靠雄厚的技术研发能力和对上下游产业链的控制能力，三星 Galaxy S 系列产品凭借领先的硬件配置和性能站在了安卓阵营的巅峰。三星的商业模式如图 8.5 所示。

在组织模式上，三星采用了传统的层级制组织，内部等级森严，原来组织有从部长、次长、课长、常务、专务到会长、社长等十几个层级。三星的成功主要在于战略眼光、执行力与政府支持，其市场反应速度其实并不快。三星也意识到自身存在的问题，2017 年开始对组织模式进行改革，将 5 个等级

（由下至上依次为职员—代理—课长—次长—部长）简化为4个等级（由下至上依次为职员—高级职员—负责人—首席）；2021年再次进行改革，打破资历制，废除了职业等级（Career Level）的升级年限，将原来的垂直管理关系最大限度地调整为水平管理关系，以更好地激发员工的创新能力。

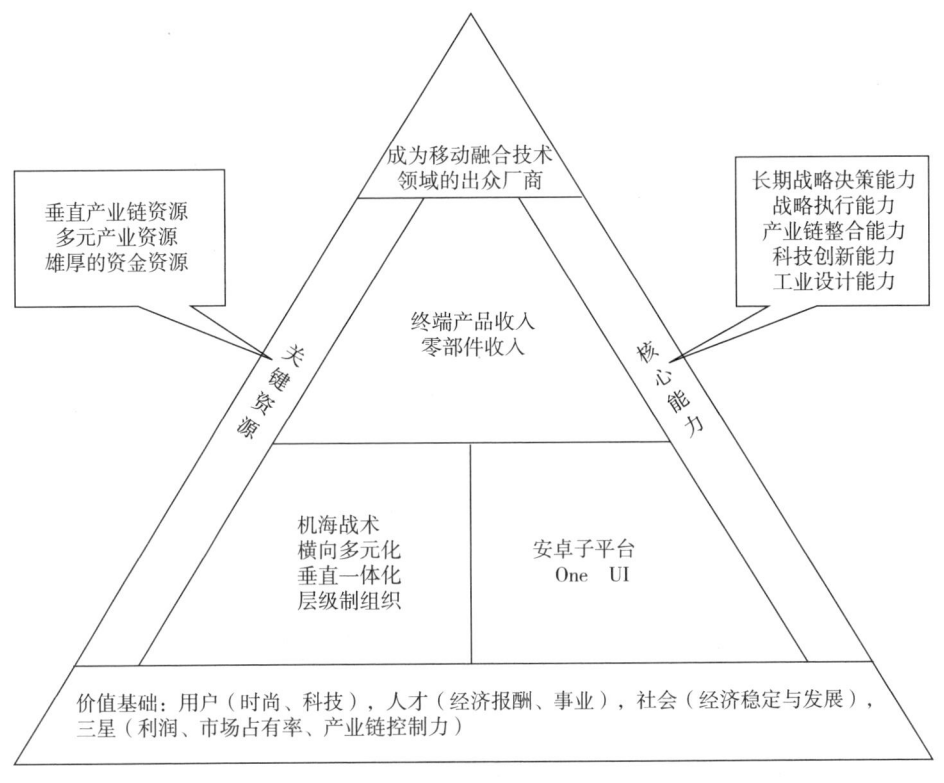

图 8.5 三星的商业模式

（资料来源：作者根据公开资料整理）

从盈利模式看，三星的主要收入来源于手机和半导体业务。苹果采用的是轻资产模式，主要负责产品设计、营销，将制造外包，成本较低，而三星采用的是重资产模式，在产业链各关键环节都进行了大量固定资产投资，因此其固定资产折旧率较高，这是模式设计不同所带来的。三星的手机产品利润率虽然比苹果低，但产业深度是苹果无法比拟的。三星对产业链关键环节经常不计盈亏，持续几十年坚持重金投资，甚至是逆周期大规模投资，利用大幅亏损淘汰竞争对手，获取市场领导地位。如果说苹果是以巧取胜，以创新性、极简的商业模式突破市场，三星则是以力取胜，在长期战略引导下，持之以恒的巨量资源投入，打造出网络状的产业链模式。

三星的商业模式和诺基亚的商业模式非常相似，两者都采用了全面拓展市场模式，以最大限度地占领市场，获取收入和利润，同时对竞争对手形成遏制。虽然两者都具有丰富的产品线和大规模的研发、生产，但区别在于三星进行了产业链垂直一体化，获取了更深的产业链资源、更强的复合创新能力。三星替代了诺基亚的位置，今天的三星是"加强版"的诺基亚。苹果在销售额、净利润、高端市场占有率方面领先于三星，而三星在市场占有率、产业链的控制力方面领先于苹果。

小米在采用细分市场突破战略取得成功后，又利用全面市场拓展战略持续突破了手机线下市场、海外市场、低端市场、高端市场。2017年，小米布局"新零售"，成功拓展了线下业务，同时突破了海外印度市场。2019年，红米独立运营，定位于中低端市场；而小米上攻高端市场，获得了新的业务增量。由于互联网内容生态被腾讯占据，智能手机高端市场被苹果手机、三星手机占据，因此小米要进入智能手机产业链中上游需要像三星那样长期重资产投资。在各种发展通路被堵的情况下，小米发现了智能家居产业。智能家居生态处于快速发展过程中，还没有出现明显的"领头羊"，竞争者大多是传统的家电企业，小米具备一定的竞争优势，因此小米决定向智能家居产业进行拓展。于是，小米相继提出了"硬件、新零售、互联网服务""5G+AIoT"等战略，而小米自己只专注于手机、电视、盒子、路由器等智能产品，通过投资整合智能家居生态链企业扩大势力，占领市场规模较小的细分市场，并在消费者端形成场景耦合。对小米来说，"新零售"的意义其实不在于简单的坪效比，而在于通过米家有品、小米商城和小米之家控制销售线上、线下的渠道资源。一旦小米融合线上、线下渠道，打造出智能生态的"开市客"，利用规模优势，就拥有了对生态链企业反向整合的能力，然后通过不断优化生态链企业产品，可以为消费者提供更大的耦合价值。但目前生态链企业产品与小米产品的连接还未产生足够强的独特价值序列，难以避免生态链企业在成长起来后，为了获得更多利润逐渐离开小米商业生态系统，而小米澎湃OS操作系统的成熟会加强小米商业生态的连接强度，使生态链企业难以离开。

对跨国企业来说，深刻理解价值基础极为重要，除了考虑客户价值，还必须注意全球产业生态（利益相关者价值）和社会价值，依据基本的商业准则行事，否则即使建立了盛极一时的商业帝国，也会在一夜之间崩塌。例如，曾在世界500强排名第十六位的安然、世界五大会计师事务所之一的安达信等。"古有千金方，安能药膏肓。"

第三节

资源能力拓展战略：打开边界，以小博大

资源能力拓展战略是指以价值创新为目标，运用聚众、共享、整合等手段，创新商业模式，打开企业边界，创新性地整合外部资源，拓展企业能力，以实现以小博大杠杆效应的战略。近年来，随着互联网的兴起，企业边界被打开，资源能力拓展战略得到了充分的重视。资源能力拓展战略包含3种细分战略：聚众战略、共享战略、整合战略。

一、聚众战略

聚众战略是指利用互联网等手段，将传统由企业承担的职责或任务，向社会公众（企业、个人）进行转移，汇聚、借助社会资金、智力、人力等优质资源，更有效率地完成职责或任务，包含众筹、众包、众创、众销等聚集社会公众资源的战略。

安卓系统是以Linux为内核的操作系统，最早是为数码相机开发的，后重新定位于手机操作系统，2005年被谷歌公司收购。由于安卓系统的内核是Linux，而Linux内核授权要求任何源代码修改都必须开源，这意味着安卓系统将成为世界上第一大开源移动操作系统。

谷歌对手机操作系统的战略性有充分的认知，把安卓系统视为新世界的入口。2007年，谷歌联合全球34家大型企业建立了开放手机联盟（Open Handset Alliance），联盟成员包括英特尔、摩托罗拉、高通、三星、中国移动、T-Mobile、LG、德州仪器等电信运营商、半导体公司、手机厂商、软件供应

商,它们共同开发安卓开放源代码移动操作系统。联盟成员可以获得安卓系统的使用权、二次开发权,电信运营商、手机厂商还可以获得安卓系统的广告分成等利益,但即使联盟成员也不得修改谷歌自有应用程序。

广义的安卓系统包括 3 个部分:第一部分是 AOSP(安卓开源项目),这是安卓的底层系统,系统源代码是开放的,开放手机联盟成员可以对系统源代码进行修改再发布,但发布时需要指出修改的地方;第二部分是 GMS,即建立在底层系统之上的谷歌应用商店、谷歌云盘、谷歌照片、谷歌搜索、谷歌地图等谷歌自有应用程序,这是闭源系统;第三部分是各厂商基于 AOSP 源代码开发的独立安卓系统,各厂商拥有各自的闭源系统。

为了保证安卓系统的标准性,各厂商在修改安卓的源代码后,需要通过谷歌的兼容性测试,以保证其修改是符合安卓系统标准的。因此,安卓系统不断迭代更新,以适配新的硬件平台。用户也因此可以放心地在特定的安卓设备上运行从应用商店获取的应用程序,而不会遇到塞班系统曾经犯过的错误。

由于安卓系统的开源特点,对手机厂商来说,可以不用花费大量时间和精力开发手机操作系统,降低了开发成本,提高了效率,而且谷歌为了推广安卓系统,不仅免费开源自己的操作系统,甚至还与安装安卓系统的厂商分享来自搜索的广告收入;对开发者来说,易于获取和可修改的安卓源代码有助于提高开发效率;对消费者来说,免费的安卓系统带来了较低的手机价格,海量的安卓应用带来了丰富的使用体验。从未有过的手机开源系统汇聚了全球的社会资源,自 2008 年出现安卓系统手机后,手机厂商、开发者、消费者不断加入安卓系统生态,相互促进、相互发展,构建了丰盈的手机开源生态系统。2020 年,全球手机用户为 47.8 亿人,安卓系统的市场份额占比达 73%,安卓系统在全球手机市场中占据第一,而且安卓系统不仅可以应用于手机,还可以应用于平板电脑、机顶盒、冰箱或洗衣机等越来越多的硬件平台。安卓系统的商业模式如图 8.6 所示。

谷歌通过聚众战略获得了巨大的成功,当时安卓系统其实有许多竞争对手,但都存在一定的战略短板,如塞班系统的标准化管理不力、黑莓系统的物理按键因循守旧、Windows Phone 系统固守于传统的闭源系统思维,这些为安卓系统提供了崛起的机会。最有威胁性的是苹果的 iOS 系统,但 iOS 系统是一个较为封闭的生态系统，只能应用于苹果自己的硬件，不能应用于其他厂商硬件，这给了其他操作系统市场机会。

聚众战略的特征是外部公众资源内部运营化，充分借助外力提高企业的竞争能力和资源；聚众战略的核心是聚众模式，聚众模式包含众筹、众包、众创、众销等聚集社会公众资源的细分模式。

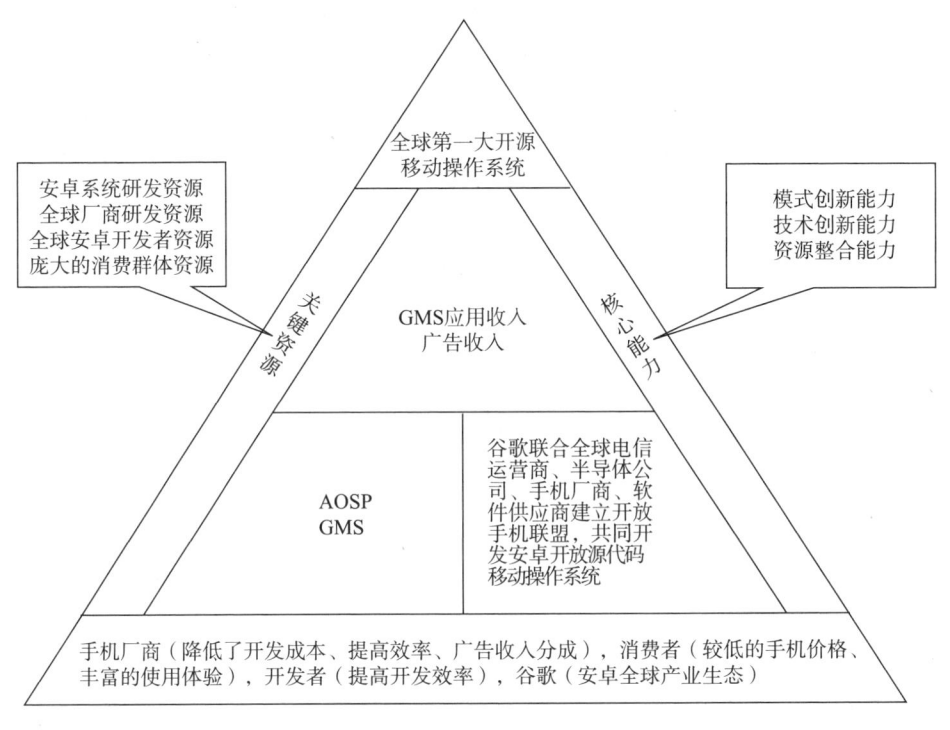

图 8.6 安卓系统的商业模式
（资料来源：作者根据公开资料整理）

众筹是汇聚社会公众的资金、人脉等资源，以完成企业创新项目的模式。例如，京东众筹作为众筹平台，为智能科技、生活美食、智能家居等创新企业发展提供项目筹资、孵化，以及供应链、营销等服务，利用众筹帮助创新企业快速成长。众包是汇聚社会公众的智力、人力等专业资源，提升企业的创新能力的模式。例如，猪八戒网是中国现有最大的服务众包平台，企业可以通过众包服务平台分发各种任务，具有专业技能的社会公众都可以承接任务，并通过完成任务赚取相应经济收益，宝洁、高露洁也采用众包模式提高产品研发效率。众创是企业搭建平台系统，利用平台汇聚社会公众的创新力资源，不断丰富平台内容,从而创造出生机勃勃的平台生态的模式。例如,谷歌联合所有安卓手机厂商,使安卓成为全球第一大移动操作系统。众销是汇聚社会公众的资金、人脉等资源,帮助企业提升销售能力的模式。例如,肯德基、麦当劳吸引加盟商加入,借助加盟商的资金、人脉等资源扩大经营范围,提高营业收入;百香果借助店长、片区管理者、大区加盟商的资金、人脉、管理等资源扩大销售区域、提升销售业绩,实现双赢。

聚众战略的商业逻辑基础是企业内部资源有限或成本较高,通过汇聚、整合社会层面更大范围的资源,可以补充或增强企业的竞争力,同时降低成本、提高效益,以及尽可能地垄断关键社会资源,形成壁垒。例如,众包就是利用社会创新力更强、成本更低的资源,替代企业本身的职能或任务,给企业带来更大的效益,创造出更大的价值,众筹、众创、众销同样如此。这种模式考虑到了规模经济、范围经济,也可以被称为资源经济。规模经济是指企业规模增大带来的经济效益的提高;范围经济是指企业将两种或更多的产品合并在一起生产由此带来的经济效益的提高;资源经济是指企业利用社会多样性资源,而非只是企业内部资源,带来的经济效益的提高。

二、共享战略

共享战略是指发现社会闲置资源,通过共享使用权提高闲置资源的使用效率,从而创造出价值的战略。

云厨房定位为房地产类企业,愿景是让送出的食物和自制的饭菜一样便宜。其采用共享战略,将闲置房产装修为共享厨房,从而出租给餐饮企业、食品企业。云厨房还会为客户提供场所管理、设备管理、软件管理、营销推广等配套服务。

云厨房希望购买陷入困境的房地产,特别是在停车场、零售和工业领域相关的创业公司,从而压低运营成本。云厨房成立两年内,在西雅图、拉斯维加斯、纳什维尔和哥伦布市等 20 多个城市花费 1.3 亿美元收购了 40 多处房产。

云厨房的商业模式如图 8.7 所示。

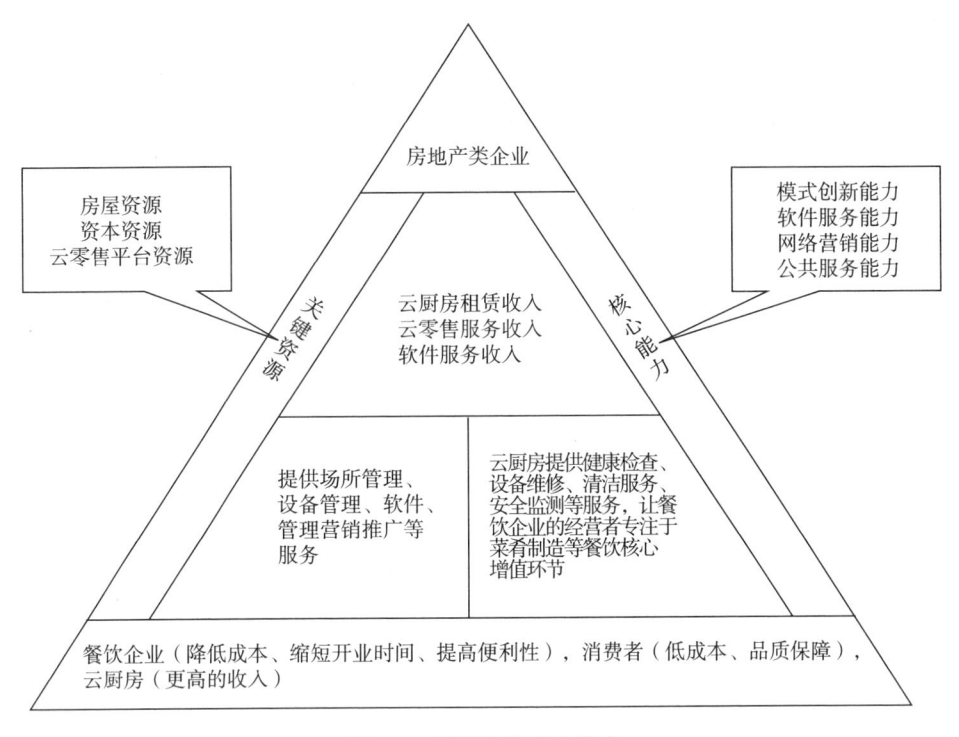

图 8.7 云厨房的商业模式
（资料来源：作者根据公开资料整理）

  云厨房的客户主要是连锁餐厅、本地餐馆和初创的餐饮企业。传统的餐饮企业需要投入启动资金、支付店面租金、对店面空间进行装修、购置厨房等硬件设施，还要支付厨师、洗碗工、服务员的工资，这使餐饮企业需要花费大量的准备时间，运营成本大，运营风险也高。而餐饮企业选择云厨房时，只需支付存储和准备食物的空间费用，这不仅减少了雇员数量，使各租户可以分担公共开支，降低了餐饮企业成本，而且省去了装修、租赁、贷款的时间，确保餐饮企业可以在几天或几周内快速开始营业。另外，云厨房提供健康检查、设备维修、清洁服务、安全监测、财产税和水电费缴纳等服务，提高了餐饮企业的便利性，让餐饮企业的经营者可以专注于菜肴制造等餐饮核心增值环节，将房屋管理、设备管理、软件运营、网络营销等非核心环节服务委托给云厨房进行运营，从而使餐饮企业以最小的成本、最快的时间、高效的物流、与正常运营相同的品质交付食品。一家云厨房可以容纳多家餐厅，适合成本敏感型的餐饮初创企业、小微企业。

共享模式的商业逻辑是将社会闲置资源的使用权有偿让渡给他人，利用闲置资源创造价值，从而使让渡者和使用者获得共赢。这个概念最早是由美国德克萨斯州立大学社会学教授马科斯·费尔逊（Marcus Felson）和伊利诺伊大学社会学教授琼·斯潘思（Joel.Spaeth）在1978年提出的。在2009年之后，随着互联网的发展，共享模式的实践开始大量出现。例如，优步提供拼车服务，爱彼迎（Airbnb）帮房东将闲置的房子短租出去，Instacart利用闲置的社会人力资源帮助顾客采购商品，WeWork提供共享办公空间。除此之外，共享篮球、共享雨伞、共享电动车、共享充电宝等实物共享项目也在不断涌现。共享模式的核心是发现社会闲置资源，通过共享使用权提高闲置资源的使用效率，从而创造价值。

虽然共享模式从经济学角度看是合理的，通过社会闲置资源共享，把社会低效资源提升为高效资源，从而提高整个社会的运行效率，创造出新的价值，爱彼迎等企业也是这么做的，但在实践中，共享模式会抢夺很多现有行业的客户，会与传统行业的利益相关者、现行监管条例产生巨大的冲突，导致很多实践无法真正利用社会现有闲置资源，而是借助资本优势、规模优势创造出新的产业资源，针对现有行业未充分满足的需求提供更高效、更便利、更低成本的服务。例如，优步、滴滴等企业实质上是利用资本创造出比传统行业具有更高品质标准的市场竞争者，同时进行巨额市场补贴，培养用户消费习惯，在短期内快速扩张、占领市场的。近年来，以共享经济为噱头的创新企业的估值之所以出现大幅下滑，就是因为底层商业逻辑的变化。这些企业能否长期存在已不取决于社会闲置资源的利用效率能否提升，而取决于其能否利用新产业资源为消费者持续提供更高效、更便利、更低成本的服务。

三、整合战略

整合战略是指充分识别、选择、配置、运用利益相关者的各类资源，以获得整体最优效益的战略。商业模式是整合战略的核心，按应用主体可以分为解决方案型整合模式、产业链型整合模式、平台型整合模式，按资源类型可以分为以物换物型整合模式、资金杠杆型整合模式、行业资源型整合模式、跨界资源型整合模式，每一类型模式都有不同的创新思路。

（一）按应用主体分类

资源整合模式按应用主体可以分为 3 类：解决方案型整合模式、产业链型整合模式、平台型整合模式。解决方案型整合模式是通过整合关键资源以形成整体解决方案，从而为客户创造价值的模式，关键资源是整体解决方案中的重要组成部分；产业链型整合模式是整合产业链上下游资源，以高效资源带动低效资源，从而创造出更大价值的模式；平台型整合模式是利用平台整合多方资源，形成平台规模经济，为客户创造出低成本、高品质、多样化等价值的模式。

1. 解决方案型整合模式

万达广场的资源整合模式属于解决方案型整合模式。万达通过长期发展，积累、整合了 27 000 家合作品牌与 6000 家战略合作品牌，通过与万达百货、万达国际电影城、大歌星量贩 KTV、家乐福等合作伙伴进行捆绑，形成万达广场的"订单地产"解决方案，帮助地方政府打造城市综合体，实现"一个万达广场，就是一个城市中心"。

普洛斯的"地产＋基金"模式也属于解决方案型整合模式。传统物流地产是典型的重资产运营，普洛斯成立私募基金，整合社会资金资源，用于收购普洛斯手中的成熟物业资产。私募基金收购物业后，仍由普洛斯负责物业的长期运营并收取管理费，同时普洛斯作为基金的发起人和一般合伙人获取收益。普洛斯将 90% 以上的物流地产置入基金，提前兑现了资产销售收入和开发利润，将投资回收期从 10 年以上缩短到 2 年以内，快速回笼的资金又可以用于新项目开发，从而形成物业开发、物业管理与基金管理间的闭合循环。普洛斯整合社会资金资源实现了资产和现金的滚动循环，通过轻资产、高周转、高杠杆运营实现了规模扩张，实际控制资产年均增幅达到 22%。

闪维时代整合科创服务企业、科研院所资源，打造升级版的一体化解决方案，解决高新区持续招商难、产业集聚效应差的问题，其也属于解决方案型整合模式。

在山东定陶一直流传着春秋时期范蠡贩马的故事。范蠡发现南方的吴越需要大量战马，北方的马匹既便宜又强健，南北两地马匹的价格悬殊，如果能将北方马匹运到吴越，就可以大获其利。但问题在于南北路途遥远，盗匪极多，风险极大。范蠡了解到齐国有一个名叫姜子盾的商人很有势力，由于他经常往吴越贩运麻布，所以早已用金银买通了沿途强人，他的货物畅通无阻。于是范蠡写了一张榜文，张贴在姜子盾所居城邑的正门，榜文的意思如下：本人新组建了一个马队，开业酬宾，可免费帮人向吴越运送货物。不出所料，姜子盾主动找到范蠡，求运麻布，范蠡一口应下。于是范蠡与姜子盾一路同行，货物连同马匹都安全到达吴越，马匹在吴越很快被卖出，范蠡赚了一大笔钱。范蠡通过取长补短整合资源，构建出南北贩马解决方案，这也属于解决方案型整合模式。

2. 产业链型整合模式

A农商行和Made.com的产业链纵向拓展均属于产业链型整合模式。A农商行围绕区域规模农业整合产业链上下游农资生产商、农产品收购公司、期货公司、保险公司等相关资源；Made.com整合全球设计师、制造工厂等产业上下游资源，通过设计、营销等高效资源带动制造工厂等低效资源，为中等收入的消费群体提供更有价值的产品。两者都以产业链高效资源带动低效资源，沿产业链上下游进行资源整合。

3. 平台型整合模式

千里驹、淘宝、京东采用的是平台型整合模式，都以平台为核心，围绕为客户提供个性化的最佳策略整合资源。

（二）按资源类型分类

资源整合模式按资源类型可以分为4类：以物换物型整合模式、资金杠杆型整合模式、行业资源型整合模式、跨界资源型整合模式。以物换物型整合模式是指交易双方不是以货币结算，而是以相等价款的货物相互结算，实现货物交易的模式；资金杠杆型整合模式是指企业通过借款、股权等方式筹资，运用财务杠杆进行股权结构和资产调整、重组等资本运营活动的模式；行业资源型整合模式是指企业以已有资源为基础，采用轻资产等方式，整合行业内利益相关者的资源，扩大业务规模，形成新的业务的模式；跨界资源型整合模式是指企业以已有资源为基础，整合不同行业利益相关者的各种综合资源，扩大综合实力，建立新的商业生态的模式。以实际业务为基础，根据资源的不同类型进行整合，利用杠杆效应实现以小博大。

1. 以物换物型整合模式

20世纪80年代，牟其中得知苏联有一批飞机要出售，而四川航空公司刚成立，还没有飞机。当时苏联的轻工业薄弱，日用百货匮乏。牟其中利用时间差，从苏联买回4架飞机，并在第一时间将其卖给四川航空，收到钱后又立即购买日用百货发给苏联，就这样牟其中从交易中获利一亿元。

特拉德是一位工程师，他虽然没有钱但想做石油生意。他发现阿根廷的牛肉生产过剩，而石油制品，尤其是丁烷十分紧缺。于是，特拉德先找到一家阿根廷的贸易公司，以从自己这里购买价值1000万美元的丁烷为条件，签订了购买该公司价值1000万美元的牛肉的协议；接着，特拉德找到西班牙的一家造船厂，以从自己这里购买价值1000万美元的牛肉为条件，签订了购买该厂一艘价值1000万美元的大型油轮的协议；最后，特拉德找到费城石油公司，以租用自己的油轮运货为条件，签订了购买该公司价值1000万美元丁烷的协议。通过这3份协议，特拉德最终用邮轮租赁费抵了油轮的造价，拥有了价值1000万美元的油轮。

牟其中利用了区域间不同产品的价格差和时间差，不花一分钱便赚取了差价。特拉德利用区域间不同产品的供需缺口，同样不花一分钱，获得了一艘油轮。

2. 资金杠杆型整合模式

1991年，冯仑在海南创业时只有3万元的资金。当时海南的房价正处于上涨期，当他得知海南国贸在销售九都别墅时，便找到一家信托投资公司谈合作，提出自己投资1300万元、对方投资500万元，收益分成。在对方考察项目时，几个合伙人还凑钱给对方投资人买了一条名牌领带，信托公司见有利可图，便同意了投资。500万元的投资到位后，冯仑用这500万元到银行做现金抵押，贷出了1300万元，买了8栋别墅，并在1993年将这8栋别墅高价卖出，赚取了万通的第一桶金。

美国铁狮门以极少的自有资金，与第三方金融机构组成地产基金，收购自己开发的物业，利用多层杠杆，通过股权收益、项目管理费、项目超额利润分配、基金管理费、基金超额利润分配等收入，以5%的资本投入获得了项目40%以上的分成收益，实现了"小股操盘"的成功运作。

冯仑借助利益相关者的资金，再叠加银行贷款杠杆，几乎是以"空手套白狼"的方式实现了交易盈利；铁狮门利用经营杠杆叠加资本杠杆，以小投入获取了8倍盈利。其本质都是运用资金杠杆，放大了盈利。

3. 行业资源型整合模式

在阿里巴巴推出支付宝之前，第三方支付只针对企业客户提供服务。阿里巴巴通过与各大商业银行、VISA等国际组织建立战略合作关系，扩展金融资源，利用全额赔付的制度，消除公众对诚信问题的质疑，最终成功为普通消费者提供了第三方支付平台服务，开拓了新的业务领域。

蒙牛刚创业时，既缺资金，也缺工厂、奶源、品牌、人员等资源。蒙牛开始时只做研发和销售，把自有资源聚焦于高附加值环节，通过与工厂合作，将利益相关者的工厂、设备等生产资源化为己用。蒙牛发动农村和畜牧区的奶农、民间资本集资建立奶站，承诺牛奶包销，没花一分钱，便让内蒙古数百万名牧民为蒙牛养牛。没有运输车，就整合个体户投资买车；没有宿舍就通过整合政府出地，银行出钱，员工分期贷款来解决；没有品牌，就借势伊利等知名品牌："做内蒙古第二品牌，为民族工业争气，向伊利学习""伊利、鄂尔多斯、宁城老窖、蒙牛为内蒙古喝彩"。蒙牛通过整合工厂、奶农、民间资本、个体运输车、政府、银行、员工等利益相关者的综合资源，大大节省了工厂、奶源、运输车、宿舍、品牌的投入资金，从而快速成长。

近年，万达不再发展"重资产"项目，即不再投资持有万达广场物业，转而全面实施"轻资产"战略，大大增强了万达的抗风险能力，减弱了房地产行业回调产生的冲击。

某寿险公司在筹备阶段，就计划通过股权吸引与寿险相关的大健康细分产业的领导企业加入，如基因生物、医药、医疗设备、连锁体检等企业，将寿险产品与大健康领导企业产品整合为整体解决方案，在寿险产品中嵌入大健康领导企业产品，在大健康领导企业产品中嵌入寿险产品，提升行业解决方案的深度，进行客户资源双向拉动，从而构建出完整的产业生态系统。

阿里巴巴整合了行业内的业务资源，共同创新了业务模式；蒙牛整合了乳制品行业的上下游及周边资源，利用利益相关者分担了成本，以轻资产模式放大了盈利，实现了快速突破；万达整合区域行业资源，增强了抗风险能力；某寿险公司利用股权合作整合行业资源，从成立开始，就为企业创造出良好的产业发展环境。某些行业资源属于行业竞争的关键资源，企业往往通过战略联盟、股权合作等方式进行深度绑定，从而垄断、独占行业关键资源，以形成行业壁垒，遏制、抵御竞争对手的进攻。

4. 跨界资源型整合模式

安德玛（Under Armour）是北美第二大运动品牌，原定位于运动品牌服装。由于它想吸引更多的健身人群，因此找到 IBM 进行合作，利用科技的元素创造一个虚拟教练，让消费者在任何地方都可以让虚拟教练帮他健身。安德玛研发了一个感知设备，可以搜集个人运动时的数据，这些数据将进行"人口特性分析"，IBM 根据个体的年龄、体重、运动行为模式及社群大数据资料，创造一个有针对性的虚拟教练。这个虚拟教练将会指导消费者在跑步、力量训练时，如何提升运动效果。另外，利用 IBM 的视觉识别功能，还可以确定食品及其营养价值。虚拟教练会给予消费者更合适的健康、营养等方面的建议，并帮助消费者找到具有相同喜好的健身者。

小米从 2013 年启动"小米生态链"计划，进行了多次投资，涉及生产制造、硬件、文化传媒、企业服务、游戏、金融、汽车交通等领域。对小米生态链上的企业来说，小米不仅能为它们带来投资，还能在设计能力、制造能力、供应链资源、渠道资源等方面给予它们帮助。小米生态链上的企业可以借助小米的品牌影响力、现有客户群迅速达到规模效应，甚至可以进入海外市场。

安德玛与 IBM 的资源整合是在业务资源层面的整合，通过不同的业务资源实现业务创新、扩展新领域，从而更好地为客户提供服务。小米与小米生态链上的企业的资源整合是在战略资源层面的整合，小米利用小米生态链上的企业的技术与创新力，小米生态链上的企业利用小米成熟的设计能力、制造能力、供应链资源、渠道资源，从而协同统一在小米 AIoT 一体化生态战略下，形成类似航母与护卫舰的航母战斗群。

企业发展常常受到资源限制，有时会感觉"巧妇难为无米之炊"。但企业不能坐等市场成熟，要在"约定条件下解题"，充分利用资源能力创新，去改变既定的约束条件，实现模式创新的成功，阿里巴巴、万达广场、蒙牛等企业的成功莫不如此。

资源整合模式与聚众模式的区别在于，资源整合模式是企业与外部特定的利益相关者建立同盟，以构成独具特色的商业模式，而聚众模式是企业聚集社会不特定公众资源进行合作，更有效率地完成职责或任务。

商业模式创新与资源能力创新具有较强的关联关系，很多模式创新为了给客户创造出更大的价值，都需要进行资源能力的创新，利用自己的优质资源与外部利益相关者进行资源交换，通过强强联合弥补资源短板，同时发挥杠杆效应，通过自身资源能力撬动更大规模的资源，形成比自身资源能力更大的势能，实现跨越式发展。这种以小博大的杠杆效应也是资源能力类模式创新的魅力所在。资源能力拓展战略、市场区域拓展战略、产业链拓展战略等通用类战略往往与价值创新类、业务创新类等战略结合使用，"并威偶势"，扩大市场突破效果。

需要注意的是，以小博大的杠杆效应在经济上行周期能获得较好的效果，不仅能获得经营杠杆的收益，还能获得财务杠杆等方面带来的资产升值收益；但在经济下行周期，特别是流动性紧缩导致资产价格下跌时，应谨慎使用财务杠杆，避免出现"戴维斯双杀效应"，导致巨大的亏损。

第四节

定位营销战略与破晓营销战略：认知领域的单点突破与延伸

定位与破晓都属于营销战略，破晓营销战略是定位营销战略的升级。聚势战略是指如何利用模式赢得势战，而《破晓——以弱胜强之道》的破晓营销战略是指如何利用特征在消费者头脑（心智）中实现差异化竞争，这种心智的差异化竞争是由品牌的第一次单点突破和突破后多点延伸共同构成的。艾·里斯与杰克·特劳特的定位理论认为，定位就是对产品在潜在顾客的脑海中确定一个合理的位置，这实际是品牌如何在消费者头脑中进行第一次单点突破，定位理论的本质是基于产品的品牌定位。

首先，品牌定位不是狭义的战略定位，品牌定位确定的是品牌在消费者心智中的位置，而狭义的战略定位确定的是企业在市场中的位置。消费者个体的心智与整体的市场并不相同，定位理论基于消费者心智的已知领域进行探索，强调"明确而清晰"，认为"大脑只会接受与先前的知识、经验相吻合的信息……心智一旦形成，几乎就不可能改变"。而战略定位发现的是空白市场，空白市场不仅包括消费者个体的已知领域，还包括消费者个体的未知领域；不仅包括市场的细分领域，还包括对市场的升级拓展。所以，当乔布斯在 2007 年 1 月 9 日，宣布将 iPod、手机、互联网融合在一起时，美国的品牌定位公司无法理解，都站出来"炮轰"苹果。因为一般的品牌定位公司都将品牌的起源视为分化，而不是融合，认为如 iPhone 这种融合了多种功能的"四不像"产品，根本无法被大众认可，只有死路一条。但目前已可以看出，iPhone 基于战略定位，对市场进行了升级，打开了一个新的世界。

战略定位与定位理论（品牌定位）虽然都含有"定位"，但严格来看两者并不是同一个概念。狭义的战略定位不包括品牌定位，但广义的战略定位包含基于产品的品牌定位，具体包括市场定位、目标客户群定位、区域定位、品牌定位、产品定位、服务定位等系列内容。例如，苹果对 iPhone 的市场定位是时尚消费数码市场的领导者，目标客户群定位是中高端客户群，区域定位是全球化市场，品牌定位是时尚消费数码产品。每一款苹果产品、服务都有不同的定位，以满足不同类型消费者的具体需求。特别对于只有单个产品的消费品企业来说，基于产品的品牌战略几乎等同于总体战略，但并不能因此将品牌定位与战略定位混同。战略定位不仅应用于消费品企业，还应用于工业品企业、服务企业、金融企业等；不仅应用于单个企业，还应用于横跨多个行业的集团公司。这些都不是主要应用于消费者心智的品牌定位所能包含的，战略定位更强调从消费者价值、市场、业务、产业链等整体情况进行研究，而不局限于消费者心智。

其次，定位理论缺乏消费者心智第一次突破后的多点延伸，定位理论始终固守于消费者心智中的一个点，无法延伸。破晓营销战略的特征理论是基于心理学特征分析理论提出的，其认为消费者头脑中的品牌特征可以是多个，是一组关联特征的集合。品牌可以通过一个基本的特征去获得多个关联的特征，占领消费者头脑的多个区域，形成多层次进攻并构建强有力的组合防守，从而获得更大的市场。中国的市场经济还处于发展阶段，因此很多企业面临的主要问题是如何在消费者头脑中进行第一次突破，但在欧美等市场经济较为成熟的国家，在消费者头脑中已实现了第一次突破的品牌企业，已经有相当多通过多点延伸获得更大市场发展空间的实践。

可口可乐与百事可乐的王座之争持续了近百年。在第二次世界大战之前的 50 多年里，可口可乐一直牢牢占据着消费者头脑中的"经典"特征，因此坐稳了饮料市场第一的位置，而百事可乐等其他饮料厂商只能艰难度日。直到1961年，百事可乐提出"新一代"特征，从人口的年龄进行细分，开始抢夺可口可乐的市场份额，紧接着七喜又提出"非可乐"，从品类上进行细分，接二连三的攻击使可口可乐进退失据。其实，这个时候的可口可乐仍然占据着消费者头脑里的"经典"特征。之所以会出现这样的局面，根本原因就在于可口可乐只占领了消费者头脑中的一个特征，并没有形成一组特征的防线，而一个特征是不足以让可口可乐防守住如此广阔的市场区域的。可口可乐在相继引入"美味"与"快乐"这两个特征后，这两个特征和"经典"特征不仅没有发生冲突，而且能互相支持，因为"经典"的常常是"美味"的，而"美味"的也常常是"经典"的！"快乐"同样如此。因此，加入"美味"和"快乐"这两个特征不仅没有削弱可口可乐的品牌影响力，反而还扩大了其影响区域、增强了防守力。可口可乐的品牌特征与广告语（1929—2021年）如图8.8所示。

经典
1929年：世界上最好的饮料
1939年：只有可口可乐
1942年：只有可口可乐，才是可口可乐，永远只买最好的
1970年：这才是真正的，这才是地道货；可口可乐真正令你心旷神怡
1993/1994年：永远是可口可乐

美味
1957年：好品味的象征
2001年：Life tastes good
2011年：爽动美味
2016年：Taste the feeling

快乐
1937年：美国欢乐时光
1972年：伴随美好时光
1980年：一杯可乐，一个微笑
2004年：要爽由自己
2011年：积极乐观 美好生活
2013年：Open Happiness
2021年：Real Magic 畅爽带劲，尽享此刻

图 8.8　可口可乐的品牌特征与广告语（1929—2021年）
（资料来源：作者根据公开资料整理）

百事可乐在与可口可乐的竞争中，同样使用了不止一个品牌特征：在

1961年提出"这就是百事,它属于年轻的心"的广告语,此后连续几年都以"新一代"特征为广告主题进行集中突破,并在1984年、1993年、1996年、1998年反复提起这个特征。待"新一代"这个特征在消费者头脑中根深蒂固后,百事可乐从1998年之后就没有再提起这个特征,而是采用了精神层面的"突破创造"和"快乐"这两个特征。"新一代"的精神内涵是"突破创造",而"突破创造"同样是"快乐"的!这两个新引入的特征对"新一代"特征形成了强有力的支持,百事可乐在"新一代"特征取得成功后,利用新特征进行多点进攻,同样形成了多层次特征的攻击体系。百事可乐的品牌特征与广告语(1961—2020年)如图8.9所示。

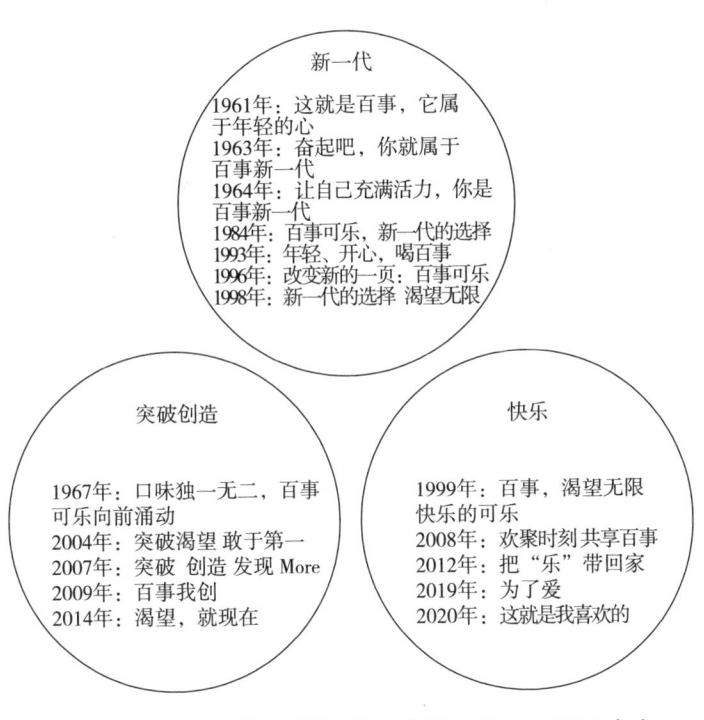

图 8.9 百事可乐的品牌特征与广告语(1961—2020年)
(资料来源:作者根据公开资料整理)

可口可乐和百事可乐的特征延伸与定位中的再定位不同。再定位是指当外部市场发生变化时,对原来定位的一种扬弃,去除原有定位的不合理之处。而可口可乐和百事可乐的特征延伸指在保有原来的特征的同时发展出新特征。新老特征共同形成一种互为犄角、互相支援的战略布局,从而最大限度地增加影响区域，同时形成强大的防守力量。

破晓营销战略的特征延伸与定位理论中的再定位存在着根本性的不同。破晓营销战略提出了特征全系图谱，将消费者头脑里的所有特征分为感觉谱系、行业谱系、企业谱系、消费者谱系、社会谱系五大谱系和27个子系，并在特征全系图谱的基础上发展出十大进攻战术、三大防守战术，为消费者头脑中单点突破后的多点延伸提供了丰富的策略手段。品类只是企业谱系中的一个子系，在众多子系中都可以产生特征，品牌可以依靠特征进攻消费者的头脑，击穿行业的防线。

Go-Jek的多样化发展以摩托车出行的人流量为基础，紧密围绕这些目标人群进行生活、购物、快递、娱乐、金融等业务的相关多元化延伸。破晓营销战略的特征多点延伸则以消费者头脑中的一个基本特征为基础，去获得多个关联特征，从而占领消费者头脑的多个区域。两者在进行多样化延伸时都基于关联的业务特征，关键就在于关联！例如，瑞士军刀的工具虽然可以千变万化，但只能有一个手柄，所有的工具都必须能装入这个手柄内，这就是衡量的标准，凡是不能装入手柄的工具都不是瑞士军刀延伸的范畴。

在定位理论进入中国十多年后，中国的很多企业已经初步完成了第一次的突破。与可口可乐、百事可乐一样，要成为基业长青的百年企业，就需要面对如何利用多点进攻，进一步延伸与拓展市场，以及如何加强市场防守力等问题，而这是只有一个位置的定位理论所无法提供的。

所以，现在的华山并非只有一条路，定位理论既不是战略定位，也缺乏消费者头脑突破后的多点延伸。艾·里斯甚至提出企业应该聚焦、收缩、只做一件事情。在企业的发展初期，力量较弱，还未取得第一次突破时可以采用这种战略，但无论从营销，还是从战略、商业模式看，这绝不是所有企业在所有阶段都应该固守的战略。

市场区域的全面拓展、价值要素的多样化发展、跨产业链组合、有机耦合战略都与《破晓——以弱胜强之道》中的特征多点延伸理论有异曲同工之处。市场区域的全面拓展是产业链单个环节市场突破后进行市场区域的延伸，价值要素的多样化发展是围绕客户进行多元化业务的延伸，跨产业链组合是从产业链角度进行多元化业务的延伸，有机耦合战略是从业务内部协同角度进行多元化业务的延伸，而特征多点延伸是客户心智的多点延伸，这些战略虽然角度不同，但都是企业进一步拓展市场区域、增强竞争力的方法。企业在取得第一次市场突破后，从营销上看，需要利用特征进行心智上的多点延伸，从战略、商业模式上看，应当根据"有机耦合"等战略进行相关产业的多元化延伸，利用多点攻击进一步扩大势力。例如，小米利用手机产品实现单点突破后，又进行了多品牌产品系列延伸、智能硬件种类延伸、生态链延伸，这些都是和定位理论不同的发展之路。

艾·里斯与杰克·特劳特提出定位理论时，仍处于工业革命时代的现代商业竞争的发展初期，很多企业面临着第一次突破市场的问题。但随着互联网革命的来临，企业面临的问题也在发生变化。企业应当根据市场情况、发展阶段采取不同的发展战略、商业模式与营销战略，只有这样才能更好地把握市场机会，不断对市场进行开拓，从而快速发展。

CHAPTER 9

第九章

黑云压城
——3种竞争战略

从存量资源竞争角度，运用竞争方式牵引、战略资源竞争、生态系统封闭战略，黑云压城城欲摧，压迫竞争对手的生态系统崩溃，从而赢得竞争胜利。

/ 聚势 / 开创全球
科技、商业、经济新趋势

第一节

根据长平之战、第二次布匿战争推导竞争战略

一、长平之战

长平之战，发生于公元前262—前260年，此战是中国秦汉以前规模最大、最彻底的围歼战。此战也是秦、赵之间的战略决战，赵国经此一战元气大伤，从此秦国一强独大，六国弱势已成，大大加速了秦国统一天下的进程，最终由秦始皇完成了六代秦王一统天下的战略目标。秦国采用"六合一统"的战略，认知明确，立场坚定，而赵国对其与秦决战的战略认识不足。自赵惠文王执政后，赵国战略长期处于权宜境地，当秦的压力危及其自身安全时，它在山东进行合纵抗秦，当秦的威胁缓解，它又与秦进行连横，向山东各国攻城拓土。这在后来造成了赵国在长平之战的被动局势。

公元前262年，秦攻克野王（今河南沁阳），上党郡（今山西东南一带）孤悬韩国国外，难以自立。在此情形下，韩国向秦献上党郡以求和，而韩国的上党太守冯亭却献地于赵。赵孝成王听取了平原君的建议，接纳了上党，长平之战爆发（见图9.1）。上党处于秦、赵、韩、魏4国交界之处，范雎视之为"天下之枢"，苏代视之为"天下之肠胃"。秦取上党就是为下一步攻赵做准备，秦赵必有一战。赵豹畏秦，没有认识到退让只能使秦国越来越强，赵国越来越弱，未来更加难以抗衡秦国，而赵王与赵胜接纳上党，也只是从利出发，没有认识到取上党的战略必要性。《史记·白起王翦列传》记载，秦昭襄王四十七年（公元前260年，司马迁记载错误，此事件发生在公元前262年），左庶长王龁攻取韩国上党，赵国在长平屯兵，据以接应上党的百姓。四月，王龁进攻赵国，赵国派廉颇统率军队。

廉颇在长平从西向东修筑了3条防线：空仓岭、丹河、百里石长城，秦赵两军交锋后，秦军攻下空仓岭防线的高平关、光狼城，由此廉颇发现赵军军力不如秦军，于是退守丹河东防线，不再主动与秦军交战。随后秦赵在丹河两侧进行了历时两年多的对峙，两国都被拖得疲惫不堪，赵王对秦国抱有不切实际

的和谈幻想，使诸侯怀疑、观望，丧失了合纵诸侯的最好时机。在长达两年多的时间，赵国既没有得到齐、楚、魏等国的军力支持，又没有得到各国粮食援助。在与各国外交受挫、与秦议和不成的情况下，赵王恼怒廉颇坐拥数十万大军坚壁不战，导致赵国国力衰竭，因此中了秦国的反间计，于公元前260年以赵括替换廉颇担任赵军主将。

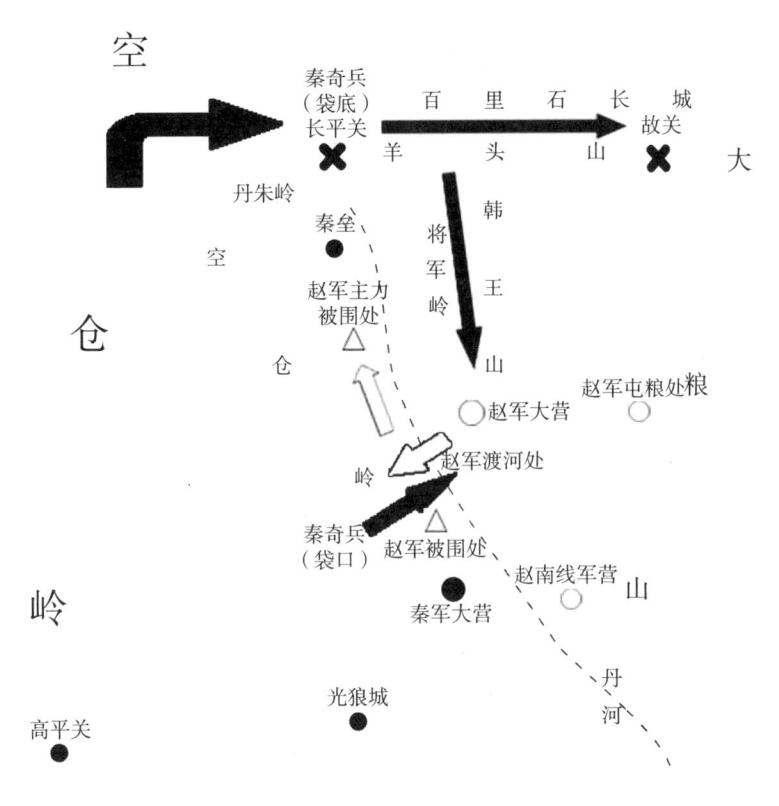

图 9.1 长平之战地形图
（资料来源：作者自绘）

赵军中军大营可能在今三军村附近，秦军大营很可能在今谷口村、上庄村一带，这样既能依靠丹河保障大军的日常用水，又能保持北攻长平关、东越丹河攻故关的态势。丹河防线北端，东有韩王山，西有空仓岭，北有羊头山，状如口袋，南端口大是袋口，北端口窄是袋底，长平关是北端锁钥，此时长平关在赵军手中，丹河为秦赵两军共有。秦军主力如直接进攻长平关，正面有雄关险隘，侧后还有赵军主力夹击，反而容易被赵军装入口袋，有全军覆没之险。秦军主力若渡过丹河攻击赵军南线，韩王山、大粮山都在赵军手中，小东仓河区域地势平坦、无险可守，秦军主力必受赵军两面夹击，陷入困战，赵军若再分兵一支渡丹河截断秦军粮道，秦军必遭大败。而秦军若从南线薄弱之处入手，首先拿下大粮山，形成南线和西线两面夹击态势，再从小东仓河威胁赵军粮道，赵军必然会退守百里石长城防线。但如此一来，一是难免有重大伤亡，二是赵军虽被挫，却未败，战争将更加胶着，胜负仍难分。这正是王龁面对廉颇的丹河防线，两年都无法寸进的原因。

赵括一上任就更换部队将领，积极准备主动出击，而秦国也用白起替换王龁，开始为歼灭赵军做准备。赵括熟读兵书，肯定注意到了这个口袋地势，赵军若从大营处渡河，可以把秦军一分为二，将丹河北线秦军装入"口袋"，以长平关为砧，以赵军主力为锤，利用优势兵力和天险，对北线秦军围而歼之，秦军实力大损必然败走。而白起在推断出赵括的战略意图后，进行战略冒险，引诱赵军主力进入"口袋"，进而对其进行围歼。所以当赵括带兵渡河时，丹河北线的秦军假装战败而逃，引赵括率赵军主力向北追击，诱其入袋。白起备有两支奇兵，一支沿空仓岭包抄到长平关后，发动突袭，和关前秦军前后夹击，一举拿下长平关，掌握袋底锁钥，接着沿羊头山、韩王山进行包抄，封住口袋。另一支骑兵作为先头部队，顺着空仓岭山脚（或翻越空仓岭）快速插入，将陷入"口袋"的赵军主力与负责阻援的赵军进行分割，待后援秦军到来后，渡过丹河，与第一支负责包抄的秦军在韩王山下会合，以彻底扎死袋口。秦军将赵军一分为四，利用天险将赵军主力困于"口袋"，利用优势兵力分别围困赵军阻援部队、大营和丹河南线部队。秦王征集河内15岁以上的青年，加固长平关，攻占故关，使百里石长城尽为秦国所有。到了九月，赵括被秦军射死，赵军投降，此战前后赵军被擒杀四十五万人。

随着长平之战的惨败，赵王终于清醒过来，听取了虞卿的建议，放弃幻想，坚定与秦决一死战的决心，终于在两年后的邯郸保卫战中，与楚、魏联手击败了秦军。

长平之战充分地显示出白起卓越的军事才能。他利用赵括的急于求战，布局、诱敌、反包围、分割、扣死锁钥、削弱、逐一歼灭，步步丝丝入扣，行云流水，战略重点主次分明，兵力运用妙至毫巅，尽可能以最小的代价获取最大的胜利。高明的谋略正是白起一生经历七十余战从无败绩的原因。

虽然长平之战的最终结果是通过直接竞争（战争）来获得的，但不战而胜之道在长平之战的战略阶段和战术阶段都起到了至关重要的作用，通过长平之战可以一窥战争的不战而胜之道的三大竞争战略。

（一）封闭生态系统

应切断竞争者生态系统与外部环境的关键连接，使其成为一个封闭系统。

在长平之战的战略阶段，秦赵两国曾有过长达两年多的对峙。其间，秦国将赵国使臣郑朱赴秦之事宣扬天下，制造秦赵和解的假象，使天下诸侯甚为忌惮，不敢与赵合纵。

在长平之战的战术阶段，赵军主力被秦军包围，白起派出轻兵对赵军进行阻击，迫使赵军主力筑营自守。秦军利用空仓岭、羊头山、韩王山形成的天然"口袋"，加固防线，将赵军主力团团围住，赵军主力粮道断绝、插翅难飞。

（二）牵引竞争方式

应避免采用竞争对手熟悉或擅长的竞争方式，而应牵引竞争对手采用自己擅长的竞争方式（竞争者不熟悉或不擅长），利用具有领先优势的竞争模式在竞争中占据、巩固控制地位，压制、削弱竞争对手，保存实力。

在长平之战的战略阶段，秦国通过商鞅变法，生产能力远高于赵国。秦国借助更雄厚的物资储备和技术保障、高效的后勤体系，通过渭河、黄河的水路运输体系向前线输送物资，虽然补给线路较长，但后方物资能有效保证前线队伍供给，先进的军功奖励体系又使三军效命。赵国虽然补给线较短，但主要依靠陆地运输，而且是从低处运往高处，赵国的农田也比不上秦国关中之地肥沃。廉颇在初战失利之后，发现赵军的战斗力不如秦军，屡战屡败，于是选择筑垒坚守，进行消耗战。但秦国在生产力、后勤补给上远胜于赵国，使赵国无力承受消耗战，国力日益削弱，再加上赵国战略失误，向诸侯求粮不得，守也无法再守。所以，秦国占据了消耗战的主动权，通过战略运筹压制赵国，推动战争向有利于自己的方向发展。

在长平之战的战术阶段，秦军围困赵军主力，白起并不急于决战，而是将赵军团团围困。赵军缺粮，最后自相残杀取食，因此赵军的实力被慢慢削弱。白起通过围而不歼，将对手的实力消耗至极点，降低了自身不必要的伤亡。

（三）竞争战略资源

应选择竞争者最重要、最薄弱的战略资源进行竞争，迫使其要么耗尽战略资源而引发全盘崩溃，要么被动放弃现有态势进行变化（冒险进攻）而导致失败。

在长平之战中，最为关键的战略资源就是粮食。若没有粮食，人类就无法存活，任何社会组织也将无法存在，而赵国在粮食的生产力上远逊于秦国。在战略阶段，赵国经历两年多的消耗战，国内存粮已耗尽，向外求粮被拒，最后不得不冒险换上赵括拼死一搏。在战术阶段，赵军主力被围40多天，粮食断绝，内部残杀相食，赵括被迫将军队编成4队，轮番进攻秦军营垒突围，最后被秦军杀死，赵军主力全体投降。

根据熵增定律，一个封闭系统只会自发地熵增、走向无规无序，最后趋于死亡。生态系统也是如此，如果生态系统内部无法通过自我循环，生产出足够维持生态系统正常运行的战略资源（如赵国在长平之战的重压下无法生产出足够的粮食），或者缺乏生产战略资源的功能（如军队粮食只能依靠外部供给），则当切断这个生态系统与外界环境的关键连接，使这个生态系统成为一个封闭系统时，这个生态系统将因缺乏战略资源而走向崩溃。

在不战而胜的过程中，必然会存在或长或短的相持过程，牵引竞争方式向自己擅长的竞争方式转变，把握好节奏，就能充分利用优势的资源、能力，在整个相持过程步步领先，压制对手，不断削弱对手的力量，使其越来越难以对抗。例如，赵国在生产能力、后勤供应能力上不如秦国，想守也守不住，派使者求和又被秦国利用，断绝了外援，只能一战决高下。接着，秦国又用"间"让赵国用经验较少的赵括换掉经验丰富的廉颇，使赵国落入秦国的算计中，步步被动，落尽下风。

战略资源是支撑生态系统正常运行的基础物质，缺少了基础物质，整个生态系统都将崩溃，所以竞争对手在力量逐步被削弱的情况下，面对整个生态系统崩溃的威胁，要么冒巨大的风险拼死一击，要么坐以待毙。赵国选择了拼死一击，但由于被秦国探知了底细，最终掉入了秦军的"口袋"中，全军被俘。

在激烈的竞争中，要想不战而胜必须拥有足够的实力，三大竞争策略都必须建立在一个重要基础上：领先的竞争模式。秦国在商鞅变法后，废井田、重农桑、奖军功、实行统一度量和建立郡县制，其改革在战国群雄中最为彻底，生产力最强，而且通过数代秦君的不懈努力，秦国已拥有关中、巴蜀、汉中、陇西、南阳、南郡、黔中、河东等地，地大物博，兵源充足，成为战国末期实力最为强大的诸侯国。

领先的竞争模式是不战而胜之道的重要基础，只有依靠领先的竞争模式才能获得雄厚的竞争实力，从而有可能实现不战而胜。正是在模式领先的基础上，秦国才能对赵国进行战略封锁，威慑其他五国，使其不敢对赵国施以援手；才能依靠更为广阔、肥沃的农田和更有效率的运输通道，通过更远的距离对比赵军规模更大的秦军进行后勤支持。也正是在模式领先的基础上，秦王才能尽发河内之男丁，阻击赵国援兵，运输更大规模的粮草。如果秦国没有进行改革、变法，没有采取领先的竞争模式，没有获得更高的生产效率，就没有雄厚的国力来支持如此大规模的围歼战，从而获得战争的胜利。

二、第二次布匿战争

汉尼拔是北非古国迦太基的著名军事家，是欧洲古代历史上最伟大的四大军事统帅之一，被西方人誉为"战略之父"。在第二次布匿战争期间，汉尼拔率领军队从西班牙翻越比利牛斯山和阿尔卑斯山进入意大利，在多次战役中以少胜多重创罗马军队，甚至给处于上升时期的罗马带来了灭国的压力。

公元前218年，第二次布匿战争爆发。汉尼拔出人意料地翻过阿尔卑斯山进入意大利，但代价高昂。其出征时带领了9万名步兵、1.2万名骑兵和几十头战象，在进入意大利后只剩下2万名步兵、6000多名没有马的骑兵和一头战象。

在特雷比亚河战役（公元前218年）中，汉尼拔利用罗马执政官森普罗尼亚急于求成的心理，诱使饥寒交加的罗马军队在12月的拂晓蹚过齐胸深的特雷比亚河后，对罗马军队进行了两面夹击，结果罗马军队损失了2.6万人、汉尼拔损失了4000人。公元前217年春，汉尼拔利用特拉西梅诺湖畔的狭窄隘口巧妙设伏，伏击并歼灭了罗马执政官弗拉米尼率领的近3万人的部队，而迦太基仅伤亡2000人。

在经历特雷比亚河战役和特拉西梅诺湖战役两次大败后，罗马人意识到了汉尼拔的可怕。罗马人选举了主张拖延战术的费边作为独裁官，费边不与汉尼拔正面作战，只是坚壁清野、伺机骚扰，想利用本土优势拖垮汉尼拔。汉尼拔则通过四处大肆掠夺来激怒罗马人，诱惑罗马军队进行决战，并突袭罗马的重要补给基地，巧妙地利用火牛阵声东击西突破罗马军队的封锁。随着时间的推移，越来越多的罗马人反对费边的消极战术，他们讽刺他为"拖延者"（Cvnctator）。公元前216年，费边被免职，罗马人在新任执政官的影响下，决定与汉尼拔决战。

公元前216年坎尼战役（也称康奈大战）爆发，汉尼拔利用中央突起的弓形阵围歼了罗马最强大的8个军团，六七万名罗马士兵战死或被俘，罗马的执政官保卢斯与共和国48位军团将校中的29位及80位元老院议员（罗马共和国元老院25%~30%的成员）一同战死，而迦太基仅伤亡6000人。

罗马军团在坎尼战役的惨败，动摇了罗马的政治联盟。此役后，意大利南部最大的两个城邦卡普亚与他林敦均背叛罗马而转投汉尼拔；西西里的希腊城邦发生起义，反抗罗马的政治控制。西西里国王和汉尼拔结盟，马其顿国王腓力五世则出兵支持汉尼拔，对罗马发动了第一次马其顿战争。

坎尼战役的失败给罗马人带来巨大的震撼与恐惧，罗马17岁以上的男子全部被征入伍，罗马史上第一次将奴隶与囚犯也武装起来，并做出给予自由或赦罪的许诺。罗马人终于认识到与汉尼拔进行决战是愚蠢的行为，公元前215年再次选举费边为执政官，费边继续执行他的拖延战术，实行全国范围的坚壁清野大战略，避免与汉尼拔正面交锋，主要进攻那些背叛罗马的意大利城镇，尽力阻止汉尼拔从同盟者中得到给养，慢慢消耗汉尼拔的力量。从这时起，"拖延者"从讽刺语变成了一个荣誉称号。

从公元前212年起，拖延战术开始发挥作用，战争的主动权开始转到罗马人手中。罗马的军队已发展到了25个军团，约25万人，其中有4万~8万人常年驻守在汉尼拔附近。而此时汉尼拔的兵力可能还不足4万人，但是罗马军仍不与他决战，仍然坚定地执行拖延战术，汉尼拔多次诱惑罗马军进行决战而不得。罗马对迦太基的其他势力进行了坚决的打击：公元前210年收复反叛的西西里岛，攻占西班牙的新迦太基城；公元前207年在梅陶罗河战役中全歼了企图驰援汉尼拔的哈斯德鲁巴·巴卡（Hasdrubal Barca）军团；公元前206年占领西班牙；公元前205年瓦解了马其顿与迦太基的联盟；公元前203年获得了宝贵的努米底亚骑兵资源，迦太基的羽翼几乎被剪除干净。在意大利本土，形势也开始逆转：公元前211年，罗马攻陷了汉尼拔最重要的基地卡普亚，支持迦太基的城邦先后投降；公元前209年，罗马攻陷了汉尼拔控制下的最大海港塔兰托。

由于迦太基的兵力被大量消耗在西西里岛与西班牙的战事中，只运送过4000名利比亚士兵到意大利，汉尼拔在意大利15年的征战过程中，前前后后消灭了近13万名罗马士兵，一仗未败，却只剩2万多名士兵，只能控制住亚平宁半岛尖端的卡拉布里亚。

公元前204年春，罗马军团攻入北非迦太基本土，获得了努米底亚宝贵的骑兵资源，彻底掌握了战略优势，决战终于到来，但此时罗马军团仍不愿在意大利本土直接与汉尼拔交战。而迦太基人意识到了危险，终于从意大利召回了汉尼拔。公元前202年，罗马军团和汉尼拔军队爆发了扎马会战，取得骑兵优势的罗马军团终于击败了汉尼拔，第二次布匿战争结束。罗马通过第二次布匿战争打开了通往世界的大门，罗马军团经过汉尼拔的淬炼终成大器，在其后短短50年间突飞猛进，最终罗马称霸西方世界达500余年。

罗马转败为胜的关键在于费边的拖延战术，而拖延战术的本质就是不战而胜之道。汉尼拔无疑是当时最为杰出的军事将领，其战争艺术在罗马无人能敌，罗马虽然有着人数、资源上的优势，但相对汉尼拔来说却是一个"生鸡蛋"，汉尼拔军队的人数虽少，却是一块"小石头"，罗马军队与汉尼拔进行速战速决，就如同鸡蛋与石头相撞，鸡蛋怎么会不碎？汉尼拔虽强，但也有劣势——由于远离本土作战，在兵源和物资上很难得到及时有效补充，如果能有效切断汉尼拔与外界的连接，使其无法得到外界的补充和支援，汉尼拔就很难有所作为。

所以，费边的拖延战术在不战而胜之道的三大竞争战略上都有很明显的表现，如下所述。

（一）封闭生态系统

应切断竞争者生态系统与外界的关键连接，使其成为一个封闭系统。

首先，罗马进行全国性的坚壁清野，同时对叛变加入汉尼拔的意大利城镇给予严厉惩罚，使其他城镇产生恐惧，阻止汉尼拔从意大利本土获取资源。其次，罗马对汉尼拔与外界的交流进行了严密封锁，获得了一些至关重要的信息。例如，马其顿腓力五世与汉尼拔的结盟协议，哈斯德鲁巴·巴卡希望与其兄汉尼拔南北对进的行军路线。第一条信息促使罗马提前组建了更为强大的海军以压制马其顿的进攻，第二条信息的泄露直接毁灭了汉尼拔攻克罗马的最后希望。最后，罗马通过西西里岛和西班牙的侧翼作战，消耗了大批迦太基的有生力量，牵制和拖延了迦太基对汉尼拔的援助。

由于费边的拖延战术，汉尼拔在意大利南部逐渐举步维艰。汉尼拔的部队既得不到意大利本土的支持，又得不到外部援助，兵力越打越少，渐渐失去了进攻能力，在意大利南部与罗马的优势军团形成一个防守对峙的局面。

汉尼拔作为西方军事将领尊崇的"战略之父"，对不战而胜之道也有很深的研究。在战争之初，他就暗中派了许多秘密使者，联络西西里岛、马其顿、高卢部落，以及意大利那些对罗马心怀不满的希腊城邦起兵抵抗罗马。罗马因此不敢集中兵力，这减轻了汉尼拔翻越阿尔卑斯山后南下的压力。

汉尼拔在处理战俘时也采取了分类对待的方式。例如，在特拉西梅湖战役结束后，对于罗马战俘，汉尼拔命人为他们全部戴上枷锁；而对于罗马的同盟者战俘，汉尼拔全部释放了，并对他们宣称："我来此不是要和意大利人作战的，而是要帮意大利人向罗马作战"。汉尼拔希望以此来影响罗马同盟者城邦，激起罗马同盟者们的独立意识，从而削弱或切断罗马与同盟者的连接，使罗马孤立无援。

（二）牵引竞争方式

应避免采用竞争对手熟悉或擅长的竞争方式，而应牵引竞争对手采用自己擅长的竞争方式（竞争者不熟悉或不擅长），利用具有领先优势的竞争模式在竞争中占据、巩固控制地位，压制、削弱竞争对手，保存实力。

汉尼拔擅长野战，对天气、地形、阵型等战争关键要素的运用精妙绝伦，所以罗马军团不与其进行野战，而是扬长避短，占据有利地形或者借助坚固的工事与汉尼拔对峙，将不可控因素降低到最少，让汉尼拔无计可施。在公元前212年之后，罗马在兵力已占据绝对优势的情况下，仍坚定执行拖延战术，不直接与汉尼拔进行战争，直到汉尼拔撤回迦太基。

汉尼拔也深知自己的短处，因此千方百计地采用自己擅长的竞争方式，在罗马的控制区域大肆烧杀掳掠，以激怒罗马进行决战，按捺不住怒火的罗马与其进行了坎尼战役，方才如梦初醒，此后汉尼拔再怎么"挑逗"也无济于事了。

（三）竞争战略资源

应选择竞争者最重要、最薄弱的战略资源进行竞争，迫使其要么耗尽战略资源而引发全盘崩溃，要么被动放弃现有态势进行变化（冒险进攻）而导致失败。

意大利南部盛产粮食，罗马无法与汉尼拔在野战中获胜，自然也无法控制其来去自由地获取粮食。而汉尼拔最薄弱的战略资源是兵力，远在异国作战，汉尼拔难以对战争消耗的兵源进行快速补充。没有足够的兵力，汉尼拔就无法进攻罗马，实现一击制胜。因此，罗马与汉尼拔竞争的战略资源就是兵力，罗马人对哈斯德鲁巴·巴卡率兵南进极为敏感，因为迦太基两军会合，会使汉尼拔最薄弱的战略资源得到大大加强，对罗马城造成严重威胁。所以，罗马一得知消息，就快速集合重兵击溃了哈斯德鲁巴·巴卡，使其无法率兵与汉尼拔会合。意大利南部城邦对汉尼拔部队的兵力支持有限，迦太基的主要兵力都浪费在了西西里岛和西班牙，对汉尼拔的援助极少。汉尼拔远离本土作战，部队中大多都是雇佣兵，兵力越打越少，即使迦太基没有因大西庇阿入侵而召回汉尼拔，汉尼拔最后在意大利也难逃失败的命运。

在扎马会战前，迦太基已经失去了西西里岛和西班牙，又失去了努米底亚的骑兵资源，羽翼基本被剪除，迦太基的战略资源几乎耗尽，只剩下汉尼拔卓越的军事才能来支撑。当成长起来的大西庇阿得到努米底亚骑兵的帮助，即使是汉尼拔也无法挡住罗马军团的步伐。汉尼拔此前赢得无数战术性成果，但扎马一败就令迦太基前途尽毁。

不战而胜的重要基础是领先的竞争模式，只有领先的竞争模式才能使一方在综合实力上逐步超越对手，越战越强。罗马的外交、政治、军事等模式远比迦太基成熟、开明，这是罗马可以使用拖延战术战胜汉尼拔的根本原因。

有一种观点认为，汉尼拔在坎尼之战后应乘胜进攻罗马。汉尼拔的骑兵将领马哈巴尔（Maharbal）就曾经对汉尼拔说："你知道如何赢得一场胜利，却不知道如何利用这场胜利。"罗马在坎尼惨败后，除了在意大利海外的4个军团，其他6个军团均在意大利本土，新组建的第二十军团和第二十一军团也在罗马城内整训，即使不抽调在北意大利波河流域镇压凯尔特人的两个军团，罗马也可以集中6万多人防守。此时的罗马人仍然上下一心，拒绝在战败的情况下做出任何妥协。罗马城是当时西方最为坚固的城池之一，而汉尼拔此时只有5万人，以5万人进攻6万人同心防守的坚城，一定难以攻下。汉尼拔深知罗马人坚忍不拔的个性，很难在短时间内打败罗马，而且罗马在中部区域的联盟稳固，因此汉尼拔转而以意大利南部为基地分化罗马人的同盟城邦。但罗马的外交策略很成功，极少有罗马的同盟城邦背叛罗马投靠迦太基。汉尼拔最终发现无法彻底切断罗马和拉丁同盟的联系，完全孤立罗马。随着罗马战争能力的提高，汉尼拔越打越被动，力量越来越弱，最后被大西庇阿拉回了非洲本土。

直接攻击罗马不能成功，其实，汉尼拔分化瓦解罗马联盟也被证明是失败的，那么汉尼拔是否有成功的可能？其实，汉尼拔在进攻罗马的过程中，有两次战略选择至关重要。

第一次是从西班牙进军意大利的路径选择，汉尼拔之所以失败，关键的一点在于其兵力不足。虽然汉尼拔翻越阿尔卑斯山是被后世不断传颂的军事壮举，但就汉尼拔军队的素质而言，翻越阿尔卑斯山其实并不是一个好的选择。汉尼拔应该通过海运而不是翻越高山进入意大利。首先，海运的速度较快，不会耗时经年；其次，通过海运能将汉尼拔部队完整地带到意大利，不会因非战斗减员造成巨大的损失；最后，海运不会损失攻城器械，造成后面攻克城池困难。

第二个是坎尼之战后的战略方向选择，此时的汉尼拔自然是攻不下罗马的，但汉尼拔停留于意大利南部，分化瓦解罗马联盟的策略也过于保守。汉尼拔远征敌国，无论是在资源还是在军力上都不占优，应尽可能速战速决，时间越长越难以制服罗马。而罗马城是打败罗马共和国的关键"锁钥"，即使不能攻下也不能不攻，不攻将使拥有极强战争潜力的罗马城得到喘息之机，从而恢复战争实力。汉尼拔应该进攻罗马城，但围而不攻，压缩罗马的战略空间，把战争导入自己擅长的竞争方式。

根据不战而胜之道的三大竞争战略，第一，封闭生态系统。汉尼拔策略最大的问题是在坎尼之战后没有完全隔断罗马与其殖民地之间的连接，致使罗马从诸多同盟城市中快速获得兵力支持与援助，成为打不死的"小强"，越挫越强。而汉尼拔因为没有根据地的全力支持，越胜越弱，终至败局。汉尼拔在坎尼之战后应当围困罗马城，汉尼拔的兵力虽不及罗马，但罗马人必然不敢再与其进行野战（这一点从后期罗马军团对汉尼拔军的态度就可以看出），而是会利用坚固的罗马城进行防守。汉尼拔应抓住战略良机，像凯撒在阿莱西亚战争、皇太极在大凌河之战、曾国藩在太平天国战争中所做的那样，围绕罗马城挖掘深沟、修建围墙、封闭河流，切断罗马城与外界的联系，锁死罗马，将罗马城完全封闭起来。

汉尼拔将罗马城完全封闭起来，可以切断罗马城与意大利半岛上13个罗马殖民地之间的联系。罗马如同大树，拉丁姆地区如同土地，如果将大树从大地上拔起，大树将不能再从土地获取水分与养料，其终究会逐步枯死；而拉丁姆地区离开了罗马的领导，群龙无首，如一盘散沙，更容易被控制。将罗马城包围起来，意大利南部的希腊城邦和北部的高卢部落将不再畏惧罗马，必然会反叛，罗马对这些区域的统治将会崩溃。此时汉尼拔可以联络北部的高卢部落、南部的希腊城邦，由其提供军队参与罗马城的围攻，弥补汉尼拔军在兵力上的不足。

第二，引导竞争方式，汉尼拔最擅长的竞争方式是野战，而攻城并非其强项。罗马城的守军力量虽然大于汉尼拔，但其必然不敢再派出主力与汉尼拔进行野战。等深沟、围墙修成，竞争优势将转移到汉尼拔这一边。在坎尼之战后，汉尼拔获得了大量的粮草，又有坚固的防守工事可以依靠，完全可以以静制动，慢慢消耗罗马城的实力。除了罗马城内的守军，罗马在西西里、撒丁岛和西班牙仍有4个军团，在北意大利波河流域有两个军团（坎尼之战后不久就被高卢部落伏击歼灭），在南意大利也有部分部队。当罗马被围，这些军团必然会回援。汉尼拔可以联系北部的高卢部落、南部的希腊城邦、西西里王国等势力，对这些军团进行伏击，大大削弱其实力。即使某些罗马军团能够返回罗马城附近，汉尼拔凭借深沟高墙既可以守城，也可利用野战优势兵力消灭不论人数还是野战能力均处于劣势的罗马回援军团（如同罗马人消灭哈斯德鲁巴·巴卡军团）。

第三，竞争战略资源，消灭了罗马外部援军，罗马城将孤立无援，在核心资源上，既缺乏粮食供应，又缺乏兵源的持续补充，很难长期坚守，且野战也无法打败汉尼拔。而汉尼拔既有深沟、围墙的坚固，又可以从波河流域的高卢部落、南部希腊城邦获得粮食及物资的支持，由于罗马军团在西西里岛、西班牙的撤出，迦太基可以集中力量支援汉尼拔，汉尼拔可以从迦太基、高卢部落、南部城邦获得充分的兵源，力量此消彼长，战争胜利的天平将倒向汉尼拔。汉尼拔完全可以通过长期围困，慢慢消耗罗马城的资源，等待罗马力量的衰竭，以实现不战而胜，罗马城破将只是时间的问题。

处于战术优势、战略劣势的汉尼拔要打败占据战术劣势、战略优势的罗马，只能死扣住罗马城这个"锁钥"，尽可能缩小罗马的战略空间，消耗罗马的战略资源，削弱罗马的战略优势，牢牢地掌握战略的主动权。随着战果的扩大，罗马联盟分崩离析，罗马的战略优势将荡然无存，汉尼拔将既占据战略优势，又占据战术优势，此时就是战胜罗马的最佳契机。这可能是汉尼拔战胜罗马的唯一机会，这也是罗马文明发展历程中的危急时刻，人类文明面临的重大分叉点。当然，历史没有假设，罗马与汉尼拔的竞争早已化作了历史的尘埃，"战略之父"汉尼拔徒留遗憾，连胜利者罗马也只剩下遗迹供后人瞻仰，但人们通过假设可以看清历史的来龙去脉。

战争的不战而胜之道的核心是对存量资源的争夺，三大竞争战略的最终目的都是快速消耗竞争者的内部资源，从而加速其生态系统的崩溃。这就是不战而胜的取胜之道，也是兵圣孙武的"上兵伐谋"，战争的最高境界。

历史上许多著名战役都曾经使用过不战而胜之道的策略。例如，吴国的孙武在伐楚前充分发挥自己的军事才能实施疲楚战略，尽可能地在决战前削弱楚国实力；在大举伐楚前又集合18国诸侯会盟，尽可能地截断楚国的外部连接，并与唐、蔡联兵，增强自己的力量。这些措施都大大增加了吴国在柏举之战中以少胜多的概率。

西周中期，在淮水上游和汉水中游一带分布着大大小小数十个姬姓诸侯国，史称"汉阳诸姬"，随国是其中最大的一个。此时楚国逐渐强盛起来，楚国要争霸中原，"汉阳诸姬"就成为楚国东进最大的障碍。楚武王曾3次攻打随国，楚武王也因此病死军中，最后只能结盟退兵。此后楚国改变战术，避开随国转而攻占随周边小国，先后灭亡弦、黄、英、夔等国，孤立随国，随国势力日渐削弱，被迫向随枣走廊腹地退缩，择地迁都，从此被楚国收服，成为楚国的附庸，"世服于楚，不通中国"。

从生态系统上看，这也符合熵增定律。当一个封闭系统无法通过内部生产、交换、循环产生维持系统正常运行的战略资源，只能通过与外部交换获得战略资源时，只要截断其与外部的关键连接，这个生态系统就会因缺乏战略资源而走向崩溃。

创新者的不战而胜之道是创造增量价值，通过创造增量价值使客户、相关利益者获利，从而赢得竞争的胜利。而战争的不战而胜之道就是守成者的不战而胜之道，守成者的不战而胜之道是争夺存量资源，通过占有、消耗存量资源使竞争对手生态系统崩溃，从而赢得竞争的胜利。

题诗以记：

吊武安君

关山黯黯万骸垒，
与汝同销帝业灰。
莫道大江东逝水，
尽是千古离人泪。

第二节

竞争方式牵引战略：攻击竞争者资源使用方式的缺陷

商业竞争并不都是基于客户的价值创新，还有基于竞争对手的弱点制定对应的竞争策略，使竞争对手的生态系统崩溃，从而赢得竞争胜利，这就是守成者的不战而胜之道。守成者的不战而胜之道包括3种竞争战略：竞争方式牵引战略、战略资源竞争战略、生态系统封闭战略。

竞争方式牵引战略，即基于竞争对手在资源使用方式上的缺陷，有针对性地采用创新性竞争方式进行进攻，从而击败对手。下面以TCL与长虹的竞争为例进行说明。

长虹是中国第一批引入彩电生产线的企业，逐步形成了依靠规模优势压低成本，通过大幅降价扩大市场份额，进一步压低成本，同时利用优良市场业绩进行股市资本融资，运用充沛资金开始新一轮价格大战，夺取更大市场份额的规模扩张模式，成为行业的领导者。

长虹计划继续通过价格大战占领中国彩电市场一半的份额，竞争进一步加剧，其他电视厂商面临严峻挑战。TCL对长虹的渠道模式进行了深入分析，发现长虹的渠道模式存在很大的问题。大量长虹彩电并没有进入市场，而是积压在批发商的仓库中。长虹一般只和郑百文公司、上一百、南京交家电、成都光电等一级批发商做生意，再由一级批发商将彩电销售给二级、三级批发商和零售商，销售渠道较长。而且长虹为了提升销售业绩，运用了金融工具。例如，长虹和郑百文公司、建行达成了三角交易，即先由长虹向郑百文公司出售彩电，再由郑百文公司向建行交纳约20%的保证金，然后由建行付给长虹全额承兑商业汇票。而郑百文公司向下级批发商销售可以获得全款，半年后郑百文公司把钱还给建行，建行再把钱给长虹，当时一年贷款利率可以达到15%，半年贷款利率可以达到7.5%，郑百文公司可以获得大量免费的现金流，从而在其他方面获得利润。

长虹利用承兑商业汇票制造扣点（在票面价格的基础上给予折扣的点数），以吸引批发商进货。长虹给第一批批发商11个扣点，给第二批批发商15个扣点，逐步增加到25个扣点。长虹给批发商的扣点远超当时的康佳等厂商，其他厂商最多给到11个扣点，长虹因此吸引了大量批发商进货，但优惠力度的逐渐加大也迫使批发商不断降价向市场甩货。在这个销售过程中，由于长虹的销售渠道过长，很多彩电实际积压在各级批发商的仓库中，并未完全通过零售商销售给客户。长虹区域业务经理也只关心是否能从批发商手中获得承兑汇票，对零售商是否真正满足了客户需求并不关心。

TCL针对长虹销售渠道过长、控制力过弱的弊端，提出了"以速度冲击长虹规模"，对区域进行深耕，缩短销售渠道，加快对市场的响应速度来对抗长虹的价格战，将长虹彩电阻断在各级批发商的仓库里。TCL从1994年就开始自建营销网络，在长沙设立办事处，在北京设立分公司，对基层组织放权，授权它们可以自主进行二次定价，以加快市场响应速度。自1998年年初起，TCL开始跨过一级批发商、二级批发商，直接在县级市场招募批发商，按照一县一户的政策，一年内招募到了3000个县级批发商。TCL要求每个县级批发商创办或控制3个零售门店，包括店中店和专卖店，到年底建成包含10 000家零售门店的"垂直分销与零售体系"。TCL为了保障战略落地，彻底改变了竞争方式，要求7个销售大区必须按照集团战略部署统一进行行动，"不换脑子就换位子"。

在区域考核上，TCL 还对区域业务经理执行了"有效分销"考核。长虹对业务经理的考核重点是鼓励批发商打款进货，而 TCL 的考核重点为终端的实际销售，要求业务经理促使消费者的直接购买，区域分公司必须每 75 天实现一次营运资金周转。实际上不少分公司的营运资金周转次数可以做到一年 6 次，最好的可以做到一年 9 次，而长虹整体营运资金周转次数只能做到一年 3 次。

在产品款式上，以前彩电都是黑壳厚重款式，当时纯平彩电开始崛起，TCL 乘机发动了"银佳战役"，推出了颜色多彩、价格便宜的银色系列机型，受到了消费者的欢迎，长虹的黑壳彩电大受打击。

借助产品的"银佳战役"、渠道的速度模式，1998 年 8 月，TCL 宣布其彩电月零售额超过了长虹，成为行业第一。当年 TCL 的销售收入增长了 98%，销量增长了 110%。TCL 通过速度模式大幅拉低了长虹彩电通过分销渠道进入消费领域的效率，其战略意图就是"把长虹的库存打死，使长虹产品无法实现有效销售"。

在 TCL、康佳等彩电厂商通过下游市场终端阻击长虹时，长虹做出了一个惊人的战略举动。1998 年 11 月 16 日，长虹宣布与中国八大彩管厂签订了产能协议，掌握了国内 76% 的 21 英寸彩管、63% 的 25 英寸彩管，以及绝大部分的 29 英寸彩管，意图垄断上游国内彩管产能资源，让其他企业没有彩管可用。最后在政府的干预下，以及彩管厂偷偷放水，长虹的战略意图并没有达到。产品滞销和囤积彩管，给长虹造成数百万台彩电的库存积压，长虹的现金流严重"缺血"。最终，长虹这家成本高企，股价大跌，元气大伤，已无力继续发动价格大战，规模扩张模式彻底终结。

TCL 面对长虹的规模竞争方式，没有和长虹单纯拼规模、拼价格，而是针对长虹的弱点改变了竞争方式，选择了速度模式，通过市场终端对长虹进行打击，以快打慢，从而获得了竞争的胜利。TCL 的速度模式与苹果的 iPhone+App Store 模式、IBM 的 4 层业务整体解决方案不同，苹果、IBM 的竞争方式是基于客户价值进行创新，TCL 的竞争方式是基于竞争对手的渠道资源缺陷进行有针对性的攻击，所以苹果、IBM 的商业模式创新属于创新者的不战而胜之道，而TCL 的渠道模式属于守成者的不战而胜之道。TCL 产品的"银佳战役"是基于客户价值进行的创新，为客户提供了多样性价值。因此，TCL 综合了创新者的不战而胜之道和守成者的不战而胜之道，同时采用了两种不同的竞争手段对长虹发起了综合攻击，以获得更大的竞争优势。TCL 的商业模式如图 9.2 所示。

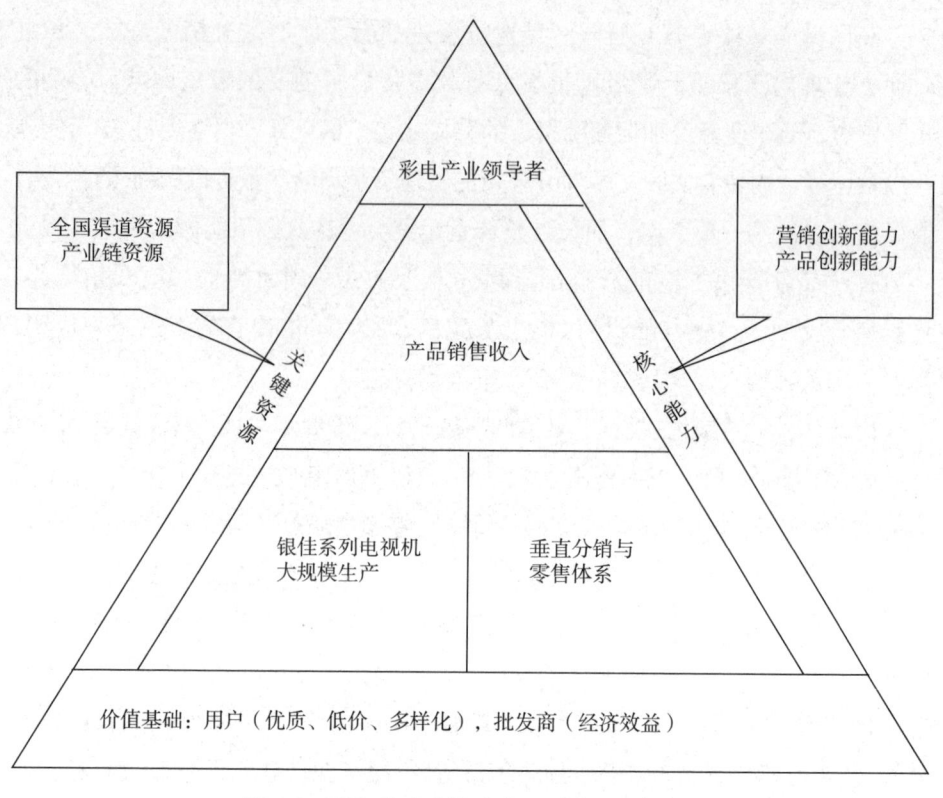

```
                    彩电产业领导者

全国渠道资源                              营销创新能力
产业链资源                                产品创新能力

         关              产品销售收入              核
         键                                        心
         资                                        能
         源                                        力

              银佳系列电视机        垂直分销与
              大规模生产            零售体系

        价值基础：用户（优质、低价、多样化），批发商（经济效益）
```

图 9.2　TCL 的商业模式（20 世纪 90 年代）
（资料来源：作者根据公开资料整理）

中国在 20 世纪 80 年代还处于产品短缺时代，需要凭票券购买产品，是消费者求着厂家、经销商买产品，所以这时的厂家根本没有服务客户的意识。到了 20 世纪 90 年代，随着市场机制的引入、大规模生产的普及，消费品的种类开始由单一变得多样，消费者开始有了选择的权利，TCL 与长虹大战正处于这一阶段。长虹虽然凭借大规模生产，通过价格战获得了市场领导地位，但仍然是传统工业思维，没有意识到客户的重要性，更没有意识到缩短与客户之间距离的重要性，因此给了更重视客户的 TCL 通过缩短渠道、加快市场反应速度实现反超的机会。而长虹对竞争对手的反击——对上游战略资源的垄断，采用的也是守成者的不战而胜之道。这说明长虹当时还没有服务客户的意识，直到被竞争对手打败，陷入困境，才开始放弃大批发商，学习自建渠道，靠近客户。

TCL 是以快打慢、以数量打质量的企业。在 20 世纪 80 年代以前，半导体终端应用以 IBM 大型机为主，换代周期慢，质量要求高。日本半导体企业研发出使用寿命长达25年的质量标准，然后用"价格永远低10%"的策略吊打竞争者同类产品，占据了全球半导体产业一半的市场。但在20世纪80年代，微软与英特尔合作建立Wintel联盟，前者提供操作系统，后者提供CPU，开拓出个人计算机市场，半导体民用市场爆发。与大型机相比，个人计算机更注重速度与成本，致使日本企业使用寿命长达25年的质量标准沦为鸡肋。三星进入芯片行业后，依靠产量快速扩张，降低了成本，将日本企业拉下神坛。日本企业生产64M储存芯片，用1.5倍的工序换来了98%的良品率，而三星只有83%的良品率，生产数量却是日本企业的2倍，三星依靠数量优势击败了拥有质量优势的日本企业，抢占了大量市场份额。

平台之间也存在竞争方式之战，美国最大的网上百货商店亚马逊已经成为全球最大连锁超市沃尔玛主要的竞争对手，亚马逊的优势不在于价格便宜，而是它能够有针对性地为用户推荐商品，这种针对性推荐带来的销售额占其销售额的1/3左右。亚马逊不仅掌握着用户多个维度的静态信息，而且实时记录各种动态的交易数据，随时可以进行分析和挖掘，并根据分析结果对平台的营销策略进行调整和完善，从而有针对性地为用户进行推荐。例如，一名女性用户在平台上购买了厨房用品，同一地址的男性用户又购买了跑步机，那么很可能这两位用户是一家人，根据他们的住址信息可以估算房产价值和收入水平，再结合其他购物记录就可以做更为精准的购物推荐。随着平台数据量的增加，亚马逊通过算法优化还具有了"由商品推荐商品"的功能，使其推荐系统更加准确且具有时效性。随着平台数据的增多，平台推荐越精准，用户黏性就越高，这种竞争方式是传统线下连锁超市很难拥有的。

还有利用预防性收购对竞争对手展开竞争的企业。预防性收购是指互联网平台利用资本优势收购实际或潜在竞争对手的核心产品，使其被关闭、搁置或转为己用。例如，Meta曾收购Instagram等有市场威胁的小型初创公司。

第三节

战略资源竞争战略：攻击竞争者最薄弱的战略资源

战略资源竞争战略是对商业战略资源进行争夺、攻击与消耗的战略，战略资源主要包括6种战略资源：存量客户、流量、数据、供应链、资金、利润区。存量客户是指竞争对手的存量客户资源，流量是指客户对平台的访问次数、访问时间等资源，数据是指平台在运营过程中积累的规模用户数据资源，供应链是指企业生产经营所需的重要原材料、零部件等上游产业资源，资金是指企业拥有的资金资源，利润区是指"有机耦合体"、平台获取利润的利润区资源。存量客户、流量属于市场要素资源，供应链、资金、数据属于经营要素资源，利润区属于经营成果资源，这6种战略资源是企业在经营过程中必不可少的战略资源，因此存在6种资源竞争战略。

一、存量客户资源竞争战略

存量客户资源竞争战略，是指针对竞争对手的存量客户资源进行争夺，从而不断削弱竞争对手的实力，扩大自身市场份额的战略。守成者与创新者所获取的客户资源是不同的，创新者通过开拓新的客户群体，或者给客户群体带来新的价值来获得增量客户群；而守成者主要依靠价格竞争来争夺竞争对手的存量客户群体。

拼多多利用微信开拓四、五线城市及农村等下沉市场的客户，这部分市场中的客户是电商市场的增量客户，获客成本很低。但后续拼多多并不想只停留在低端市场，而是向上进行拓展，争夺阿里巴巴、京东所在的中高端市场的存量客户，此时反而获客成本很高。

拼多多实质是在强攻中高端电商市场。由于"开市客+迪士尼"的电商平台还只是一个构想，拼多多在物流等方面也未能为客户提供更大的价值，只能借助"百亿补贴"通过价格战强攻竞争激烈的中高端市场，因此代价高昂、困难重重。但近年来消费市场下沉，反而让拼多多获利丰厚。越来越多的消费者同时使用拼多多、淘宝和京东购物，随着客户群体的趋同，三大电商平台的竞争将更加白热化。

二、流量资源竞争战略

流量资源竞争战略，是指平台通过争夺与占有客户对平台的访问次数和访问时间等流量资源，实现自身的快速发展，同时压制竞争对手成长的战略。

在中国，抖音与微信在平台定位上是有差异的，一个是短视频平台，另一个是社交平台，因此双方的核心客户群其实是不同的。但随着抖音、微信的快速成长，双方对用户使用时间展开了激烈的竞争。抖音根据"点赞比"进行流量分发，一个新视频开始会推给 100 个人，如果点赞数据优秀，就会继续推给 1000 人、10000 人，如果继续保持了这个点赞比，就会推给 10 万人、100 万人，因此经常有一些新用户或小主播，通过一、两条短视频火速蹿红，获得几万甚至几十万名粉丝，这是其他互联网产品都不曾给用户带来过的体验。抖音通过不断制造热点话题，引起用户围观、模仿，推动热点话题不断扩散、放大，从而"黏住"用户的时间。而用户在短视频上花费的时间越多，抖音展示的广告就越多、越精准，商业效益也会更为显著。

根据 Quest Mobile 的统计，短视频行业使用时长在网民使用移动互联网的总时长中的占比，从 2017 年的 1.5% 上升至 2018 年的 7.4%，而即时通信在总时长中的占比却从 2017 年的 37% 下降至 2018 年的 32.2%。由此可见，抖音等短视频占用的是原来属于微信的用户使用时间，网民们"刷"、拍抖音短视频的时间增长了，"刷"微信的时间就减少了。平台占据用户时间，就意味着获得了大量流量，而流量意味着金钱，用户时间的减少也意味着微信的潜在商业空间被抖音等短视频平台挤压了。

三、数据资源竞争战略

数据资源竞争战略，是指平台争夺与占有在生产运营过程中积累起来的、以用户为核心的各类规模化信息资源，包括产生、加工、存储和使用数据的资源，以形成竞争优势的战略。由于平台数据资源不仅具有潜在经济价值，还对平台运营服务质量具有直接影响，因此成为平台间争夺的战略要地。例如，菜鸟网络和顺丰快递之争，双方争夺的关键在于数据资源话语权，顺丰无法接受放弃腾讯云而接入阿里云，丧失对物流数据资源的掌控权，从而导致未来发展受制于人。

四、供应链资源竞争战略

供应链资源竞争战略，是指争夺与垄断企业生产经营所需的重要原材料、零部件等上游产业资源，削弱对手的竞争实力，以赢得竞争胜利的战略。

某知识平台向读者提供学术文献、外文文献、学位论文、报纸、会议、年鉴、工具书等各类资源检索、在线阅读和下载服务。其通过与大量期刊、高校及各内容提供商签订独家协议，限制它们与其他第三方学术文献数据库服务平台合作，从而锁定上游优质学术资源，使其他竞争者难以与其开展竞争，以此实现了其在知识经济市场的高占有率。该知识平台在采购学术文献和销售知识数字化产品方面都处于优势地位。

三星在处理器、内存、闪存、AMOLED屏幕等零部件市场上处于领先地位，中国的手机品牌商需要向三星购买相关零部件产品，但在处理器、AMOLED屏幕等高端零部件方面的需求常常无法被满足。由于三星产能有限，为了保障自身产品的市场领导地位，其首先要满足自身产品的需要，然后才会考虑给其他厂商供货，因此其他手机品牌的竞品手机经常因缺乏关键零部件供应而推迟上市时间。

2019年7月1日，日本宣布限制向韩国出口用于半导体制造过程中"清洗"的高纯度氟化氢、涂覆在半导体基板上的感光剂"光刻胶"、制造电视和智能手机显示面板的氟化聚酰亚胺，这3种材料是显示面板及半导体芯片制造过程中所需的关键材料。在全球高纯氢氟酸（氟化氢）市场中，瑞星化工、大金、森田化学3家日本企业的市场占有率合计超过93%；在全球光刻胶市场中，日本JSR、东京应化、日本信越与富士电子材料的市场占有率合计达到72%；在全球氟化聚酰亚胺市场中，日本信越、JSR及住友化学等企业的市场占有率达到了90%以上。这3种材料的全球市场并不大，仅有数十亿美元的规模，却能影响到4000亿美元规模的半导体市场、1300亿美元规模的面板市场、600亿美元规模的印制电路板市场，对下游的三星、LG等企业构成了严重威胁。

五、资金资源竞争战略

资金资源竞争战略，是指若竞争对手的资金资源较为薄弱，可凭借雄厚的资金资源与其开展竞争，迫使其快速耗尽资金，从而赢得竞争胜利的战略。例如，美团、滴滴等利用雄厚的资金实力，获取市场份额。

六、利润区资源竞争战略

利润区资源竞争战略，是指针对竞争对手的利润区进行进攻，大幅削弱竞争对手的盈利能力，使竞争对手的实力大损，难以形成持续有效的反击，不断衰落，最终倒闭的战略。例如，微软为了击败网景公司，将浏览器软件与操作系统软件进行捆绑，免费提供给用户，直接进攻网景公司的利润区，使其无法再获取利润。虽然浏览器 1.0 和 2.0 版本由于技术缺陷，在市场上对网景公司的威胁还不太明显，但在性能稳定的 IE4.0 出现后，微软终于利用这种捆绑方式击败了网景公司。

企业可以根据实际情况，选择竞争对手最薄弱的存量客户、流量、供应链、资金、利润区等资源展开竞争，迫使其要么耗尽供应链、资金等经营要素类战略资源而引发全盘崩溃，要么不断流失存量客户、流量等市场要素资源而逐步陷入困境，要么失去利润区等经营成果资源致使无力扩张、竞争力大损。

第四节

生态系统封闭战略：封闭竞争者的发展空间

生态系统封闭战略，是指通过对未来发展空间的争夺、占领、封闭、遏制竞争对手生态系统的发展与壮大的战略。生态系统封闭战略包括 3 种细分战略：①核心保护战略，注重对自身核心业务的保护，避免被竞争者侵入。②核心突破战略，千方百计突破对方核心业务，达到牵制、干扰的作用。③生态封闭战略，封锁、遏制竞争者的生存空间、发展空间，使竞争者的战略资源逐渐枯竭，或难以快速成长。例如，头条系与腾讯系相互封闭生态系统，以遏制对方的发展；苹果封杀 Adobe Flash，以实现对整个平台生态的掌控。

下面我们以阿里巴巴和腾讯的商业生态体系竞争为例，具体说明。

一、生态布局

阿里巴巴和腾讯作为中国互联网行业的领导企业，虽然各自的核心业务并不相同，阿里巴巴主打电商，腾讯主打社交游戏，但在发展到一定阶段后，随着产业规模的扩张，它们必然会对未来的商业发展空间进行争夺，从而爆发冲突。阿里巴巴和腾讯爆发生态体系竞争的起点在于 2013 年阿里巴巴投资新浪微博。由于腾讯微信与新浪微博存在较强的竞争关系，腾讯担心两家联手会威胁自身社交平台的发展，于是主动出击，封杀微信平台的淘宝营销账号。淘宝也开始反击，关闭了微信对淘宝的直接访问，微信接着屏蔽了所有直接跳转淘宝网站的链接和相关网址，将微信到淘宝的流量彻底切断。此后8年，微信打不开淘宝链接，淘宝也打不开微信链接，双方的商业生态系统彼此封闭，开始将对方作为竞争对手。

2014年春节，微信支付利用春晚红包横扫大江南北，一夜之间获得了支付宝花费7年才达到的规模，直接威胁到阿里巴巴在互联网金融上的核心利益，被马云称为"偷袭珍珠港"事件，双方大战正式爆发。滴滴和快的之间的"补贴大战"，表面是出行公司通过补贴争夺出行市场份额，本质是阿里巴巴和腾讯为了争夺线上支付市场，对滴滴和快的进行源源不断的输血支持，否则以两家初创公司的实力，根本无力发动全民补贴大战。最后在各方资本的撮合下，2015年滴滴和快的合并，双方在出行局部市场暂时握手言和，而这只是阿里巴巴和腾讯近10年生态大战的开端。阿里巴巴和腾讯的业务"阵式"（2022年）如表9.1所示。

表9.1 阿里巴巴和腾讯的业务"阵式"（2022年）

业务	阿里巴巴	腾讯
社交、办公	新浪微博、陌陌、钉钉、点点虫（原来往）、淘宝旺旺	微信、QQ、QQ空间、腾讯微博、腾讯企业微信、金山办公
娱乐、内容	影视（阿里影业、优酷土豆、光线传媒、华谊兄弟、万达电影、大麦）、音乐（虾米音乐、阿里星球）、游戏（阿里游戏、灵犀互娱、九游）、传媒文化（分众传媒、华人文化、南华早报）、文学（阿里文学、书旗）、体育（阿里体育）	游戏（腾讯游戏、腾讯电竞、掌趣科技、盛大游戏、格融移动、创梦天地、动视暴雪、Ubisoft、Supercell、Sumo Group、Netmarble、Stunlock、Krafton、Reddit）、直播（微信直播、快手、斗鱼、虎牙、映客）、影视（腾讯视频、腾讯影业、腾讯动漫、华谊兄弟、B站、猫眼娱乐）、音乐（腾讯音乐、酷狗音乐、酷我音乐）、传媒文化（腾讯网、腾讯新闻、知乎）、文学（阅文集团）、内容分发（趣头条）
医疗健康	阿里健康、美年大健康、爱康国宾	腾讯医疗健康、妙手医生、春雨医生、微医、医联、好大夫、高济医疗、丁香园、水滴互助、老百姓、微保

续表

业务	阿里巴巴	腾讯
教育	湖畔创研中心、VIPKID、作业盒子、宝宝树	腾讯教育、猿辅导、新东方、VIPKID、爱学习、宝宝玩英语、考虫、百词斩
出行（新能源汽车、汽车服务及其他移动出行）	小鹏汽车、滴滴、哈啰出行、T3	蔚来、易车、人人车、滴滴、美团单车、T3
金融、金融科技	蚂蚁金服（支付宝、花呗、余额宝、蚂蚁财富、芝麻信用）、网商银行、恒生电子、华泰证券、众安保险、邮储银行	腾讯金融科技（财付通、微信支付、QQ钱包、海外钱包、乘车码、理财通）、微众银行、富途控股、长亮科技、众安保险、邮储银行
科技（云计算、人工智能等）	阿里云、UC浏览器、豌豆荚、中国万网、千寻位置、石基信息、安恒信息、商汤科技、千方科技、长鑫存储、中国联通、Magic Leap	腾讯云、腾讯开放平台、QQ浏览器、腾讯应用宝、手机管家、搜狗、猎豹移动、燧原科技、云豹智能、云鲸智能
电商	中国电商（淘宝、天猫、淘特、天猫国际、淘宝直播、闲鱼）、国际电商（阿里巴巴国际站、速卖通、考拉海购、Lazada、Trendyol）、中国批发商业（阿里零售通、1688）、中国电商产业链服务（阿里妈妈）	京东、拼多多、蘑菇街、唯品会
新零售、本地生活服务	天猫超市、连锁商超（高鑫零售、联华超市、盒马、家乐福、银泰、苏宁、百联集团、三江购物、新华都、Samyama）、生活服务（饿了么、高德地图、口碑、淘鲜达、淘宝买菜、飞猪、众信旅游）、房产家居（居然之家、红星美凯龙）	连锁商超（永辉超市、沃尔玛、步步高、华南城、海澜之家）、生活服务（美团点评、58同城、腾讯地图、四维图新、同程艺龙、贝壳找房、恒腾网络）
物流	菜鸟、丹鸟、蜂鸟、溪鸟、中通、申通、圆通、韵达、百世、新加坡邮政	京东物流、满帮、G7

资料来源：作者根据公开资料整理。

阿里巴巴和腾讯在网上支付、补贴大战后，开始快速扩张商业生态，占据未来发展空间，同时遏制竞争对手的成长。双方构建的商业"阵式"涉及十大业务领域，这十大业务领域覆盖了社会生活消费的方方面面，双方形成了犬牙交错的全面竞争局面。

在社交、办公领域，腾讯不仅拥有微信、QQ两大国民社交平台，还拥有腾讯微博、腾讯企业微信、金山办公等，拥有绝对优势；阿里巴巴曾利用来往、点点虫、支付宝增加聊天交友游戏、钉钉、Real如我等App多次尝试突破正面社交、侧面企业办公协同领域，还投资了新浪微博与陌陌，对微信、QQ进行牵制。

在娱乐、内容领域，腾讯在游戏、直播、影视、音乐、传媒文化、文学、内容分发等细分领域利用重金投资、战略联盟构建了强大的防线；阿里巴巴的进攻主要在影视、音乐领域，但其重金收购的优酷土豆、虾米音乐、阿里星球（原天天动听）在竞争中逐渐落入下风。

在医疗健康领域，阿里巴巴和腾讯都非常重视医疗健康，但双方的资源、禀赋不同，所以战略布局不同。阿里巴巴偏重线上，意图打通"电子处方+医药电商"，构建完整闭环生态，腾讯则意图作为一个"连接一切"的平台，与整个大健康诊疗产业生态融为一体。但严格的行政管制使该领域迟迟未能走向成熟，双方仍处于前期布局阶段。

在教育领域，由于教育市场空间相对偏小，阿里巴巴和腾讯虽均有布局，但均未将此领域作为战略重点。阿里巴巴对教育行业的投资偏重少儿教育和学前教育，腾讯则广泛投资各个细分领域的领导企业。

在出行领域，出行市场是线下支付的主要场景，属于战略性市场，阿里巴巴和腾讯在共享单车等出行领域展开了持续竞争。在滴滴与快的合并后，阿里巴巴投资了哈啰出行、T3等，腾讯投资了摩拜（2020年更名为美团单车）、T3。之后腾讯不再躬身入局，而是利用微信平台的流量与支付接口，整合利益相关者资源，以此遏制阿里巴巴系企业的扩张。

在金融、金融科技领域，金融属于战略市场，是双方必争之地。阿里巴巴以消费场景为基础，从电商扩展到支付，再扩展到消费金融生态体系（蚂蚁金服）；腾讯利用春晚红包逆袭支付宝后，成立腾讯金融科技，构建基于社交大数据的金融闭环商业生态，在相当大程度上压缩了阿里巴巴消费金融生态系统的成长空间。

在科技领域，阿里巴巴主要向高端科技发力：一方面从技术出发，通过核心软件技术、操作系统向芯片等关键技术进行突破；另一方面从市场出发，利用云计算能力、云钉一体战略，打造基于互联网、零售、金融、交通、制造业等行业的解决方案，深度渗透、开拓各产业数字化市场。而腾讯更为现实，主要基于平台自研体系，立足于云计算、人工智能等领域，开拓金融、工业、消费电子等政企市场。

在电商领域，阿里巴巴拥有绝对的优势，利用淘宝、天猫、淘特等网站构建了中国电商防线，利用阿里巴巴国际站、全球速卖通、Lazada等网站组成了国际电商防线，利用阿里零售通、1688深入拓展批发商业，利用阿里妈妈为电商提供产业链深度服务。腾讯曾利用拍拍网、腾讯电商、易迅网、买卖宝多次尝试进攻电商领域，但均不太成功，其后转变思路，扶持京东、拼多多等电商平台与阿里巴巴进行对抗。

在新零售、本地生活服务领域，阿里巴巴提出新零售概念，将线上、线下零售业态进行融合，线上打造了天猫超市，线下投资了高鑫零售、联华超市、盒马等连锁商超，还对生鲜电商、社区团购等本地生活服务业务重金下注。另外，阿里巴巴还投资了房产家居企业，在线上流量接近封顶之时，依靠线下业务拓展获取业务增量。腾讯为了封堵阿里巴巴，虽然自身没有电商业务，依然投资了永辉超市、沃尔玛等连锁商超。在本地生活服务方面，由于美团选择了更具流量优势的腾讯，阿里巴巴扶持饿了么、口碑网对抗美团点评。阿里巴巴在新零售的线下业务拓展虽然带来了收入增量，但成本较高，拖累了其利润率。2020年美团点评系的本地服务业务规模是阿里系的本地服务业务规模的4倍，美团点评系已经压过阿里系。

在物流领域，物流是支撑阿里巴巴新零售的重要业务模块，身处商业核心的阿里巴巴相对于腾讯具有较大优势。阿里巴巴成立了菜鸟以整合各大物流公司资源、提升物流效率；投资了三通一达（圆通速递、申通速递、中通速递、韵达快递）等快递公司，以加强控制力；孵化了3鸟（丹鸟、蜂鸟和溪鸟），以占据物流细分领域。腾讯则投资了京东物流、满帮、G7，对阿里巴巴进行牵制。

在近10年的生态体系大战中，阿里巴巴以电商为核心，延伸到物流、金融、新零售、生活服务等领域，再扩展到科技、出行、医疗健康、教育、娱乐内容等领域；而腾讯以社交为核心，延伸到娱乐、游戏、金融等领域，再扩展到科技、出行、医疗健康、教育等领域。双方的生态体系竞争甚至影响到中国整个商业生态的发展，京东、拼多多、美团、滴滴、今日头条、快手、苏宁等知名企业都被卷入，滴滴快的大战、外卖大战、共享单车大战、社区团购大战等，都是双方近10年竞争的局部战争。这场商业大战持续时间之长、影响范围之大，在全球商业史上也是罕见的，双方共同为人类商业史贡献了精彩纷呈的商业攻防战案例。

二、竞争策略

在这场近10年的生态体系大战中，阿里巴巴和腾讯共同采用了3种细分竞争战略：核心保护战略、核心突破战略、生态封锁战略。

（一）核心保护战略

核心保护战略，是指在生态体系竞争中，通过竞争性定价或高质量产品，以及业务连点成线、加深加厚防线，以保护核心业务领域不被竞争者侵入的战略。阿里巴巴和腾讯都注重对核心业务领域的保护，在历年投资中，阿里巴巴对电商、新零售、生活服务、物流领域的投资最多，构建了中国电商、国际电商、批发商业、电商产业链服务、连锁商超、生活服务、物流等完整防线；而腾讯对社交、游戏、娱乐、内容的投资最多，构建了社交平台、游戏、影视、音乐、直播、传媒文化、文学、内容分发等完整防线，腾讯仅投资海外游戏公司获取优质游戏资源，就花费了上千亿元，构筑了较高的防御壁垒。

双方非常在意维护、巩固核心业务的优势地位，这是未来生存、发展的基石，具有最强的战略价值。双方在核心业务上"寸土必争"，立足客户，通过多个业务连点成线，构建出完整的防御体系，并通过大规模投资控制产业核心资源，加深加厚防御体系，即使花费巨资也在所不惜，绝不给对方留下任何防线空隙，形成突破。

（二）核心突破战略

核心突破战略，是指在生态体系竞争中，寻找竞争者核心业务防线的薄弱之处，利用创新产品、创新业务、低成本等手段进行突破，达到牵制、干扰作用的战略。社交和电商是中国互联网市场最具有战略价值的两个市场，社交拥有流量，电商拥有利润，阿里巴巴和腾讯在重兵把守自身核心业务领域、严防死守的同时，也时时不忘突破对方的核心市场，因此才会有阿里巴巴在来往、支付宝聊天、钉钉、Real如我上的不断尝试。阿里巴巴向来往投资10亿元，即使来往失败了，马云仍然挽留来往团队继续开发钉钉、Real如我，持续向腾讯核心业务发起攻击。而腾讯也通过拍拍网、腾讯电商、易迅网、买卖宝、小鹅拼拼、鹅享团、腾讯惠聚、企鹅惠买等业务，不断尝试直接进攻阿里巴巴电商业务。腾讯全资收购易迅，向腾讯电商投入十亿美元，即使在投资京东、拼多多后，也通过小鹅拼拼、鹅享团、腾讯惠聚等业务继续在电商领域尝试突破。但由于担心微信过度商业化对用户体验有影响，腾讯不敢全力进行流量扶持，而没有扶持就不可能留住商家，无法形成规模化的商业生态，因此腾讯探索了十几年的电商业务，始终无法培育出规模化的电商生态。

双方从自身资源能力出发，不断尝试从多种不同角度对对方的核心业务发起攻击，寻找对方防线的薄弱之处进行突破，屡战屡败，屡败屡战，试图将对方防线撕开一条缺口。例如，阿里巴巴最终利用钉钉突入了社交、办公领域，这种突破是具有战略价值的，即使不能战胜对方，也能极大地削弱对方的实力，牵制对方在其他战略领域投入的资源。

（三）生态封锁战略

生态封锁战略，是指在生态体系竞争中，封锁、遏制竞争者的战略发展空间，使竞争者的战略资源逐渐枯竭或难以快速成长的战略。阿里巴巴和腾讯不仅不断尝试进攻对方的核心业务防线，而且尽可能地封锁、遏制对方的战略发展空间，避免对方通过战略性新业务的从容开拓，掌握产业未来发展的主动权，导致己方陷入不利境地。阿里巴巴和腾讯遏制对方的战略发展空间，体现在两方面，如下所述。

一方面是科技、金融、出行、教育、医疗健康等中间业务的竞争。例如，科技领域的阿里云与腾讯云、金融领域的蚂蚁金服与腾讯金融科技、医疗健康领域的阿里健康和腾讯医疗健康、教育领域的云钉一体和腾讯教育，双方在每一个中间业务领域均有布局。即使医疗健康产业存在政策不明朗的问题、教育产业离双方核心业务距离较远，双方也没有放过任何一个潜在的战略机会。它们通过对社会相关产业的全面布局，尽力抓住每一个行业未来的风口，抢占战略发展空间，避免让对方坐大。

互联网支付是基于双方核心业务延伸出的关键业务，从互联网支付可以延伸出互联网金融。金融被称为"百业之母"，活水润百业，具有极大的战略价值。阿里巴巴和腾讯都对互联网支付入口势在必得，因此才会出现滴滴快的大战。在滴滴、快的合并后，阿里巴巴和腾讯握手言和，实质进行了"战略兑子"，腾讯、阿里巴巴各占滴滴董事会中的一席，同时失去了对滴滴的绝对影响力。此后，阿里巴巴发现得不偿失，对此耿耿于怀。由于腾讯的微信是社交平台，通过嫁接出行平台等应用小程序即可实现互联网支付，而阿里巴巴由于电商属性，流量远不如微信，很难吸引第三方应用为互联网支付导入流量，因此只能通过投资手段整合第三方应用。从战略上看，滴滴"战略兑子"确实有利于腾讯，而不利于阿里巴巴，所以阿里巴巴转而扶持哈啰出行。

另一方面是扶持对方业务领域中的竞争对手。双方通过扶持代理人进行"势战"，最大限度地遏制对方的战略发展空间。例如，阿里巴巴在社交领域投资微博和陌陌，与抖音、快手建立联盟，通过扶持对方的竞争对手，压制腾讯的战略发展空间；腾讯则在电商领域投资京东、拼多多、美团、蘑菇街、唯品会等，压制阿里巴巴在电商领域的战略发展空间，同时针对阿里巴巴在新零售领域投资的高鑫零售、联华超市、盒马、银泰、苏宁、百联集团等连锁商超，以及在物流领域投资的"三通一达"，扶持永辉超市、步步高等连锁商超，以及京东物流、满帮、G7等物流企业，避免阿里巴巴一家独大。

在这3种细分竞争战略中，生态封锁战略是主导战略、核心保护战略是基础战略、核心突破战略是辅助战略，3种细分战略需要根据实际情况组合使用。首先，保护自身核心业务领域不被竞争者突破；其次，在不断扩大自身势力的同时，封闭、占领、挤压竞争者的成长空间；最后，不断尝试突破竞争者的核心业务，形成战略牵制、钳制或包围。

三、竞争关键

阿里巴巴和腾讯采用了相同的竞争策略，却有着不同的竞争结果。阿里巴巴的主营业务增长逐渐见顶，除金融外其他业务仍未成为能带动其他业务的"发动机"。在2021财年，除中国商业外，其他业务全部处于亏损之中，阿里巴巴急需找到新的"动力引擎"。腾讯的国内游戏业务仍然在成长中，国际游戏业务正逐步成长为其新的支撑业务，微信的基本面仍然良好，而且腾讯手持大量被投企业资产，既带动了网络广告、金融科技及企业服务业务的拓展，又随时可以在适当时机获取投资收益，进退自如。

双方存在差异的关键在于商业生态系统采用了不同的"有机耦合"模式，双方"有机耦合"模式存在三大不同，如下所述。

（一）耦合类型

阿里巴巴根据自身的电商平台资源，选择了业务流耦合、业务群耦合模式。无论是新零售、物流、金融、医疗健康、科技还是社交办公业务，阿里巴巴都立足于电商平台资源进行耦合延伸。向新零售延伸是构建线上、线下一体化的O2O模式；向物流延伸是将电商、新零售与物流进行有机耦合，为消费者提供更多的价值；向金融延伸是立足电商、新零售的消费金融，向社会借贷、支付、出行、住宿、公益等金融业务进行延伸，以支持消费升级与扩张；向医疗健康延伸是立足医药电商，将线下医院、健康管理与医药电商结合起来，为消费者提供便利、实惠等价值；向科技延伸是立足服务电商的云计算能力，向实体产业链企业、政府等市场进行扩张；向社交办公延伸也选择了与电商业务紧密耦合的企业办公沟通与协同方向，以便于为电商业务关联企业提供沟通与协同服务，这是阿里巴巴相对于腾讯的优势社交领域，能为客户提供足够的耦合价值。新零售、物流、金融、医疗健康、社交办公是以电商业务为基础的业务流耦合，科技是以电商业务为基础的多种不同解决方案的业务群耦合。

唯有阿里大文娱、阿里影业涉及的娱乐、内容业务与电商业务相隔较远，中间还有短视频等内容社交业务相区隔，不能与电商业务形成直接耦合，因此还无法建立有效的耦合机制，只能起到抢占未来内容发展空间、牵制腾讯等竞争对手的作用。从战略看，目前，阿里巴巴的娱乐、内容业务近乎一颗战略"孤子"。

腾讯从自身社交平台资源出发，选择了平台流耦合模式。腾讯不仅有微信、QQ两大社交平台，还拥有巨量资本，除了对核心的社交与办公、娱乐与内容两大业务进行强有力控制，不容他人染指，其他业务均采用了"资本＋流量"开放耦合方式。腾讯先利用资本对相关业务领域企业进行投资，再利用社交平台用户流量为被投资企业进行导流，获取导流的广告收入及被投资企业业务规模扩大后的投资收益。这种平台流耦合只需要用户流量的输出与输入，不需要腾讯与被投资企业的业务进行深度整合，因此相较于业务流耦合、业务群耦合的难度较低。

正因为阿里巴巴选择了业务流耦合、业务群耦合模式，各业务之间要形成有效的循环机制，阿里巴巴就必须拥有绝对的控股权，以对各业务模块进行强有力的控制，从而做到"全国一盘棋"，让每个业务完全按照公司战略需要步步推进，利用不同业务模块构建出最佳的循环机制，实现全业务、高效率、高速度的发展，帮助阿里巴巴赢得全局胜利。阿里巴巴对投资企业的需求是"执行力和业务整合"，因此阿里巴巴的投资大多属于全面并购。

腾讯选择了平台流耦合模式，不需要干预被投资企业的业务，只需要帮助其成长，获取最大利润即可，因此腾讯只要获得被投资企业的大股东地位，而不用获得控股权，反而需要被投资企业的创始人与管理团队继续发挥创新力，为腾讯投资带来超额回报。腾讯对投资企业的需求是"创新力和生态协同"，因此腾讯的投资大多都是战略投资，而非控制被投企业。

（二）耦合价值

有观点认为，微信是流量的拥有方，而淘宝、天猫是流量的消耗方，流量的多寡造成了腾讯、阿里巴巴竞争结果的差异。阿里巴巴近年来四处寻找抖音、快手等流量的拥有者进行合作，为淘宝、天猫引入流量。但这种观点其实只看到了表面，未看到本质。

阿里巴巴真正缺少的不是流量，而是耦合价值。2008年淘宝断开百度外链，2013年淘宝屏蔽了来自微信端的访问，这都没有阻挡阿里巴巴在2015年获得中国零售电商市场75%的市场份额。淘宝、天猫在2015年后的市场相对份额不断下滑有3个原因：一是在核心电商领域，中国复杂的消费结构并非"消费升级"一个方向所能涵盖的，认识到中国"消费升级"并不困难，这是中国经济发展的大势所趋，难的是在把握住"消费升级"的同时，还能满足其他细分领域消费者的需求，而且近年受疫情等因素的影响，2022年社会消费品零售总额甚至出现了同比下滑的现象；二是虽然阿里巴巴构建了庞大的商业生态，电商、新零售与本地生活服务之间更多的是"简单拼合"，而非"有机耦合"，并没有利用"有机耦合体"的循环机制为消费者提供超越竞争者的耦合价值，新零售的成效并不显著；三是虽然阿里巴巴利用菜鸟提升了物流价值，但仍未能充分发挥物流的战略意义，其发展速度与整合效率仍不及京东物流等竞争者。

正是这3个原因，导致平台竞争的同质化。京东凭借高品质、快物流在高端市场侵蚀天猫的市场份额；拼多多利用低价获取下沉市场的价格敏感消费者，从低端市场侵蚀淘宝的市场份额；美团则给本地消费者带来了便捷、多样化价值，腾讯系商业强有力地阻击了阿里巴巴向新零售的扩张。很多消费者离开淘宝、天猫平台，转向其竞争对手。流量的减少迫使阿里巴巴四处寻找新增流量，与抖音、快手等社交流量平台进行合作，但这其实是与虎谋皮、饮鸩止渴。社交流量平台早就对电商平台的高额利润虎视眈眈，只是苦于无法在一夜之间构建出规模电商生态，养成消费者的使用习惯，而阿里巴巴、京东等电商与抖音、快手合作，正中其下怀。社交流量平台利用阿里巴巴、京东等的电商生态培养用户的使用习惯，一旦自身电商生态成熟，必然会踢走阿里巴巴、京东等合作者，独享内容电商生态。阿里巴巴仿效2011年淘宝网一分为三，在2023年一分为六，但此一时彼一时。2011年淘宝网还没有强有力的竞争对手，而2023年其四处皆是强敌，其实并不适合将还未真正成熟的业务板块分拆，如若总体战略方向明确，握指成拳要比分兵突破有力得多。

阿里巴巴等平台电商真正需要做的是对循环机制进行创新，借助独特价值序列为消费者创造出更强的品质、价格、便捷等价值，这样自然会吸引流量进入。否则"前门驱狼、后门迎虎"，为了与腾讯竞争，阿里巴巴又培养出了抖音等竞争者，在内容电商领域对阿里巴巴形成了强有力的威胁，致使阿里巴巴的战略布局出现"孤岛"。而且从Web3.0的发展趋势看，社交平台最终都会从不同形式走向交易，内容平台或迟或早都会进入电商生态。

腾讯利用网状超级平台模式为用户创造出了中耦合价值，社交平台与电子商业、本地生活服务等平台之间进行耦合，这就是平台流耦合。而在京东、拼多多的电子商业平台，以及美团的本地生活服务平台等商业生态内部是业务流耦合、业务群耦合。在平台流耦合上嫁接业务流耦合，不仅为客户贡献了社交价值，还为客户增加了品质、便利、多样化的购物、生活服务价值。京东、拼多多、美团在各自的核心细分领域利用循环机制为客户提供了相比阿里系更大的价值，腾讯再为其浇灌流量，如虎添翼。因此，腾讯选择细分领域领导者投资，基本"子子皆活"。而阿里巴巴的核心商业创新不足导致流量流失，耦合机制又没能创造出更大价值，所以很多被阿里巴巴并购的企业业务处境困难。

但这并非意味着业务流耦合不如平台流耦合的价值大，耦合类型本身并无高低之分，而是循环机制的创新效率有高低，所以才会导致耦合价值有高低。若仅强调"执行力和业务整合"，不断进行生态扩张、规模扩张，利用商业生态体系挤压竞争对手，"以势压人"，而模式创新力减弱，导致效率下降，就会被更大的商业生态体系所压制，这才是问题的关键。

（三）循环机制

阿里巴巴本质是建立货架式平台电商，通过对流量进行低买高卖来获利。但是，一方面，在平台循环机制上，阿里巴巴 2014 年从被动搜索升级到主动推荐后，相对而言，未能继续为高端和低端消费者贡献出更大的价值；另一方面，在"有机耦合体"的循环机制上，阿里巴巴也未能通过新零售的线上、线下业务整合，为消费者创造出更大的差异化价值。除此之外，阿里巴巴循环机制的失衡为其竞争对手提供了机会。2015 年，阿里巴巴为了推动品牌化占据中高端市场，从淘宝将大量流量导入品牌商家，虽然品牌商家得到了快速发展，平台货币化率也得到提升，阿里巴巴获得了随之带来的利润增长，但流量的失衡、货币化率的提升，也导致很多中小商家离开淘宝进入拼多多等平台电商，这给了其他平台电商构建商业生态的机会。

而京东通过自营店和京东物流的耦合，为消费者提供品质、快捷方面更高的价值；拼多多通过社交拼团与微信的耦合降低引流成本，利用"百亿补贴"形成规模化采购反向压低供应链成本；抖音通过大数据推送实现精准兴趣内容营销；快手通过"内容 + 私域"建立买方和卖方的长期互动，降低交易成本。竞争者们通过内循环体系中各个节点层出不穷的机制创新，既带给了消费者创新性的消费体验与价值，也给商家提供了更多的平台选择，导致阿里巴巴很多时候被动跟随，所以阿里巴巴的市场份额逐步被竞争者们蚕食。

阿里巴巴和腾讯正是由于"有机耦合"模式在耦合类型、耦合价值、循环机制上的差异，才造成了双方采取相近的竞争策略，却出现不同的竞争结果。腾讯坐拥微信、QQ 两大社交平台，挟流量以令诸侯，占据了龙头地位，已隐然成为中国互联网生态的王者。但面对趋于严格的互联网监管，腾讯在 2022 年开始自剪羽翼，接连清仓式减持了多家上市公司的股票，截断其与商业生态企业之间的资本连接，其与阿里巴巴之间近 10 年的生态体系大战终于告一段落。在此情况下，阿里巴巴的竞争压力稍缓，但其核心问题并没有因外部压力的减轻而消失。在其创造出更大的创新性耦合机制之前，这种竞争压力将持续存在。

当今之世，各种商业生态体系不断孵化、成长、壮大，生态体系之间的竞争所占比重也越来越大，不仅有阿里巴巴和腾讯两种不同生态体系之间的相互攻伐，还有被主流生态体系排除在外的实力较弱的厂商为了避免在商业竞争中落于下风，被迫自建生态体系，以争夺生态体系的主导权。例如，蔚来跨界进入手机行业，构建"手机 + 电动汽车"生态体系，特斯拉也计划打造手机，而小米跨界造车。

企业运用守成者的不战而胜之道，很大程度上是市场经济不成熟的表现，但这主要是市场监管者的责任。对企业来说，只要不违反经营地的法律法规，就是正常的经营行为，不应对企业过于苛责。企业在运用守成者的不战而胜之道时需要非常谨慎，应遵守相关的法律法规，没有底线的商业竞争对竞争双方其实都是有害的。无诚信不商业，无规则不交易，无底线的竞争既无法带来商业的繁荣，也无法带来管理的进步。

无论是腾讯系还是阿里系，都通过十大业务深度渗透了社会生活数十个细分领域，很容易影响公平、有效的市场竞争。在未来，单纯追求规模、缺乏价值创新基础、粗放式地堆砌多个业务的"多元化"战略行为将失去意义，只有以价值创新为基础的多个业务的"有机耦合"才是替代"多元化"战略的升级创新之路。

守成者的不战而胜之道与创新者的不战而胜之道常常可以组合使用。例如，TCL 既使用了基于价值创新的"银佳战役"，又采用了基于竞争的速度模式；阿里巴巴既对腾讯系封闭了生态系统，也在努力为中高端客户创造增量价值。只有通过组合使用不同性质的战略，既争取客户，又压制竞争对手，才能获取最优的竞争成果。

虽然商业竞争和战争的取胜之道有相同之处，但毕竟是不同领域的策略、方法，因此在遵循基本规律的同时，也应根据各领域的实际情况进行变化。例如，《破晓——以弱胜强之道》的营销 36 计，虽然参照中国古代兵法，但根据商业的实际情况进行了变化，这是商界竞争的 36 计，而非传统战争的 36 计。

如果商业竞争也存在武侠小说中的"独孤九剑",那创新者和守成者的 12 种战略就是商界的"独孤九剑",这 12 种战略可以组合使用,从而发挥战略的最大效用。企业应当根据自身的资源能力、发展阶段等内因,以及外部环境变化等外因选择适合的战略,突破瓶颈,获得快速发展。

商业竞争没有战争那么残酷,战争是你死我活的斗争,失败的代价任何一方都难以承受,因此双方为了取胜而"无所不用其极"。而现代商业竞争需要遵守一定底线规则,违反底线规则的行为会被视为不正当竞争而受到处罚,人们以此来保护代表社会创新力的创新者在萌芽阶段不会被守成者压制和消灭。

题诗以记:

孤峰

一帆明月一帆风,
掠影乘光过江东。
人叹白云留不住,
我怜孤峰万古空。